Matthew Fox · Vision vom Kosmischen Christus

Wir sind zwar Gottes Söhne und Töchter,
aber wir wissen es noch nicht.
Meister Eckhart

Matthew Fox

Vision vom Kosmischen Christus

Aufbruch ins dritte Jahrtausend

Aus dem Amerikanischen von Jörg Wichmann

Kreuz Verlag

Die Originalausgabe erschien 1988 im Verlag Harper & Row, San Francisco, USA, unter dem Titel »The Coming of the Cosmic Christ. The Healing of Mother Earth and the Birth of a Global Renaissance«.
Die deutsche Ausgabe erschien in Übereinkunft mit Harper & Row, Publishers, Inc.

Vorbemerkung zur deutschen Übersetzung:

Die Bibelstellen sind (wie die des Originals) hauptsächlich der Jerusalemer Bibel (Hrsg. D. Arenhoevel/A. Deissler/A. Vögte, Freiburg 1968) entnommen und wurden durch Vergleiche mit der Einheitsübersetzung, der Zürcher Bibel, dem griechischen NT und den besonderen Übersetzungsänderungen von Fox möglichst weitgehend mit dem Original abgestimmt.
Alle Zitate mit lateinischem Originaltext (Thomas von Aquin, Nikolaus von Kues, einige von Meister Eckhart) sind nach der englischen Übertragung von Fox ins Deutsche gebracht.

CIP-Titelaufnahme der Deutschen Bibliothek

Fox, Matthew:
Vision vom Kosmischen Christus: Aufbruch ins 3. Jahrtausend/
Matthew Fox. Aus dem Amerikan. von Jörg Wichmann. –
1. Aufl. – Stuttgart: Kreuz-Verl., 1991
Einheitssacht.: The coming of the cosmic Christ <dt.>
ISBN 3-7831-1073-4

1. Auflage

Umschlaggestaltung: Jürgen Reichert, Kornwestheim
Umschlagbild: Friedrich Hechelmann, »Erscheinung«
Satz: Steffen Hahn, Kornwestheim
Druck und Bindung: Clausen & Bosse, Leck
ISBN 3 7831 1073 4

Inhalt

Dieses Buch ist

- der Jugend gewidmet und der Jugendlichkeit in uns allen. Geben wir einander Gelegenheit, nach unseren Träumen zu leben, für das verwundete Kind in uns allen zur sorgen und den noch Ungeborenen die Erde so lebendig, vielfältig und wunderbar zu übergeben, wie wir sie geerbt haben.

- und meinem Vater, George T. Fox (1914–1987), der als ein gesunder Senex die Jugend ehrte.

Danksagungen

Ich möchte all denjenigen danken, die mich beim Schreiben dieses Buches ermuntert und angeregt haben. Viele von ihnen sind in den Fußnoten erwähnt. Andere gehören zur Fakultät und zu den Studenten des *Institute in Culture and Creation Spirituality*. Von ihnen möchte ich besonders Brian Swimme, Jim Conlon, Marlene Denardo und Buck und Donna Ghosthorse danken. Ich danke auch M. C. Richards, dessen Skulpturenreihe über die johanneischen Ich-bin-Worte mein Interesse am Kosmischen Christus erweckt hat. Mein Dank gilt auch David Granville, Victor Lewis und Catherine LaFever für unsere geistvollen Gespräche und David Gentry-Akin, ohne dessen Forschungen, kritische Bearbeitung und persönliche Unterstützung ich das Projekt nie hätte vollenden können. Ich möchte auch Pat Feldsien für die Überarbeitung und Vorbereitung des Registers danken, Sue Espinosa und Jo Ann McAllister für ihre Arbeit bei den *Friends of Creation Spirituality* und Clayton Carlson und Thomas Grady, dem Verleger beziehungsweise Redakteur bei Harper & Row. Ein besonderes Dankeschön an Jean Lanier und Laurence Rockefeller für einen Zuschuß, der mir erlaubte, die Forschungen und die Niederschrift des Buches schneller zu vollenden. Meine Anerkennung spreche ich auch den Sonnentänzern der Rosebud-Reservation vom August 1987 aus, deren qualvolle Prüfungen diesen Planeten zu einem heiligeren Ort für uns alle machen.

PROLOG:

Ein Traum und eine Vision

Albert Einstein wurde einmal gefragt: »Welches ist die wichtigste Frage, die man sich im Leben stellen kann?« Er antwortete: »Ist das Universum ein freundlicher Ort oder nicht?« Im ersten Jahrhundert unserer Zeitrechnung, als Jesus in Palästina lebte und als die Evangeliengeschichten über ihn geschrieben wurden, lautete die wichtigste Frage der Mittelmeerkulturen: »Sind die Engel Freunde oder Feinde?« Da man in den Engeln die treibenden Kräfte hinter den Elementen der Welt sah, wird deutlich, daß die Menschen der damaligen Zeit die gleiche Frage nach der Freundlichkeit des Universums stellten wie Einstein heute.

Auf diese Frage hatten die Christen eine klare Antwort: Jesus repräsentierte das lächelnde Gesicht Gottes, das Wohlwollen des Universums und all seiner Kräfte, einschließlich der unsichtbaren Engel. Alle Hymnen an den Kosmischen Christus, die von den Christen des ersten Jahrhunderts gedichtet wurden, feiern die Macht Jesu Christi über die Archonten, die Throne und andere Engelwesen. Die frühen Christen hatten also eine Antwort auf Einsteins drängende Frage. Der Druck der Aufklärung auf die Religion hat jedoch dazu geführt, daß die modernen Christen ihre Kosmologie, die Engel als Repräsentanten des kosmologischen Denkens im Neuen Testament und alle Hinweise auf den Kosmischen Christus über Bord geworfen haben. Ich meine, es ist an der Zeit, den Kosmischen Christus wiederzugewinnen.

Die etymologische Bedeutung des Wortes *Religion* ist »Rückbindung« zu unseren Quellen. Gläubige und alle Bürger dieses Planeten haben die großartige und ebenso ehrfurchtgebietende wie geheimnisvolle Geschichte unseres Ursprungs bisher nur aus wissenschaftlicher Sicht gehört. Der Archetyp des Kosmischen Christus befähigt uns nun, unsere Herkunft auf eine Weise zu ehren, die über das anthropozentrische religiöse Paradigma der Aufklärungsepoche hinausgeht. Er fordert uns auf, unsere Göttlichkeit und Verantwortung als Mitschöpfende auf eine Weise zu achten, wie es unter dem Paradigma der Aufklärung nicht getan wurde. Wie Meister Eckhart es ausdrückte, sind wir Gottes Kinder und wissen es doch nicht.[1]

Der Traum

Das vorliegende Buch beginnt mit einem Traum und endet mit einer Vision. Der Traum kam am 15. März 1985 zu mir. Es war ein Traum über die Verwüstung unseres Planeten, weil uns eine lebendige Kosmologie fehlt.* Ich bezeichne diese Verwüstung als »Muttermord«, denn so sprach der Traum zu mir. Aus diesem Traum und seiner Auslegung besteht der erste Teil des Buches. Teil II stellt die Brücke dar zwischen dem Traum und der Vision – das Gegenmittel, die Heilung und die Auferstehung. Er handelt vom Erwachen der Mystik, die meiner Ansicht nach unsere einzige Hoffnung auf wahre Heilung und eine tiefe geistige Wandlung darstellt. Die Vision bildet die Teile III bis V, wo ich einen Paradigmenwechsel der westlichen Religion und des Christentums im besonderen darstelle, einen Wechsel von der »Suche nach dem historischen Jesus« zur »Suche nach dem Kosmischen Christus«. Im dritten Teil untersuche ich die Quellen für den Kosmischen Christus in der Bibel und bei christlichen Mystikern in Ost und West. Im vierten Teil formuliere ich einige Verständnismöglichkeiten des Kosmischen Christus. Und im fünften Teil stelle ich die Vision einer globalen Wiedergeburt des menschlichen Geistes dar: was die »Wiederkunft«, was ein erwachter menschlicher Geist für das Überleben der Mutter Erde und ihrer Kinder bewirken könnte.

Wir werden die Bedrohung der Mutter Erde und unserer Kinder nicht abwenden können, ohne unser spirituelles Erbe mit ins Feld zu führen. »Bekämpfe das Schlimmste mit dem Besten«, rät der Bauer, Dichter und Prophet Wendell Berry.[2] Paul R. Ehrlich von der Stanford Universität erklärte im Jahre 1986 bei einer Konferenz der Akademie der Wissenschaften zur Erforschung der globalen Massenvernichtung von Pflanzen und

* Mit dem Begriff »Kosmologie« meine ich dreierlei: eine wissenschaftliche Geschichte über den Ursprung unseres Universums; eine Mystik als seelische Antwort auf unser Dasein im Universum; eine Kunst, die Wissenschaft und Mystik in Bilder übersetzt, welche Körper, Seele und Gesellschaft aufwecken. Eine Kosmologie braucht alle drei Elemente, um lebendig zu werden: Sie ist unsere freudige Reaktion (Mystik) darauf, daß wir im Universum existieren (Wissenschaft), und unser Ausdruck dieser Reaktion in der Kunst unseres Lebens und unserer Teilnahme an der Gesellschaft.

Tieren: »Eine wissenschaftliche Analyse weist kurioserweise auf die Notwendigkeit für eine quasi-religiöse Wandlung der gegenwärtigen Kulturen hin.«[3] Ich versuche in diesem Buch zu zeigen, wie eine solche Wandlung aussehen würde und wie auch die Religion selbst – sofern sie ihrer Aufgabe treu bleiben möchte – eine Wandlung durchmachen muß. Nicht nur die Religion, sondern alle kulturellen Kräfte müssen in das Ringen mit einbezogen werden, wie Harold Gilliam in »State of the World« deutlich macht:

»Es wird nicht ohne einen Quantensprung in der öffentlichen Meinungsbildung und Druck auf die politischen und wirtschaftlichen Führer geschehen können, die Lebensräume des Planeten zu schützen. Dabei handelt es sich nicht um die Art von Einsicht, die einem Computer entspringen kann. Sie kann nur von den konventionellen Medien hervorgerufen werden – einschließlich Presse, Kanzel, Radio, Fernsehen – und durch die Schulen, die bislang mit wenigen Ausnahmen darin versagt haben, unserer Jugend eine Einsicht in den fortlaufenden Verfall des einzigen Planeten zu geben, den wir haben.«[4]

Fehlt einer Zivilisation eine Kosmologie, so wird sie nicht nur kosmisch gewaltsam, sondern auch kosmisch einsam und depressiv. Liegt möglicherweise die wirkliche *Ursache* der unsere Gesellschaft heimsuchenden Sucht nach Drogen, Alkohol und Unterhaltung weniger bei den »Drogenbossen« anderer Gesellschaften, als vielmehr in der kosmischen Vereinsamung unserer eigenen? Vielleicht ist Alkohol eine flüssige Kosmologie und sind Drogen kosmologisches Fastfood für Menschen, denen eine echte Kosmologie fehlt. Die Psychiaterin Alice Miller, eine scharfe Beobachterin der menschlichen Natur in unserer Zeit, sieht als Gegenteil von Depression nicht Fröhlichkeit, sondern *Lebendigkeit*.[5] Wie lebendig sind wir denn heutzutage? Wie lebendig sind unsere Institutionen des Gottesdienstes, der Bildung, der Politik und der Wirtschaft? Wäre es möglich, daß unsere gesamte Zivilisation depressiv ist, weil ihr die Perspektive des Kosmischen Christus fehlt?

Ein neues Oster-Mysterium

Man kann sich dieses Buch auch als eine Geschichte des Oster-Mysteriums für das dritte Jahrtausend der Christenheit und eine neue Epoche religiösen Glaubens vorstellen. Nach traditionellen theologischen Kategorien könnte das Buch folgendermaßen betrachtet werden:

Teil I: Die Kreuzigung von Mutter Erde (die ebenfalls die Kreuzigung Jesu Christi ist – siehe Teil IV) und des mütterlichen Prinzips.
Teil II: Die Auferstehung der menschlichen Seele durch eine erwachende Mystik.
Teil III bis V: Das Erscheinen des Kosmischen Christus, das eine globale Erneuerung einleitet, die Mutter Erde durch eine Wandlung der menschlichen Herzen und Handlungen heilen und retten kann.

Das Buch benennt das Oster-Mysterium für das dritte Jahrtausend der Christenheit: Die Oster-Geschichte, die wir als Tod, Auferstehung und Wiederkunft Jesu Christi verstehen, offenbart sich erneut im Muttermord, in der Mystik und im Kosmischen Christus. Der Tod der Mutter Erde (Muttermord), die Auferstehung des menschlichen Geistes (Mystik) und die Ankunft des Kosmischen Christus (eine lebendige Kosmologie) sind die heutigen Namen für das Mysterium des göttlichen Zyklus von Tod, Wiedergeburt und Aussendung des Geistes. Glaubte die Menschheit wieder an das Mysterium, so würde es zu einer Erneuerung kommen.

Die Prophezeiungen Joels

Eine dritte Verständnismöglichkeit für dieses Buch ist, es als eine Parallele zum Buch des Propheten Joel zu sehen. Der Kosmische Christus ist keineswegs eine christliche Erfindung oder christlicher Alleinbesitz, wie ich im Laufe des Buches häufig aufzeige. Den Propheten und Autoren der Weisheitsbücher des alten Israel wie auch den Propheten anderer Religionen einschließlich der indianischen ist der Kosmische Christus unter uns (oder die Kosmische Weisheit) nicht unbekannt. Das im fünften Jahrhundert v. Chr. geschriebene Buch Joel hat einen ähnlichen Aufbau wie das vorliegende.

Teil 1: Klage über die Verwüstung des Landes (Joel 1, 1-12)

Seid bestürzt, ihr Bauern; wehklagt, ihr Winzer, um Weizen und Gerste, denn die Ernte des Feldes ist dahin. Verdorrt ist der Weinstock, verwelkt der Feigenbaum, verdorrt Granate, Dattelpalme und Apfelbaum und alle Bäume des Feldes; ja, alle Freude der Menschenkinder ist geschwunden (1,11–12).

Dies entspricht dem ersten Teil des vorliegenden Buches, einer Klage über die Schmerzen der Mutter Erde und des mütterlichen Prinzips.

Teil 2: Aufruf zu Buße und Gebet (Joel 1,13–2,17)

Wie kann der Verwüstung des Landes Einhalt geboten werden? Durch eine Umkehr, eine Änderung des Herzens. Fasten, Trauern und Reue sind angebracht. Das kosmische Leiden muß anerkannt werden, denn »wie schreit doch das Vieh und sind verstört die Rinderherden ... Die Erde erzittert, die Himmel erbeben, Sonne und Mond verfinstern sich, die Sterne verlieren ihren Glanz« (aus 1,18; 2,10). Der Durchbruch wird kommen: Der Tag Jahwes wird die Menschen erwecken, deren Herzen schließlich durch die Tragödie in ihrer Umgebung und in ihrem Inneren geöffnet werden.

> Auch jetzt noch – ein Spruch Jahwes –
> kehrt zurück zu mir von ganzem Herzen
> mit Fasten, Weinen und Klagen.
> Zerreißt eure Herzen, nicht eure Kleider,

und kehrt um zu Jahwe, eurem Gott,
denn er ist gnädig und barmherzig,
langmütig und reich an Güte (2,12–13).

Dieser Teil entspricht dem Erwachen des Herzenswissens und dem Betreten der Dunkelheit, die man als Mystik bezeichnet, um die es im zweiten Teil des Buches geht. Mit einem solchen Durchbruch kann der Tag Jahwes wahrhaftig kommen – ein Tag des Mitgefühls und der Gerechtigkeit, der Heilung und des Feierns.

Teil 3–5: Jahwes Antwort: Der Schöpfer sendet den Heiligen Geist zur Heilung

Ein Exeget schrieb: »Das Neue, das Joel bringt, ist die Ankündigung einer Ausgießung des Geistes über das ganze Gottesvolk in der messianischen Zeit.«[6] Joel verspricht das in der Tat. Jahwe sagt: »Seht, ich schicke euch Korn, Most und Öl, daß ihr euch daran sättigen könnt« (2,19). Gute Dinge beginnen zu geschehen, »denn die Weiden in der Steppe werden wieder grün, die Bäume tragen ihre Früchte, Feigenbaum und Weinstock bringen ihren Ertrag. Die Tennen werden sich füllen mit Getreide, die Kufen strömen über von Most und Öl« (2,22 u. 24). All dies ist ein Zeichen des Göttlichen in unserer Mitte.

Und ihr werdet essen und satt werden
und den Namen Jahwes, eures Gottes, preisen,
der wunderbar an euch gehandelt hat...
Ihr werdet erkennen, daß ich mitten in Israel bin,
daß ich Jahwe, euer Gott, bin (2,26–27a).

Es folgt die Verheißung eines messianischen Zeitalters, das alle Menschen und Völker mit der Gabe des Heiligen Geistes segnen wird. Petrus, der Freund und Jünger Jesu, zitierte am ersten christlichen Pfingstfest, das als Tag Jahwes verstanden wurde, folgende Passage (siehe Apg. 2,16–21):

Danach aber
werde ich meinen Geist ausgießen über alles Fleisch.
Eure Söhne und eure Töchter werden weissagen;
eure Ältesten werden Träume haben

und eure Jünglinge Gesichte schauen.
Selbst über die Knechte und Mägde
werde ich in jenen Tagen meinen Geist ausgießen.
Und ich werde am Himmel und auf Erden Zeichen geben:
Blut und Feuer und Rauchsäulen.
Die Sonne wird sich in Finsternis verwandeln
und der Mond in Blut,
bevor der Tag Jahwes kommt,
der große und furchtbare Tag (Joel 3,1–5).

In der Ankündigung des Tages Jahwes, an dem das kosmische Leiden geheilt wird, finden sich Bilder mit tiefer kosmologischer Bedeutung. Das mystische Erwachen, das die globale Heilung ankündigt, wird als ein kosmisches Erwachen dargestellt, ein Erwachen zu einer lebendigen Kosmologie, zu dem Kosmischen Christus, der in allen Geschöpfen und Menschen lebendig und vital ist, in Alten und Jungen, Sklaven und Freien, Männern und Frauen. Der messianische Geist wird als nicht-elitär vorgestellt; er ergießt sich über alle Menschen.

Dieser Abschnitt bei Joel entspricht dem dritten bis fünften Teil dieses Buches, wo ich Quellen und Bedeutungen des Bildes vom Kosmischen Christus darstelle und beschreibe, wie die Wiederkunft des Kosmischen Christus unser Verständnis der Sexualität beeinflussen könnte, die Beziehungen zwischen Jungen *(puer)* und Alten *(senex)*, unsere Kreativität in Lebensstil, Arbeit und Bildung, unsere Künste, unsere Gottesdienste und die Tiefenökumene. Ich sehe eine Renaissance kommen, »eine auf spiritueller Initiative begründete Wiedergeburt«, um es mit einer Definition des Historikers M. D. Chenu zu sagen, als Folge einer Ausgießung des Geistes. Diese Neugeburt wird alle Kulturen und Religionen durchziehen und die Weisheit aller vitalen mystischen Traditionen hervorholen zu einem globalen religiösen Erwachen, das ich als »Tiefenökumene« bezeichne. Joel beendet seine Prophezeiung mit einer hoffnungsvollen Vision:

An jenem Tage
werden die Berge von Most triefen
und die Hügel von Milch überfließen,
und alle Bäche Judas
werden voll Wasser sein (4,18).

Buße und der Paradigmenwechsel

Joel wird sowohl als »Prophet von Pfingsten« wie auch als »Prophet der Buße« bezeichnet.[7] Ich rufe in diesem Buch nach einem neuen Pfingsten, einem Auftreten des messianischen Geistes in der gesamten menschlichen Rasse und all ihren Religionen und Kulturen. Aber ich rufe auch nach Buße, nach einer tiefen und radikalen Selbstkritik und nach einem Verzicht – und zwar besonders unter meinem Volk, das heißt unter europäischen und ehemals europäischen Christen. Wir müssen uns von der Aufklärung und ihrem Weltbild trennen, das die Mystik leugnet und dem die Kosmologie fehlt. Wir müssen ein religiöses Weltbild fallen lassen, das die jungen Menschen langweilt, das Jesus Christus trivialisiert und unsere geistige Erbschaft fast impotent werden läßt. Der Wissenschaftler und Mystiker Gregory Bateson hat angemerkt, daß »wir den Kern des Christlichen verloren haben«[8]. Dem stimme ich zu, denn der Kern muß eine vitale und lebendige Kosmologie sein, eine kosmologische Mystik, ein Kosmischer Christus. Keines der Bücher, die ich geschrieben habe, hat mich mehr erschreckt als dieses. Denn beim Schreiben habe ich erkennen müssen, wie sehr wir Menschen des Westens seit der Epoche der Aufklärung betrogen und benachteiligt wurden, weil diese Epoche ihre Kosmologie und den Kontakt zum Kosmischen Christus völlig verloren hatte. Man kann, wie ich in Teil III zeige, die Evangelien ohne eine lebendige Kosmologie nicht richtig lesen. Und doch haben unsere Theologen und geistigen Führer dies Jahrhunderte lang getan. Für diese Unterlassungssünde seitens der Religion Buße zu tun bedeutet, daß wir das alte Paradigma aufgeben und uns voll Eifer diesem neuen und doch viel älteren Paradigma zuwenden müssen. Das heißt, daß wir die Theologie des Kosmischen Christus, die Jahrhunderte lang ignoriert wurde, heute wieder ernsthaft bedenken müssen.

Bei dieser von mir geforderten Buße geht es nicht nur um eine individuelle METANOIA oder »Umkehr des Herzens«. Der Geist ist es nämlich, der »alle Dinge neu macht«. Und mich verlangt es, dieses Neue auch in den Kirchen zu sehen. Damit dies geschehen kann, müssen die Kirchen zunächst ihre Sünden bekennen, um Vergebung bitten, sich leer machen und mit dem neuen, uralten Paradigma des Kosmischen Christus wieder beginnen.

Die Kirchen müssen bei den Naturvölkern um Vergebung bitten, die ihren Sinn für den Kosmischen Christus niemals verloren haben; um Vergebung bei den sich Liebenden, die nie jene Mystik des Geschlechtlichen gelehrt wurden, die das Hohelied feiert; um Vergebung bei der Jugend, die zum Opfer des Adultismus[9] so vieler westlicher Institutionen, auch der religiösen, geworden ist; um Vergebung bei dem Künstler und schöpferischen Spieler in jedem Erwachsenen; um Vergebung bei den Frauen und anderen, die in einer antimystischen, antikosmischen Epoche um ihr geistiges Erbe betrogen wurden. Haben die Kirchen sich einmal niedergekniet und um Vergebung gebeten, müssen sie sich wieder erheben und anfangen, an jener Wiedergeburt mitzuwirken, die unser Planet so verzweifelt braucht. Sie müssen ihre führende Rolle dadurch spielen, daß sie die Gottesdienste wiederbeleben und sich für eine *Tiefenökumene* einsetzen; ihre Moral muß aus der Achtung vor aller Schöpfung fließen, welche wiederum aus einem mystischen Erwachen geboren wird, der Ehrfurcht und dem »radikalen Staunen« (ein Ausdruck von Rabbi Abraham Heschel) über unser Dasein.

Wendell Berry stellt richtig fest: »Vielleicht ist die große Katastrophe der menschlichen Geschichte in bezug auf oder innerhalb der Religion geschehen: und zwar durch die prinzipielle Trennung zwischen dem Heiligen und der Welt, durch den Auszug des Schöpfers aus der Schöpfung.«[10] Das Heilmittel dieses religiösen Dualismus ist die Mystik, doch wird sie von der protestantischen, römisch-katholischen und jüdischen theologischen Ausbildung und Führung meistens ignoriert. Dieses Buch versucht, einen Weg anzubieten zur Heilung des Dualismus zwischen Wissenschaft und Religion, zwischen Seele und Kosmos, zwischen Psyche und Geist, zwischen Gerechtigkeit und Feiern, zwischen Theologie und Mystik, zwischen Gott und uns.

Falls meine These stimmt, daß es an der Zeit sei, von der Suche nach dem historischen Jesus zur Suche nach dem Kosmischen Christus überzugehen, würde dies helfen, jene verzerrten Religionen und pseudo-mystischen Bewegungen zu zerstreuen, die allgemein als Fundamentalismus bekannt sind und manchmal auch als Christofaschismus bezeichnet werden.[11] Die oft als »liberal« bezeichneten Theologen der Aufklärung können mit einer Kosmologie nichts anfangen, weil sie Newton, Kant und Descartes mehr verdanken als den Evangelisten des ersten Jahrhunderts, dic an cinc lebendige Kosmologie und einen Kosmischen Christus glaubten. Als Folge dessen wurde zum Beispiel das eschatologischste Buch der Bibel, die Offenbarung des Johannes, den Fundamentalisten rechts und den säkularen Marxisten links überlassen. Auch die Verwirrung der aufgeklärten Theologen über die Frage der Auferstehung und des leeren Grabes beruht auf einer mangelnden Kosmologie. In diesem Buch fordere ich zu einem Abbau der »liberalen« Theologie auf und zur Neubegründung einer mystischen, prophetischen und kosmologischen Weltsicht – und damit zu einer Transformation und Erneuerung, nicht bloß einer Reformation oder Umstrukturierung eines überholten Programmes. Ein radikales religiöses Erwachen, das es wert wäre, als spirituelle Renaissance bezeichnet zu werden, wendet sich sowohl an die Psyche (Mystik) als auch an die Gesellschaft (Gerechtigkeit und Prophetie). Und sie praktiziert, was sie predigt.

Das Zusammenfinden des historischen Jesus und des Kosmischen Christus wird das Christentum endlich wieder ganz machen. Die Christenheit hat die Verbindung zu ihrem »Kern« verloren, zu ihrer Mitte, ihrem Sinn für mystische Praxis und kosmisches Bewußtsein. Sie hat sich den patriarchalen Strukturen unterworfen, die Gottesdienst, Botschaft und Identität des Christentums entwurzelt haben und es verflacht und leblos zurückließen. Es ist nun fast so müde und depressiv wie unsere ganze Zivilisation. Es bedarf jener Träume und Gesichte, die uns der Prophet Joel für das messianische Zeitalter in Fülle versprach. Es braucht eine *Erneuerung*, von der Johannes XXIII. träumte, als er in den sechziger Jahren den Vatikan revolutionierte. Vielleicht wird es noch zu unseren Lebzeiten ein »Ökumenisches Konzil« geben. Dieses wäre *tiefenökumenisch* und würde die Weisheit *aller* Weltreligionen ansprechen. Seine Aufgabe könnte unter anderem darin liegen, ein altes, aber vergessenes Wissen zu verkünden: das vom Kosmischen Christus, des »verbindenden Musters« aller Atome und Galaxien des Universums, der Struktur göttlicher Liebe und Gerechtigkeit, die allen Geschöpfen und Menschen innewohnt. Ökumenische Konzile des vierten und fünften Jahrhunderts erklärten, Jesus Christus sei GOTT und MENSCH. Soll es ein 21. Jahrhundert für Mutter Erde und ihre Kinder geben, brauchen wir eine spirituelle Vision, die die Wirklichkeit des KOSMISCHEN Christus feiert, verehrt und lebt, der in Jesus und *allen* Kindern Gottes, in den Propheten aller Religionen und in allen Geschöpfen des Universums lebt und atmet.

Der Kosmische Christus wird viele Dinge geschehen lassen. Er wird einen Wandel der Herzen herbeiführen, einen Wandel der Kultur und der Lebensweise. Er wird den Weg weisen zu einer vertieften Sexualität, zu einer tiefen Verbundenheit zwischen Alten und Jungen, zu einer vertieften Kreativität in Lebensstil, Arbeit und Bildung, zu einem vertieften Gottesdienst, einer Tiefenökumene und einem Zusammenwirken aller Religionen auf dem Planeten. Johannes vom Kreuz wies seine Leser an, »sich in die Tiefe aufzumachen«. Es wird Zeit dafür, daß die menschliche Rasse das tut. Und wenn unsere spirituelle Tradition nicht genug Vitalität und Vision hat, um uns darin anzuführen, wer sollte es dann wagen?

Ein Kosmischer Christus, der uns nicht zu einer solchen Renaissance führt, ist nicht der wahre Christus, sondern ein falscher Prophet, der einen falschen Mystizismus bringt. »An ihren Früchten werdet ihr sie erkennen«, riet uns Jesus. Ein echtes Erwachen zum Kosmischen Christus wird auch wirkliche Folgen haben. Zu den grundlegenden Folgen wird gehören, daß uns das Heilige wieder bewußt wird.

Dieses Buch handelt vom Heiligen und unserer Reaktion darauf: Ehrfurcht. Das heilige was? Das heilige Alles. Die heilige Schöpfung: Sterne, Galaxien, Wale, Boden, Wasser, Bäume, Menschen, Gedanken, Körper, Bilder. Die heilige Allgegenwart des Göttlichen in allen Dingen. Der westliche Begriff für dieses Bild des in allen Dingen gegenwärtigen Gottes ist »der Kosmische Christus«. Der Dichter Gerard Manley Hopkins drückt es so aus:

In a flash, at a trumpet crash
I am all at once what Christ is,
since he was what I am, and
This Jack, joke, poor potsherd, patch,
matchwood, immortal diamond,
Is immortal diamond.

Mit einem Blitz, Trompetenschall
bin ich ganz mit Christus eins,

denn er war, was ich bin.
Und dieser Willi, Witz, verblichene Flicken, Strick,
Streichholz, unsterbliche Diamant,
ist ein unsterblicher Diamant.[12]

Welches Geschöpf könnte es leugnen, ein unsterblicher Diamant zu sein? Ein Segen von Anbeginn, ein Ursegen?[13] Ein Bild des Göttlichen? Nach meiner Erfahrung wagt es nur die menschliche Spezies, ihre Göttlichkeit zu leugnen, wagt es, den Kosmischen Christus zu leugnen. Es wird Zeit, daß wir, um es mit Meister Eckhart zu sagen, »das Verleugnen verleugnen«[14]. Die Religion selbst sollte in der Lage sein, dieses Leugnen des Leugnens des Kosmischen Christus anzuführen, diese Auferstehung, Himmelfahrt und Aussendung des Geistes an Mutter Erde durch eine auferstandene Menschheit. Sonst sind wir wirklich in großen Schwierigkeiten. In diesem Sinne lege ich das Buch den religiösen Führern und Denkern vor als eine Beurteilung nicht der Orthodoxie, sondern der Orthopraxis: Zu welcher Aufgabe und welcher Handlungsweise führt der Glaube an den Kosmischen Christus?

Ich bin der Meinung, daß dieses Buch – ohne meine Absicht – eine Beurteilung der Religion bewirkt. Glauben die Kirchen genügend an die Auferstehung und an Pfingsten, um auferstehen und zu Erweckern des Geistes werden zu können? Die Frist für Mutter Erde und für Mutter Kirche läuft schnell ab. Gregory Bateson richtet an Kirche wie an Synagoge die ernüchternde Frage: »Läßt die menschliche Rasse ihren Geist verderben, weil die Religion langsam zerfällt?«[15] Ich glaube, daß der Verfall der Religion darin besteht, daß sie ihre wichtigsten Quellen vergißt oder ignoriert; daß sie die menschliche Fähigkeit zum Bösen unterschätzt – was heutzutage bedeutet: die menschliche Fähigkeit, Mutter Erde und ihre Kinder zu zerstören; daß sie Dualismen und Spaltungen nicht heilt, sondern verstärkt; daß sie die Jugend langweilt; daß sie die Scheiterhaufen für Sündenböcke schürt und die Sünde der Projektion ermutigt; daß sie ihre eigenen Fehler und Vergehen nicht zugeben kann; daß sie gegenüber den Mächten und Herrschern der Gesellschaft ohnmächtig verharrt; daß sie nicht feiern und die Menschen nicht das Feiern lehren kann; daß sie die Mystik durch Moralisieren ersetzt hat; daß sie keine Kosmologie und kein Interesse daran hat; daß sie die Bemühungen der Wissenschaft verunglimpft, etwas über die Schöpfung zu lernen; daß sie die Künstler ignoriert; daß sie die Jugend nicht ernst nimmt, Sexismus und Anthropozentrismus begeht; daß sie ihre eigenen Propheten verdammt; daß sie sich den Entrechteten, den ANAWIM[16], entfremdet, seien es Frauen, Homosexuelle, Arme oder Ungebildete; daß sie den Gottesdienst auf bloße Worte reduziert; daß sie einer ermüdeten Zivilisation keine Vision anbieten kann; daß sie ihre Träume vergessen hat; daß sie sich in Todeswünsche sinken läßt; daß sie das Kind weder im Jugendlichen noch im Erwachsenen begeistern kann; daß sie die Bequemen nicht herausfordert. Hat Jung recht damit, wenn er sagt, daß »religiös schöpferisch nur der Mystiker ist«[17], dann kann die Religion ihrem Verfall nur widerstehen, indem sie ihr Herz und ihre theologischen Gebilde dem Mystischen wieder öffnet.

Möge uns der Kosmische Christus von einer gefühllosen und unmystischen Religion erlösen. Möge der Kosmische Christus uns in ein gesünderes, weniger rationalistisches Jahrhundert führen. Möge der Kosmische Christus uns alle segnen, so daß wir für Mutter Erde und alle kommenden Generationen zu einem Segen werden, statt sie zu kreuzigen.

TEIL I

Ein Traum: »Deine Mutter stirbt«

Eine Kreuzigungs-Geschichte für unsere Zeit

Wir gehören der Erde
Sie ist unsere Kraft
Und ihr müssen wir nahe bleiben
Oder wir sind verloren.
Narritjin Maymuru Yirrkala,
eine australische Ureinwohnerin[1]

So ist die Erde gleichsam die Mutter der verschiedensten Arten … Sie ist aller Mutter, weil alles, was nur immer Gestalt und Leben irdischer Natur hat, sich aus ihr erhebt, und da schließlich selbst der Mensch … aus der Erde geschaffen wurde.
Hildegard von Bingen[2]

Wahre Religion ist die ursprüngliche Nabelschnur, die unser individuelles Selbst mit der großen, universellen Quelle verbindet. In der Religion der Frauen ist dieses Selbst die Große Mutter, die die große kosmische Weberin ist, die göttliche Töpferin, die Trägerin des himmlischen Wasserkruges. Wir haben teil an ihrer Substanz, ihrem Wesen, ihrer Bewegung, ihrem Spiel und ihrer Arbeit.
Monica Sjöö und Barbara Mor[3]

Weisheit wird als der allumfassende göttliche Seinsgrund angesehen, aus dem die Trinität hervorgeht. Weisheit hat die Welt erschaffen, sie führt sie zur Vollendung und vereinigt die Schöpfung mit ihrem Schöpfer … Weisheit ist der Seinsgrund aller drei Personen Gottes.
Rosemary Ruether[4]

Es gibt ein Ding, das ist unterschiedslos vollendet. Bevor der Himmel und die Erde waren, ist es schon da, so still, so einsam.
Allein steht es und ändert sich nicht.
Im Kreis läuft es und gefährdet sich nicht.
Man kann es nennen die Mutter der Welt.
Lao Tse[5]

Der Kampf der Mutter um ihr Kind – gegen Krankheit, Armut, Krieg, gegen alle Formen der Ausbeutung und Gefühllosigkeit, die das menschliche Leben wertlos machen – muß zu einem gemeinsamen Kampf der Menschheit werden, der in Liebe und mit Leidenschaft um das Überleben geführt wird.
Adrienne Rich[6]

Eine mütterliche Theologie wird all jene Qualitäten feststellen, die durch die Große Mutter in allen menschlichen Wesen symbolisiert werden – eine bejahende, ganzheitliche Mütterlichkeit. Und sie wird feststellen, daß die »mütterliche« Wirklichkeit – die materielle Wirklichkeit – mit der geistigen zusammenhängt, und umgekehrt.
GLENYS LIVINGSTONE[7]

Wenn ich die Erde aus der Raumstation anschaue, in der zu sein ich mir vorstelle, bekomme ich manchmal das deutliche, aber unbeschreibliche Gefühl, daß mein Mutterplanet tatsächlich atmet und leise seufzt in seinem Schlaf, daß er unendlich langsam blinzelt und sich räkelt im wohligen Sonnenlicht, während die muskelgleichen Wolken sich in ihrem eigenen kometenhaften Tempo winden wie das Gewebe eines lebenden Wesens.
Man brachte mir nicht bei, die Erde als ein Wesen anzusehen. Dieser Eindruck entstand bei mir erst aus der neuen außerirdischen Perspektive, die das Denken derart provoziert, daß ich mich darüber nur wundern kann. Kann es so sein? Könnte die Erde tatsächlich lebendig sein?
GUY MURCHIE[8]

Die Erde, ihr Leben bin ich,
Die Erde, ihre Füße sind meine Füße,
Die Erde, ihre Beine sind meine Beine,
Die Erde, ihr Körper ist mein Körper,
Die Erde, ihre Gedanken sind meine Gedanken,
Die Erde, ihre Sprache ist meine Sprache.
LIED DER NAVAJO[9]

Wir treten mit dem vollständigen Wissen in dieses Leben, das wir brauchen, um Mutter Erde zu helfen. Unsere Aufgabe ist es, die Erde zu schützen. Deshalb müssen unsere Kinder mit Wärme und Liebe in diese Welt geboren werden und auch so aufwachsen. Ihnen muß gestattet werden, ihre geistigen Erinnerungen zu behalten und sie zu verwenden, um der Mutter zu helfen.
BUCK GHOSTHORSE[10]

Während einer Vortragsreise vor vier Jahren hatte ich einen Traum, den ich als einen wichtigen erkannte. Indianer bezeichnen solche Träume als »große Träume« – Träume, die nicht nur für das Individuum, sondern für die gesamte Gemeinschaft bestimmt sind. Es geschah in der Nacht eines Samstags, als ich gerade eine Besinnungswoche im Kirkridge Retreat Center in Bangor, Pennsylvania, leitete. Ich war erschöpft. Auf dem Höhepunkt des Traumes wiederholte sich der Refrain: »Deine Mutter stirbt.« Stirbt meine Mutter? Stirbt Ihre Mutter? Stirbt unsere Mutter? Der folgende Teil ist eine Exegese der möglichen Bedeutung dieses Traumes und gibt einige mögliche Antworten.

1. Die Mutter Erde stirbt

Die erste Bedeutung der Warnung »Deine Mutter stirbt« kann auf die Mutter Erde bezogen werden. Bei allen Naturvölkern Amerikas, Afrikas, Asiens und Europas wurde und wird die tiefe Wahrheit verstanden, daß die Erde unsere Mutter ist. Bei den Europäern ragt die Lehre der großen Benediktiner-Äbtissin des zwölften Jahrhunderts, Hildegard von Bingen, heraus: »So ist die Erde gleichsam die Mutter der verschiedenen Arten ... Sie ist aller Mutter, weil alles, was nur immer Gestalt und Leben irdischer Natur hat, sich aus ihr erhebt, und da schließlich selbst der Mensch ... aus der Erde geschaffen wurde.«[1] Die Indianer drücken eine alte Weisheit aus, wenn sie sagen: »Die Eingeborenensprachen benennen die Schöpfung mit Familienbezeichnungen, wie ›Mutter Erde‹, ›Großmutter Mond‹, ›die Großväter Winde‹.«[2]

Stirbt unsere Mutter Erde? Denken wir an Bhopal, an Tschernobyl, an Three Mile Island, an das Ozonloch. Während ich dieses schreibe, ereignet sich die Katastrophe am Rhein, in den tausend Tonnen Chemikalien, unter anderem acht Tonnen reines Quecksilber, geleitet wurden – den Fluß, an dem Hildegard von Bingen und Meister Eckhart, zwei der größten Schöpfungsmystiker Westeuropas, lebten, wo sie das Mitgefühl und die Verbundenheit mit aller Schöpfung predigten. Ein Schweizer Regierungsbeamter berichtet: »Der Rhein ist jetzt tot. Durch den

Unfall wurde sein gesamtes Ökosystem zerstört.«[3] Heute muß die Hälfte der im Mittelmeergebiet gegessenen Fische importiert werden, weil das Meer vergiftet ist. Wir Zweibeiner scheinen jeden Monat für eine neue ökologische Katastrophe zu sorgen. Und Mutter Erde ist das Opfer. Wenn das so weitergeht, werden wir und unsere Kinder den Preis zahlen müssen. Indem wir fortfahren, »unser aller Mutter« zu vergiften, vergiften wir uns schließlich selbst.

Folgende Fakten geben uns Grund genug zum Nachdenken. Die moderne Landwirtschaft in Nordamerika vernichtet zur Zeit jährlich sechs Milliarden Tonnen Mutterboden. Mutterboden ist unsere Lebensgrundlage – Grundlage des pflanzlichen Lebens und der Tiere, die von den Pflanzen leben, sowie der Menschen, die sich von beiden ernähren. Gott und die Natur brauchen zehntausend Jahre, um eine drei Zentimeter dicke Mutterbodenschicht hervorzubringen; und typischer Ackerboden hat eine Dicke von nur etwa fünfzehn Zentimetern. Man schätzt, daß der Staat Iowa, der ebenso reich an fruchtbarem Boden ist wie andere Staaten der USA, im Jahre 2020 Wüste sein wird, wenn die Bodenerosion mit der momentanen Geschwindigkeit fortschreitet. Fahren wir mit dem Mißbrauch des Landes fort, so werden wir innerhalb von fünfzehn Jahren ein Drittel des fruchtbaren Bodens der Erde vernichtet haben. Das bedeutet, daß bei steigender Weltbevölkerung und wachsender Nachfrage nach Lebensraum und Nahrung die fruchtbare Bodenfläche um ein Drittel reduziert wird. Einstmals fruchtbares, lebenspendendes Land wird durch immer weiter wachsende Wüsten verdrängt.[4]

Die Wälder der Welt verschwinden in alarmierendem Maße – innerhalb der nächsten fünfzehn Jahre wird auch von ihnen ein Drittel verschwunden sein. Jährlich vernichten wir Wald auf einer Fläche, die der Hälfte des Staates Kalifornien entspricht. Der größte Teil der Zerstörung findet in Ländern der Dritten Welt statt. Konzerne und Regierungen der Ersten Welt beuten diese Länder aus, um ihren Appetit auf Rindfleisch (in Fast-Food-Ketten) und andere Luxusartikel wie Zucker, Kaffee, Tee und Kakao zu befriedigen.[5] In diesen Wäldern lebt noch die größte Artenvielfalt der Welt an Pflanzen, Vögeln und anderen Tieren. Wenn die Wälder verschwinden, werden auch viele dieser Arten aussterben. Chinesische Ärzte, die eine fünftausend Jahre alte Tradition der Pflanzenheilkunde pflegen, haben mir gesagt, daß sogar aus den chinesischen Wäldern die für ihre Rezepturen notwendigen Pflanzen verschwinden. Es besteht kein Zweifel daran, daß es in vielen Wäldern der Welt noch unentdeckte Pflanzen gibt, die auf natürliche Weise dazu beitragen könnten, menschliche Krankheiten zu bekämpfen. Doch mit der Vernichtung der Wälder sterben sie aus. Abgesehen davon erneuern die Wälder auch unsere Luft; und ihre Abholzung kann ernsthafte Folgen für die Sauberkeit unserer Atemluft haben.

Wir wissen heute, daß das Auftreten einer Art ein einmaliges Ereignis im Universum ist, das sich niemals wiederholt. Mit den Wäldern verschwinden zum Beispiel auch die Vögel. Vor kurzem erwähnte ich diese Tatsache bei einem Workshop in Montana, worauf eine Frau mir folgendes berichtete: »Vor zwanzig Jahren zogen mein Mann und ich nach Montana und leben dort seither auf dem Land. Als wir ankamen, gab es so viele Vögel, daß wir auf unserem Feldweg sehr langsam fahren mußten, weil wir Scharen von ihnen aufscheuchten. Wenn wir heute am Morgen aufwachen, hören wir nicht einen Vogel mehr singen.« Die Frau berichtete von ihren Erfahrungen nicht aus New York City oder Washington D. C., sondern aus dem ländlichen Montana. Werden wir die letzte Generation sein, die noch weiß, wie es ist, Vögel singen zu hören?

Wir teilen diesen Planeten mit ungefähr zehn Millionen Arten Lebewesen, von Fischen und Delphinen bis zu Eichen und Rosenbüschen, von Wölfen und Löwen über Hunde und Katzen bis zum Menschen. Unter all diesen Arten ist der Mensch nur eine, sogar eine der jüngsten. Auch Arten haben ihren Lebenszyklus: Sie werden geboren und sterben irgendwann aus. Nach dem normalen Verlauf der Dinge stirbt etwa alle zweitausend Jahre eine Art aus.

In letzter Zeit jedoch verschwindet eine Art pro fünfundzwanzig Minuten. Bleibt es bei diesem Ausmaß an Vernichtung, so wird die Menschheit im Laufe der nächsten zehn Jahre ein Zehntel der Arten (eine Million der verbliebenen Spezies) auslöschen. Und innerhalb von hundert Jahren wird keine Art Lebewesen mehr auf der Erde verblieben sein – auch keine Menschen, denn wir hängen unmittelbar mit allen anderen Arten zusammen. Wie Hildegard vor acht Jahrhunderten sagte, »ist der Mensch bedeutender als alle übrigen Geschöpfe... Was er bewirkt ..., das durchdringt das All.«[6]

Es ist vorgeschlagen worden, eine Konferenz der Vereinten Spezies einzuberufen, eine Konferenz, die viel repräsentativer als die der Vereinten Nationen wäre, und ihr die Frage vorzulegen: »Darf die Menschheit auf diesem Planeten so weiter leben?« Mit großer Wahrscheinlichkeit wäre das Abstimmungsergebnis 9 999 999 zu 1, daß wir Menschen mit unserem Haß auf die Erde, auf einander und auf unsere eigene Existenz an einen entfernten Ort in der Galaxie verbannt werden müßten, damit Mutter Erde fortfahren könne, Schönheit, Staunen, Farben und Gesundheit zu gebären. Denken wir nur daran, daß die Arten, die wir als Wale bezeichnen, diesen Planeten schon 65 Millionen Jahre länger bewohnen als wir und es nie nötig hatten, Atom-U-Boote oder andere verrückte Methoden zur Vernichtung des Lebens zu erfinden. In 5,5 Milliarden Jahren ihrer Existenz sind wir die einzige Spezies auf der Erde, die ihre menschlichen und natürlichen Ressourcen (1,8 Millionen Dollar pro Minute) in die Entwicklung und Produktion von Waffen steckt, die der Zerstörung unser selbst und des Planeten dienen. Die Vereinigten Staaten allein haben bei Atombombentests seit 1945 in der Wüste von Nevada den Leib von Mutter Erde bereits 845mal verletzt. Mutter Erde leidet große Schmerzen – Schmerzen, die ihr von ihren eigenen Kindern zugefügt worden sind, die Muttermord begehen.

In einem Bericht über die Konferenz der Nationalen Akademie der Wissenschaften am Smithonian Institut in Washington D. C. heißt es:

»Ein Redner nach dem anderen wies darauf hin, daß die menschlichen Aktivitäten, insbesondere die rasche Zerstörung der Regenwälder, die biologische Vielfalt der Erde gefährlich vermindern. ... Sie sagten außerdem, daß jährlich Tausende von Arten verschwinden, noch bevor die Menschen sie oder ihre möglichen Heilkräfte entdeckt haben. ... Der Umweltspezialist Norman Myers stellte fest, daß die drohende ›Ausrottungswelle‹ wahrscheinlich den ›schlimmsten Rückschlag für die Fülle und Vielfalt des Lebens seit den ersten Lebensspuren vor vier Milliarden Jahren‹ hervorbringen würde.

Andere Redner vertraten die Ansicht, daß das derzeitige Ausmaß an Artenvernichtung aufgrund der menschlichen Aktivität nur mit geologischen oder klimatischen Umbrüchen zu vergleichen sei, die die Erde in ferner Vergangenheit umgestaltet haben.«[7]

Seltsamerweise hat dieser Bericht nirgendwo Schlagzeilen gemacht, und er wurde in der *New York Times* erst auf Seite 28 veröffentlicht. Die einzige Hoffnung für Mutter Erde liegt in einem spirituellen Erwachen.

Und wie sieht es mit dem Wasser aus, dem heiligsten Wasser? Wenn Sie wissen möchten, wie heilig Wasser ist, dann befolgen Sie einmal den Ratschlag des Indianers Bill Wahpapah: Leben Sie vier Tage lang ohne welches. Beim ersten Schluck kehrt unsere Dankbarkeit für die Gabe des Wassers zurück! Bei seinen Nachforschungen in den Weiten des Universums hat der Mensch bisher erst auf der Erde Wasser entdeckt. Soweit wir wissen, ist Wasser eine einzigartige Schöpfung unseres Planeten. Wie aber gehen wir mit diesem heiligen und grundlegenden Geschenk um, mit jenem ursprünglichen Segen, ohne den es kein Leben geben kann? Allein in den USA kippen wir jährlich vierzig Millionen Tonnen Giftmüll in Mutter Erdes Lebensblut, in ihr Wasser. Die Hälfte unseres Wassers in den USA stammt aus unterirdischen Wasserreservoirs und dem Grundwasser. Eine Studie in Massachusetts zeigte kürzlich, daß schon ein Drittel dieser Wasservorräte vergiftet sind. In Kalifornien ist es ein Viertel, und in Long Island sind es schon hundert Prozent. Die Menschheit weiß nicht, wie man ein einmal verseuchtes Wasserreservoir reinigen kann. Ist es einmal vergiftet, so wird es mindestens 100 000 Jahre lang giftig bleiben. Ein Umweltschutzbüro schätzt, daß es zur Zeit in unserem Land (USA) 50 000 Giftmüllager gibt, aus denen Gift in Mutter Erde hineinsickert. Bis heute sind nur 22 von ihnen gereinigt worden, während in den vergangenen sieben Jahren 1,7 Billionen Dollar für Rüstungszwecke ausgegeben worden sind. Man fragt sich, ob ein gesundes »Verteidigungsministerium« nicht die Aufgabe haben müßte, den Boden, das Wasser, die Wälder und die Luft zu verteidigen.

Die Menschheit beginnt bereits, die Wunden zu spüren, die wir Mutter Erde zugefügt haben. Wir haben angefangen, unsere Hände in ihre Seite und auf ihre Kreuzigungsmale an Händen und Füßen zu legen. Als zum Beispiel der Giftmüll bei Love Canal in den Boden gekippt wurde, waren dort achtzehn Frauen schwanger. Nur zwei von ihnen haben normale Kinder geboren.

Drei von ihnen hatten Totgeburten, vier Fehlgeburten, und neun hatten mißgebildete Kinder mit unvollständig geschlossenen Schädeldecken, mehrfachen Zahnreihen, Wolfsrachen, angeborenen Herzfehlern und anderen genetischen Defekten. Bei allen bei Love Canal lebenden Männern wurde die DNS der Spermien geschädigt. Doch die Menschheit kennt keinen Weg, all diese Schäden zu beseitigen. Ihre Nachkommen werden also alle mit genetischen Schäden auf die Welt kommen.

Innerhalb der letzten fünfundzwanzig Jahre hat sich die Zahl der schweren Geburtsschäden in der Welt verdoppelt. Vielleicht kann man das Ausmaß dieser Probleme in unseren Statistiken noch nicht genau erkennen, doch fahren wir fort, gefährliche Chemikalien in den Leib von Mutter Erde abzuladen. Hildegard von Bingen hat vor der menschlichen Dummheit gegenüber Mutter Erde gewarnt: »Die gewaltige Stimme aber ... deutet auf die Klage hin, welche die Elemente mit wildem Geschrei ihrem Schöpfer vortragen. Nicht in menschlicher Weise hörst du sie reden, sondern mit allen Zeichen ihrer augenscheinlichen Unterdrückung. ... So oft auch die Elemente der Welt durch die schlechten Taten der Menschen geschändet wurden, wird Gott sie durch die Qualen und Drangsale der Menschen wieder reinigen ...«[8]

Mit »Ursegen« meine ich den Segen eines gesunden Bodens, lebender Wälder, singender Vögel, reinen Wassers und gesunder DNS in unseren Fortpflanzungsorganen. Diese Segnungen bilden die Grundlage einer wirklich lebendigen Wirtschaft; sie stellen unseren eigentlichen Reichtum dar. Reich sein bedeutet, heil zu sein; Heil ist eine Gnade. Und diese Gnade ist leider nicht mehr selbstverständlich. Denn Mutter Erde stirbt. Sind wir – wie einer meiner Studenten kürzlich sagte – die Hüter unserer Mutter? Ist nicht Mutter Erde selbst die ANAWIM schlechthin, die am meisten vernachlässigte der Leidenden ohne Stimme? Wie sie werden auch die Böden, die Wälder, die Tierarten, die Vögel und Gewässer nicht gehört, wo die Gesetzgeber sich versammeln, wo die Richter sitzen und wo die Gläubigen sich zum Gottesdienst treffen. Begeht die menschliche Rasse einen Muttermord, einen Matrizid, der gleichzeitig ein Ökozid ist, ein Geozid, ein Suizid und sogar ein Deizid? Lassen uns unsere Medien, unsere Regierenden, unsere bildenden und religiösen Institutionen darüber nur im unklaren?

Denken wir an die Krise im Alltagsleben, die auf den Reaktorunfall von Tschernobyl folgte. Ein Journalist, der sich zur fraglichen Zeit in Polen aufhielt, schrieb folgenden Bericht:

»Für diejenigen, die im Bereich des Fallout lebten, ... war die Unsicherheit das Schlimmste. Konnte man Milch trinken? Salat essen? Sollte man die Schuhe vor Betreten des Hauses ausziehen? Hunde und Katzen waschen, die draußen gewesen waren? Die Kinder von Sandkästen und Fußballfeldern fernhalten? Sich öfter duschen? Klimaanlagen ausschalten und die Fenster öffnen? Sich ins Gras legen? Sowohl die kommunistischen wie auch die antikommunistischen Regierungen versuchten, ihre aufgebrachte Bevölkerung zu beruhigen: Die Strahlungsmenge stelle keine unmittelbare Gefährdung dar.«[9]

Die Fragen nach dem Trinken von Milch, dem Salatessen, dem Sonnenbaden im Gras, dem Abwaschen von Tieren und Spielenlassen der Kinder führten uns über anthropozentrische Ideologiestreits zwischen kommunistischen und nichtkommunistischen Regierungen hinaus. Alle für Waffen aufgewendeten Milliarden könnten jene moderne »Wolke des Nichtwissens« keinen Zentimeter von uns fortbewegen. Mutter Erde und ihre Schmerzen sind um so viel größer als die begrenzten Pläne des Patriarchats. Das Patriarchat kann es nicht aufnehmen mit den gewaltigen Segnungen von Mutter Erde, die wir so leicht als selbstverständlich hinnehmen – bis die Tragödie uns trifft. Rainer Maria Rilke drückte es so aus:

> Selbst wenn sich der Bauer sorgt und handelt,
> wo die Saat im Sommer sich verwandelt,
> reicht er niemals hin. Die Erde *schenkt.*[10]

Ja, Mutter Erde beschenkt uns. Gute Gesundheit, gute Böden, gute Wälder, gute Körper, gute Geister, gute Seelen. Wie aber reagieren wir Menschen auf diese gewaltige Tat der Gnade und des Schenkens?

2. Der Geist der Mystik stirbt

Woher kommt unser muttermörderisches Bewußtsein? Laurens van der Post, ein belgischer Ökologe, der bei einem afrikanischen Pygmäenstamm aufwuchs, vertritt die Theorie, daß

»der Grund dafür, daß wir die Erde ausbeuten, schädigen und verwüsten, darin liegt, daß wir aus dem Gleichgewicht geraten sind. Wir haben unser Maß verloren. Und wir können unser Maß auch nicht finden, solange wir die Wildheit und den natürlichen Menschen in uns nicht achten. Von dort kommt nämlich das Gleichgewicht. Unsere Gier, Aggressivität und Korruption durch die Macht stammt daher, daß wir jenen ersten Menschen in uns um sein natürliches Erbe betrogen haben.«[11]

Ich stimme ihm darin zu, daß die Menschheit in ihrem heutigen Zustand tatsächlich aus dem Gleichgewicht geraten ist. Und wegen dieses fehlenden inneren Gleichgewichts verwüsten wir die Außenwelt, wobei Mutter Erde zu unserem Hauptopfer wird.

Eine entscheidende Dimension des Ungleichgewichts ist die Verkümmerung unseres mystischen Bewußtseins und die Unterentwicklung unseres mystischen Gehirns. Unsere Hirne sind erstaunlich komplexe Schöpfungen der Zeit, der Natur und der Gottheit. Unter anderem wissen wir vom Gehirn, daß seine linke und seine rechte Hälfte unterschiedliche Aufgaben zu erfüllen haben. Die westliche Zivilisation, die den Globus heute beherrscht, hat sich in bezug auf Bildung, Politik, Wirtschaft und Religion fast ausschließlich auf die Prozesse der linken Gehirnhälfte verlegt. Während eines Abendseminars erklärte ich einer Studentengruppe einmal das Konzept der rechten und linken Hemisphäre. Am nächsten Tag fragte ich, ob jemand einen Traum mitzuteilen wünsche. Eine Frau erzählte uns von einem Traum, in dem ihre linke Hirnhälfte groß wie ein Heißluftballon war, der bis zu 25 km Höhe aufsteigen konnte; und die rechte Hälfte war eine Trockenpflaume. Das ist das Resultat der westlichen Zivilisation: Unsere rechte Hirnhälfte, unser mystisches Hirn, unser mütterliches Hirn, welches das Ganze umfaßt und sich der Zerstückelung widersetzt, ist zu einer Trockenpflaume geschrumpft.

Trotz der Abwehr der Religion gegen ihre mystische Tradition und der Angst unseres Bildungssystems vor der rechten Hirnhälfte begegnet mir heute ständig ein Erwachen rechter Gehirnhälften: bei Ingenieuren und Physikern, Polizisten und Frauen, Künstlern und Musikern, sozial Engagierten und Lehrern, Therapeuten und Ärzten, Anwälten und Politikern, Hausfrauen und Studenten, Jungen und Alten, Gläubigen und nicht mehr Gläubigen, sogar bei einigen Priestern. Das ist keine geringe Revolution, und für Mutter Erde liegt große Hoffnung darin. Ich glaube, daß dieses Erwachen von Mutter Erde selbst ausgeht, die nicht unbeweglich und passiv ist, sondern sehr bewußt und sensibel dafür, daß ihre Tage gezählt sind. Für jede MX-Rakete, die ihr auf den Busen gesetzt wird, treten dreitausend Schöpfungsmystiker an die Öffentlichkeit. Da bin ich mir sicher.

Viele moderne Entwicklungen tragen dazu bei, die mystischen und mütterlichen Kräfte in uns wieder erwachen zu lassen. Vorrangig wichtig ist die Überwindung des Newtonschen Stückwerk-Bewußtseins: Das Wissen um Teile sage uns etwas über das Ganze. Das Ganze ist jedoch mehr als seine Bestandteile – und die Suche nach dem Ganzen und nach der Einheit ist die mystische Suche par excellence. Es ist die Suche einer Einsteinschen Wissenschaft nach dem, was als »holographisches Universum« bezeichnet wird, einem lebendigen Modell für Mikro- und Makrokosmos in einem. Der englische Physiker David Bohm und der Hirnforscher und Neurochirurg Karl Pribram heben in dem Buch *Languages of the Brain* die Einheit in der Vielheit und Vielheit in der Einheit hervor, wie sie in einem Hologramm besteht, wo »jeder Teil im Ganzen und das Ganze in jedem Teil ist«[12]. Beide Wissenschaftler kommen zu dem Schluß, daß »die religiöse Grunderfahrung, die Erfahrung mystischen Einsseins und ›höchster Identität‹ auch aus naturwissenschaftlicher Sicht eine *echte* und *legitime* Erfahrung dieses verflochtenen und universalen Urgrundes sein könnte«[13]. In den Worten des Physikers Fritjof Capra ist »das Universum als ein dynamisches Netz miteinander verbundener Ereignisse«[14] zu sehen. Interessanterweise schrieb Hildegard von Bingen schon im zwölften Jahrhundert vom »Netz des Universums«.

In unserer Zeit tritt das Bewußtsein der Verbundenheit aller Dinge wieder hervor. Und diese Verbundenheit ist der Kernpunkt der Mystik. Wir leben also in einer mystischen Zeit.

Nehmen wir aus der westlichen Tradition zum Beispiel folgende Aussagen zweier großer Mystiker, Hildegard von Bingen und Meister Eckhart:

> *O iter fortissimum, quod penetravit omnia*
> *in altissimis et in terrenis et in omnibus abyssis,*
> *tu omnes componis et colligis.*
>
> Du mächtiger Weg, der alles durchzieht
> in Höhen, auf Erden, in allen Abgründen,
> du fügest und schließest ja alles ein *(Hildegard).*[15]
>
> Darum kommt eine Kreatur von der andern. Was eine von ihnen nicht von sich selbst haben kann, das erhält sie von der andern *(Eckhart).*[16]

Eckhart sagt, daß die Essenz allen Daseins die Beziehung sei[17], und Hildegard weiß:

»Gott hat alle Dinge der Welt so eingerichtet, daß eins auf das andere Rücksicht nehme.«[18]

Offensichtlich gab es auch im westlichen Bewußtsein eine Zeit, als die rechte Gehirnhälfte noch keine Trockenpflaume war. Die Mutter starb noch nicht.

3. Die Kreativität stirbt

Ein weiterer Gradmesser für das »Sterben unserer Mutter« ist der Zustand der menschlichen Phantasie und Kreativität. C. G. Jung sagte, das schöpferische Werk steige »aus dem Reiche der Mütter«[19] auf. Das Mütterliche ist der Ort der Geburt, neuer Gebärender, neuer Geschichten, neuer Anfänge, neuer Möglichkeiten. Aber wie fruchtbar ist sie in letzter Zeit? Wieviel Phantasie und wie viele phantasievolle Individuen werden durch unsere Erziehung, in unseren Familien und Kirchen täglich und wöchentlich abgetrieben?

Eine Lehrerin, die 21 Jahre lang Drittkläßler unterrichtet hat, erzählte mir einmal, sie sei der Überzeugung, daß in unserem Land 95 Prozent der Kinder in der dritten Klasse ihre Kreativität bereits verloren haben. Was unternehmen Kirchen, Synagogen und Schulen denn, um die Kreativität der Jugend zu fördern? Welche Rolle spielt denn die meditative Kunst in unserer Erziehung und Religion? »Als die Phantasie verleugnet wurde, beherrschte Krieg die Völker«, beobachtete vor fast zweihundert Jahren William Blake. Aber erst im zwanzigsten Jahrhundert haben wir gelernt, wie total der Krieg Völker beherrschen kann, so daß Völker wie unseres Billionen Dollar für Waffen und Kriegsvorbereitungen ausgeben können, während die Jugend aufgrund der verödenden Phantasie verzweifelt: Apathie, Aussteigertum, Drogen, Alkoholsucht, Punk, Selbstmord. Beherrscht der Krieg ein Volk lange genug, so beginnt er auch seine Jugend zu beherrschen. Der Krieg wendet sich nach innen, gegen das Selbst.

Wird die göttliche Kraft der Phantasie in uns nicht gefördert – ihre Schönheit und ihre Überraschungen, ihre Ekstase und Möglichkeiten –, degeneriert sie zu Verachtung und Ekel vor sich selbst und zu Gewalt, das heißt Krieg gegen uns und andere. Der Psychoanalytiker Rollo May meint über die Folgen des Abschneidens unserer Phantasie:

»Phantasie ist der Spielraum des Geistes. ... [Ein psychotischer Patient] konnte die Möglichkeit nicht ertragen, im offenen Raum verlorenzugehen. Seine Fähigkeit zum abstrakten Denken, zur Überschreitung des unmittelbar Faktischen auf das Mögliche hin – was ich in diesem Zusammenhang als Phantasie bezeichne – war stark beschnitten. Er fühlte sich machtlos, seine Umwelt so zu verändern, daß sie seinen Bedürfnissen entsprach. ... Solche Verhaltensweisen geben uns ein Bild davon, wie das Leben verläuft, wenn die Einbildungskraft verkümmert.«[20]

In unserer Zeit verbreitet sich das Gefühl der Ohnmacht. Aus ihm, so zeigt die buddhistische Gelehrte Joanna Macy, entsteht die Verzweiflung. Und hinter Verzweiflung verbirgt sich Apathie. J. Macy lehrt, daß Apathie kein Mangel an Interesse oder Sorge ist, sondern ein Schutz, den wir uns aufbauen, wenn die Ohnmacht uns überwältigt.[21] Wo Mutter Phantasie stirbt, nimmt die Ohnmacht ihren Platz ein.

Der Muttermord an unserer rechten, der »mystischen« Gehirnhälfte und derjenige an unserer Phantasie hängen unmittelbar zusammen, sind voneinander abhängig. Rollo May sagt dazu:

»In unserer Zeit der Wertschätzung von Tatsachen und nüchterner Objektivität haben wir die Phantasie abgewertet: Sie führt uns weg von der ›Wirklichkeit‹; sie befleckt unsere Arbeit mit Subjektivität; und, was am schlimmsten ist, sie gilt als unwissenschaftlich. Die Folge ist, daß Kunst und Imagination oft als der ›Zuckerguß‹ des Lebens betrachtet werden und nicht als solide Nahrung. ... In der ganzen westlichen Geschichte hat unser Dilemma darin bestanden, ob sich die Phantasie als Quelle bloßer Kunstfertigkeit erweisen wird oder als Quelle des Seins.

Was ist, wenn Phantasie und Kunst keinesfalls Zuckerguß und Ornament, sondern der Urquell des menschlichen Erlebens sind?«[22]

Wenn wir Muttermord an unserer Phantasie und Kreativität begehen, so töten wir, mit Mays Worten, die Quelle und den Ursprung unseres Daseins. Wir töten die Seele. Und damit verzerren und begrenzen wir auch drastisch, was unsere linke Hirnhälfte, unser Verstand sonst erreichen könnte. May meint, man könne die Phantasie als ein Prinzip im menschlichen Leben verstehen, das fundamentaler ist »als selbst der Verstand, denn die rationalen Funktionen können nach unserer Definition nur insofern zu einem Verständnis der Wirklichkeit führen – an deren Konstitution sie teilhaben – als sie schöpferisch sind«[23]. Die linke Gehirnhälfte kann allein nicht zurechtkommen. Kein Vater ohne Mutter. Wie sollen wir die Kraft unserer Phantasie und Kreativität zurückbekommen?

4. Die Weisheit stirbt

In allen Kulturen und Religionen tritt die Weisheit als eine weibliche, mütterliche Gestalt auf. Auch die Weisheit stirbt. Unter dem treibenden Einfluß der patriarchalen Aufklärung hat unsere Zivilisation so viel Wissen und Informationen produziert, daß wir eine viele Milliarden Dollar teure Industrie erfinden mußten, um sie zu speichern und auf Kommando verfügbar zu machen. Computer sind die Bibliotheken einer solchen Zivilisation. Was würden wir aber brauchen, um alle Weisheit zu speichern, die wir in diesen letzten drei Jahrhunderten angesammelt haben? Wo ist die Weisheit? Warum ist Mutter Weisheit derart grob behandelt worden?

Die Weisheit ist die Personifikation aller von mir benannten, gefährdeten Mütter. Die Weisheit stammt von Mutter Erde, denn die Natur trägt die älteste Weisheit des Universums in sich. Weisheit braucht beide Gehirnhälften, denn sie wird sowohl aus Analyse als auch aus Synthese geboren. Weisheit bedarf der Phantasie und nährt sie auch. Weisheit kommt oft von den kreativen Vertretern einer Kultur, indem sie Geschichten, Sagen, Mythen und Bilder aus der Vergangenheit und der Zukunft weitergeben. Ohne Mutter Kreativität gibt es auch Mutter Weisheit nicht. »In allen Kunstwerken ruht Weisheit«, erkannte Hildegard von Bingen.[24]

Weisheit verlangt nach einer Kosmologie, nach einem Bezug zum Ganzen, nach einer Heilung des Ganzen, wo es gebrochen ist, und einer Leidenschaft für das Ganze. In seiner Studie *Der Untergang der Weisheit* legt der französische Philosoph Gabriel Marcel dar, daß die Weisheit in allen westlichen und östlichen Religionen an das Lernen und Erzählen über den Kosmos geknüpft war. Weisheit ist niemals anthropozentrisch. Weisheit ist die MAGNA MATER, die »Große Mutter«, die aus dem Meere auftaucht, aus den Wassern der Geburt und Erneuerung. Weisheit ist spielerisch und erotisch. Weisheit sucht ihre Geliebten um jeden Preis und tut törichte Dinge, um sie zu finden. May weist darauf hin, daß »Eros der Liebhaber der Weisheit ist und die Kraft in uns, die sowohl Weisheit als auch Schönheit hervorbringt«[25].

Vor einigen Jahren hielt ich eine Vortragsreihe an der Universität von British Columbia in Vancouver. Ich durfte mir meine Themen selbst auswählen, nur sollte das erste »Weisheit und Universität« lauten. Mit diesem Thema mußte ich mehr ringen als jemals mit einem anderen. Ich wußte, daß ich aufrichtig sprechen mußte. Zweihundert Dozenten, Beamte und Studenten hatten sich zum ersten Vortrag versammelt, den ich so begann: »In einer heutigen Universität über Weisheit zu sprechen ist etwa, als spräche man in einem Bordell über Keuschheit. Niemand geht heute um der Weisheit willen zur Universität. Und wer es tut, fliegt entweder nach dem ersten Semester raus oder ändert sehr schnell seine Ideale.« Statt über Weisheit an der Universität zu sprechen – das wäre ein sehr kurzer Vortrag geworden –, ging ich darauf ein, warum in unserer Bildung und an den Universitäten Weisheit keine Kategorie mehr ist. »Universität« war ursprünglich eine Stätte, wo man den eigenen Platz im *Universum* erfahren und somit Weisheit finden wollte. Aufgrund des Newtonschen Paradigmas hängen wir heute einer Mentalität der Aufsplitterung an. Jeder Ausbildungsbereich – Soziologie, Psychologie, Naturwissenschaften, Künste, Mathematik, Geschichte, Religion – wird einfach als ein Teil angesehen. Es wird jedoch kein Versuch gemacht, zu integrieren und das Ganze, die Weisheit, zu verstehen. Ziel der Bildung ist nicht mehr, Weisheit zu erlangen, sondern einen Job zu finden.

Wo Eros und Spiel sterben, sterben auch Kosmos und Erde. Und ebenso stirbt Mutter Weisheit. Der Muttermord erfaßt in seinem vernichtenden Zugriff auch die Weisheit.

5. Die Jugend stirbt

»Mutter« ist ein Wort, das eine Beziehung bestimmt. Eine Mutter kommt nicht allein vor, sondern steht definitionsgemäß in Beziehung zu einem Kind. Zu sagen, »deine Mutter stirbt«, bedeutet deshalb gleichermaßen, daß die Jugend stirbt. Zunehmend sehen wir die Beweise dafür in Form steigender Zahlen von Selbstmorden, Drogen- und Alkoholsucht, Depression und Apathie unter Jugendlichen. Wir hören von Jugendarbeitslosigkeit und nicht arbeitsfähigen Jugendlichen sowie von solchen, die Opfer körperlichen, sexuellen, erzieherischen und religiösen Mißbrauchs geworden sind. Es wird immer deutlicher, daß nicht mehr gefragt ist, was die Jugend der Gesellschaft zu geben hat. Die Gaben der Jugend werden abgetrieben. Alice Miller sagt, daß man Kinder nicht verstehen sollte als »Geschöpfe, die wir manipulieren oder ändern müssen, sondern als Boten aus einer Welt, die uns einmal sehr vertraut war, die wir aber schon lange vergessen haben«[26].

In der Jugend liegt Weisheit. Die israelische Weisheitsliteratur teilt uns mit, daß Gott »aus dem Mund der Kinder und Säuglinge« Lob gesungen würde (Ps 8,2). Jesus bestätigte dies, indem er sagte: »Wenn ihr nicht umkehrt und werdet wie die Kinder, so werdet ihr nicht in das Himmelreich eingehen« (Mt 18,3). Handelt es sich bei diesen Aussagen nur um sentimentale Frömmeleien, oder liegt darin die gleiche erd- und naturhafte Weisheit, die wir auch von anderen Spezies kennen, bei denen die Erwachsenen sich opfern, damit die Jungen leben können? Können wir uns noch für unsere Kinder opfern? Ich meine nicht für ein neues Auto, die perfekte Ausbildung und »all die Sachen, die ich nie hatte, als ich jung war«. Ich meine, daß wir das Weltbild unseres muttermörderischen Patriarchats opfern müßten.

Es gibt eine Lehre der Indianer, daß die letztgültige ethische Norm darin liege, welche Wirkung eine Entscheidung auf diejenigen hat, die sieben Generationen nach uns leben werden: Scheinen die Folgen gut für sie zu sein, so ist die Entscheidung moralisch zu verantworten; falls nicht, ist sie unmoralisch. Was müßten wir in unserer Zivilisation verändern, wenn wir einen solchen Maßstab anlegten? Fänden wir zum Beispiel nicht einen besseren Nutzen für die 1,8 Millionen Dollar, die wir in jeder Minute für Waffen ausgeben? Könnten wir nicht unsere Phantasie und Kreativität einsetzen, Arbeitsplätze zu schaffen, Mutter Erde und ihre Fülle zu erhalten, das Bevölkerungswachstum zu begrenzen, zu heilen und in heiligen Ritualen zu feiern und zu spielen?

Alice Miller, die als Psychiaterin mehr als zwanzig Jahre lang mit schwer depressiven Jugendlichen, Drogensüchtigen und jungen Kriminellen gearbeitet hat, stellt fest, daß alle Personen, die andere mißhandelt haben, als Kinder selbst mißhandelt worden sind.

Dies stimmt mit neueren Erkenntnissen in Amerika überein, daß 95 Prozent der Vergewaltiger selbst Opfer von Vergewaltigung gewesen sind. Miller weist darauf hin, daß wir zwar das Gebot haben »Du sollst deinen Vater und deine Mutter ehren«, nicht aber eines »Du sollst deine Kinder ehren«. Sie nimmt an, daß Jesus zu einer so großen Persönlichkeit wurde, weil sein Vater, Joseph, ihn behandelte, als sei er ein Kind Gottes. Mit Recht fragt sie: Was würde geschehen, wenn alle Eltern und die ganze Gesellschaft unsere Kinder behandelten, als seien sie Kinder Gottes?[27]

Unsere Gesellschaft krankt an Adultismus[28]: Erwachsene legen die Strukturen der Wirtschaft, der Bildung, der Gottesdienste und der Arbeit fest. Und in dem Maße, in dem Erwachsene den Kontakt zum Kind in sich verloren haben, erzeugen diese Strukturen ein falsches Selbst und eine unausgewogene Gesellschaft. Das verwundete Kind in den Erwachsenen schreit nach Aufmerksamkeit, Mitgefühl und Heilung. Erwachsene leugnen die Wunde jedoch häufig und lassen statt dessen die Wut ihres verwundeten Kindes an anderen aus. Miller zeigt dies an Hitler auf, der von seinem Vater täglich geschlagen wurde. Sie hält es für möglich, daß sechs Millionen Juden heute noch leben könnten, wenn Hitler seine Wut als Kind hätte ausdrücken können. Die Abtötung unseres inneren Kindes trägt zur Tötung unserer gemeinsamen Zukunft bei, unserer Hoffnungen und Träume. In einer solchen Gesellschaft wird das »Jeder-für-sich« zur herrschenden Lebenshaltung.

Weitere Hinweise auf den Adultismus finden wir auch in unserem Gottesbild. Stellt man sich Gott jemals als Kind vor, außer auf sentimentale Weise zu Weihnachten? Ich nehme an, daß eine sorgfältie Analyse des Gottesbildes in einer muttermörderischen Gesellschaft einen überproportionalen Anteil erwachsener Gottesbilder und wenige eines jugendlichen Gottes zeigen würde. Wenn Meister Eckhart sagt: »Gott ist *novissimus*«[29], das neueste aller Dinge, so bestärkt er damit eine uralte Tradition der Kindlichkeit Gottes. Die Gottheit ist nicht müde und alt, kontrollierend und richtend, sondern spontan, spielerisch, erotisch und voller Überraschungen (siehe Sprüche 8). Eine müde, pessimistische, patriarchale und adultistische (auf Erwachsene fixierte) Kultur hat ihre eigene Müdigkeit und Lustlosigkeit auf Gott projiziert – und da wundern wir uns über das Sterben der Jugendlichkeit.

Der Philosoph Alfred North Whitehead erklärt, daß »der Tod der Religion mit der Unterdrückung der großen Hoffnung auf das Abenteuer einhergeht«[30]. Im Abenteuer zeigt sich unsere Fähigkeit, über das Gegebene hinauszugehen. Eine lebendige Kosmologie bietet ein Abenteuer, weil sie uns dazu herausfordert, alle unsere Bilder des Selbst, der Arbeit, des Daseins und der Gesellschaft neu in das gewaltige Geheimnis des Universums und seiner Geschichte einzuordnen und eine neue Beziehung dazu aufzunehmen. Jugendliche sehnen sich danach und sollen auch wissen, daß ihr Leben nicht belanglos ist, sondern ein Wagnis bietet, ein Abenteuer. Sonst stirbt das Jugendliche gemeinsam mit der lebendigen religiösen Leidenschaft. Meister Eckhart verspricht diese Begeisterung und dieses Wagnis allen, die ihr wahres Selbst wiederfinden – was auch ihr abenteuerfrohes und jugendliches Selbst umfaßt. Wer in Gott wohnt, so verspricht Meister Eckhart, lebt »im ewigen Nun« ... »der Mensch könnte [dann] nicht altern, ... denn er wohnt in einem Nun, allzeit neu, ohne Unterlaß«[31]. Eckhart lehrt, daß die erste Gabe des Geistes die Neuheit ist, denn »jede Tat Gottes ist neu, und Gott macht alle Dinge neu«[32].

Schöpfungsgeschichten und Geschichten der Erneuerung beginnen wie die Genesis und das Johannesevangelium unweigerlich mit der Wendung »im Anfang«. Wie Eckhart sagt, ist »Gott unser Anfang, und wenn wir mit ihm vereint sind, werden wir wieder neu«[33].

6. Naturvölker, ihre Religionen und Kulturen sterben

Die ältesten Religionen auf unserem Planeten sind nicht die »großen Weltreligionen« Hinduismus, Buddhismus, Judentum, Islam und Christentum, sondern die Religionen der eingeborenen Völker Amerikas, Afrikas, des alten Europa, Australiens, Polynesiens und Asiens. In diesen Religionen finden sich tiefe Erinnerungen an das, was Frederick Turner als »ursprüngliche Liebe zur Mutter«[34] bezeichnet. Diese Religionen entstammen noch mutterzentrierten Kulturepochen. Sie verehrten Mutter Erde und ihre Fruchtbarkeit; sie waren nicht dualistisch und feierten den heiligen Reigen, in dem alle Geschöpfe und Gaben der Erde miteinander verbunden sind – die Steinleute, die Wolkenleute, die Baumleute, die Geschuppten, die Gefiederten und die Zweibeiner. Indem sie dem Lauf der Jahreszeiten folgten und in Harmonie mit der Weisheit von Mutter Erde lebten, hatten sie teil an der Familie der ganzen Schöpfung. Joseph Campbell stellt fest:

»Es kann kein Zweifel daran bestehen, daß in den frühesten Epochen der menschlichen Geschichte die magische Kraft und das Wunder der Weiblichkeit nicht weniger Ehrfurcht geboten als das Universum selbst; daraus erwuchs den Frauen eine ungeheure Macht. ... Es ist bemerkenswert, daß viele urtümliche Jägervölker noch Legenden einer noch ursprünglicheren Zeit haben, in der allein die Frauen über die magischen Künste verfügten.«[35]

Campbell glaubt, es sei »das Hauptanliegen des männlichen Bevölkerungsteils gewesen«, das Wunder der Weiblichkeit und das Geheimnis der Mutterschaft mit seiner Beziehung zum Universum »zu brechen, zu kontrollieren und für seine Zwecke zu nutzen«[36].

Denken wir auch daran, was geschah, als die weißen europäischen Christen 1492 an die Küsten Amerikas kamen. Es gab zu jener Zeit etwa achtzig Millionen Einwohner in Nord- und Südamerika. Bis 1550 waren nur noch zehn Millionen übrig. Die Bevölkerung in Mexiko umfaßte zu Beginn der europäischen Eroberung etwa 25 Millionen Menschen. Um 1600 war nur eine Million übrig. Auf den Westindischen Inseln fand praktisch eine völlige Ausrottung der ansässigen Bevölkerung statt. 1492 hatte Santo Domingo 1,1 Millionen Einwohner, von denen nur zehntausend bis 1530 überlebten. Kuba hatte 1492 um 600 000 Einwohner; 1570 waren nur 270 Haushalte übrig.[37]

Diese Tatsachen belegen einen Holocaust von unfaßbarem Ausmaß. Bartolomé de Las Casas, der die Ereignisse selbst beobachtete, schrieb: »Die Verzweiflung der Indianer ist so groß, daß viele sich selbst das Leben nehmen und keine Kinder mehr großziehen.« Las Casas nahm die Seite der Indianer ein und setzte sich beim spanischen König und beim Papst für sie ein. Er sagte, daß die Kolonisten »die Indianer durch ihre Gier auslöschen«[38]. Er meinte, die indianische Zivilisation sei der der europäischen Christenheit überlegen. Er schrieb: »Die Indianer waren besser ausgerüstet, den Spaniern überlegen und hätten ihnen einen besseren Lebensstil ermöglichen können, als sie in Kastilien gehabt hatten.«[39] Auf das Argument, auch die Indianer hätten Kriege und gelegentliche rituelle Menschenopfer, erwiderte Las Casas: »Die Habgier der Spanier verursachte größere Zerstörung und Entvölkerung des Landes als alle Opfer und Kriege der heidnischen Zeit zusammen.«[40] Die Europäer beschuldigten die Eingeborenen, träge zu sein, weil sie nur soviel Nahrung anbauten, wie sie brauchten, und sich Zeit und Gelegenheiten für Feste und Feiern ließen. Die eingeborenen Völker hatten in ihren Seelen Raum für eine VIA POSITIVA, für den Genuß der Früchte von Mutter Erde. Der europäische Drang, zu erobern und das zu befriedigen, was Turner als »heißhungrige Jagd« einer »unersättlichen Gier« bezeichnet, verdammte jedes Vergnügen als Sünde. Das erinnert an W. H. Audens Kommentar: »In der Regel waren es die Verächter des Vergnügens, die ungerecht wurden.«[41]

185 Tonnen Gold und 16 000 Tonnen Silber wurden zwischen 1503 und 1660 aus Amerika zu spanischen Häfen verschifft. Das in jenen 150 Jahren aus der Neuen Welt nach Spanien gebrachte Silber war die dreifache Menge des gesamten europäischen Silbervorrats. Der Preis dieser Gier war das Blut der indianischen Völker. Was in Auschwitz geschah, kündigte sich dort an und wurde tatsächlich schon vierhundert Jahre vorher auf amerikanischem Boden überboten. Las Casas glaubte, wenn es jemals einen Grund für einen »gerechten Krieg« gegeben habe, so hätten die eingeborenen Völker Amerikas ein Recht darauf und »werden dieses Recht bis zum Jüngsten Tage behalten«[42].

Ich hebe in diesem Buch häufig die Weisheit der Naturvölker hervor, da sie stets aus ihrer Kosmologie leben. Doch muß auch die dunkle Seite ihrer Geschichte gesehen werden, das ungeheure Leiden der Naturvölker bis zum heutigen Tage. Hauptursache des Leidens ist, daß die weiße Gesellschaft und Religion, die ihre Kosmologie überwunden zu haben glaubt, ihnen ihre Kosmologie geraubt hat. Manchmal halte ich Alkohol für eine Art »flüssiger Kosmologie«, wenn ich beobachte, daß einstmals blühende Kulturen, die in Harmonie mit dem Kosmos lebten, sich nach ihrer Eroberung durch eine akosmische Kultur willig dem Alkohol ergeben. Die eingeborenen Völker Amerikas wie auch jene von Irland kann man als Beispiel solchen Leides anführen.

Indem wir darin versagen, gemäß der VIA POSITIVA zu leben und die Freude der göttlichen Gegenwart zu feiern, wo immer wir uns auf Mutter Erde befinden, geraten wir in den Zwang, zu erobern und unser Vergnügen woanders zu suchen. Von den christlichen Missionaren, die als erste nach Ostafrika kamen, wird folgende Geschichte erzählt:

Im Jahre 1846 eröffneten zwei deutsche Missionare, Krapf und Rebmann, ihre erste Kirche zwanzig Kilometer von Mombasa entfernt unter dem Volk der Warabai. Sie hatten die Ortssprache gelernt und boten die erste christliche Liturgie an (sie waren Lutheraner). Die Menschen waren wenig beeindruckt und sagten, sie würden am nächsten Sonntag nicht wiederkommen. Es hätte Reis und viel Essen und Trinken geben sollen. Sie hätten trommeln, tanzen und singen wollen. Krapf und Rebmann sagten den Leuten, sie würden nur deshalb so reden, weil sie Sünder seien. Die Leute fragten, was es denn heiße, Sünder zu sein. Als Krapf ihnen seine Vorstellung erklärte, fragten die Warabai, wer sie bei ihm so verleumdet hätte. Und als Rebmann erläuterte, daß Gott seinen einzigen Sohn geschickt hätte, um ihnen seine Liebe zu offenbaren, sagten sie, sie würden diesen Sohn nicht brauchen. Sie wüßten, daß Gott sie liebte, denn er hätte ihnen das Leben gegeben. Gott gab ihnen ihre Kinder, die Sonne und den Mond, den Regen, die Ernte und das Bier.[43]

Die Naturvölker kannten also den ersten Glaubensartikel – Gott als Schöpfer. Sie besaßen eine VIA POSITIVA: Aufgrund der Segnungen in ihrem Leben wußten sie, daß Gott sie liebte, weil sie alle Gaben auf ihn zurückführten.

Hildegard lehrt, daß Adams Sünde in einem erotischen Versagen bestand: Er genoß die Freuden der Erde nicht tief genug. Ihre Auslegung des Falls im Garten Eden bezieht sich auf die Tatsache, daß das Wort für Weisheit sowohl im Hebräischen (CHOCHMA) als auch im Lateinischen (SAPERE, SAPIENTIA) »schmekken« bedeutet. »Kostet und seht, wie gütig Jahwe ist«, sagt der Psalmist (34,9). Die Menschen müssen die Freuden des Daseins trinken und schmecken, damit sie nicht zu grenzenloser Gier und unersättlichem Konsum getrieben werden.

Laurens van der Post erzählt von der Weisheit, die er von den Buschmännern in Afrika lernte. Sie fühlen keine kosmische Verlorenheit, nicht den »atemberaubenden Identitäts- und Sinnverlust, den wir in der modernen Welt erleben. Wie ich diese Menschen erlebte, hatten sie eine hervorstechende Eigenschaft, die sie von uns unterscheidet: Wo immer sie auch hingingen, hatten sie das Gefühl, Zuhause zu sein.«[44] Warum ist das so? Weil sie ihre Welt als eine Familie ansehen, die den Kosmos und die ganze Schöpfung umfaßt. Nach den Beobachtungen von Frederick Turner hängen bei den Indianern Mythos und Kosmos zusammen. »Du« bist der Kosmos. Der Sinn der Mythen von Naturvölkern ist »die Feier des Lebens«. Mythen lassen keine Dualismen zu.

Die europäischen Lehren des Hasses auf die Schöpfung und die Heiligung von Dualismen gefährdeten die ursprüngliche Liebe zur Mutter. Die archetypischen Großen Mütter der Naturvölker sind durch patriarchalen Holocaust und Kolonialismus praktisch ausgelöscht worden. Da waren (unter anderen) die Spinnenfrau und die Weiße Büffelfrau der Indianer; Gaia und Athene in Europa; Oshun und Yemaya in Afrika; Sophia in Griechenland und Schechina in Israel. Die ursprüngliche Liebe zur Mutter lebt in uns allen. Wie ein seine Kultur praktizierender Hopi sagte, »gehen alle Hopi aus dem mütterlichen Prinzip hervor«[45]. Ohne die Spinnenfrau würde es keine Schöpfung geben können. Die Göttin in uns allen ist dabei zu sterben, zusammen mit der Schöpfung, Mutter Erde und der Weisheit – so sagte es mein Traum.

7. Mutter Kirche stirbt

Mutter Kirche ist tief in der tödlichen Umarmung des muttermörderischen Patriarchats gefangen. In den heutigen Religionen ist der Fundamentalismus ein weltweit verbreitetes Phänomen. Im Islam, im Judentum und bei den Protestanten wird er durch die Buchstabengläubigen vertreten; und unter den Katholiken sind es diejenigen, deren Herzen und Seelen stets die Befehle des Papstes erwarten. Der Fundamentalismus wurzelt in einer tiefsitzenden Angst, die sich aus dem Zerbrechen kultureller Strukturen ergibt. Der Übergang von einer Zivilisationsepoche zur anderen verursacht viele Ängste, besonders bei jenen, deren Ich schwach ist und deren Liebe zur Mutter, zur Erde, deren Weisheit und deren kindliche Liebesfähigkeit entwurzelt oder abgetrieben worden sind.

Religiöser Fundamentalismus verdeutlicht die Identifikation mit den Unterdrückern. Der Haß auf die Mutter, der die Unterdrücker hervorgebracht hat, wird vom Fundamentalismus aufgegriffen und weiter verstärkt. Im Fundamentalismus läuft das Patriarchat Amok. Er versucht, aus uns allen und aus unseren Traditionen die Mutter zu verbannen. Er ist eine Folge der Unterdrückung und Leugnung der Mystik und führt stets zum Suchen nach Sündenböcken – dem auf andere projizierten Haß. Er tritt auf, wenn das mütterliche Prinzip zum Schatten wird, das heißt zu einem unterdrückten Teil der persönlichen oder kollektiven Psyche.

In diesen letzten Tagen des zwanzigsten Jahrhunderts kommen mir vier Bilder der Kirche. Das erste stammt von einer Frau, die jahrelang unter den Prostituierten in den Straßen von Chicago gearbeitet hat. Sie wurde gefragt, ob sie bei ihrer Sorge für diese Frauen kirchliche Unterstützung erhalten hätte. »Nein, niemals«, antwortete sie. »Was halten Sie von der Kirche?« wurde sie dann gefragt. Ihre Antwort war: »Ich sehe die Kirche als eine sehr, sehr alte Großmutter, die nicht mehr so gut sieht, nicht mehr so gut hört und nicht mehr oft aufsteht. Sie hängt zu sehr am Leben. Auch wenn wir sie sehr liebhaben, sollten wir sie doch sterben lassen.«

Ein anderes Bild ist ein riesiger, patriarchaler Dinosaurier, der stirbt. Leider stirbt er würdelos und schlägt mit seinem Schwanz um sich, um alles in seiner Reichweite zu töten. Das größte Problem ist, daß er auf seinem eigenen Schatz aus Mystikern und Propheten stirbt, aus guten Botschaften, Weisheitsgeschichten und der Kraft kosmischer Sakramente. Wir müssen uns von dem tödlichen Schwanz fernhalten, Abstand wahren mit unserem geschichtlichen Wissen und unserem Humor, und unser Gewissen bewahren. Zu gleicher Zeit müssen wir den Dinosaurier überreden, sich umzudrehen, so daß wir den Schatz für ein weiteres Jahrtausend spiritueller Praxis retten können.

Dieses Bild ähnelt einem anderen: ein brennendes Gebäude. Die Zeit ist knapp, und wir müssen alles Wertvolle aus dem brennenden Gebäude retten, das wir als Kirche kennen.

Das letzte Bild ist die »Mutter Kirche«, die zu einem fast ausschließlichen »Vater Kirche« verkommen ist. Jede Organisation, die ausschließlich von Vätern geleitet wird, aus Sicht der Väter und zum Nutzen der Väter, wird in Eifersucht und Konkurrenz verfallen und den Kontakt zum tiefen Leid unserer Zeit verlieren, zum Leiden der Mutter Erde, der Mutter Weisheit und den mütterlichen Völkern. In meinem Traum kam auch eine lebhafte Altarszene vor, in welcher Priester um jemanden herumstanden, der die Messe feierte. Es herrschte eine zutiefst mißtrauische Atmosphäre. Schließlich rissen die männlichen Priester dem Zelebranten die Maske ab – es war eine Frau. »Krah – Krah – Krah«, schrien die männlichen Priester im Chor. »Krah« ist der Klang des Todes und des Todeswunsches. In dem Traum herrschte ein untergründiger Haß, der seine Parallele findet in der repressiven Sprache der fundamentalistischen Formen des heutigen Christentums gegenüber den ANAWIM unserer Gesellschaft und allen, die mit ihnen arbeiten.

Wo Religion oder Gesellschaft im Namen des Patriarchats das mütterliche Prinzip unterdrücken, wird der Faschismus nahezu modern. Für solche Systeme sind nicht gegenseitige Liebe, Unterstützung und Solidarität charakteristisch, sondern Machtkämpfe. Die gleichen Konkurrenzkämpfe lassen sich in den Strukturen fundamentalistischer Kirchen beobachten. Der Psychiater Anthony Stevens beschreibt den autoritären Charakter, der in solchen Systemen blüht, als »grundlegend sadomasochistisch«[46]. Er zwingt dazu, andere entweder als stark oder als schwach zu kategorisieren. Er verehrt die ersten und verachtet die letzten. »Schon der Anblick einer machtlosen Person erweckt in ihm den Wunsch, sie anzugreifen, zu beherrschen und zu demütigen«, schreibt der Psychiater Erich Fromm. Jeder Sadist hat auch eine masochistische Seite: Der schikanierende Erwachsene versucht sich davon zu befreien, daß er selbst als Kind schikaniert worden ist. Eine solche Persönlichkeit empfindet großes Vergnügen an der Unterwerfung unter einen Führer, Gott oder das Schicksal. »Als ein Mönch wird er den Laienbrüdern gegenüber diktatorisch sein, gegenüber dem Abt und der Ordensregel jedoch völlig unterwürfig. ... ›Der Führer hat immer recht‹, rief Goebbels.«[47] Oder in religiösem Sprachgebrauch: »Der Papst hat immer recht.« Oder: »Die Bibel – wie unser Führer sie deutet – hat immer recht.«

»Deshalb bildet der autoritäre Charakter die individuelle Basis des kollektiven Faschismus, in dem die soziale und politische Ordnung durch Anordnungen beherrscht werden, die eine einzige männliche Autorität gibt. Der Faschismus ist der letztgültige

Ausdruck der Vaterherrschaft. ... Vielleicht ist es gar nicht unbedeutend, daß die Nazis ihre Wurzeln im deutschen ›Vaterland‹ hatten«[48], sagt A. Stevens.

In einer faschistischen Gesellschaft oder Religion werden zwei Bereiche des Selbst unterdrückt oder an der natürlichen Entwicklung gehindet: Sexualität und Aggression. Die Menschen werden nicht dazu erzogen, ihr wirkliches Selbst zu leben, sondern eine falsche PERSONA zu tragen, die nach »den Forderungen der Eltern und nicht den Bedürfnissen des Selbst«[49] gebildet ist, wie Stevens schreibt. Ein derart angeleitetes Kind kanalisiert seine sexuellen und aggressiven Kräfte oft in Ekel und Verachtung gegen sich selbst. Das bezeichne ich als Erbsündenmentalität: die Vorstellung, daß ich verachtet auf die Welt kam, unerwünscht, häßlich und ohnmächtig. Diese Verachtung kann auf Sündenböcke übertragen werden, etwa auf rassische Minderheiten, Frauen oder Homosexuelle. Sie kann auch in die Verehrung eines Unterdrükkers verwandelt werden, der »immer recht« hat. Schließlich kann sie erotisiert und in sadomasochistische Phantasien und Praktiken verwandelt werden. Diese Energieform durchzieht die patriarchalen Institutionen einschließlich der Kirche. Laut Stevens

»... ist das Wesen des Sadismus, daß erotisierte Aggression gegen Schwächere gewendet wird. Wird sie aus Respekt vor dem angebeteten Tyrannen gegen sich selbst gelenkt, so handelt es sich um Masochismus. Der Sadist hat die Zwang ausübenden Eltern internalisiert, der Masochist ist von ihnen verschlungen worden. Sadisten suchen nach uneingeschränkter Macht durch Identifikation mit der Autorität; Masochisten versuchen, von der Autorität absorbiert zu werden, um passiv an ihrer Macht und Herrlichkeit teilhaben zu können und für die eigenen Sünden zu büßen.«[50]

Wenn Mutter Kirche stirbt, werden perverse Kräfte freigesetzt: Sadomasochismus ersetzt die Moral, Kontrolle das Gebet, Moralisieren und Verdammungen das Spiel und die Feier; und Selbstsucht und Befangenheit in menschengemachten Regeln ersetzen das kosmische Abenteuer, Begeisterung, Staunen und lebendiges Ritual.

Die tiefgehende Kraft der mütterlichen Energie oder der Archetyp der Großen Mutter kann negativ oder positiv verwendet werden. Die mütterliche Kreativität und Liebe kann mißbraucht und dann zerstörerisch und haßerfüllt werden. Manche Psychologen bezeichnen dies als den Archetyp der furchtbaren Mutter. Die Herrschaft der guten Mutter besteht in Frieden und Ruhe, die der furchtbaren Mutter erweckt untröstliches Leid und Trauer im Kind und Wut in der Mutter. Mütter und Väter beginnen, ihr Kind zu schlagen, und werden zu verschlingenden Eltern, deren »Groll und Feindseligkeit dem Kind die Befriedigung seiner berechtigten Bedürfnisse verweigern«[51].

Die ursprüngliche Beziehung zwischen einer guten Mutter und ihren Kindern ist durch Urvertrauen charakterisiert, wie der Psychologe Erik Erikson lehrt. Dieses Urvertrauen richtet sich auf die ganze Schöpfung, auf die »Welt«, da das Kleinkind noch nicht zwischen Mutter und Welt unterscheiden kann. In einer solchen Beziehung wird die Lektion des Eros gelernt. »Die wunderbarste Eigenschaft der ursprünglichen Beziehung ist, daß sie vom Eros regiert ist, sie ist von Liebe durchströmt. Eros wird in dem Augenblick konstelliert, in dem sich die Zweiheit von Mutter und Kind bildet.« Entzug der Mutter führt zum entgegengesetzten Ergebnis, zu einer Abtreibung des Eros, einer Erstarrung des Vertrauens und der Liebe zum Leben. Wo die mütterliche Fürsorge fehlt, entwickeln die Kinder eine »Seelenrachitis«. Laut Stevens gilt dies nicht nur für Menschenkinder, sondern auch für andere Säugetiere. Rhesusaffen etwa, denen die Mutterliebe entzogen wird, gehen mit »dauerhaften Schäden an ihren sozialen und sexuellen Fähigkeiten« ins Erwachsenenleben: »männliche und weibliche Tiere sind sexuell inkompetent und als Eltern unbrauchbar. Sie behandeln ihre Jungen wie unbelebte Gegenstände.«[52] Die Suche nach dem Abenteuer, die Zunahme an Courage (aus dem französischen Wort für »großes Herz«), die Erweiterung des Herzenswissens und der Kraft des Herzens werden verhindert oder ganz zerstört, wenn die Liebe zur Mutter, die Liebe zur Welt und damit auch die Selbstliebe verlorengehen. Ironischerweise verlassen derartige Kinder ihre Mutter nie und internalisieren den Selbsthaß, den sie von den Eltern aufgenommen haben. Die Mythen der zweiten Geburt sprechen von einer bewußten Rückkehr in den Mutterschoß und einer Wiedergeburt der Freigewordenen. Das Wissen davon, das Jesus Nikodemus mitteilte, wird frustriert (Joh 3). Es entsteht, mit Stevens Worten, »ein Versagen bei der Befreiung von der Mutter: Der

Held schmachtet in Ewigkeit im Bauch seiner Mutter, aufgesogen, verschlungen, absorbiert.« Auf diese Weise verstärkt die furchtbare Mutter die ursprüngliche Angst des Mannes vor der Frau und untergräbt damit sein männliches Selbstvertrauen, so daß es ihm unmöglich wird, den Drachenkampf auch nur zu versuchen, das große Abenteuer. Man fühlt sich an Alfred North Whiteheads Warnung erinnert, daß der Tod der Religion kommt, wenn die große Hoffnung auf das Abenteuer schwindet. Stevens fährt fort, daß das von der Mutter verschlungene Kind »eine Haltung sanfter Unterwürfigkeit annehmen kann, um seinen schwelenden Groll zu verbergen. Seine bedrängte Sexualität verschafft sich Erleichterung in masochistischer und onanistischer Glorifizierunng seiner Unterwürfigkeit, während die phallischen Attribute der furchtbaren Mutter erotisiert werden.«[53]

Anhänger einer Religion, deren Mütterlichkeit stirbt, erleben wohl einiges, was einem spirituellen Masochismus entspricht. Stevens weist darauf hin, wie phallisch die furchtbare Mutter wird. Es entsteht eine Verbindung von verschlingendem Vater und verschlingender Mutter, in welcher das Kind zum Futter wütender, rächender Eltern wird.

Wer meint, mein Traum sei zu hart gegenüber der Kirche und ihren Vertretern, kann sich in der Kirchengeschichte davon überzeugen, wie viele prophetische Warnungen aus der Kirche selbst gekommen sind. Die Wirklichkeit der Kirche kann auf sehr unterschiedliche Weise ausgedrückt werden. Viele Verständnisweisen der Kirche sind irgendwann neuen gewichen. So müssen einige unserer heutigen Formen sterben, damit neue, kreativere und lebensspendende Formen geboren werden können. Es ist götzendienerisch, den göttlichen Geist zu sehr mit einer gegebenen Form zu identifizieren. Der Faschismus ist eine patriarchale Häresie. Hildegard von Bingen, die von Johannes Paul II. als »große Heilige« bezeichnet wurde, erklärte gegenüber Papst Anastasius IV. einmal:

»Daher, o Mensch, der du auf dem päpstlichen Throne sitzt, verachtest du Gott, wenn du das Böse nicht von dir schleuderst, vielmehr es küssend umfängst, da du es bei verdorbenen Menschen stillschweigend duldest. ... Und du, o Rom, liegst wie in den letzten Zügen. ... Denn du liebst die Königstochter, die Gerechtigkeit, nicht mit glühender Liebe.«[54]

Hildegard schrieb Äbten und Prioren über das »Unrecht«, das Mönche und Klerus »gegen die Gerechtigkeit«[55] begehen. Und sie predigte gegen die Faulheit der Kleriker und ihre Weigerung, zu lernen und zu predigen und ihre Herzen zu wandeln. Die Kirche, wie wir sie gekannt haben, stirbt.

8. Mutter Liebe (das Mitgefühl) stirbt

Das hebräische Wort für Mitgefühl leitet sich von dem Wort für Mutterschoß ab. Liebe im Mutterschoß, Mutterliebe, schöpferische Liebe sind Teil der Kraft, die wir als Mitgefühl kennen. Jesu Wort »seid barmherzig, wie euer Schöpfer im Himmel barmherzig ist« (Lk. 6,36) ist eine ausdrücklich mütterliche Offenbarung des Göttlichen. Jesus bezog sich auf die mütterlichsten Elemente in seiner jüdischen Überlieferung, die Weisheitssprüche und den Ruf nach Barmherzigkeit. Diese Aufforderung zu göttlicher Mütterlichkeit stellte zu seiner Zeit das religiöse System ernsthaft in Frage. Die Kreuzigung Jesu war die logische Folge seines Frontalangriffs auf das Patriarchat. Das unterstreicht vielleicht die tiefe Bedeutung des Abendmahles, dessen eucharistisches Versprechen im wesentlichen war: Eßt mich – den göttlichen Sohn – und trinkt mich – das göttliche Blut –, statt euch von rächenden Eltern essen und verschlingen zu lassen. Das Mahl der Eucharistie wird zu einer Einladung an alle Kinder Gottes, nicht mehr Futter verschlingender Eltern zu sein, sondern statt dessen lebendige Nahrung eines gesegneten Universums und seines frohen Schöpfers und Erhalters zu werden. In all dem liegt ein Versprechen mütterlichen Eros, des Eros von Essen und Trinken, gemeinsamen Mahles, und der Rückkehr der verlorenen Mutterliebe – der Gottheit selbst.

Eine Religion und Kultur, die das Mütterliche unterdrückt und verzerrt, wird auch die alte Tradition von Gott als Mutter und der Göttin in jedem Menschen unterdrücken. Jesus kam, um der patriarchalen und militaristischen Kultur seiner Zeit diese Wahrheit zurückzubringen. Er kam auch, um die Kreativität in jedem Menschen zu erwecken, das heißt seine Mutter. Die Geschichte seiner Auferstehung vollendet dieses kreative Erwachen auf der seelischen Ebene. Der Psychologe Otto Rank, der nicht Christ war, ist davon überzeugt, daß diese von Jesus und Paulus entwikkelte Geschichte zur »größten Revolution in der menschlichen Geschichte«[56] führte, weil sie alle Menschen auffordert, ihre Angst vor dem Tode aufzugeben. Rank meint, wenn wir das tun könnten, so könnten wir unserer göttlichen Aufgabe gerecht werden, nämlich Mitschöpfende zu werden.

Mit dem Edikt von Milan erbte die Mutterkirche der westlichen Christenheit im Jahre 312 das Römische Reich. Der patriarchale und dualistische Theologe Augustinus von Hippo legte im gleichen Jahrhundert eine Theologie vor, die den Mangel an Mutterliebe rechtfertigte, das heißt den Einzug von Christen zum Militär, »gerechte Kriege« im Namen Christi, Verfolgung von Minderheiten wie den Donatisten und die Abwertung der Frauen zu bloßen Schatten und Sündenböcken. (»Der Mann, nicht die Frau ist nach dem Ebenbilde Gottes geschaffen«[57], schrieb er.) Ganz korrekt nennen wir jene Epoche die »patristische Zeit«, die Zeit der Kirchenväter. Erst heute fangen wir an, uns von jener Abtreibung des Mütterlichen im Leibe der Kirche zu befreien, die vor 16 Jahrhunderten begann.

Es wird Zeit für eine zweite Geburt der Mutter Kirche. Wie Jesus zu Nikodemus sagte, daß man wiedergeboren werden muß, so müssen jene, die in dem Leib von Mutter Kirche aufgesogen worden sind, in den Leib von Mutter Kosmos wiedergeboren werden. Diese zweite Geburt ist entscheidend für die Erlösung von Mutter Kirche, die immer reformbedürftig ist (SEMPER REFORMANDA) und heute verzweifelt der Erneuerung bedarf.

Bei wirklicher Erlösung geht es immer um das Mitgefühl: ein Erwachen der Leidenschaft für Gott, seine Schöpfung und alle seine Kinder, besonders für die Leidenden. Mitgefühl hat nichts mit Mitleid zu tun oder damit, daß andere einem leid tun. Es entsteht vielmehr aus dem Gefühl, aufeinander angewiesen zu sein, aus einer Intuition für und Ehrfurcht vor der wunderbaren Tatsache, daß wir alle lebendig sind und in einem ursprünglichen, göttlichen Leibe schwimmen. Wir leben im Fruchtwasser der kosmischen Gnade! Das müssen wir nicht nur feiern, sondern wir müssen für jene kämpfen, die mitten unter uns verdursten, weil sie durch die Armut an Seele oder Körper oder beidem so tief verwundet sind.

Das Wahrzeichen der echten Kirche, der gläubigen Kirche,

wird stets sein, was Jesus von ihr forderte: dort zu sein, wo das Mitgefühl ist. Das Mitgefühl und seine Ausdrucksformen: feiern, heilen, für Gerechtigkeit eintreten sowie das Erleben wechselseitiger Abhängigkeit wird in Zukunft Merkmal einer Kirche und ihrer Leitung sein. Denn darin besteht die Feier der königlichen Menschwerdung und der König-/Königinnenschaft Gottes, von der Jesus verkündete, sie sei bereits unter uns vorhanden.

Ich glaube, daß sich in Zukunft faschistische religiöse Sekten miteinander verbinden werden und daß sich auch jene verbinden werden, die sich dem Mitgefühl als innerstem Gehalt der Evangelien und anderer Religionen verpflichtet wissen. Und jene werden sich um die sterbende Mutter bemühen, Mutter Liebe, Gott als Mutter, die Mutter in uns allen und das Bild der Göttin in uns. Das ist die Botschaft meines Traumes.

Während der Apollomission im Jahre 1969 wurde der Astronaut Rusty Schweikert an einer Art Nabelschnur aus der Raumkapsel gelassen. Normalerweise hält die NASA ihre Leute dort ständig beschäftigt, damit nicht plötzlich ein mystisches Erlebnis durchbricht. Schweikert stieß jedoch etwas Seltsames und Synchronistisches zu: Als er aus der Kapsel herausgekommen war, ging darin etwas schief; sowohl die Kontrollstation in Houston wie auch die anderen Astronauten hatten mit dem Problem zu tun. Deshalb blieb Rusty ganz allein und trieb in völliger kosmischer Stille im Raum um Mutter Erde. Während dieser Zeit hatte Rusty zwei tiefgreifende Bekehrungserlebnisse, die ich beide für ein Erwachen zum Mitgefühl halte. Er schaute zurück zu Mutter Erde, »einem leuchtenden Edelstein auf total schwarzem Hintergrund«, und erkannte, daß sich auf diesem Edelstein alles befand, was ihm teuer war – seine Familie und Heimat, die Musik und die Geschichte der Menschheit mit ihren Torheiten und ihrer Größe. Er war davon so überwältigt, daß er »den Edelstein umarmen und küssen wollte wie eine Mutter ihr erstgeborenes Kind«. Vielleicht durchströmten mütterliche Liebe und Mitgefühl seine Seele zum allerersten Male. Er war als Pilot für Kampfbomber ausgebildet worden und der typische Macho. Aber in jenem Augenblick im freien Raum überschwemmten ihn in einem Durchbruch seine aufgestauten mütterlichen Kräfte. Stellen Sie sich vor, was geschähe, wenn diese gewaltigen Reservoirs unglaublicher Kraft in allen Menschen, Völkern und Institutionen im Osten und Westen freigesetzt würden!

Schweikerts zweites Erwachen im Raum war ein politisches. Er war ein »rot-weiß-blauer« Amerikaner, der an das glaubte, was man ihn stets gelehrt hatte: daß die Welt in die »kommunistische und die freie Welt«[58] geteilt sei. Als er aber so um die Erde trieb, sah er, daß die Flüsse ohne Unterschiede zwischen Rußland und Europa flossen, daß die Meeresströmungen für kommunistische, sozialistische und kapitalistische Nationen gleichermaßen da waren, daß die Wolken nicht an den Grenzen haltmachten, um erst eine ideologische Prüfung abzulegen, und *daß es keine Staaten gibt.* Staaten existieren nur in der menschlichen Vorstellung. Die Staaten sind es, die pro Minute eine Million Dollar für Waffen ausgeben; und sie haben nicht mehr Bedeutung, als die menschliche Vorstellung ihnen gibt. Was wirklich besteht, ist wechselseitige Abhängigkeit.

Nach seiner Rückkehr brauchte Schweikert bei keinem Direktor über seine mystischen Erfahrungen Bericht zu erstatten. Er gibt zu, daß er ein halbes Jahr lang wie im Rausch herumgelaufen ist und vor Laternenpfähle lief, während er sich dauernd die eine Frage stellte: »Warum hat Gott das mit mir gemacht?« Schließlich kam er zu dem Schluß, daß Gott dies *durch ihn* getan hat, damit auch andere die Botschaft hören können. Welche Botschaft? Ich nehme an: Mitgefühl, Aufeinander-angewiesen-Sein, Eros, die gemeinschaftliche Schönheit auf diesem leuchtenden, schimmernden Planeten.

Schweikerts erotisches und politisches Erwachen zum Mitgefühl kostete fast vierzig Millionen Dollar. Schon diese Summe zeigt an, wie nahe die Mutter in unserer Kultur dem Tode ist. Hoffen wir, daß die übrigen von uns mit geringeren Kosten zum Mitgefühl erwachen können. Mein Traum hält es für möglich.

9. Unsere Mutter stirbt, ist aber noch nicht tot

Ich habe einen Traum beschrieben und ausgelegt, der mir vieles über den Tod der Mutter in der westlichen Kultur offenbart hat. Muttermord – das Töten des mütterlichen Prinzips – richtet sich gegen Mutter Erde, Mutter Gehirn und Mutter Kreativität, gegen Mutter Religion und Mutter Weisheit, gegen die Jugend, gegen Mutter Kirche, Mutter Mitgefühl und auch gegen das Väterliche. Kürzlich stellte ein Student mir die Frage: Bin ich meiner Mutter Hüter? Das ist die moralische und spirituelle Frage unserer Zeit. Wenig deutet darauf hin, daß die Menschen des Westens diese Verantwortung in den vergangenen vierhundert Jahren ernst oder auch nur spielerisch angenommen haben. Die Strukturen und kulturellen Voraussetzungen, die Bildung und religiösen Institutionen des Patriarchats haben uns alle mit mütterlichem Blut an den Händen zurückgelassen, dem Blut der gekreuzigten Mutter Erde, der verkümmerten Mutter Gehirn, der vertrockneten Mutter Weisheit und der zur verschlingenden Mutter gewordenen Kirche.

Der Vatikan macht sich selbst impotent, indem er seine kreativsten Söhne und Töchter auffrißt, jene nämlich, die darum kämpfen, die Frohe Botschaft in eine Kultur zurückzubringen, die am Militarismus und Dualismus verrückt geworden ist. Abgesehen davon, daß die Wut des Vatikans sich auf verheiratete Paare und Ordensschwestern richtet, gibt es eine immer länger werdende schwarze Liste kreativer Theologen, Kirchenmänner und -frauen. Wie auch andere patriarchale Institutionen gibt der Vatikan fortwährend mehr aus, als er einnimmt. Die Schulden von 36 Millionen Dollar im Jahre 1984 wuchsen bis 1987 auf 61,8 Millionen an.

Woran liegt es, daß das Patriarchat heute so arrogant und dumm ist? Liegt es an jenen Menschen und Institutionen, denen das Mütterliche fehlt oder die damit beschäftigt sind, es zu bekämpfen, zu unterdrücken und zu vergessen, die zutiefst machthungrig sind, gierig und aus dem Gleichgewicht? Es ist doch interessant, daß der verstorbene Papst Johannes Paul I., der nur dreißig Tage lang Papst war, der aber mit den finanziellen und anderen Skandalen im Vatikan aufräumen wollte, kurz vor seinem plötzlichen Tod[59] verkündete: »Gott ist Mutter und Vater. Aber Gott ist mehr Mutter als Vater.«

Der von mir beschriebene und gedeutete Traum handelt, glaube ich, von der herrschenden Krankheit, dem Mißstand unserer Zeit. Sein Symptom ist der Muttermord, das Töten des Mütterlichen in uns und um uns. Die Krankheit selbst ist aber das Patriarchat, die Periode westlicher Zivilisation von etwa 4500

v. Chr. bis heute, in der die besprochenen muttermörderischen Eigenschaften die menschliche Psyche, ihre Institutionen und Entscheidungen bestimmt haben.

Bezeichnenderweise sagte mein Traum nicht »deine Mutter ist tot«, sondern »deine Mutter stirbt«. Es gibt noch Hoffnung, wir können noch etwas tun, um den Lauf der Dinge zu wenden, uns zu bekehren und unseren Weg zu ändern. Wie können wir ein Gleichgewicht zwischen einer gesunden Mutter und einem gesunden Vater in uns erreichen? Die Antwort sehe ich in einem tiefen mystischen Erwachen, wie der Planet es noch nicht gesehen hat – einem wahrhaft planetaren mystischen Erwachen, das die Weisheit und Mystik, das Spielerische und Gerechte in den Überlieferungen aller Religionen und Kulturen hervorholt. Ein derartiges mystisches Erwachen würde sicherlich jenen »Frieden auf Erden« gebären, nach dem die Schöpfung sich sehnt, und das vor zweitausend Jahren in Bethlehem gegebene Versprechen einlösen. Friede *auf* der Erde kann niemals zustande kommen ohne Frieden *mit* der Erde und Frieden mit allen Geschöpfen. Nur ein großes Erwachen kann die Menschheit dazu bringen, Teil des Friedensprozesses zu werden und nicht mehr Krieg gegen Mutter Erde zu führen. Ich bin überzeugt, daß dieses Erwachen in unserem mystischen Bewußtsein stattfinden wird. Es ist bereits auf dem Wege.

TEIL II

Mystik

Eine Auferstehungs-Geschichte für unsere Zeit

Wenn du willst, daß dein Herz leuchtet, mußt du daran arbeiten.
Wenn Metall poliert werden kann,
bis es gleich einem Spiegel glänzt,
wie müßte man dann
den Spiegel des Herzens polieren?

Rumi[1]

Normales Bewußtsein ist ein Zustand der Starre, in dem die Sensibilität für das wirklich Reale und die Reaktion auf die Anstöße des Geistes eingeschränkt sind. Die Mystiker wußten, daß der Mensch in eine verborgene Geschichte des Kosmos eingebunden ist, und sie bemühten sich, aus Schläfrigkeit und Apathie zu erwachen und ihre Seelen, die in einem Zauberbann lagen, wieder zur Wachheit zurückzuführen.

Abraham Heschel[2]

Zukunft und Vergangenheit können sich nicht von den gegenwärtigen Formen der religiösen Erfahrung nähren, denn sie sind zu flach. Die Zukunft kann nur von der ursprünglichsten Kommunion mit dem Heiligen leben.

Thomas Berry[3]

Gott kann nicht zu uns gelangen,
wenn wir nicht im unbewußten Raum
unseres Herzens weilen.

Patrick Kavanagh[4]

Eine bloß zweckorientierte Rationalität, die ohne Rücksicht auf Phänomene wie Kunst, Religion, Traum und ähnliches verfährt, ist notwendig pathogen und lebenszerstörend.

Gregory Bateson[5]

Wie wichtig das Gehirn für den Körper ist, ergibt sich schon daraus, daß es nur zwei Prozent des Körpergewichtes enthält, aber für seine Tätigkeit zwanzig Prozent des Sauerstoffs und Blutes im Körper braucht.

Guy Murchie[6]

Inbegriff des Irrationalen ist das Wunder der Schöpfung an sich.

Otto Rank[7]

*Alles ist voll und rein in seiner Quelle und genau dort,
nicht außerhalb.*
MEISTER ECKHART[8]

Die Vorstellungen der Wissenschaft zeigen starke Ähnlichkeiten mit den Vorstellungen der Mystiker. ... Die Philosophie der mystischen Überlieferungen, die Ewige Philosophie, ist der schlüssigste philosophische Hintergrund für die moderne Naturwissenschaft auf allen diesen Ebenen.
FRITJOF CAPRA[9]

Das orthodoxe Christentum hat eine gefährliche Neigung, die ekstatische Dimension der Gottesbeziehung preiszugeben. ... Ganz im Gegensatz dazu haben die großen Heiligen das Feuer der Ekstase lebendig gehalten und unser Vermögen, Gott in der Schöpfung zu loben, als Teilhabe an der Ekstase des Lebens verstanden.
DOROTHEE SÖLLE[10]

*Wie wunderbar ist doch die Weisheit im Herzen der Gottheit,
die urewig jedes Geschöpf erschaut.*
HILDEGARD VON BINGEN[11]

Denkt daran, ihr Sucher, daß alle Entfernungen von denen überwunden werden können, die der Quelle ihres Wesens nahe sind.
KABIR[12]

Es ist leichter, in einem Regierungsschiff viele tausend Meilen durch Kälte und Sturm und zwischen Kannibalen zu segeln, während einem fünfhundert Mann zur Seite sind, als das private Meer zu erkunden, den Atlantik und Pazifik des Alleinseins.
HENRY DAVID THOREAU[13]

Es muß einen neuen Kontakt geben zwischen dem Menschen und der Erde; die Erde muß neu gesehen und gehört und gefühlt und gerochen und geschmeckt werden; es muß zu einer Erneuerung der Weisheit kommen, die darauf beruht, genau um die Schmerzen und die Lust, das Risiko und die Verantwortung des Lebens in dieser Welt zu wissen.
WENDELL BERRY[14]

Wenn es wahr ist, was wir in Teil I besprachen, daß Mutter Erde und das mütterliche Prinzip in unserer Zeit gekreuzigt werden, dann ist es auch wahr, daß diejenigen, die den Muttermord begehen, die menschliche Rasse nämlich, mit dem Töten aufhören können. Wie aber kann das geschehen? Wie können wir von der Kreuzigung oder dem Muttertod zu einem gesunden Leben finden? Der Weg, glaube ich, liegt in der Fähigkeit der menschlichen Psyche zur Auferstehung: zur Lebendigkeit, zur Wachheit, Bewußtheit und Wiedergeburt – kurz, in der Fähigkeit zur Mystik. Der Westen versteht jedoch aus Gründen, die wir zu untersuchen haben, nichts von Mystik und seinen eigenen Mystikern und Mystikerinnen. Eine Auferstehung der Mutter Erde ist möglich, wenn wir es schaffen, zu einer echten Mystik zu erwachen.

10. Die Etymologie der Mystik

Was bedeutet Mystik? Beginnen wir mit einer Untersuchung der etymologischen Bedeutung des Wortes.

Das Wort *Mystik* stammt vom griechischen MYEIN, das die beiden Grundbedeutungen hat: »die Sinne verschließen« und »an den Mysterien teilnehmen«. Die beiden Bedeutungen hängen zusammen, da man paradoxerweise für die Mysterien offener ist, je mehr man die Sinne zu verschließen gelernt hat, das heißt weniger projiziert und eine offenere Einstellung hat. Die beiden spirituellen Überlieferungen des Westens – die Sündenfall-Erlösungs-Spiritualität (oder asketische Spiritualität) und die Schöpfungs-Spiritualität (oder Spiritualität des ursprünglichen Segens) – deuten das Wort MYSTIKOS (Adjektiv zu MYEIN) unterschiedlich. Die erste versteht das »Schließen der Sinne« als eine MORTIFICATIO, eine Abtötung der Sinne. Bei spirituellen Autoren des Sündenfall-Erlösungs-Konzeptes finden wir deshalb viel über dieses Thema. Wo sich die Ideologie der Abtötung der Sinne mit einem Mißtrauen gegen Körper und Natur verbindet, setzen wir Mystik mit einer Askese gleich, die als Kontrolle der Leidenschaften, der Sinne und des Selbst verstanden wird. Diese Erniedrigung des Ursegens der Leidenschaften bildet eine nützliche Grundlage der patriarchalen Machtideologie, der Macht über Personen, andere Geschöpfe, Mutter Erde, die Schöpfung selbst. Wendell Berry warnt: »Man kann nicht den Körper geringschätzen und die Seele erheben.«

Die asketische Richtung in der christlichen Sündenfall-Erlösungs-Spiritualität befürwortet eine entschiedene Abtötung der Sinne. Anfang des Jahrhunderts wurde ein Buch veröffentlicht mit dem Titel *Directorium Asceticum: Guide to the Spiritual Life*, das ein Vorwort und eine Widmung eines Kardinals enthielt und in mehrere Sprachen übersetzt wurde. Darin lesen wir von einer sehr heiligen Nonne, die »sich nie gestattete, einen Teil ihres Körpers anzuschauen oder zu berühren, auch jene nicht, deren Bedeckung der Anstand uns nicht gebietet«. Als sie krank im Bett lag, bat sie ihren geistlichen Leiter um Erlaubnis, Strümpfe zu tragen, da »sie es für unschicklich hielt, daß ein nackter Fuß den anderen berührt«. Im gleichen Buch hören wir vom Bischof St. Hugh, »der, obwohl er aufgrund seines geistlichen Amtes gezwungen war, mit Frauen Umgang zu haben ... in vierzig Jahren keiner ins Gesicht sah«. Und man informiert uns darüber, daß St. Aloysius »seine Augen niemals auf das Angesicht einer Frau richtete, nicht einmal seiner eigenen Mutter«. Von den mystischen Erfahrungen der Männer in dieser asketischen Tradition sind nicht nur die Frauen ausgeschlossen, sondern die gesamte Schöpfung. Wir hören, daß St. Laurentius Justinian »sogar, wenn er ohne Tadel seine Augen hätte benutzen können, sich einer Betrachtung der Schönheit der Natur und des Grünes der Bäume in seinem privaten Garten enthielt«. Eine heilige Nonne namens Sara lebte vierzig Jahre lang in einem Kloster in Skythien neben einer Quelle und »warf nicht einen einzigen Blick darauf«.[1] Wegen dieses verdrehten Mystikverständnisses als einer Abtötung der Sinne hat der Begriff »mystisch« im Westen einen abfälligen Beiklang.

Eine in der Schöpfung zentrierte Überlieferung beschäftigt sich nicht mit der »Abtötung der Sinne«, sondern erkennt Leidenschaften, Körper, Sinne und Sinnlichkeit als Teil der göttlichen Gabe, des Ursegens an, die Ehrfurcht und Dankbarkeit verdienen. In der Schöpfungs-Tradition gibt es kein Bedauern darüber, einen Körper zu haben, und keine Notwendigkeit, den Körper zu strafen oder Herrschaft über ihn und andere zu gewinnen. Mitgefühl ist die Grundkraft und ethische Norm dieser Überlieferung; und – wie Meister Eckhart sagt – »beginnt Barmherzigkeit zu Hause bei meinem Körper und meiner Seele«[2]. Wie könnten wir anderen gegenüber mitfühlend und barmherzig sein, wenn wir kein Mitgefühl mit der wichtigsten Gabe haben, die uns allen gegeben ist – mit unserem Körper? Die Schöpfungs-Tradition versteht die Übung des »Verschließens der Sinne« als die Fähigkeit, zeitweilig unsere Sinneswahrnehmungen loszulassen, so daß wir in Stille und Leere versinken, daß wir Einsamkeit erleben, sie feiern und daraus lernen können. Man könnte auch sagen, »Verschließen der Sinne« bedeute, öfter die Aus-Taste des Fernsehers zu drücken oder manchmal in die Wüste, in die Wälder oder ans Meer zu gehen, um *einfach dazusein.* Es gibt keine moralische Forderung, die Sinne zu schließen, weil sie böse oder außer Kontrolle sind. Wir lassen vielmehr manchmal von der Wahrnehmung ab, weil die Eindrücke schädigend oder vergiftet sind oder einfach weil sie Körper und Seele überwältigen. Das »Schließen der Sinne« dient somit als eine Art Reinigung, nicht weil die Sinne böse sind, sondern weil sie eine so große Gabe sind, daß sie manchmal eine Grundreinigung brauchen, um sich zu erneuern und zu erfrischen. Die Reinigung bezieht sich weniger auf die Sinne selbst als auf den Inhalt der Wahrnehmungen, denen sie ausgesetzt sind. Der Psychologe Arthur Deikmann bezeichnet diesen Prozeß als »Deautomatisierung«. Die Sinne können durch das tägliche Bombardement mit Eindrücken derartig überlastet sein, daß die wirkliche Schönheit verlorengeht oder vergessen wird. In dem Buch *Whee! We, wee All the Way Home: A Guide to Sensual, Prophetic Spirituality*[3] habe ich diese Übungen zum Erwachen und Reinigen als »taktische Ekstasen« bezeichnet. Es handelt sich um Mittel, nicht um Endzwecke. Das Ziel ist vielmehr, die Sinne zu *erwecken*, nicht sie zu *töten.*

Die zweite Bedeutung von MYEIN, »an den Mysterien teilnehmen«, hat in der Sündenfall-Erlösungs- und der Schöpfungs-Spiritualität ebenfalls sehr unterschiedliche Bedeutung. In der Sündenfall-Erlösungs-Tradition sind mit den Mysterien die Mysterien des Kultes und der Sakramente gemeint, die üblicherweise als die kirchlichen liturgischen Riten definiert sind. Die Schöpfungs-Tradition bezieht sich hingegen zurück auf das ursprüngliche Sakrament, das Urmysterium, das Universum selbst. Sie ruft auf zu einem spirituellen Erwachen zum Geheimnis des

Universums und unserer Existenz darin. In dieses Mysterium wieder einzutreten ist eine sakrale Handlung, eine heilige Übung. Um ganz in das Mysterium eintreten zu können, müssen wir den spirituellen Athleten in uns ansprechen. (An dieser Stelle »erlöst« die Schöpfungs-Tradition das Wort *asketisch*. Ursprünglich bedeutete es, ein Athlet zu sein, nicht die Sinne abzutöten, sondern sich zu trainieren für den Kampf, hier für den Einsatz für das Mysterium unseres Daseins im Zusammenhang mit dem Mysterium des Universums.) Schließlich ist das Universum der angemessene Hintergrund und die Energiequelle für die Wirkung aller Rituale, Kulte und Sakramente. Indem wir so auf das Mysterium des Universums als Ausgangspunkt für die mystische Reise zurückkommen, hebt die Schöpfungs-Tradition den Anthropozentrismus der Liturgie auf und gibt ihr wieder Leben. Die Liturgie findet die Kraft und Hauptquelle ihrer Symbole und heilenden, kräftigenden Wirkung erst im Zusammenhang mit einer Mystik, die im tiefsten Geheimnis des Universums gründet. Der Kosmologe Brian Swimme legt in *The Universe Is a Green Dragon* den Grund für eine erneuerte Mystik der Sakramente, indem er mit den ursprünglichen Sakramenten Meer, Land, Leben, Feuer und Wind beginnt. Er schreibt:

»Manchmal verfallen wir der Illusion, die Kraft wäre woanders und wir hätten keinen Zugang dazu. Nichts ist weiter von der Wahrheit entfernt. Das Universum summt förmlich vor Kraft, die darauf wartet, von jemandem in Anspruch genommen zu werden. Da die Kräfte der kosmischen Dynamik aber unsichtbar sind, müssen wir uns immer wieder an ihr Vorhandensein erinnern. Wer erinnert uns daran? Die Flüsse, Ebenen, Galaxien, Stürme, Blitze und all unsere lebendigen Gefährten.«[4]

Nicht nur das Universum ist ein großes Geheimnis und deshalb die Quelle der Mystik, sondern auch unser Körper. Das Gehirn eines Menschen ist komplexer als alle existierenden elektronischen Schaltungen. Das menschliche Herz verrichtet täglich soviel Arbeit, wie nötig wäre, um eine Tonne Gewicht bis zur Höhe eines fünfstöckigen Gebäudes zu heben. Dem Wissenschaftler Guy Murchie zufolge kann man den Körper als eine Gemeinschaft von hundert Organen, zweihundert Knochen, sechshundert Muskeln, Billionen Zellen und Heptillionen Atomen ansehen, deren Zusammenwirken die ganze Person ausmacht. »Niemand könnte das kritisch untersuchen, ohne dabei einen Respekt zu empfinden, der zu Ehrfurcht anwächst.«[5] Wie das Universum ist der Körper Quelle der Ehrfurcht und darum Quelle der Mystik.

Nach dem Verständnis der Schöpfungs-Tradition besteht Mystik hauptsächlich im Betreten des Mysteriums unseres Daseins, der Gabe und dem Segen der Schöpfung selbst. Zum geheimnisvollen Universum, in das wir eintreten, gehört das Universum unseres Geistes und unserer Vorstellung, unserer Erinnerung und unseres Körpers genauso wie die Mysterien des Kosmos an sich. In Anbetracht der Verwundung des ursprünglichen Menschseins müssen wir aber anfangs auch etwas loslassen und in einen Raum der Leere, der Offenheit und schlichten Fähigkeit des Staunens zurückkehren, um so voll wie möglich in diese Mysterien eintreten zu können. Wer in die Mysterien eintritt und nicht staunen kann, verpaßt die Kraft und Großartigkeit der Reise – und die Kraft und Großartigkeit des Gebers der Reise, des Gebers der Schöpfung.

11. Die Verdrängung des Mystischen

Während der sogenannten »sexuellen Revolution« vor etwa zwanzig Jahren setzte sich die westliche Gesellschaft mit der Verdrängung unserer Sexualität auseinander. Die Bewußtwerdung unserer Sexualität war ein langer Prozeß, der sich über ein Jahrhundert hinzog. Er wurde von der modernen Psychologie in Bewegung gesetzt, die mit Sigmund Freud begann. Aufgrund der Pionierarbeit der Ärztin Elisabeth Kübler-Ross und des Schriftstellers Ernest Becker begannen wir uns vor etwa zehn Jahren ernsthaft mit der Verdrängung des Todes auseinanderzusetzen. Nun wird es Zeit, die dringende Frage der gefährlichen und schädlichen Verdrängung des Mystischen in der westlichen Gesellschaft anzusprechen.

Sie wird sichtbar in der Art und Weise, wie wir Mutter Erde als Objekt behandeln, und darin, wie wir das mütterliche Prinzip überhaupt als schädlichen Faktor unseres Lebens behandeln. Das Mystische läßt sich durchaus als die Schattenseite der westlichen Persönlichkeit verstehen. Warum sollten wir dieses unbekannte und oft unterdrückte Element unserer Psyche und Persönlichkeit untersuchen? Hildegard von Bingen zeigt, daß das Schlimmste, was der Teufel der Menschheit vorwerfen kann, ist: »So weißt du [der Mensch] nicht, was du bist.«[6] Falls wir Mystiker sind, ohne davon zu wissen, dann sind wir allerdings in den Fängen des Dämonischen, denn wir wissen nicht, wer wir sind.

Alice Miller sagt uns, daß Depression ein Ergebnis der Trennung von unserem wahren Selbst ist.[7] Die mystische Dimension unserer Seele ist Teil unseres wahren Selbst, aber unsere Kultur lehrt uns, sie zu leugnen, und erzieht uns auf diese Weise zu einer Depression, die schließlich zur Verzweiflung führt. Miller hält unsere Kultur für in Depression verstrickt und meint, unser Jahrhundert sei einzigartig in diesem Hang zur Depression. Die depressive Kultur ist das Endergebnis einer Zivilisation, die seit dreihundert Jahren die Mystik vernachlässigt hat. Miller definiert das Gegenteil der Depression nicht als Fröhlichkeit oder Schmerzfreiheit, sondern als »Vitalität«.

Während eines Seminars über die mystische Reise nach Meister Eckharts vier Wegen erzählte mir eine Frau folgende Geschichte: »Diese Woche erzählte ich meiner Psychiaterin, daß ich meinte, vielleicht eine Mystikerin zu sein. Ihre Antwort war: ›Sie haben wahrscheinlich Epilepsie. Nehmen Sie über das Wochenende diese chemischen Prüfmittel; und wir sprechen nächste Woche darüber.‹ Nachdem ich Meister Eckharts und Ihre Ausführungen über die Mystik gehört habe«, fuhrt sie fort, »werde ich meine Psychiaterin nächste Woche wohl verlassen. Ich bin nicht sicher, ob ich sie überhaupt noch brauche. Ihr Seminar hat mich ziemlich davon überzeugt, daß ich letztlich eine Mystikerin bin.« Zwei Monate später traf ich die Frau wieder. Sie hatte die psychiatrische Behandlung beendet und hatte als Mystikerin mehr Freude am Leben.

Ist das ein Einzelfall? Gewiß nicht. Seit fünfzehn Jahren führe ich bei zahlreichen Reisen in Nordamerika, Europa und Australien Work- und Playshops über Schöpfungs-Mystik durch. Dabei stoße ich immer wieder darauf, daß alle möglichen Menschen heute zu Mystikern erwachen. Wie selten aber wird dieses Erwachen, diese Neugeburt, die das Erwachen und die Neugeburt von Mutter Erde ankündigt, in unserer Gesellschaft begrüßt und unterstützt. Gregory Bateson bezeichnet die Unterdrückung des Mystischen als »pathologisch«; und der Kulturhistoriker José Arguelles erklärt, daß »die Diktatur des Verstandes« in der modernen Epoche der westlichen Kultur »die Mystik als eine Art Wahnsinn verbannt hat«[8].

Der Religionsgeschichtler Huston Smith spricht von einer »Ambivalenz des Christentums gegenüber seinen Mystikern«[9]. In der Tat ist der christliche Westen seinen Mystikern gegenüber ambivalent gewesen. Nur wenige von uns kennen zum Beispiel den größten Mystiker unserer eigenen Überlieferung, Meister Eckhart, der vor sechshundert Jahren von seiner Kirche verdammt wurde und immer noch auf die Rehabilitierung von diesem Stigma wartet. Weise des Ostens jedoch, wie D. T. Suzuki, kennen Eckhart als den größten Zen-Denker des Westens. Wenige Europäer oder Amerikaner kennen auch Hildegard von Bingen, eine außergewöhnliche Frau mit wissenschaftlicher, poetischer, musikalischer, dramatischer und mystischer Begabung und eine Sozialreformerin. Wie viele Theologiestudenten haben die Werke von Juliana von Norwich oder Eckhart daraufhin studiert, welchen Beitrag zur Theologie sie leisten? Wie viele Protestanten wissen, daß einer der wichtigsten Einflüsse auf Martin Luther nach seinen eigenen Angaben die *Theologia Germanica* war, ein mystisches Werk aus dem vierzehnten Jahrhundert aus der spirituellen Schule Eckharts? Oder daß auch Johannes Tauler, ein Schüler Eckharts, Luther sehr beeinflußte? Reinhold Niebuhr, ein liberaler protestantischer Theologe aus unserem Jahrhundert, bezeichnete dagegen die Mystik als »Häresie«[10]; und Anders Nygren, der Bischof von Lund, nannte sie »den Gipfel egozentrischer Frömmigkeit«[11]. Studenten der protestantischen, katholischen oder rabbinischen Theologie erhalten nicht unbedingt solide Kurse über die mystische Tradition des Judentums und der Christenheit. Als ich an der protestantischen Fakultät einer bekannten Eliteschule Vorträge hielt, erzählte mir eine Studentin, die gemeinsam mit anderen »um Kurse über die Mystiker gebettelt hatte«, daß der Dekan der theologischen Fakultät und andere Professoren »Mystik für einen Spleen hielten«. Kürzlich erhielt ich einen Brif von jemandem, der es wie viele andere für nötig befunden hatte, die christlichen Wurzeln seines Glaubens zu verlassen, um mit Meditation und mystischer Erfahrung wirklich Ernst zu machen. Er schrieb mir: »Wie Sie sicherlich wissen, ist es eine Ironie, daß wir die Fakultät verlassen und sogar aus der Kirche herausgehen müssen, um den mystischen Reichtum unseres christlichen Erbes und besonders die großen dominikanischen Mystiker zu entdecken, über die im Umfeld meiner Fakultät kaum gesprochen wurde. Aber hier [er hat dort ein Zentrum für spirituelle Praxis aufgebaut] sind wir tief eingetaucht in die mystische Erfahrung.«[12]

Das Mystische wird aber auch durch die Veröffentlichung dilettantischer Ausführungen über Mystik verdrängt. In einem Buch las ich kürzlich ausführliche Argumente dafür, daß mystische Erfahrungen nur als Ergebnis erheblicher asketischer Praktiken möglich seien. Der Autor ließ sich weitläufig über all die Regeln aus, die man zur Erlangung mystischer Erlebnisse genau zu befolgen habe. Schließlich kam er zum Crescendo: Wenn der Leser alle diese Regeln korrekt befolge, könne er im Alter von 52 Jahren sein erstes mystisches Erlebnis haben! Zu den traurigen Erbschaften der sentimentalen Epoche einer Pseudo-Mystik, die zustande kam, als die westliche Religion sich von ihrer Kosmologie abgeschnitten hatte, gehört auch ein schwärmerischer Anti-Intellektualismus. Derartige schlechte Theologie sorgt für das schlechte Ansehen des Mystischen. Im Laufe der Jahre haben mir wenigstens dreißig protestantische Geistliche verschiedenster Konfessionen erzählt, das einzige, was sie im Studium über Mystik (engl.: *mysticism*) gelernt haben, sei, daß sie mit Dunst (engl.: *mist*) beginne und mit einem Schisma (engl.: *schism*) ende. Die hauptsächliche mystische Literatur Israels ist natürlich die wunderbare Weisheitsliteratur der hebräischen Bibel: Die Psalmen, das Hohelied, die Sprüche Salomos, das Buch Sirach, der Prediger und Hiob sind Texte, die auch Jesus genau gekannt hat. Christliche Theologen werden jedoch nur wenig in der mystischen Literatur Israels unterwiesen.

Die Weisheitsliteratur Israels ist universell, denn wie alle Mystik ist sie zutiefst feministisch, kosmisch, schöpfungsorientiert und erfüllt von bewegenden Geheimnissen; sie ist spielerisch, erotisch und voller Kreativität und Erfindungskraft. Deshalb paßt sie einfach nicht in die Pläne der patriarchalen Erziehung und Religion, die sich in den letzten paar Jahrhunderten selbst als biblische Heilsgeschichte ausgegeben hat. Ein großer Teil der israelischen Weisheitsliteratur kam aus Ägypten, wo eine Muttergöttin verehrt wurde. Isis kam aus Äthiopien, weshalb wir sagen können, daß hinter einem großen Teil der biblischen Literatur eine schwarze Muttergöttin steht.[13] Außerdem paßt die Mystik auch nicht in die Weinschläuche der ausschließlich an der linken Hirnhälfte orientierten Erziehung und Religion. Deshalb wissen selbst unsere ausgebildeten religiösen Führer so wenig davon.

Die Verdrängung des Mystischen durch Kirchen und Synagogen ist ein schlimmer und fortwährender Skandal, der nicht länger zu ertragen ist. Weil »wir nicht wissen, wer wir sind« – wie Hildegard es ausdrückte –, ist die menschliche Zivilisation so müde, depressiv und phantasielos im Umgang mit Arbeitslosigkeit, Umweltverschmutzung, der verzweifelten Jugend, Ungerechtigkeit und Ungleichheit. Wir sind, wie Alice Miller sagt, nicht mehr in Kontakt mit unserem »wahren Selbst«. Eine Zivilisation, die das Mystische verdrängt, ist eigentlich gar keine. Sie bietet ihrer Jugend und ihren Künstlern keine Hoffnung und kein Abenteuer, keine des Opfers werte Herausforderung und keine Freude. Sie bietet ihrem Volk keine Feste, keinen Sabbath und kein lebendiges Ritual – und keine tiefgreifende Heilung. Solch eine Zivilisation fördert im Grunde Süchte: nach Drogen, Verbrechen, Alkohol, Konsum, Militarismus. Sie ermutigt uns, den Sinn im Leben und den Schutz vor Feinden in äußeren Stimulantien zu suchen, weil wir unsere *innere Kraft* so bedauerlich verloren haben. Sie läßt die Armen in noch größere Armut fallen, die Bequemen in eine unendliche Fülle von Luxusartikeln und diejenigen dazwischen in Groll sowohl gegen Arme wie gegen Reiche. Denn eine solche Kultur weiß nichts und lehrt nichts über das Finden echter Kraft. Sie wird die tiefsten Reichtümer des menschlichen Geistes trivialisieren und niemanden die gute Arbeit tun lassen, um die es in Kunst und Kreativität geht.

12. Das Aufkommen der Pseudo-Mystik

Das Mystische liegt tief im Inneren eines jeden Menschen. Wo es verdrängt wird, macht es Platz für Pseudo- und Ersatz-Mystizismen, die von unseren persönlichen und kollektiven Vorstellungen Besitz ergreifen. Jesus warnte seine Anhänger vor den »falschen Propheten«, die als Wölfe in Schafsfellen verkleidet kämen. Deshalb ist es auch heute wichtig, sich vor falschen Mystikern und falschen Bewegungen zu hüten, die in mystischer Aufmachung daherkommen. Der Prüfstein echter Mystik besteht nach Jesu Lehren in Gerechtigkeit und Mitgefühl. Ich bin der Meinung, daß die heutige Zivilisation zusätzlich zu ihrer Verdrängung der Mystik auch von Pseudo-Mystiken überschwemmt ist. Dazu gehören folgende:

Nationalismus: Für viele Bürger unseres Planeten ist der Nationalismus zu einer Art mystischem Fieber geworden. In der Feier der Gemeinschaft, die man sich von einem Volk erhofft, liegt auch etwas Wahrheit. Aber extremer Einsatz und Eifer für die Sache der Nation entsteht, psychologisch gesehen, aus einer Unzufriedenheit mit dem »inneren Menschen«, der soweit übersehen wird, daß der »äußere Mensch« überhandnimmt, wenn er durch sogenannte nationalistische Mystizismen erregt wird. Die modernen Nationalstaaten scheinen bereit zu sein, im Namen des Götzen, der »Nationale Sicherheit« genannt wird, jede beliebige Summe auszugeben – bis zu den 1,8 Millionen Dollar pro Minute, die heute weltweit für Waffen aufgewendet werden. Die Sicherheit des Nationalstaates ist eine Pseudo-Mystik, die den Armen und Arbeitslosen die Existenzgrundlage nimmt und ihnen damit das Recht auf ein menschenwürdiges Leben verwehrt.

Militarismus: Die bis zur Ebene der mystischen Hingabe erhobene Ideologie des Nationalstaates hat den Weg zur Pseudo-Mystik des Krieges geebnet. Anzeichen dieses Mystizismus sind der Nervenkitzel, eine automatische Waffe in der Hand zu halten, sind die neuen, schnelleren und destruktiveren Waffensysteme und technischen Geräte. Rambo ließe sich durchaus als der Schutzheilige des Militarismus kanonisieren. Beachtenswert ist natürlich, wie leicht sich Mystizismen miteinander verbinden, wie passend der Nationalismus eine Ehe mit dem Militarismus eingeht.

Faschismus: Faschistischer Mystizismus ist immer eine Mystik ohne Gerechtigkeit. Gerechtigkeit ist stets der Prüfstein echter Mystik, ohne sie wird Mystik leicht zu einer negativen Kraft, die dämonische statt göttlicher Kräfte freisetzt. Die Nazis konnten nachmittags Menschen foltern und abends nach Hause gehen und bei Musik von Wagner oder Beethoven Tränen in den Augen haben. Sentimentalität – vom Gerechtigkeitsempfinden abgeschnittene Gefühle für Familie, Staat oder Geliebte – gehört zum pathologischen Mystizismus. Den Nazis war es zum Teil gelungen, mystische Techniken wie Singen, Prozessionen und nächtliche Fackelzüge zu manipulieren, um das Gefühl des »Eintretens in die Mysterien« zu vermitteln. Man muß sich fragen, ob das deutsche Volk gegenüber dem mißbräuchlichen Mystizismus derartig leichtgläubig gewesen wäre, wenn es aus seinen religiösen Überlieferungen eine gesunde Mystik kennengelernt hätte.

Technik: Erfindungen sind faszinierend – und das sollen sie auch sein; denn die menschliche Phantasie und Erfindungsgabe gehört zu den ehrfurchtgebietendsten Erscheinungen des Universums. Das in unserer Zivilisation liegende Versprechen ist aber, daß die Technik uns auch das Heil bringen wird. Der Mythos, daß eine neue Erfindung uns vor dem Krieg bewahren wird – die Presse hat ihn als »Star Wars«, als »Krieg der Sterne«, bezeichnet –, ist ein gutes Beispiel dafür, wie unsere mystische Sehnsucht nach dem Frieden auf Ersatzobjekte projiziert werden kann. Friede hängt weniger von äußeren Erfindungen ab als davon, was im Inneren des Menschen geschieht. Das Mystische im Inneren zu ignorieren und zu leugnen fördert den Götzendienst an der Technik.

Konsumismus: Der Konsumismus verbreitet die Vorstellung, daß käufliche Dinge uns die Befriedigung, die Spannung und den Sinn ins Leben bringen werden, nach denen wir uns so sehr sehnen. Die Konsumgüter stellen jedoch selbst den Beweis gegen den von ihnen getragenen falschen Mystizismus dar. Obwohl ständig neue erfunden und unendlich viel beworben werden, können sie doch letztlich nicht befriedigen und stellen deshalb keine echte Mystik dar. Die Menschheit kann ihren Weg aus der Langeweile einer unmystischen Welt heraus nicht kaufen oder sich aus ihr herausessen.

Fundamentalismus: Eine weitere Spielart der Pseudo-Mystik unserer Zeit ist der Fundamentalismus, sei es in Form protestantischer Buchstabengläubigkeit und der Botschaften der TV-Evangelisten, sei es in der Buchstabengläubigkeit der Katholiken, die ihr Heil aus päpstlichen Verkündigungen erwarten, oder sei es bei den Moslems, die an den Worten eines Ayatollah Khomeini hängen. Da diesen fundamentalistischen Bewegungen immer die Integrität der Gerechtigkeit fehlt, schlummert direkt unter der Oberfläche ihrer Sentimentalität heftige Gewalt. Leider haben sie die Macht, Jugendliche, die nach wahrer Gemeinschaft und einer Vision suchen, in ihr enges Sektierertum zu locken. Der Christofaschismus hat keinen Sinn für die Vergangenheit, sondern ist stets anti-historisch und anti-intellektuell. Aufgrund der Unkenntnis der Tradition »neurotisiert die Entwurzelung und Abschneidung von der Tradition die Massen und präpariert sie zur Kollektivhysterie«, beobachtete C. G. Jung.[14] Daraus folgt laut Jung logisch eine »Kollektivtherapie, welche in Freiheitsberaubung und Terrorisierung besteht«. Das Aufkommen von Kulten ist die Reaktion auf einen Mangel an gesunder Mystik in den heutigen religiösen Institutionen.

New-Age-ismus: Gewisse Praktiken der New-Age-Bewegung gehören ebenfalls zur Pseudo-Mystik. Ein Beispiel dafür ist die übertrieben wörtliche Deutung der sogenannten »Rückführungen in vergangene Leben«, ohne ihre metaphorische Bedeutung zu berücksichtigen. Immer wieder habe ich festgestellt, daß bei der Rückführung in »vergangene Leben« – oft auf durchaus lobenswerte und kreative Weise – tiefes Leid und Schmerz aus dem gegenwärtigen Leben verarbeitet werden. Die Verbindung zum gegenwärtigen Leben geht jedoch verloren, wenn die Beschäftigung mit vergangenen Leben nicht mehr metaphorisch gesehen wird. Das führt zu einer schweren Unterschätzung der momentanen Verantwortung. Auch die übertriebene Beschäftigung mit Bewußtseinszuständen zum Beispiel, die Levitationen auslösen, ist ein falscher Mystizismus. Die Kraft des Mystikers, zur Heilung der Gesellschaft beizutragen, bildet hier wiederum den Schlüssel zur Unterscheidung der Geister. »An ihren Früchten werdet ihr sie erkennen«, riet uns Jesus.

Askese: Parallel zur Epoche Newtons wurde versucht, Mystik als Askese zu definieren. In der Definition der Mystik als asketische Praxis liegt die mechanische und maschinenhafte Vorstellung, daß das Zufügen von Schmerz am eigenen Körper zu einer Kommunion mit dem Göttlichen führen soll. Das ist keine echte Mystik. Wie Meister Eckhart sagt, ist Askese nicht sehr wichtig, denn sie macht das Ego größer statt kleiner, stärker mit sich befangen statt weniger.[15]

Mystifizierung: Die Mystifizierung von Helden, Schauspielern, Päpsten, Fußballspielern, Nationen, Präsidenten, Popsängern ist eine Pseudo-Mystik, die durch Projektion entsteht. Ein wirklicher Mystiker projiziert nicht mehr, sondern tritt dem »Sein« selbst als göttlicher Offenbarung gegenüber. Leider füttern uns die Medien mit einer »Unterhaltung«, die uns dazu verleitet, unsere eigene Größe auf andere zu übertragen.

Psychologismen: Das Psychologisieren, die Reduktion der Spiritualität auf psychologische Zusammenhänge, ist heute sehr vorherrschend. In den Priesterseminaren wird heute mehr Wert auf eine pastoralpsychologische Ausbildung gelegt als auf mystische Entwicklung. Eine ganze Generation angehender spiritueller Führer wird dem Gott der psychologischen Beratung geopfert. Wie der Psychologe James Hillman es ausdrückt, hat die Psychologie die Macht, den Geist abzutöten. »Die psychologische Beratung bringt die Probleme auf eine nüchterne Ebene und tötet damit den Geist, indem sie die Möglichkeit tötet, durch sie hindurch ihren Wahnsinn zu erblicken.«[16] Ein ähnliches Anliegen hatte Otto Rank, als er darüber schrieb, »über die Psychologie hinaus« zu Mystik und Kreativität zu finden. Obwohl die Psychologie oft ein nützliches und notwendiges Werkzeug ist, ist der Geist viel zu weit, als daß man ihn auf das Psychologische reduzieren könnte.

Eine Gesellschaft, die das Mystische verdrängt und die keine prophetische Religion hat, die auf der Hauptrolle des Mystischen in jeder Seele und jeder Gemeinschaft besteht, wird unweigerlich in verschiedene Formen pathologischer Pseudo-Mystizismen verfallen. Denn die mystische Energie und Sehnsucht selbst geht nie verloren. Die Mystik wird dann nur noch mit den pseudomystischen Phänomenen identifiziert, die wir hier beschrieben haben. Und wer sie mit Egoismus, Häresie, pathologischer Religiosität oder Spinnerei gleichsetzt, kann sich darin bestätigt sehen. Diese Gleichsetzung des Mystischen mit dem Krankhaften, der unter anderen Freud zum Opfer fiel, hält die Verdrängung des Mystischen beim einzelnen und in der Gesellschaft aufrecht. Der Pessimismus nimmt zu, die Depression, die Verzweiflung, die Ohnmacht, und dann die Apathie.

Man kann die Mystik verleugnen, aber sie ist nicht tot. Sie lebt noch, obwohl die Newtonsche Einstellung dreihundert Jahre lang in Wissenschaft, Erziehung und Religion dominant war. Und ihre Auferstehung tritt tatsächlich mehr unter Wissenschaftlern auf als unter Theologen und Kirchenführern. »Ich möchte die göttliche Vernunft erkennen. Alles andere sind nur Details.« Wer machte diese Bemerkung? Teresa von Avila? Johannes vom Kreuz? Meister Eckhart? Es war Albert Einstein. Von ihm ist auch der Satz: »Das Schönste, was wir erleben können, ist das Geheimnisvolle. Es ist das Grundgefühl, das an der Wiege wahrer Kunst und Wissenschaft steht. Wer es nicht kennt und sich nicht mehr wundern, nicht mehr staunen kann, der ist sozusagen tot und sein Auge erloschen.«[17]

Auf Einsteins Schultern stehend, erforschen auch andere Wissenschaftler das Mystische. Der Nobelpreisträger Roger Sperry schrieb, daß

»die gegenwärtigen Vorstellungen vom Verhältnis zwischen Geist und Gehirn zu einem direkten Bruch mit der bislang etablierten materialistischen und behaviouristischen Doktrin führen, die Jahrzehnte lang die Neurowissenschaften beherrschte. Statt das Bewußtsein zu leugnen oder zu ignorieren, erkennt die neue Interpretation den Vorrang des inneren Bewußtseins als kausaler Wirklichkeit voll an.«[18]

Durch ihre Arbeiten über Mystik und Kosmologie haben die beiden Physiker Fritjof Capra und Brian Swimme die Tür für eine mystischere Weltsicht geöffnet.

»Die Vorstellungen der Wissenschaft zeigen starke Ähnlichkeiten mit den Vorstellungen der Mystiker. Mit dieser Behauptung fühle ich mich heute auf viel sichererem Boden als vor zehn Jahren. Parallelen zur Mystik finden sich nicht nur in der Physik, sondern auch in der Biologie, Psychologie und verschiedenen anderen Wissenschaften. ... Die Philosophie der mystischen Überlieferungen, die Ewige Philosophie, ist der schlüssigste philosophische Hintergrund für die moderne Naturwissenschaft auf allen diesen Ebenen.«[19]

So wie die moderne Wissenschaft dreihundert Jahre lang das Mystische effektiv geleugnet hat, so leitet die nach-Einsteinsche Ära der Wissenschaft eine Epoche mystischen Bewußtseins ein. Deshalb ist es wichiger denn je, die Mystik kritisch zu erforschen.

13. Einundzwanzig vorläufige, erfahrungsbezogene Arbeitsdefinitionen der Mystik

Was *ist* echte Mystik? Abgesehen von etymologischen Untersuchungen enden die Bemühungen, Mystik zu definieren, unweigerlich frustrierend und aussichtslos, weil Definitionen Sache der linken Gehirnhälfte sind, die zu analysieren und zu trennen versucht. Mystik aber ist eine Erfahrung der rechten Hirnhälfte. Es ist eine gute Nachricht, daß es *Wirklichkeiten* wie die Mystik *gibt*, die sich der Definition entziehen. Mystik unterliegt der Kontrolle von niemandem, nicht einmal des Mystikers. Es ist unmöglich, eine einzelne Definition zu entwickeln, die der mystischen Erfahrung wirklich gerecht wird und sich trotzdem nicht auf vage, eigentlich nicht mitteilbare Inhalte beschränkt. Das bedeutet, daß die Mystik unsere Achtung verdient und sich doch zu jeder Zeit der Kontrolle entzieht, sogar auf der sprachlichen Ebene. In diesem Kapitel möchte ich 21 vorläufige Definitionen, Arbeitsdefinitionen der Mystik vorstellen. Dieser Ansatz ist nicht linear und am besten als Kreis zu verstehen, zu dem jede Definition das Ihre beiträgt. Indem Sie als Leser sich diesen »Definitionen« aussetzen, werden Sie das Mystische in sich spüren und Kontakt damit aufzunehmen beginnen. Der Zweck der *Definition* des Mystischen ist nämlich, es in jedem Menschen *auszulösen*. Bei diesem Prozeß werden wir die Mystik hoffentlich entmystifizieren, ihre eigene Bedeutung enthüllen und mit dem Verständnis für ihre große Kraft zur Praxis ermutigen. Eine grundlegende Lehre der schöpungsmystischen Überlieferung ist: *Jeder* ist ein Mystiker, eine Mystikerin.

1. Erfahrung. Die erste Bedeutung der Mystik liegt in der Erfahrung selbst. Im fünfzehnten Jahrhundert drückte es Kabir, der große Schöpfungsmystiker Indiens, so aus: »Ich sage nur, was ich mit eigenen Augen gesehen habe – und ihr zitiert nur die Schriften!« Er fährt fort: »Erfahrung, oh Sucher, ist das Wesen aller Dinge.«[20] Mystiker trachten nach der *Erfahrung* des Göttlichen und sind nicht mit Theorien zufrieden oder damit, etwas *über* Gott zu wissen. »Kostet und seht, wie gütig Jahwe ist«, sagt der Psalmist in der israelischen Weisheitstradition. Es gibt keine indirekte Mystik – niemand kann das Leben und das Göttliche an unserer Statt erleben.

In einer Passage seines Romans *Die Aufzeichnungen des Malte Laurids Brigge* preist der Dichter Rainer Maria Rilke den Reichtum des Erlebens:

»Denn Verse sind nicht, wie die Leute meinen, Gefühle (die hat man früh genug) – es sind Erfahrungen. Um eines Verses willen muß man viele Städte sehen, Menschen und Dinge, man muß die Tiere kennen, man muß fühlen, wie die Vögel fliegen, und die Gebärde wissen, mit welcher die kleinen Blumen sich auftun am Morgen. Man muß zurückdenken können an Wege in unbekannten Gegenden, an unerwartete Begegnungen und an Abschiede, die man lange kommen sah – an Kindheitstage, die noch unaufgeklärt sind, an die Eltern, die man kränken mußte, wenn sie einem Freude brachten, und man begriff sie nicht (es war eine Freude für einen anderen –), an Kinderkrankheiten, die so seltsam anheben mit so vielen tiefen und schweren Verwandlungen, an Tage in stillen, verhaltenen Stuben und an Morgen am Meer, an das Meer überhaupt, an Meere, an Reisenächte, die hoch dahinrauschten und mit allen Sternen flogen – und es ist noch nicht genug, wenn man an alles das denken darf. Man muß Erinnerungen haben an viele Liebesnächte, von denen keine der andern glich, an Schreie von Kreißenden und an leichte, weiße, schlafende Wöchnerinnen, die sich schließen. Aber auch bei Sterbenden muß man gewesen sein, muß bei Toten gesessen haben in der Stube mit dem offenen Fenster und den stoßweisen Geräuschen. Und es genügt auch noch nicht, daß man Erinnerungen hat. Man muß sie vergessen können, wenn es viele sind, und man muß die Geduld haben, zu warten, daß sie wiederkommen. Denn die Erinnerungen selbst *sind* es noch nicht. Erst wenn sie Blut werden in uns, Blick und Gebärde, namenlos und nicht mehr zu unterscheiden von uns selbst, erst dann kann es geschehen, daß in einer sehr seltenen Stunde das erste Wort eines Verses aufsteht in ihrer Mitte und aus ihnen ausgeht.«[21]

Obwohl Rilke hier die Quelle der dichterischen Inspiration beschreibt, beschreibt er auch, wo das Mystische stattfindet. Mystiker ist jemand, dessen »Blut in ihm« durch tiefe, unvergeßliche und deshalb wahre Erlebnisse gewandelt worden ist. Wo wäre unsere Geistesgeschichte, wenn Paulus sich nicht auf das Erlebnis eingelassen hätte, als er vom Pferd fiel? Oder wenn Hildegard nicht ihr ganzes reifes Leben auf die Erfahrung der Mandalas gegründet hätte, die sie heilten und belehrten? Oder wenn Franz von Assisi nicht dem Ruf »Richte meine Kirche wieder her!« gefolgt wäre? Oder wenn Juliana von Norwich die »Visionen« von ihren Meditationen am Festtag des Heiligen Kreuzes nicht aufgeschrieben hätte? Wenn Luther nicht auf das Befreiungserlebnis beim Lesen des Römerbriefes reagiert hätte? Wenn Martin Luther King seinen Gebetserfahrungen nicht getraut hätte?

King war seit etwa zwei Wochen mit dem Bus-Boykott beschäftigt gewesen, den er in Montgomery, Alabama, organisiert hatte. Täglich erhielt er Anrufe, in denen er und seine Familie bedroht wurden. Schließlich rief ihn jemand um Mitternacht an und sagte: »Wenn du nicht in drei Tagen die Stadt verlassen hast, schießen wir dir ein Loch in den Kopf und jagen dein Haus in die Luft.« King schrieb dazu:

»Ich saß da und dachte über meine kleine Tochter nach, die gerade geboren worden war. ... Ich dachte an meine treue und aufopfernde Frau, die dort drüben schlief. ... Und mir wurde klar, daß die Religion für mich zur Wirklichkeit werden mußte, daß ich Gott selbst erkennen mußte. Und ich beugte mich über meine Kaffeetasse – ich werde das nie vergessen. ... Ich betete, und ich betete laut in jener Nacht. ... ›Ich wanke, ich verliere meinen Mut. Aber die Leute dürfen mich nicht so sehen; denn wenn sie mich schwach und mutlos sehen, dann werden sie selbst schwach werden.‹ ... Und in jenem Augenblick schien es, als hörte ich eine Stimme, die mir sagte: ›Martin Luther, stehe auf für die Rechtschaffenheit. Stehe auf für Gerechtigkeit. Stehe auf für die Wahrheit. Und wisse, daß ich bei dir sein werde, bis an der Welt Ende.‹ Er versprach mir, mich nie zu verlassen, mich niemals allein zu lassen, nein, niemals allein.«[22]

Darin, daß Mystiker und Mystikerinnen sich auf ihre Erlebnisse verlassen, liegt Vertrauen, Vertrauen in das Universum, in das Dasein und in das, was uns erscheint, ja auch Vertrauen in uns selbst. Wie Meister Eckhart sagt: »Warum tragen manche Menschen keine Frucht? ... Weil sie weder in Gott noch in sich selbst Vertrauen haben. Liebe mißtraut nie.«[23] C. G. Jung klagt darüber, daß der moderne Mensch seine Erfahrung so weitgehend aus Lexika und vom Bildschirm entnimmt, daß wir erstaunt sind, wenn wir einer wirklichen, lebendigen Kuh begegnen und ihren Geruch erleben. Im Lexikon stand nichts über den Geruch, so daß wir aufgrund unseres sprachorientierten Vorurteils nicht auf die volle Realität »Kuh« vorbereitet waren.[24] Eine Kuh zu kennen heißt, eine Kuh zu *erleben*, nicht über eine zu lesen.

2. Nicht-Dualismus. Eine weitere Dimension der Mystik ist die Abwendung vom Dualismus, denn unsere mystischen Erfahrungen sind *vereinend*. Sie können in einer dunklen Nacht auftreten, wenn der Himmel von Sternen funkelt, am Meer, in den Bergen oder Feldern, mit Freunden oder der Familie, mit Ideen, im Liebesakt, im Spiel, in der Musik und im Tanz und allen Künsten, in der Arbeit, im Leid und im Loslassen. Doch haben alle mystischen Erlebnisse die Erfahrung gemein, nicht getrennt zu sein, nicht in der Dualität zu sein. »Du sollst Gott lieben, ...«, rät Meister Eckhart, »wie er ein lauteres, reines, klares Eines ist, abgesondert von aller Zweiheit. Und in diesem Einen sollen wir ewig versinken vom Etwas zum Nichts.«[25] Oder wie die große englische Mystikerin Juliana von Norwich es ausdrückte: »Es gibt zwischen Gott und der Seele kein Dazwischen.«[26] Juliana preist hier das Ende des Dualismus, den Genesis 3 als Sündenfall beschreibt, die Trennung zwischen Mensch und Gottheit. Die Mystiker versprechen, daß jeder von uns die Fähigkeit zu diesem »kein Dazwischen« hat, zum Vereintsein, zum Ungetrenntsein. Die Mystik verkündet das Ende der Entfremdung und den Beginn der Kommunion, das Ende der entweder/oder-Beziehungen (die das Wesen des Dualismus ausmachen) und den Beginn der Einheit. Doch besteht die von den Mystikern gepriesene Einheit nicht im Verlust des Selbst und der Auflösung der Unterschiede, sondern in einer schöpferischen Einheit, im Zusammentreffen verschiedener Existenzen. Eckhart sagt, daß die Seele zu Gott wird, aber nicht Gott zur Seele.[27] Es gibt Einheit in Vielfalt und Vielfalt in der Einheit der Liebe.

3. Mitgefühl. Ein anderes Wort für die Einheits-Erfahrung und deshalb auch für Mystik ist »Mitgefühl«. Mitgefühl ist das »geschärfte Bewußtsein für die wechselseitige Abhängigkeit aller Lebewesen, die alle Teil voneinander sind und alle miteinander zu tun haben«, beobachtete Thomas Merton zwei Stunden vor seinem frühen Tode. Eine dualistische Kultur fühlt sich mit der tiefen, wahren Bedeutung des Mitgefühls unwohl und sentimentalisiert oder degradiert es zum »gebrochenen Herzen«. Eigentlich ist jedoch das Mitgefühl der Ursprung und das Ziel wie auch der Weg der Schöpfungsmystik. Der erste Ausdruck von allem, was Gott tut, ist Mitgefühl, sagt auch Meister Eckhart. Das bedeutet, daß alle Lebewesen als Kinder Gottes das Mitgefühl gemein haben. Mitgefühl ist unser universelles Erbe, unser Ursprung in Gott und unser Schicksal in Gott. Mitgefühl eint uns und bildet das gemeinsame »Feld«, an dem alle Geschöpfe teilhaben. Der Mystiker, die Mystikerin intuiert es, fühlt es, erlebt es und versucht es auf irgendeine Weise zu leben. Dieses Gefühl wird von Kabir gepriesen, wenn er sagt: »Ich bin wie ein Tonkrug, der im Wasser treibt – Wasser innen, Wasser außen. Da plötzlich ist der Krug durch die Berührung des Meisters zerbrochen. Innen und außen, meine Freunde, alles eins.« In diesem Bild wird der Durchbruch gemacht durch den Dualismus zwischen innen und außen. Die Trennung zwischen Menschlichem und Göttlichem fällt für Kabir fort, denn er sagt: »Mein Freund, Kabir hat überall nach ihm gesucht, doch nichts gefunden. Denn Kabir und er sind eins, nicht zwei. Wenn ein Tropfen mit dem Ozean verschmilzt, wie kann man ihn noch als getrennt sehen?

Wenn der Ozean in den Tropfen versinkt, wer kann sagen, was was ist?«[28] Das Göttliche ist nicht außerhalb von uns. Wir sind in Gott, und Gott ist in uns. Das ist das Einheitserlebnis der Mystiker in Ost und West. Die technische Bezeichnung dafür ist *Panentheismus*, was heißt, daß »Gott in allen Dingen ist und alle Dinge in Gott«[29].

4. Verbinden. In der Mystik geht es nicht nur darum, Einheit und Nicht-Dualität zu erleben, sondern auch Einheit zu schaffen und Verbindungen herzustellen, wo solche verloren, vergessen oder verdeckt worden sind. Bei diesem Prozeß müssen wir selbst aus dem Wege gehen, damit die bereits vorhandenen Verbindungen und Wechselwirkungen hervortreten können. Wir verbinden unsere Erfahrungen mit denen von anderen. Durch Symbole, Geschichten und Mythen, Musik und Farben, Formen und Rituale verbinden wir uns mit unseren jeweiligen tiefen, oft unausgesprochenen Erfahrungen des Lebensgeheimnisses.[30] Der Künstler ist definitionsgemäß jemand, der Verbindungen schafft, und deshalb ein Mystiker. Im Vorgang des Gestaltens werden zum Beispiel Verbindungen geschaffen zwischen dem Ton und der Person der Töpferin, zwischen den Sternen, die den Ton erzeugten, und dem Ton, aus dem die Person besteht. In dem Augenblick treffen sich Verbindungen zwischen Zeit und Raum, zwischen Menschlichem und Nichtmenschlichem, zwischen Vergangenheit und Zukunft – und all diese verbindenden Ereignisse sind auch mystische Ereignisse.

5. Radikales Staunen. Abraham Heschel definiert die Mystik als »radikales Staunen«. Durch die *Ehrfurcht* vor den Dingen wird der Mystiker in uns zu radikalem Staunen bewegt. »Ehrfurcht ist der Beginn der Weisheit«, erklärt Heschel, »Ehrfurcht geht dem Glauben voraus.« Und auch der Lobpreis »geht dem Glauben voraus«[31]. Mit diesen Beobachtungen ist Heschel der mystischen Literatur Israels treu, der Weisheitsliteratur der Bibel. Auch Einstein geht von dieser Überlieferung aus, wenn er Mystik als die Fähigkeit definiert, zu staunen und von Ehrfurcht ergriffen zu sein.[32] Die Menschen existieren um der Ehrfurcht willen, um radikal erstaunt zu sein und in einander radikales Staunen zu erzeugen. Das ist unsere Aufgabe, eine mystische Aufgabe, die uns abverlangt, der Versuchung zu widerstehen, unser Leben als selbstverständlich anzusehen. Ehrfurcht ist das Gegenteil davon, etwas selbstverständlich zu finden. Wenn die Ehrfurcht dem Glauben vorausgeht, kann es ohne sie keinen lebendigen Glauben geben. Viele Übersetzer haben, ohne Gespür für das Mystische, das hebräische Wort für »Ehrfurcht« als »Furcht« mißdeutet. Heschel weiß das besser. Ehrfurcht ist der Beginn der Weisheit; und Ehrfurcht enthält auch ein Element des Erschrekkens – das Universum, das uns geboren hat, ist auch erfüllt von Schrecken. Die Furcht angesichts des Schreckens ist nicht die Furcht aus Schuldgefühlen, sondern die Furcht des »Oh!« – eine Furcht voll Respekt, die entsteht, wenn wir die Größe unseres Daseins erkennen, unsere Beteiligung an jenem Zwanzig-Milliarden-Jahre-Drama des Universums. Ehrfurcht ist die Leidenschaft, mit der wir uns dem radikalen Staunen hingeben, das unser Leben umgibt. Ist Ehrfurcht der Beginn der Weisheit, dann muß Ehrfurcht der Ausgangspunkt der Schöpfungsmystik sein. Ehrfurcht ist ein kurzer Ausdruck für die *via positiva*, den ersten der vier Wege der Schöpfungsmystik.[33]

6. Bejahung der gesamten Welt. Für den Philosophen Josef Pieper gehört zur Mystik die »Bejahung des Sinngrundes der Welt«[34]. Und Gandhi notiert: »Göttlich zu werden bedeutet, mit der ganzen Schöpfung in Einklang zu sein.«[35] Mystiker sind der Welt gegenüber weder neutral noch verbittert oder zynisch, denn sie haben genug von ihrem Segen in sich aufgenommen, um radikal zu staunen und sie deshalb zu *bejahen*. Die Welt als ganze anzunehmen heißt, eine Kosmologie anzunehmen. Mystiker bejahen nicht eine durch menschlichen Mißbrauch, Sünde und Gier verwüstete Welt, sondern die Welt *als ganze*. Diese Bejahung ermöglicht uns, dem Ganzen Nahrung, Anforderungen und Kraft zu entnehmen.

In seinem Buch über Drogen und Mystik schreibt Dr. Andrew Weil, daß Paranoiker und Mystiker vieles gemeinsam haben: Paranoide sind überzeugt, daß das Universum gegen sie verschworen ist. Mystiker sind überzeugt, daß das Universum zu ihren Gunsten verschworen ist.[36] Mystiker haben einen Sinn für das Ganze, eine Ahnung davon und eine Sehnsucht danach. Es ist eine wohlwollende Sehnsucht, Sehnsucht nach dem, was King als die endgültige »Liebesgemeinschaft« bezeichnete. Mystiker kosten gelegentlich die Liebesgemeinschaft in universeller oder kosmischer Dimension. King weist darauf hin, daß uns im Johannesevangelium (3,16) gesagt wird: »So sehr hat Gott die *Welt* geliebt, daß er das göttliche Kind gab.« Wenn Gottes Liebe der ganzen Welt gilt, dann sollte es unsere auch.

7. *Die rechte Hirnhälfte.* Wie wir zuvor schon ansprachen, haben wir eine rechte und eine linke Gehirnhälfte. Die linke Hemisphäre ist für die Motorik der rechten Körperseite zuständig, die rechte Hemisphäre für die Motorik der linken Seite. Es ist allgemein anerkannt, daß die linke Hälfte die analytischen und verbalen Funktionen steuert und die rechte Hälfte hauptsächlich die synthetischen, verbindenden Funktionen der Ganzheitserfahrungen. Wie wir schon in Teil I sahen, ist die Fähigkeit zur Mystik vorwiegend in der rechten Hirnhälfte lokalisiert.

Der Psychiater Anthony Stevens spricht vom »Imperialismus« der linken Hirnhälfte in unserer Kultur und ihren sozialen Institutionen. Er schreibt:

»Seit der Renaissance ist immer größeres Gewicht auf die Entwicklung der linkshemisphärischen Funktionen auf Kosten der rechten gelegt worden. Die Förderung der linken Hemisphäre beginnt schon früh im Leben in allen westlichen Grundschulen mit der Betonung der Fertigkeiten im Lesen, Schreiben und Rechnen. Obwohl die rechtshemisphärischen Aktivitäten wie Kunst, Schauspiel, Tanz und Musik auch ihren Platz im Lehrplan haben, werden ihnen weniger Mittel und weniger Stunden gewidmet als den anderen Disziplinen wie Mathematik, Sprachen und Naturwissenschaften. Und in Zeiten wirtschaftlicher Einschränkungen sind es unweigerlich die rechtsseitigen Aktivitäten, die gekürzt und beschnitten werden.«[37]

Die von Stevens beklagte Kürzung rechtshemisphärischer Aktivitäten in der westlichen Erziehung bezieht sich auch auf die Ausbildung religiöser Amtsträger der protestantischen, katholischen und jüdischen Tradition (siehe Kapitel 11 zur »Verdrängung des Mystischen«). Während der Newtonschen Ära war als Hauptprogramm der theologischen Ausbildung die Heilsgeschichte vorherrschend. Die mystische Literatur, etwa die Weisheitsliteratur der hebräischen Bibel, wurde nur selten gelehrt. Ich kann mich aber noch daran erinnern, daß ich mich als in der katholischen Tradition aufwachsender Teenager immer stärker zur Samstags- als zur Sonntagsmesse hingezogen fühlte. Erst nach Jahren verstand ich, warum. Zu jener Zeit wurde die Samstagsmesse fast immer zu Ehren von Maria, der Mutter Jesu, abgehalten. Die Bibellesungen wurden der israelischen Weisheitsliteratur entnommen und waren erfüllt von mystischen und kosmologischen Bildern und Bezügen. Ich war von ihrem Geheimnis fasziniert: sie sprachen zu meinem Herzen. Sie nährten meine rechte Hirnhälfte, die unter den Belastungen der Macho-Kultur der fünfziger Jahre verhungerte. In einer typischen Passage spricht die Weisheit:

> Ich war vor aller Zeit gebildet,
> vor Anbeginn, vor den Uranfängen der Erde
> ward ich hervorgebracht, als die Urfluten noch nicht waren,
> noch nicht die wasserreichen Quellen.
> Bevor die Berge gegründet waren,
> vor den Hügeln ward ich hervorgebracht.
> Sprüche 8,23–25; siehe auch 26–36

8. Selbstkritik. Mystik ist stets selbstkritisch. Mystiker lernen, von ihren Projektionen abzulassen, und können den Dualismus in sich und anderen erkennen. Die Selbsterkenntnis wird von Mystikerinnen wie Teresa von Avila und Katharina von Siena als »Grundlage«, »Basis« oder »Keimzelle« der mystischen Reise hervorgehoben. Mystiker sind bereit, sich selbst kritisch zu untersuchen und davon Abstand zu nehmen, den im Selbst lauernden dunklen, unbekannten Schatten auf andere zu projizieren.

Mystiker meiden nicht nur die Projektion, sondern auch die Internalisierung von Selbsthaß. Manche Menschen gehen mit tiefen Wunden durchs Leben, weil sie ihre Unterdrückung nach innen gewendet haben. Sie glauben fest an falsche Selbstbilder oder Bilder ihrer Herkunft, die andere auf sie projiziert haben. Zur Selbstkritik gehört auch die Bereitschaft, anzunehmen, was für uns segensreich ist. Nach innen gewendete Unterdrückung muß man loslassen und es wagen, sich als Ebenbild Gottes zu sehen, als ein Ursegen, als Mitschöpfer. Selbstliebe ist eine seltene und radikale Art Liebe, denn sie verlangt von uns das Vertrauen auf unser Recht, hier zu sein, und darauf, daß das Universum uns liebt.

Ein Teil der radikalen Selbstkritik, für die Mystiker offen sein müssen, richtet sich auf die Kritik der Religion. In einer säkularen Kultur bleibt die Religion oft unkritisiert, weil sie im Grunde als machtlos angesehen wird. *Die Religionskritik bleibt denen überlassen, die von der Kraft des Glaubens berührt worden sind und die Religion genug lieben, um sie zu kritisieren.* Deshalb stellen echte Mystiker oft eine Gefahr für die organisierte Religion dar. Die Kreuzigung Jesu ist ein archetypisches Beispiel für dieses oft wiederholte Phänomen. C. G. Jung behauptet, daß »religiös schöpferisch nur der Mystiker ist. ... Der schöpferische Mystiker war von jeher das Kreuz der Kirche. Aber diesen Leuten verdankt die Menschheit ihr Bestes.«[38]

9. Herzenswissen. Mystiker vertrauen auf die Erfahrung des Herzens. Der irische Dichter Patrick Kavanagh sagte es so:

> Gott kann nicht zu uns gelangen,
> wenn wir nicht im unbewußten Raum
> unseres Herzens weilen.[39]

Mystiker lernen allmählich Wege, ihr Herz zu erwecken, es zu stärken, es auszudehnen, es zu bewässern und es sein volles, kosmisches Potential zur Freude erreichen zu lassen. Als Johannes vom Kreuz gefangengehalten und wegen seiner Versuche, den Karmeliterorden neu zu beleben, gefoltert wurde, erkannte er langsam, daß er dabei war zu sterben. Er stand vor dem Dilemma: Würde er fliehen und dabei gefangengenommen, so würden sie ihn zu Tode foltern; bliebe er in seiner Zelle, so würde er ebenfalls sterben. Er wählte das größere Risiko: Wenn er sterben mußte, dann würde er fliehend sterben. Erstaunlicherweise gelang ihm die Flucht, und er schrieb folgende Verse, um die Kraft auszusprechen, die ihn bei der gewagten Entscheidung inspiriert hatte:

> In jener glücklichen Nacht,
> Im geheimen, als niemand mich sah,
> Beachtete ich alles
> Ohne fremdes Licht und Führung,
> Nur mit dem, was in meinem Herzen brannte.[40]

Das »innere Brennen« war die Flamme seines Herzens, die Johannes vom Kreuz zum Überleben drängte. Das Herzenswissen drängt die Mystiker weiter. In der hebräischen Bibel wird der neue Bund zwischen Jahwe und der Menschheit, den der Prophet Jeremia verspricht, als ein *Bund des Herzens* geschlossen:

»Ich werde mein Gesetz in ihr Inneres legen und ihnen ins Herz hinein schreiben, und ich werde ihr Gott sein, und sie werden mein Volk sein. Dann brauchen sie sich nicht mehr gegenseitig zu belehren und einer zum anderen zu sagen: ›Erkennet Jahwe!‹ Sondern sie alle werden mich erkennen, klein und groß, spricht Jahwe« (Jer 31,33–34).

Zum Erwecken des Herzens gehört auch das Erwecken des Körpers. Schließlich befindet sich das Herz im Körper und nicht im Kopf: Gebet mit dem Körper, Körperkunst als Meditationspraxis und Atemmeditationen tragen zur Öffnung des Herzens bei.

Ein Indikator des Pseudo-Mystizismus ist ein Widerstreit zwischen Glaube und Wissenschaft oder zwischen Herz und Kopf. Schöpfungsmystiker geben sich nie auf Kosten des Kopf-Wissens dem Herzens-Wissen hin. Die beiden Aspekte (rechte und linke Hirnhälfte) dürfen nie gegeneinander stehen. Die Genialität und der heroische Mut des Thomas von Aquin, einem Philosophen aus dem 13. Jahrhundert, beruhten zum großen Teil auf seinem Widerstand gegen den Dualismus zwischen Herz und Kopf, zwischen Glaube und Wissenschaft, der von der sentimentalen und antiintellektuellen Theologie seiner Zeit gefördert wurde. Er bestand darauf, daß die durch die Vernunft gefundene Gottheit sich nicht von der durch den Glauben gefundenen unterscheidet. Deshalb bezog er sich bei der Entwicklung seiner Kosmologie auf Aristoteles, einen »heidnischen« Wissenschaftler, dessen Werke in Thomas' Zeit sehr wichtig und umstritten waren.

Während des Niedergangs der Kosmologie und Mystik in den letzten Jahrhunderten hat sich der Glaube zum großen Teil den rationalen Tendenzen der säkularen Kultur untergeordnet. In den Ansichten liberaler Theologen ist das Herzenswissen weitgehend unterschätzt worden. Statt dessen war die Debatte zwischen Wissenschaft und Religion lange von intellektuellen Konflikten bestimmt. Sentimentalisten und Anti-Intellektualisten, die als Fundamentalisten bekannt sind, klammern sich nur an ihrem

Gefühl zu einem persönlichen Erlöser fest und lassen keine Einmischungen des Kopfwissens zu, sei es theologisch, psychologisch oder naturwissenschaftlich. Diese Leute würden die amerikanischen Prozesse gegen die Verbreitung der Evolutionslehre gern noch einmal durchführen oder die vatikanische Inquisition wieder einsetzen. Der prophetische Psychiater Otto Rank äußert sich über die Kopf-Herz-Dialektik beziehungsweise den Gegensatz zwischen Rationalität und Irrationalität in der modernen Kultur und stellt fest, daß die Menschen zwar rational denken, reden und sogar handeln, daß wir aber alle »irrational leben«:

»Unsere Kultur war bis vor kurzem derart stark rationalisiert, daß dem Irrationalen nur noch neurotische Ausdrucksmöglichkeiten blieben. Aber der Versuch, diese Folge des Rationalismus durch noch mehr Rationalität zu kurieren, ist ebenso widersprüchlich wie ein Krieg zur Beendigung von Kriegen oder die Stärkung einer schwächer werdenden Demokratie durch noch mehr Demokratie.«[41]

Rank erklärt uns, warum die sogenannte Mystik der neueren Zeit mit der bereits besprochenen Betonung der Sinnesabtötung so sehr neurotisch ist. Wie können wir dieses Dilemma zwischen einem neurotischen Irrationalismus einerseits und übertriebenem Rationalismus andererseits vermeiden? Rank bietet eine Lösung an: »Das einzige Heilmittel ist, die grundlegende Irrationalität des Menschen und des Lebens überhaupt zu akzeptieren ... ihre dynamische Funktion im menschlichen Verhalten wirklich zuzulassen, das ohne sie nicht lebendig ist.« Rank sagt damit, daß die Menschheit begreifen muß, daß *alles Leben mystisch ist*, irrational also. Rank glaubt daran, daß die Ehrfurcht vor der Schöpfung unsere größte »irrationale« Erfahrung ist, wenn er sagt: »Inbegriff des Irrationalen ist das Wunder der Schöpfung an sich.«[42] Er fährt fort:

»Wird ein solcher konstruktiver und dynamischer Ausdruck des Irrationalen nicht zusammen mit dem rationalen Leben gestattet, so bricht es sich in gewaltsamen Verzerrungen Bahn, die sich individuell als Neurosen niederschlagen und kulturell als verschiedene revolutionäre Bewegungen, die nicht trotz, sondern wegen ihrer Irrationalität Erfolg haben.«[43]

Rank warnt uns davor, daß das Irrationale und Mystische, wo es unterdrückt wird, in pervertierter Form, das heißt als persönliche Neurose oder kulturelle Gewalt, wieder auftaucht. Eine Offenlegung des Irrationalen oder Mystischen nicht auf Kosten des Rationalen, sondern damit gekoppelt, so glaubt Rank, würde zu einem echten Erwachen der reichsten Möglichkeiten der Menschheit führen. Er behauptet: »Lassen wir die grundlegende Irrationalität des menschlichen Wesens und des Lebens im allgemeinen als dynamische Funktion im menschlichen Verhalten zu, so kann es die Grundlage für alles bilden, was die Menschheit hinsichtlich persönlicher und sozialer Verbesserungen leisten kann.«[44] Der irische Dichter Patrick Kavanagh weist auf den gleichen Sachverhalt hin:

I have a feeling
That through the hole in reason's ceiling
We can fly to knowledge
Without ever going to college.

Ich habe den Eindruck,
Daß wir durch ein Loch im Dach der Logik
Zum Wissen fliegen können,
Ohne eine Universität zu kennen.[45]

10. Rückkehr zum Ursprung. Die Mystik verlangt eine Rückkehr zu unseren Quellen. Meister Eckhart sagt: »Alles ist voll und rein in seiner Quelle und genau dort, nicht außerhalb.«[46] Und Kabir ruft auf: »Denkt daran, ihr Sucher, daß alle Entfernungen von denen überwunden werden können, die der Quelle ihres Wesens nahe sind.«[47] Wenn Sie sich jemals danach gesehnt haben, »der Quelle Ihres Daseins nahe zu sein«, dann hatten Sie damit eine mystische Sehnsucht. Von dieser Rückkehr zur Quelle spricht Meister Eckhart ständig: »Wenn ich in den Grund, in den Boden, in den Strom und in die Quelle der Gottheit komme, so fragt mich niemand, woher ich komme oder wo ich gewesen sei.«[48] Und er lädt uns ein, zurückzukehren »in den Grund, in den Boden, in den Strom und in die Quelle der Gottheit«. Wenn wir ihm darin folgen, dann erhalten wir lebendige Energie für unsere Arbeit und entdecken unsere Arbeit als Ausdruck unseres wahren Selbst, unseres tiefsten Wesens. Wenn Wort und Werk zu ihrem Ursprung und ihrer Quelle zurückkehren, so verspricht uns

Eckhart, dann werden alle Werke göttlich in Gott gewirkt. Und dort verliert sich die Seele in wundervollem Entzücken.[49] Das weist darauf hin, daß wir uns auch mitten in der schwersten Arbeit in der Quelle verlieren können, uns in Verzückung und Gnade verlieren.

Auch Johannes vom Kreuz feiert die Mystik als eine Rückkehr zu unserem Ursprung und seinem Geheimnis. Er schreibt von einer »Quelle, die sprudelt und fließt«:

> Ihren Ursprung kenne ich nicht, denn sie hat keinen,
> Aber ich weiß, daß jeder Ursprung aus ihr kommt,
> Auch wenn es Nacht ist.
>
> Ich weiß, daß es nichts Schöneres gibt,
> Und daß Himmel und Erde aus ihr trinken,
> Auch wenn es Nacht ist.
>
> Ihre Klarheit aber ist nie verdunkelt,
> Und so weiß ich, daß jedes Licht von ihr kommt,
> Auch wenn es Nacht ist.
>
> Aber der Strom, der dieser Quelle entspringt,
> Ich weiß es gut, daß er hervorragend und allmächtig ist,
> Auch wenn es Nacht ist.[50]

Indem wir Mystik als »Rückkehr zu unserem Ursprung« verstehen, entdecken wir die etymologische Bedeutung des Wortes Religion noch einmal. Wie schon besprochen, stammt »Religion« vom Lateinischen RELIGARE, was heißt »wiederverbinden, rückbinden«. Mystik ist eine Wiederverbindung oder Rückbindung zu unserem eigentlichen Ursprung.

11. Feministisch. In *The Feminist Mystic* sagt Mary Giles ganz einfach: »Mystiker/innen sind feministisch.«[51] Wie der Dualismus und die Verdrängung der Mystik charakteristisch für das patriarchale Bewußtsein sind, so wird eine feministische Weltanschauung das Mystische mit umfassen. Wer die Welt auf diese Weise sieht, wird als praktische Werte Verbundenheit und Gemeinschaft pflegen und weniger den Dualismus, Feier und Freude eher als Konkurrenz, Mitgefühl eher als Gesetzlichkeit, Fürsorglichkeit eher als Verurteilung. Die mystische Fähigkeit, loszulassen und den verborgenen Gott zu erleben, der »namenlos ist«, wie Eckhart sagt[52], ist besonders für Frauen und andere interessant, die ihre Stimme in der Geschichte nicht erheben konnten. Die Theologin Dorothee Sölle erzählt, daß die »versteckte Feministin« in ihr sich der »sogenannten wissenschaftlichen Sprache widersetzte, der jedes emotionale Gespür fehlt«, wie sie es in der von Männern beherrschten Theologie fand. »Dabei half mir die Sprache der Mystiker«, erklärt sie.[53] Wenn Meister Eckhart sagt: »Darum bitte ich Gott, daß er mich Gottes quitt mache«[54], dann ermuntert er damit, die Sprache auf die Weise aufzugeben, wie es Dorothee Sölle und andere Feministinnen für erforderlich halten, damit die Gottheit in größerer Fülle hervortreten kann.

Auch das Bild der »Rückkehr zum Ursprung« ist ein zutiefst weibliches, denn es beschwört die Erinnerung an den Mutterleib oder an die Gottheit, in der wir alle leben, uns bewegen und unser Dasein haben. Das sind feministische Bilder; und es ist auch vielsagend, daß Eckharts Lieblingsausdruck für den Ursprung nicht Gott ist, sondern »die Gottheit«. Die Gottheit ist jene Seite des Göttlichen, die nicht in Schöpfung und Geschichte aktiv ist, sondern schweigt und nicht handelt. Wie die große, kosmische Mutter ist die Gottheit einfach da. »Sein« braucht keine Rechtfertigung.

12. Panentheismus. Eine gesunde Mystik ist panentheistisch. Das heißt, daß sie nicht theistisch ist, sich die Gottheit nicht »da draußen« oder auch »hier drinnen« auf eine dualistische Weise vorstellt, die die Schöpfung von der Gottheit trennt. Panentheismus bedeutet, daß »alle Dinge in Gott sind und Gott in allen Dingen ist«. So stellen Mystiker sich das Verhältnis von Welt, Selbst und Gott vor. Mechthild von Magdeburg sagt zum Beispiel, daß der Tag ihres geistigen Erwachens der war, an dem sie alle Dinge in Gott sah und Gott in allen Dingen.[55] Der Panentheismus verschmilzt den Dualismus von Innen und Außen – wie der Fisch im Wasser ist und das Wasser im Fisch, so ist die Schöpfung in Gott und Gott in der Schöpfung. Meister Eckhart sagt, daß sich »unwissende Menschen fälschlich vorstellen, daß Gott alle Dinge geschaffen habe«, so daß sie außerhalb der Gottheit seien. Denn »Gott ist in allen Dingen. Je mehr Göttlichkeit in Dingen ist, um so mehr Göttlichkeit ist außerhalb.«[56]

Im Laufe der Jahre habe ich viele ernsthafte geistige Sucher getroffen, die sich als Atheisten bezeichnen. Dadurch ist mir klargeworden, daß Atheismus meistens Ablehnung des Theismus bedeutet und daß die meisten Atheisten Menschen sind, denen niemals der Panentheismus oder die Mystik begegnet ist. Denn in unserer Kultur wird das theistische Verhältnis zu Gott auf Kosten des panentheistischen oder mystischen in den Vordergrund gestellt. Wenn die einzige Möglichkeit, mir das Verhältnis der Schöpfung zur Gottheit vorzustellen, die theistische wäre, dann glaube ich, wäre ich wohl auch ein Atheist.

13. Das Gebären von Bildern. Alle Mystikerinnen, alle Mystiker gebären Bilder. Zu ihrem »radikalen« oder kritischen Bewußtsein gehört die tiefe Intuition, daß die erlernte Sprache nicht ausreicht, um die tiefen Erfahrungen des Lebens zu benennen. Das Vertrauen der Mystiker in die Erfahrung erzeugt folgerichtig Mißtrauen gegenüber denen, die die Erfahrung für uns benennen. Wenn ein amerikanischer Präsident die atomaren MX-Raketen als »Friedensstifter« bezeichnet, so spüren Mystiker, daß die geerbte Sprache für die vorliegende Aufgabe nicht angemessen ist. Die Sprache kann nur in einem Rückgriff auf die Erfahrung erlöst werden, die ihr Ursprung ist. Sprache wird aus tiefer Erfahrung wiedergeboren. Die Wiedergeburt kommt durch das Erzeugen neuer Bilder zustande, denn Bilder liegen unseren Erfahrungen näher als Worte. Bilder sind die Hebammen der aus Erfahrung geborenen Sprache. Ein mystisches Erwachen bringt ein Erwachen der bildhaften Kraft, zu heilen, zu benennen, zu begeistern und zu lehren, mit sich. Rainer Maria Rilke pflegte zu sagen, daß Worte die letzte Zuflucht sind, um auszudrücken, was tief in uns geschieht.

Die größten Mystiker des Mittelalters gehörten zu den Schöpfern unserer modernen europäischen Sprachen. Jeder, jede von ihnen stand im Zentrum eines Kampfes um eine neue Sprache, um eine neue Erfahrung zu benennen. Sie alle waren sozusagen engagiert in der Suche nach »neuen Weinschläuchen«. Franz von Assisi und Dante waren Begründer des Italienischen. Man hat den *Sonnengesang* des Franz lange zu den schönsten Gedichten in italienischer Sprache gehalten. Meister Eckhart stand in vorderster Front bei der Begründung der deutschen Sprache, was sogar zu seiner Verdammung beitrug. Man warf ihm in seinem Prozeß nämlich vor, »die Bauern zu verwirren«[57], indem er ihnen in ihrer eigenen Sprache predigte. Er war bereit, seinen theologischen Ruf aufs Spiel zu setzen und nicht lateinisch zu predigen, um mit den Menschen in der Sprache reden zu können, die sie verstanden. Seine Predigten im Dialekt der Bauern trugen zur Geburt einer neuen Kraft, der deutschen Sprache, zum Ausdruck menschlicher Erfahrungen bei. Juliana von Norwich ist als die »erste englische Gelehrte«[58] bezeichnet worden, weil sie, zusammen mit Meister Eckharts mystischem Zeitgenossen Geoffrey Chaucer, der englischen Sprache den Weg bereitete. Johannes vom Kreuz schrieb die schönste Dichtung, die je in spanischer Sprache verfaßt wurde. Obwohl er Latein studiert hatte, wußte er doch um die Kraft, die darin lag, seine tiefsten Erfahrungen in einem frischen Weinschlauch mitzuteilen. Er wählte dafür das Spanische.

Ist nicht jeder Künstler, jede Künstlerin Gebärerin von Bildern? Darum sind auch alle Mystiker Künstler und alle echten Künstler Mystiker. Hat man die Bedeutung und die Zwischenverbindungen der vorangegangenen Arbeitsdefinitionen der Mystik einmal verstanden, so dürfte das auch nicht verwunderlich sein. Phantasieren Künstler nicht? Kehren sie nicht zu den Ursprüngen zurück? Spielen sie nicht mit dem »Irrationalen« und beschäftigen sie nicht die rechte Hirnhälfte ebenso wie die linke? Sind nicht die großen Mystiker-Propheten diejenigen, die ihre Bilder ins Leben umsetzten und anderen Menschen Räume schufen, auch ihre Bilder auszuleben? Malen die Künstler und Künstlerinnen, die James Joyce die »Priester der Phantasie« nennt, nicht die Reise in die Tiefe aus? Wer anders also benennt die mystische Reise?

Nach der Schöpfungstradition sind alle Menschen Mystiker, Mystikerinnen. Mystik ist nicht elitär, sondern geht das wahre Selbst in uns allen an. Ebenso sind alle Menschen Künstler. Alle Menschen sind sowohl Künstlerinnen als auch Mystiker, weil alle dazu berufen sind, mit ihrem wahren Selbst in Kontakt zu treten, mit ihrer tiefsten Erfahrung, und aus jenem Raum der Stille Bilder hervorzubringen. Der Künstler, die Künstlerin in uns bringt die Bilder hervor und teilt die Erfahrung mit. Von ihren mystischen Wurzeln abgeschnitten, wird Kunst jedoch steril und egozentrisch, Instrument einer Elite oder des Konsums. Sie verbindet sich dann stärker mit Konkurrenz als mit dem Mitgefühl, das die Basis einer Gemeinschaft darstellt. Die Gabe wirklicher Künstler ist stets eine Gabe an die Gemeinschaft, selbst wenn darin eine Kritik an ihr steckt. Sie kommt aus der Tiefe und ist als Geschenk an die Tiefe der anderen gerichtet. Jeder Mensch hat Gaben für die Gemeinschaft und ist deshalb ein Künstler, eine Künstlerin. Unsere Hauptbemühung in der Erziehung sollte sich darauf richten, die innere Gabe der Mystik im Kind zu erwecken und herauszuziehen, zu er-ziehen. Deshalb ist Kunst als Meditation ein sine qua non zur Erziehung des Mystikers, der Mystikerin. Naturvölker haben das gewußt, in ihren Gemeinschaften ist jeder Mensch Künstler und hat Gaben und Bilder mitzuteilen. Die Überlieferungen der Naturvölker haben diese Wahrheit nicht verloren, weil sie den Glauben an das Mystische nicht verloren haben, das tief in uns allen liegt und dessen Gaben *für die Menschen*, für die ganze Gesellschaft sind.

Die Werke aller großen Künstlerinnen und Künstler der Menschheit beruhten zum Teil darauf, daß sie Mystiker waren. Ist es nicht genau das, was die Musik Mozarts, die Komposition Mahlers, die Gemälde da Vincis, die brennende Vision der Dichterin Adrienne Rich tun: das Mystische in jedem von uns zu erwecken, der auf den Ausdruck solcher Schönheit und Anmut trifft? Ist die Kunst nicht wie das Dasein selbst, Quelle der Ehrfurcht und des Staunens und darum eine weitere Quelle unserer Mystik? Große Künstler sind stets große Mystiker gewesen, und große Mystikerinnen waren große Künstlerinnen – Dichterinnen der Seele. Wir werden die wirklichen Gaben der Künstler nie verstehen können, solange wir nicht verstehen, daß ihr Ursprung im Mystischen liegt. Das hilft wohl auch zu verstehen, warum Künstler wie Mystiker in der modernen, Newtonschen Epoche in eine Nebenrolle abgedrängt wurden.

14. Stille. Mystik ist dialektisch und nähert sich der Wirklichkeit eher von einer Perspektive des »sowohl/als auch« als von einer des »entweder/oder«. Mystiker haben zwar eine Leidenschaft für Bilder und hohe Empfindsamkeit für Sprache, für den Tod der Sprache und die Möglichkeit ihrer Wiedergeburt, aber sie lieben auch die Stille. Die Erfahrung der Rückkehr zum Ursprung des Wesens läßt sich selten in Worten ausdrücken. Kabir sagt: »Wer diese Liebe gekostet hat, ist so verzückt, daß er von Stille ergriffen wird.«[59] Sind Sie jemals »von Stille ergriffen« worden?

Falls ja, haben Sie das Unsagbare gekostet, haben Sie ein mystisches Erlebnis gehabt. Stille wird zu oft als »Abwesenheit von etwas« definiert, wo sie doch viel mehr ist als das. Stille ist auch eine Suche nach etwas, eine Suche nach der Tiefe, nach der Quelle. Viele mystische Erweckungserlebnisse der Astronauten und Kosmonauten sind durch die kosmische Stille ausgelöst worden, der sie im Raum begegneten. Menschen, die in die Meerestiefe getaucht sind, oder Höhlenforscher haben ähnliches erlebt.

Die Stille bewegt die Menschen. Deshalb ist sie für Meditationsübungen und die Kunst, auf Bilder zu hören, so wichtig. Man könnte sagen: Das Sein ist still. Um das Sein zu erfahren, müssen wir der Stille Raum geben. Dann – und nur dann – spricht tiefe Wahrheit zu uns.

Wie Kabir und andere Mystiker preist auch Meister Eckhart die Stille. »Wo dieses Wort gehört werden soll, muß es in einer Stille und einem Schweigen geschehen.«[60] Nikolaus von Kues schreibt: »Am Ende führt das mystische Studium des Göttlichen zu Freiheit und Stille, wo die Vision der unsichtbaren Gottheit uns gewährt wird.«[61] In der Stille geht es um das Zusammensein, nicht um das Missionieren und Anpreisen des Ego. Wie Kabir sagt: »Mein lieber Freund, wenn du einen Edelstein in der Hand hast, gehst du nicht auf die Straße und rufst es aus.«[62] Nimm dich, mit anderen Worten, des Edelsteines eine Weile in Stille an. Stille ist ein weiterer Aspekt der Weigerung zu projizieren, die für das mystische Bewußtsein so entscheidend ist. Es gibt eine Zeit der Stille, wie es eine Zeit der Bilder gibt, eine Zeit des Redens und eine Zeit der Arbeit. Der Mystiker, die Mystikerin in uns sehnt sich nach der stillen Zeit und nach dem Loslassen der Bilder. »Schweig daher und klaffe nicht über Gott«, rät Meister Eckhart, denn »Sankt Augustinus sagt: ›Das Schönste, was der Mensch über Gott auszusagen vermag, das besteht darin, daß er aus der Weisheit des inneren Reichtums schweigen könne.‹«[63] Die Stille, von der die Mystiker sprechen, ist jener enthobene Augenblick an der Quelle, am Ursprung des Daseins, der Bilder, der Kreativität, jener Kraft, aus der die Worte kommen und aus der sie ihre Kraft schöpfen. Der Dichter und Töpfer M. C. Richards überlegt: »Woher kommen meine Worte? ... aus der Stille hinter den Worten« – aus der Stille des präexistenten Wortes, das »im Anfang« ist.[64]

Jene Kraft, aus der der Tanz oder das Gemälde oder die Musik oder der Kampf oder die Liebe oder die Umarmung kommen, ist die Stille. Eine Kultur des linken Hirnes wird sich mit der Stille unwohl fühlen und geschwätzig sein. Worte können die Gegenwart und Kraft des Göttlichen verdecken, wie sie es so oft in Gottesdiensten tun, die keine Verbindung mehr zu ihren mystischen Wurzeln haben und sich der Säkularisation unterwerfen. In einer der Mystik entfremdeten Kultur herrscht tiefe Angst vor der Stille. Gregory Bateson hebt die Notwendigkeit und Kraft der Stille hervor, wenn er sagt:

»*Nichtkommunikation* einer bestimmten Art wird gebraucht, wenn wir das ›Heilige‹ bewahren wollen. ... Es gibt viele Gelegenheiten und Umstände, unter denen *Bewußtsein* unerwünscht und Schweigen Gold ist, so daß das Geheime uns als *Anzeiger* dafür dienen kann, daß wir uns heiligem Boden nähern. Haben wir dann genügend Fälle des Unausgesprochenen gehabt, so können wir versuchen, zu einer Definition des ›Heiligen‹ zu kommen.«[65]

15. Nichts und Dunkelheit. Der Mystiker, die Mystikerin hat sich in die Dunkelheit geworfen und das reine Nichts gekostet. Mystik bringt uns nicht nur zur Ehrfurcht vor dem, was wir im Tageslicht sehen, sondern auch in die Tiefen dessen, was wir im Dunkeln sehen – beziehungsweise nicht sehen. Nikolaus von Kues meint jene Dunkelheit, die Experten oder Gelehrte des linken Hirns nicht durchdringen können, wenn er schreibt: »Die Gelehrten sind unzulänglich, denn sie haben Angst, die Dunkelheit zu betreten. Der Verstand scheut sie und fürchtet, sich hineinzustehlen. Weil er aber die Dunkelheit meidet, kommt der Verstand zu keiner Vision des Unsichtbaren.«[66]

Die Mystik bringt uns in die Dunkelheit dessen, was Jung als die »furchtbare Mutter«[67] bezeichnet – die Dunkelheit von Schmerz und Zweifel –, und läßt uns dort verweilen. Die »dunkle Nacht der Seele« der Mystiker ist keine elitäre Erfahrung von berufsmäßigen Betern. Solche »Nächte« sind für jeden Menschen und jede Kultur real. Es kommt darauf an, wie man auf diese Erfahrung reagiert: Manche lassen sich von der Dunkelheit durchdringen, andere widerstreben und verdrängen sie. Joanna Macy weist darauf hin, daß Apathie eine Folge der Verdrängung von Leid ist.[68] Das Vorhandensein von Apathie weist auf einen Mangel an Mystik hin. Apathie kommt zustande, wenn wir die mystische Aufforderung fliehen, *bei* der Dunkelheit zu sein.

Mystiker wagen es, über das Nichts und unsere Erfahrungen des Nicht-Seins zu reden. Sie schützen uns nicht vor der Wahrheit, daß die Leere ebenso wirklich ist wie die Fülle, daß Aufgeben und Loslassen ebenso echt und notwendig sind wie Hinzufügen und Vermehren. Meister Eckhart lehrt, daß die Seele durch Minderung mehr als durch Hinzufügung wächst.[69] Unsere Erlebnisse des Nichts sind Lektionen der Weisheit und Vorspiele des Mitgefühls. Sie bringen uns in Berührung mit der Tiefe in anderen, die ebenfalls die Wahrheit des Nicht-Seins durchlaufen müssen. Als Martin Luther King von einem seiner ersten Gefängnisaufenthalte wiederkam, kommentierte er ihn: »Ich glaube, ich habe ein neues Verständnis des Leidens gewonnen. Jetzt bin ich überzeugter als je zuvor, daß unverdientes Leid erlösend wirkt.«[70] Mystiker und Mystikerinnen wagen sich ins Dunkel und ins Leid, das mit wirklicher Verletzlichkeit einhergeht. Leiden kann unsere Seelen wachsen lassen.

16. Kindliche Spielfreude. Ein Mystiker, eine Mystikerin ist ein spielendes Kind: Der Mystiker in uns ist das Kind in uns. Meister Eckhart definiert Mystik oft als »Freiheit von Ich-Bindung«. Er drängt die Menschen, ihre Selbstlosigkeit zu entwickeln. Haben Kinder diese nicht im Überfluß? Solange Erwachsene die Kinder Kinder sein lassen und nicht ihr Erwachsensein auf sie projizieren, sind alle Kinder aktive Mystiker. Jesus pries oft das Kind, etwa als er die Erwachsenen ermahnte: »Wenn ihr nicht umkehrt und werdet wie die Kinder, so werdet ihr nicht in das Himmelreich eingehen« (Mt 18,3). In Spiel und Phantasie geht es darum, unserer Selbst*losig*keit eine Weile die Bühne zu überlassen. Der größte Teil des Erwachsenenlebens, der Arbeit und Ausbildung dreht sich um das Selbstbewußtsein. Der Mystiker, die Mystikerin in uns allen verlangt jedoch nach dem Spiel. C. G. Jung bemerkt treffend zur unlösbaren Verbindung zwischen Spiel und Kreativität: »Denn alles andere ist ihm (dem Intellekt) nichts als Phantasie. Was aber hat es je Großes gegeben, das nicht zuvor Phantasie war?«[71] All das »Große«, das die Mystiker ins Dasein bringen – Eckhart spricht davon, wie wir Gott gebären –, hängt von der Phantasie ab. Jung fährt fort: »Alles Menschenwerk entstammt der schöpferischen Phantasie. Wie sollten wir da von der Einbildungskraft gering denken dürfen? ... Die Phantasie an sich ist keine Krankheit, sondern eine natürliche Lebenstätigkeit, welche den Keimen der seelischen Entwicklung zum Durchbruch verhilft.«[72] Freud verachtete die Mystik wegen ihrer Erfahrung der Rückkehr in den Mutterleib und zu unserem Ursprung als »infantile Regression«. Jung dagegen sieht in dieser Rückkehr eine gesunde Wiederbelebung unserer schöpferischen Kräfte:

»Man weiß, daß noch jede gute Idee und jede Schöpfertat aus der Imagination hervorgegangen ist und ihren Anfang in dem nahm, was man als infantile Phantasie zu bezeichnen gewohnt ist. Es ist nicht nur der Künstler, der alles Größte in seinem Leben der Phantasie verdankt, sondern überhaupt jeder schöpferische Mensch. ... Aber ohne dieses Spiel mit Phantasien ist noch nie ein schöpferisches Werk geboren worden.«[73]

Ob Gott vor der Erschaffung der Welt mit der Weisheit spielt (Sprüche 8), ob Künstler mit Formen spielen oder Musiker mit Klängen und Harmonien, ob Lehrer mit Ideen spielen, ob Liebende mit ihren Körpern spielen oder Kontemplierende mit Gott – ohne Spiel gibt es keine lebendige Mystik und keine Kreativität. Die Gottheit, der Mystiker begegnen, ist unbedingt eine junge, kindliche Gottheit – das Kind in uns ist das göttliche Kind.

17. Psychische Gerechtigkeit. Man kann Mystik auch als psychische Gerechtigkeit verstehen. Das Gehirn aller Menschen hat eine rechte und eine linke Hemisphäre. Wir leben aber in einer Kultur, die hauptsächlich die linke Hälfte entwickelt und belohnt. Deshalb sind wir nicht im Gleichgewicht, sind wir aus der Harmonie gefallen. Ungerechtigkeit bedeutet, nicht im Gleichgewicht zu sein. Psychisch sind wir ungerecht, ungleichgewichtig, insofern wir ausschließlich von unserer linken Hemisphäre aus tätig sind.

Mystik bringt unserem Gehirn, unserem Körper und unserer Psyche wieder Gerechtigkeit, Harmonie und Gleichgewicht zurück. Mystik ist personalisierte Gerechtigkeit. Die angemessene Übersetzung und wahre Bedeutung des biblischen Ausdrucks »Rechtschaffenheit« sollte »Mystik« sein oder internalisierte Gerechtigkeit. Mystik bringt das Gleichgewicht zwischen rechter und linker Hirnhälfte zurück, zwischen Licht und Dunkel, zwischen Leidenschaft und Stille, zwischen Sein und Tun, zwischen Spiel und Ernst, zwischen Liebe und dem Loslassen der Liebe, zwischen Arbeit und Kunst. Und dieses Gleichgewicht fehlt auch vielen Friedens- und Gerechtigkeitsbewegungen, wenn sie keine Basis in der Mystik haben. Wo die persönliche Gerechtigkeit fehlt, die die Mystik der Psyche bringt, wird die psychische Ungerechtigkeit auf die Gesellschaft und andere Institutionen projiziert. Auf diese Weise ist die soziale Ungerechtigkeit in der persönlichen verwurzelt und umgekehrt. Erziehung zum Mystischen ist deshalb eine Erziehung für den Frieden, statt für den Krieg. Mystiker und Mystikerinnen ringen mit den Kriegen, die wir in unserem Inneren fechten, auf den »Schlachtfeldern der Seele«. Das ist das Übungsfeld für die sozialen Schlachten, die im Namen der Gerechtigkeit zu schlagen sind. Die inneren, mystischen Schlachten lehren uns persönliches Verständnis und Mitgefühl für den »Gegner«, das oft fehlt, wenn man sich den inneren Kämpfen noch nicht gestellt hat. Mit anderen Worten: Indem Mystiker sich ihren eigenen Projektionen stellen und ihre psychische Ungerechtigkeit heilen, machen sie den Weg frei für einen effektiveren Kampf um soziale Gerechtigkeit. Das moderne wissenschaftliche Wort für Gerechtigkeit ist *Homöostase*, die Suche nach dem Gleichgewicht und Ausgleich, die sich in allen Organismen und sogar im Universum selbst findet. In der Mystik geht es darum, die Homöostase in den menschlichen Geist zurückzubringen.

18. Propheten. Ein Prophet ist ein Mystiker in Aktion.[74] Wie Heschel lehrt, ist ein Prophet jemand, der sich in Ungerechtigkeiten einmischt. Mystiker sind deshalb immer gefährlich und immer in Schwierigkeiten, denn sie sind prophetisch. Hildegard von Bingen wurde zum Beispiel noch im Alter voin 81 Jahren mit ihrem gesamten Konvent exkommuniziert, weil sie einen jungen Revolutionär auf ihrem Gelände beerdigt hatte. Noch während Franz von Assisi lebte, wurde ihm sein gesamter Orden weggenommen – was zu seinen Stigmata führte, zu seiner körperlichen Identifikation mit den Wunden des Gekreuzigten. Der Tod des Thomas von Aquin wurde durch seinen ständigen Kampf mit den Säkularisten auf der einen und den anthropozentrischen Spiritualisten auf der anderen Seite beschleunigt. In seinem letzten Lebensjahr erlitt er einen Nervenzusammenbruch und konnte weder schreiben noch sprechen. Er wurde nicht ein- oder zweimal, sondern gleich dreimal verdammt, bevor man ihn schließlich kanonisierte. Mechthild von Magdeburg wurde buchstäblich von Stadt zu Stadt vertrieben, weil sie eine Begine war, Mitglied einer Frauenbewegung des 13. Jahrhunderts, und es wagte, die Mächtigen wegen ihrer Gier und ihrer Gleichgültigkeit gegenüber dem Elend der Armen, der Kinder und Kranken zu kritisieren. Meister Eckhart wurde in der Woche nach seinem Tode verdammt und blieb bis heute auf der Liste der Verdammten, obwohl er der größte christliche Mystiker des Westens ist. In der christlichen Hauptströmung blieb er, wie auch Hildegard von Bingen, praktisch unbekannt. Juliana von Norwich wurde nach ihrem Tode zweihundert Jahre lang ignoriert, und ihr großes mystisches Werk *Revelations of Divine Love* wurde erst im 17. Jahrhundert veröffentlicht.

Mystiker und Mystikerinnen müssen immer Propheten sein, weil sie ein bestimmtes psychisches Gleichgewicht haben müssen. Es ist für sie oft wesentlich, ihre Kräfte nach so vielen inneren und persönlichen Erfahrungen in der sozialen Arena zu investieren. Mystiker müssen Gefahren und Prophetie riskieren, sie können ihre Erlebnisse nicht für sich behalten. Heute fallen manche Leute in eine Art Verzückung, während sie das Leiden anderer ignorieren und die Kraft ihres Mitgefühls nicht entwickeln. Das ist Pseudo-Mystik. Genau jene Dialektik und Spannung zwischen Mystik und Prophetie nämlich ist es, die die Mystikerinnen und Mystiker und die von ihnen geschaffenen Gemeinschaften gesund hält. Ein durch Mystik erreichtes inneres Gleichgewicht wird im Kampf um Gerechtigkeit auf gesunde Weise nach außen projiziert als ein Gleichgewicht von Gerechtigkeit und Harmonie. Das Unrecht um uns fordert unsere selbstgefälligen Abwehrmechanismen heraus. Der Mystik geht es nicht um Sicherheiten. Wie es der Theologe Dietrich Bonhoeffer sagte, ist »Friede das Gegenteil von Sicherheit«[75].

19. Dasein-im-Sein. Dem prophetischen Kampf bringt die Gabe der Mystik eine Verwurzelung in der tieferen Ebene des Daseins, statt in den oberflächlichen Ebenen der Selbstgerechtigkeit, der Schuldzuweisung oder dem Zwang zu siegen. Mystikern geht es um das *Dasein im Sein*. Dasein-im-Sein in der Stille, in der Erfahrung, in der Ehrfurcht, im Verbinden, im Nicht-Dualismus, aber auch im Dasein mit leidenden Wesen, mit den Opfern des Selbsthasses und der Unterdrückung. Jedes Wesen auf unserem Planeten ist auf unterschiedliche Weise ein solches leidendes Individuum. Mystik hebt den Kampf um Gerechtigkeit über die Ebene von Schuldzuweisung und Wut hinaus zu neuen Möglichkeiten. Darin liegt der spirituelle Genius von Gandhi, King und anderen, die die Gewaltlosigkeit als ein Mittel eingesetzt haben, den Haß und den Schmerz anderer auf neuer Ebene in Stärkung und Kreativität zu wandeln. Meister Eckhart spricht das Verhältnis vom Einsatz für Gerechtigkeit und dem Sein an, wenn er schreibt: »Für den gerechten Menschen heißt gerechtes Handeln Leben; Gerechtigkeit ist sein Leben, sein Lebendig-Sein, sein Dasein zu dem Zwecke, gerecht zu sein. ... In Gott sind Handeln und Sein eins.«[76] Eckhart schließt, daß die »Leute nicht soviel nachzudenken brauchten, was sie tun sollten; sie sollten vielmehr bedenken, was sie wären. ... Bist du gerecht, so sind auch deine Werke gerecht.«[77] Eckhart verspricht, daß wahre und tiefe Kreativität zustande kommt, wenn unsere Arbeit für die Gerechtigkeit immer mehr in unseren mystischen Wurzeln des Daseins-im-Sein verwurzelt wird. Wir werden Mitschöpfer und Gebärerinnen einer neuen Schöpfung:

»Denn alle Tugend des Gerechten und jegliches Werk, das aus der Tugend des Gerechten gewirkt wird, ist nichts anderes, als daß der Sohn vom Vater geboren wird.«[78]

In der Tiefe unseres Wesens, wo Gerechtigkeit und das Werk geschehen, wirken wir deshalb ein Werk und eine neue Schöpfung – den Sohn – mit Gott.

20. Das wahre Selbst. Durch die ständige Erforschung der Tiefen unserer Erfahrung – seien sie hell oder dunkel, froh oder leidvoll – bringt der Mystiker, die Mystikerin in uns hervor und erschafft, was Paulus als den »inneren Menschen« bezeichnet hat, das wahre Selbst. Hier findet die Mitschöpfung statt, denn die Geburt des Mystischen ist eine Geburt *mit Gott*, eine Geburt dessen, was göttlich ist, was wir wirklich selbst sind. Jedes Selbst ist ein einzigartiger Spiegel der Gottheit, und deshalb gebiert jeder Mensch eine einzigartige Schöpfung, wenn er das wahre Selbst geboren werden läßt. Sie kommt von der Stelle, an der das

Göttliche in der Gemeinschaft wohnt, das heißt aus dem Innern des »Unter uns« – wie Jesus sagte: »Das Reich Gottes ist unter euch.« Und es kommt aus jedem Individuum. Die Gottheit ist es, »die mit uns ist«, *Emmanuel*, »Gott mit uns«. Gott ist besonders auf der Ebene des wahren Selbst mit uns, auf der wir einzigartige Ebenbilder Gottes sind. Man kann in der Tat davon sprechen, daß Gott uns braucht, um seine Göttlichkeit zu spiegeln, um an das Bild der Gottheit zu erinnern, das ein jeder, eine jede von uns für die Gottheit ist. Es ist etwas Intimes, in einen Spiegel zu schauen; man kann es nicht auf größere Entfernung tun. Das wahre Selbst, das Ebenbild Gottes, stellt auch die Verbindung zu dem Wesen dar, das es abbildet. Das Mitschaffen mit Gott ist eine intime Arbeit des Seins mit Gott.

In seiner Abhandlung über den edlen Menschen unterscheidet Meister Eckhart zwischen dem »inneren Menschen« und dem »äußeren Menschen«. Dies paßt verblüffend zu der Unterscheidung, die Alice Miller trifft zwischen dem »falschen Selbst« oder »als-ob Selbst«, das vom verwundeten Kind erzeugt wird, um geliebt zu werden, und dem »wahren Selbst«, jenem Teil von uns, der bedingungslose Liebe annehmen kann.[79] Eckhart sagt, daß der innere Mensch »in uns steckt. ... Den heißt die Schrift einen neuen Menschen, einen himmlischen Menschen, einen jungen Menschen, einen Freund und einen edlen Menschen.«[80] Er lehrt außerdem, daß der innere Mensch »der Acker ist, in den Gott sein Bild und Gleichnis eingesät hat und darein er den guten Samen, die Wurzel aller Weisheit, aller Künste, aller Tugenden, aller Güte sät: den Samen göttlicher Natur (2 Petr 1,4). Göttlicher Natur Samen das ist Gottes Sohn, Gottes Wort« (Lk 8,11).[81] Für Eckhart ist also das wahre Selbst oder der innere Mensch nichts weniger als der Kosmische Christus in jedem von uns. Der innere Mensch ist »der gute Baum, von dem unser Herr sagt, daß er allzeit gute Frucht bringt und nimmer böse«[82]. Alice Miller spricht dann von einem »Seelenmord«, wenn einem Menschen der Zugang zu seinem oder ihrem wahren Selbst verwehrt wird. In einer Kultur, die das Mystische verdrängt, die also die Entwicklung des wahren Selbst verhindert, ist Seelenmord die Regel.

21. Global ökumenisch. Ohne Mystik wird es keine »Tiefenökumene« geben, keine Freisetzung der Weisheit *aller* religiösen

Überlieferungen der Welt. Ich bin jedoch davon überzeugt, daß es ohne sie niemals globalen Frieden oder Gerechtigkeit geben wird; denn die Menschheit braucht spirituelle Tiefe und Übungen, Feiern und Rituale, um ihr besseres Selbst zu erwecken. Das Zusammenkommen der Religionen ist bisher dadurch vereitelt worden, daß die Religionen keine Beziehungen auf der mystischen Ebene haben. Die westliche Tradition scheint auf dieser Ebene auch nichts zu bieten zu haben, weil ihre religiösen Institutionen von ihrem eigenen mystischen Erbe nichts wissen. Mit dem Erwachen einer lebendigen Kosmologie und einer lebendigen Mystik ergeben sich neue Möglichkeiten für Beziehungen und ein Zusammenwirken aller spirituellen Strömungen der Menschheit. Nicht nur die sogenannten »großen Weltreligionen« müssen dazu ihre Weisheit beisteuern, sondern auch die älteren und mehr auf die Erde bezogenen Überlieferungen der eingeborenen Völker Amerikas, Afrikas, Europas, Australiens und Asiens. Wenn wir die Ökumene von den schriftlichen Verlautbarungen hin zum Gebet, aus den akademischen Seminaren hin zu den Schwitzhütten, Sonnentänzen und Sonnwendfeiern der Naturreligionen bewegen könnten, würde für den Planeten Erde und ihre Völker eine neue Epoche beginnen. Die Schöpfungs-Traditionen sind universalistisch, weil alle Menschen an der Schöpfung und dem Schöpfer teilhaben. Wie Kabir sagte: »Jenseits von Kasten und Konfessionen bin ich!«[83] Der im 15. Jahrhundert in Indien lebende Kabir galt sowohl als Moslem wie auch als Hindu. Er schlug in sich die Brücke zwischen zwei spirituellen Traditionen. Die Erde verlangt nach einer Epoche noch nie dagewesener religiöser Kreativität. Wir können sie erleben, wenn wir es wagen, den Mystiker, die Mystikerin in uns und unseren Überlieferungen zu erwecken.

Das zweite Vatikanische Konzil hat den Weg für diese Art globaler Ökumene geebnet. In dem Dokument *Über die nichtchristlichen Religionen (Nostra Aetate)*, das sich durchaus als das prophetischste erweisen könnte, wird erklärt: »Von den ältesten Zeiten bis zu unseren Tagen findet sich bei den verschiedenen Völkern eine gewisse Wahrnehmung jener verborgenen Macht, die im Lauf der Welt und den Ereignissen des menschlichen Lebens gegenwärtig ist. ... Die katholische Kirche lehnt nichts von alledem ab, was in diesen Religionen wahr und heilig ist.«[84] Weise ruft das Dokument Christen dazu auf, daß man unter allen

Religionen »jene geistlichen und sittlichen Güter und auch die sozial-kulturellen Werte…, Lehren und Lebensregeln sowie auch heilige Riten« beachten soll, die in allen Religionen die unentwegte Suche des menschlichen Herzens beantworten. Weniger weise jedoch wird den Christen geraten, »das Vergangene beiseite zu lassen«[85]. Die Gerechtigkeit erfordert, daß wir die Schmerzen und Leiden der Naturvölker anerkennen, die ihnen von christlichen Angreifern, denen jedes mystische Bewußtsein fehlte, zugefügt wurden. Die Geschichte des Verhaltens der Christen gegenüber den Naturreligionen ist nicht rühmlich. Bevor wir »vergessen« können, müssen wir durch Dialog und Gebete um Vergebung bitten. Diese Freiheit, loszulassen und um Verzeihung zu bitten, gibt uns das mystische Bewußtsein. Die Kirchen müssen um solche Gaben des Geistes beten wie um das Vermögen, um Verzeihung zu bitten. Nur auf diese Weise kann es auf tiefer und wirksamer Ebene zu einer echten Ökumene kommen.

Diese 21 Definitionen der Mystik, so meine ich, geben uns die Möglichkeit zu prüfen, ob bestimmte mystische Ansprüche echt oder Humbug sind. Der erste dieser Tests ist bereits angesprochen worden: die *Gerechtigkeit*. Wird die mystische Energie erweckt, um mehr Gerechtigkeit in der Welt herbeizuführen, die heilend und einend (*oneing*, ein Wort von Juliana von Norwich) wirkt? Ein zweiter Test ist der des *intellektuellen Lebens*. Wirkliche Mystik geht nie auf Kosten der linken Hirnhälfte; sie ist niemals anti-intellektuell. Hildegard von Bingen erklärt, daß jede Wissenschaft von Gott kommt.[86] Ein dritter Test sind *Paradoxien* und *Humor*. Da die Mystiker große Achtung vor der Vielfalt der Dinge und der Allgegenwart Gottes haben, erkennen sie, daß das Universum nicht nur aus linearer Logik besteht. Wäre es so, könnte die Gottheit hier nicht zu Hause sein. Ein weiterer Test ist die *Fruchtbarkeit*. »An ihren Früchten werdet ihr sie erkennen«, rät Jesus. Welche Früchte trägt eine angebliche oder wahre Mystik? Ein weiterer Test ist das, was Meister Eckhart als *Freiheit von der Ich-Bindung* bezeichnet. Kindliches Staunen, Ehrfurcht und Spontaneität sollten auch bei Erwachsenen wieder entstehen, damit sie dem Mystiker, der Mystikerin in sich gerecht werden. Noch ein Test ist das *dialektische Bewußtsein*, die Fähigkeit, ein sowohl/als auch zu umfassen, statt sich mit dem dualistischen entweder/oder zu begnügen. Und schließlich eine zunehmende Fähigkeit, *den Kosmischen Christus in allen Dingen zu erfahren.* Wie Meister Eckhart deutlich machte, leuchtet Gott einem solchen Menschen in allen Dingen; und für den Mystiker, die Mystikerin, die Sie dann sind, »werden alle Dinge dir lauter Gott«[87].

Wir haben mit der etymologischen Betrachtung und der Ausführung dieser 21 vorläufigen Arbeitsdefinitionen der Mystik hoffentlich die Tür für eine seelische Auferstehung geöffnet, die durch eine gesunde Mystik zustande kommen kann. Kürzlich schrieb mir ein Student, er habe seit seiner Kindheit mystische Erlebnisse gehabt, jedoch nie gewußt, was es war. Die Fähigkeit, unsere Erlebnisse zu benennen, ist ein notwendiger Teil des Findens unserer inneren Kraft. Es ist auch ein notwendiger Bestandteil zum Aufbau von Gemeinschaften, denn die Isolation der Mystiker in uns und in unserer Gesellschaft ist tragisch. Eine gemeinsame Sprache, etwa die in diesem Kapitel vorgeschlagene, könnte gemeinsame Aktionen im Namen der Mystik ermöglichen. Die Mystiker und Mystikerinnen müssen aus der Versenkung auftauchen, müssen sich zusammentun, um ihre Geschichten mitzuteilen, damit wir unserer müden und kalten Zivilisation wieder das Feuer bringen können. Diese Geschichten können uns zu prophetischen Taten inspirieren, die unsere Herzen erwecken, unsere Kultur erneuern und die Auferstehung der Mutter Erde beschleunigen.

14. Der historische Jesus als Mystiker und Lehrer der Mystik

Die Christen müssen den historischen Jesus als einen Mystiker und Lehrer der Mystik wiedergewinnen. Die vorgeschlagenen Kennzeichen der Mystik sind auch für die Person Jesu und seine Lehren grundlegend, wenn wir von den gesicherten Angaben der Evangelien ausgehen. Der Theologe Edward Schillebeeckx sagt, daß die »Abba-Erfahrung« Jesu (seine mystische Erfahrung des Schöpfergottes als Vater/Mutter) für sein ganzes Leben und seine Lehre entscheidend war:

»Jesu Zur-Sprache-Bringen Gottes als Heil für den Menschen hat seine unmittelbare Quelle in seinem persönlichen Erlebnis der Wirklichkeit Gottes, den er in einer für jene Zeit auffälligen, besonderen Weise ›Abba‹ nannte, ein Begriff, der aus dem jüdischen Familienleben jener Zeit genommen ist. ... in einer Abba-Erfahrung, die Quelle seiner heilsgewissen Verkündigung der kommenden Gottesherrschaft und zugleich Kraftquelle einer Lebenserfahrung war ..., die der Praxis des Reiches Gottes voraneilte.«[88]

Aus dieser Argumentation wird deutlich, daß Jesus die ersten beiden Kennzeichen der Mystik zutiefst durchlebt hat: *Erfahrung (Vertrauen)* und *Nicht-Dualismus.* Im Ausdruck *Abba* oder »Papa« kommt ein sehr intimes Verhältnis zwischen Vater und Kind zum Ausdruck, das heißt eine nicht-dualistische Einheit. Jesus lehrte auch seine Jünger, ein so enges Verhältnis zum Vater zu haben, »Vater unser« zu beten und den Nicht-Dualismus zu erleben. Auch Paulus ermutigte die Anhänger Jesu »Abba, Vater, zu rufen« (Röm. 8,15). Paulus hat sich auch Jesu Lehre des Nicht-Dualismus zwischen Menschen und Gottheit zu Herzen genommen, wenn er an der gleichen Stelle schreibt: »Alle, die sich vom Geist Gottes leiten lassen, die sind Söhne oder Töchter Gottes. ... Erben Gottes, Miterben Christi« (8,14 u. 17), denn »der Geist Gottes wohnt in euch« (8,9). Im Johannesevangelium findet sich eine weiter entwickelte Form der Mystik Jesu, wenn Jesus spricht: »Ich und der Vater sind eins« (10,30). Das Herz der Predigten Jesu ist ein Versprechen der »Nähe« (d. h., des Nicht-Dualismus) des Gottesreiches und seiner Gegenwart unter den Menschen. Diese von Jesus versprochene Nähe ist räumlich gemeint: *unter* oder *in* euch – und zeitlich: *ist* unter euch. Auch in der eschatologischen Dimension der Verheißung des Gottesreiches liegt die Nähe; im »noch nicht« des Reiches liegt etwas Drängendes, weshalb das »Gericht« direkt bevorsteht. Das Reich Gottes kann jederzeit anbrechen und mit ihm eine neue Gelegenheit für die Menschen, durchgreifende Entscheidungen zu treffen.

Die Stoßkraft von Jesu Botschaft des Gottesreiches und unserer Rolle darin liegt im *Mitgefühl.* Seine Bergpredigt faßt er nach dem Lukasevangelium mit den Worten zusammen: »Seid barmherzig, wie euer Vater barmherzig ist« (6,36). Diese Aufforderung ist bemerkenswert nicht-dualistisch: Für die Juden ist allein Gott »der Barmherzige«, doch forderte Jesus seine Anhänger auf, ihre Göttlichkeit anzunehmen, indem er aufrief, die göttliche Kraft des Mitgefühls auszuüben.

Für die absichtlich gewählte Lehrmethode Jesu in Gleichnissen ist das *Verbindende* wesentlich. Wie jeder Künstler mußte er den *Vorgang* des Verbindens erleben, bevor er diese Geschichten der Verbindung hervorbringen konnte – zwischen dem Sauerteig und dem Gottesreich, zwischen Braut und Bräutigam und dem Gottesreich, zwischen Fischerei und dem Gottesreich, zwischen Säen und dem Gottesreich, zwischen Ernten und dem Gottesreich, zwischen verlorenen Talern und gesuchten Perlen und dem Gottesreich. Seine Gleichnisse sind als frische, einmalige Geschichten aus der mystischen Erfahrung geboren. Sie fordern vom Zuhörer, daß er die Verbindungen ebenfalls herstellt. Es handelt sich bei Jesu Geschichten nicht um Morallektionen oder ausgefeilte Allegorien, sondern sie erfordern die Beteiligung der Zuhörer wie ein *Koan* zwischen einem buddhistischen Meister und seinem Schüler.

Radikales Staunen und *Ehrfurcht* spielten im persönlichen Erleben Jesu und in seiner Lehre ebenfalls eine tragende Rolle. Er rief seine Anhänger zur Umkehr auf, zu einem Wandel des Herzens (METANOIA), damit sie die Radikalität seiner Vision wirklich begreifen können. Jesus war von seiner Vision des kommenden Gottesreiches derart überzeugt, daß er dafür alles, selbst den Tod, zu riskieren bereit war. Das Reich Gottes ist nichts Kleines, obwohl es von »den Geringen« kommt.

Oft ist uns nicht klar, wie es sein konnte, daß die Menschen, die ihn hörten und ihm vertrauten, »ihre Netze fallen ließen und ihm nachfolgten«. Wir wissen, daß in seinem Predigen die *Bejahung der ganzen Welt* eine wichtige Rolle spielte, weil sich gerade dadurch seine Eschatologie von den schrecklichen pessimistischen Apokalypsen unterschied, die zu seiner Zeit gängig waren. (Etwas davon findet sich noch bei Johannes dem Täufer.) Seine Botschaft war eine Frohe Botschaft über die Gnade für die Welt. Niemals lag darin eine Anklage gegen einzelne oder gegen die Schöpfung. Aber er klagte die Einstellung und die Taten von Personen und Gruppen an, die sich gegen die bejahende Haltung anderer wandten, besonders der Armen und »Geringen«: »Sie binden schwere Lasten zusammen und laden sie den Menschen auf die Schultern, selbst aber wollen sie keinen Finger rühren, um sie zu bewegen. ... aber das Wichtigste im Gesetz schiebt ihr beiseite: die Gerechtigkeit und das Erbarmen und die Treue« (Mt 23,4 u. 23). Die Welt als ganze wird als der Wohnort der Geschöpfe Gottes bejaht. Unter diesen hob Jesus besonders die von den Menschen Ausgestoßenen hervor: Leprakranke, Sünder, Steuereintreiber, Fischer, Witwen und Waisen. Er nahm sie an als einen Teil der Heiligkeit der »Welt als ganzer«. Und von seinen Jüngern verlangte er das gleiche: »Was immer ihr einem dieser meiner geringsten Brüder getan habt, das habt ihr mir getan« (Mt 25,40). Die Schöpfung ist das Gottesreich.

Jesus setzte seine *rechte Hirnhälfte* ein. Er besuchte die Synagoge und sang zum Preise Gottes. Er war naturverbunden und schätzte die Einsamkeit, besonders in den kritischen Zeiten der Entscheidungen in seinem Leben. Er war kein Gesetzeskundiger oder Theologe, sondern ein Geschichtenerzähler, der die Frohe Botschaft verbreitete. Geschichtenerzähler arbeiten von der rechten Gehirnseite her und sprechen auch zur rechten Hirnseite anderer, doch haben ihre Botschaften auch intellektuelle Tiefe, die die linke Hirnhälfte einbezieht.

Ohne Frage war Jesus ein *selbstkritischer* Mensch, dessen kritische Aussagen bei den Zuhörern Reaktionen hervorriefen. Er wagte es, die Autorität des Moses durch seine eigene zu ersetzen (»Ihr habt gehört, daß im Gesetz gesagt ist, ... ich aber sage euch...«); er warf die Verkaufstische im Tempel um; er vergab Sünden; er stellte religiöse Autoritäten und Tabus in Frage und war gerecht gegenüber Frauen, Fremden (der Samariter und die Frau am Brunnen) und Kindern. Sein Wissen über das Kritikwürdige ging aus seiner Mystik hervor und führte zu seinem Tode. Wären seine Botschaft und seine Persönlichkeit nicht radikal und kritisch gewesen, so hätte man ihn nicht gekreuzigt.

Er vertrat auch eine Mystik des *Herzenswissens*, denn Jesus sprach vom Herzen her und zum Herzen. Er beharrte darauf, daß die Verunreinigung, was das Befolgen der Gesetze anging, nicht von außerhalb des Herzens oder Geistes kam, sondern von innen. Ehebruch wird »im Herzen« begangen; und die Menschen sollten beten, »nicht daß die Leute sie sehen können«, sondern »an einem verborgenen Ort, und der Vater, der ins Verborgene sieht, wird es vergelten« (Mt 5,28; 6,6 u. 18).

Jesus kehrte oft an den *Ursprung seines Daseins* zurück. Ein Beispiel dafür ist sein *Abba*-Gebet und seine Verwendung des Ausdrucks »Vater« in seiner Lehre über das Beten und Leben. Das Wissen des Herzens führt zurück zur Quelle, zum Gesegneten, zu dem, der mit uns ist, zum Schöpfer.

An der für einen Mann der damaligen Zeit, Kultur und Religion fast einzigartigen Haltung gegenüber Frauen wird deutlich, daß Jesus *feministisch* war. Seine Lehren enthalten keine chauvinistischen Begriffe, Bilder oder Ansichten. Er fühlte sich mit Frauen und mit Männern wohl, hatte sowohl männliche als auch weibliche Freunde und Jünger. Sein Ruf nach Barmherzigkeit ist ein Ruf nach einer mütterlicheren und mitfühlenderen Lebensweise. Es waren Frauen, die als erste an seine Auferstehung glaubten und die gute Nachricht weitergaben.

In den synoptischen Evangelien wird Jesus als *panentheistisch* dargestellt. Bei Matthäus (Mt 1,23) wird mit der Bezeichnung Jesu als *Emmanuel*, Gott-mit-uns, die immanente Gegenwart Gottes in Jesus und in der Welt durch Jesu Gegenwart betont. Jesus lehrte in seiner Predigt über das »Unter-uns-Sein« des Gottesreiches eine wahrhaft panentheistische Mystik: »Das Reich Gottes kommt nicht so, daß man es berechnen könnte. Auch wird man nicht sagen: Siehe hier! oder: Dort! Denn siehe, das Reich Gottes ist mitten unter euch« (Lk 17,20–21). Das Reich Gottes ist *schon* unter euch, genau wie der Panentheismus lehrt. Wir sind im Reich, und das Reich ist in uns. Die Vergangenheit ist hier, und die Gegenwart ist hier, und sogar die Zukunft ist hier, denn »die Schlacht der Zukunft findet bereits statt, jetzt, in der Gegenwart«, wie der Exeget Norman Perrin in seinem Kommentar zu dieser Stelle sagt.[89] Das wichtigste Wort in Jesu Verkündigung der Immanenz des Gottesreiches ist vielleicht das Wort *»Siehe«*. Die oft schockierenden Gleichnisse haben nämlich den Hauptzweck, *die Leute zum Hinsehen zu bewegen*, sie aufzuwecken und schauen zu lassen, damit sie sehen, was schon mitten unter ihnen ist (siehe Mt 13,13–17). Er schreckt seine jüdischen Hörer zum Beispiel auf, indem er sie das göttliche Mitgefühl im »barmherzigen Samariter« *sehen* läßt (Lk 10,30–36). Zu Jesu Zeit konnten die meisten Juden nichts Göttliches in den Samaritern entdecken, die sie verachteten.

Wozu sagt Jesus uns in seinen Gleichnissen stets »Siehe!«, was sollen wir sehen? Die göttliche Gegenwart ist überall. Damit es zu diesem »Sehen« kommen kann, muß in unserem Bewußtsein zunächst ein Durchbruch geschehen. John Dominic Crossan bezeichnet es als das »Hereinbrechen des Reiches«, das denen zustößt, die die Gleichnisse Jesu über das Gottesreich vernehmen. Auf diese Weise »bricht das Reich Gottes plötzlich in das Bewußtsein eines Menschen ein und verlangt den Umsturz aller früheren Werte, aller festen Meinungen, aller Vorurteile und eingefahrenen Schlußfolgerungen«[90]. Nach meinen eigenen Kategorien ist die Bewegung vom Theismus zum Panentheismus selbst Teil des hereinbrechenden Reiches. C. H. Dodd bezeichnet das Versprechen, das »Reich Gottes ist unter euch«, als einen Beweis für das »spontane und allgegenwärtige« Wesen des Gottesreiches, das »nicht in Raum (und Zeit) lokalisierbar ist«. Es ist bereits »in euren Händen, Teil eurer Kraft«[91]. Bei Markus (4,26–29) wird das Gottesreich als ein im Verborgenen wachsender Same beschrieben und damit als eine »gegenwärtige Tatsache« dargestellt und eine »gegenwärtige Krise«. Denn »jetzt ist etwas geschehen, was noch nie zuvor geschah«[92]. Jesus hat etwas geschaut, was so viele andere verpaßt haben: daß alles in Gott und Gott in allem ist. Oder daß alles im Reiche Gottes ist und das Reich Gottes in allem. Denn für Jesus bildet das Gottesreich einen *panentheistischen Bereich*. Daß es im Reich auch Sünder gibt oder Unkraut im Getreide des Bauern, kann das Reich Gottes nicht verunglimpfen (Mt 13,24–30)[93]. Dodd sagt[94], daß das Gottesreich als Netz (Mt 13,47) »ohne Unterschied an Menschen aller Art und Klassen gewandt ist«. Man könnte sich schlecht ein Bild vorstellen, das panentheistischer wäre als das des Netzes, wie es Jesus in diesem Gleichnis erfindet. Ein ebenso tief panentheistisches Bild ist das des Sauerteigs im Brot, wie es Jesus auf das Reich Gottes anwendet (Mt 13,33; Lk 13,20–21). Wie der Dienst Jesu übt der Sauerteig »keinerlei Zwang aus, sondern in ihm wirkt von innen her die Kraft des Gottesreiches, die den erstorbenen Laib der damaligen jüdischen Religion kraftvoll durchdrang«[95]. Das Motiv des Panentheismus ist in den Gleichnissen und Predigten Jesu über das Reich Gottes überall zu spüren. Selbst winzige Erscheinungen der Schöpfung wie etwa das Senfkorn enthalten die Gottheit. Die Exegetin Pheme Perkins schreibt: »Die Naturgleichnisse Jesu sind keine romantische Poesie, sondern sollen uns zu einer Vision der Gegenwart Gottes erwecken, die auch in Situationen verläßlich ist, die sehr verlustreich erscheinen. ... Die gewöhnliche Welt wird als eine Stätte der verwandelnden Gegenwart Gottes dargestellt.«[96] Sagt das nicht mit anderen Worten »Alles ist in Gott und Gott ist in allem«? Bildet nicht das Erwachen zum Panentheismus den Kern des Erweckens aller zum Reiche Gottes?

Zu Jesu Sendung gehörte es, *Bilder zu gebären*: Seine Gleichnisse weisen auf eine fruchtbare Phantasie hin, die um neue Bilder für das Gottesreich und die menschliche Rolle bei seiner Herbeiführung ringt. Auch bei anderen regte Jesus eine immense Geburt von Bildern an: Die Evangelien und Briefe des Neuen Testamentes zeugen von dieser Kraft, bei anderen Bilder hervorzurufen. In seinen Gleichnissen und Geschichten, seinen Predigten vom Reiche Gottes, seinen Krankenheilungen und seinen Beziehungen zu den Entrechteten und Ausgestoßenen zeigte Jesus sich als *Künstler*. Bei verschiedenen Gelegenheiten vollzog Jesus im Rahmen seiner religiösen Tradition symbolische Rituale, an denen seine tiefe Intuition sichtbar wird. Etwa als er während des Passah-Festes, als das Opfer des Lammes gefeiert werden sollte, nach Jerusalem ging, zeigte er beim letzten Abendmahl, daß er sich darüber bewußt war, selbst das zu opfernde Lamm zu sein.

In Jesu ganzem Wesen wird auch die *Stille* offenbar. Er spricht davon, beim Beten nicht »viele Worte zu machen wie die Heiden« (Mt 6,7), sondern knappe Gebete zu sprechen. Obwohl die Geschichten und Lehren, die er in den Evangelien gibt, inhaltsreich sind, sind es doch nicht viele. Seine Botschaft liegt mehr im Handeln als im Reden. Seine Heilungen führt er oft schweigend durch, sie fließen aus einem tiefen Sinn für die Stille. Während seines Prozesses und seiner Martern hatte er seinen Folterern offenbar wenig zu sagen. Die Mahnung, »hinter geschlossenen Türen« (Mt 6,6) zu beten, weist auf eine Geste der Stille hin, wie auch seine Gewohnheit, zum Beten allein in die Wüste zu gehen. Wir hören auch von seiner Mutter bei mehreren Gelegenheiten, daß sie die Ereignisse »bewahrte und in ihrem Herzen bewegte« (Lk 2,19) – ein Gebet der Stille.

Jesu Entscheidung, während des Passah-Festes nach Jerusalem zu gehen, als die Stimmung sich sehr gegen ihn wandte, führte zu einer Erfahrung des *Nichts* und der *Dunkelheit*, die in der menschlichen Geschichte archetypisch ist: sein früher und grausamer Kreuzestod. Schon bevor er seiner eigenen tiefen Dunkelheit und dem Tod am Kreuz gegenüberstand, hatte er die Verbindung mit jenen in der Gesellschaft gesucht, für die Dunkelheit und Tod eine stets gegenwärtige Realität waren. Unter der Versuchung zeitlichen Königtums oder Erfolges hatte er mit den Geistern seelischer Finsternis zu ringen und auch mit dem Tod von Freunden oder ihrem Verrat. Er begab sich unter die, die »in Finsternis« lebten – die gesellschaftlich Ausgestoßenen. Seine Heilungen setzen ein empathisches Verstehen der Dunkelheit und des Leidens anderer voraus.

Jesus war auch *ein spielendes Kind*. Vielleicht konnte er deshalb Gesetze und Tabus so leicht brechen – »der Sabbat ist um des Menschen willen da und nicht der Mensch um des Sabbats willen« (Mk 2,27) – und neue Bilder in die Welt bringen. Er zeigte ausgesprochenen Respekt vor Kindern, der nichts Sentimentales oder Gönnerhaftes an sich hatte. Kinder sind den Erwachsenen Lehrer: »Wenn ihr Erwachsenen nicht umkehrt und werdet wie die Kinder, so werdet ihr nicht in das Himmelreich eingehen« (Mt 18,3). Die während der Zeit der Christenverfolgungen schreibenden Evangelisten beschäftigten sich mehr mit dem Tode Jesu als mit seinem Humor und seiner Neigung zum Spiel. Und doch erlebten die Jünger Jesus auch spielerisch und kindlich.

Jesus war um die *psychische Gerechtigkeit* bemüht, auf die es bei der »Reinheit des Herzens« (Mt 5,8) ankommt. Er suchte sowohl nach innerer als auch nach äußerer Gerechtigkeit: »Selig, die verfolgt werden um der Gerechtigkeit willen, denn ihrer ist das Himmelreich« (Mt 5,10). Er strebte eine Reinigung des Herzens wie des Tempels an, denn in beiden wohnt Gott. Einer der ältesten Titel, den man Jesus gab, war der des *Propheten*, und er lehnte ihn nicht ab. Als er das erste Mal im Lukasevangelium etwas sagt, bezeichnet er sich selbst als Propheten (Lk 4,24). Er tat, was Propheten tun: Er verkündete Frohe Botschaften. Und er litt, wie er sagte, was Propheten leiden.

Die alte jüdische Tradition, daß Gott der ist, der-mit-uns ist (Emmanuel), kann bis zum ältesten der biblischen Autoren, dem Jahwisten, zurückverfolgt werden. Dieses Motiv des Mit-seins-Gottes oder des Seins-mit-Gott war sicherlich das Grunderlebnis Jesu in seinem *Abba*-Gebet. Dieses Motiv des *Daseins-im-Sein* hilft auch, seine Predigten über das Gottesreich zu verstehen. Das Zusammensein mit dem Schöpfer allen Seins ist gewiß ein *Dasein-im-Sein*. Der Gott, den Jesus als Jude verehrte, war derjenige, der sich selbst »Ich bin« nannte oder »Ich werde sein« (Ex 3,14). Das Dasein-im-Sein Jesu entfaltete sich in seinen intensiven Beziehungen zu Menschen und Naturvorgängen, wie an seinen Gleichnissen zu erkennen ist. Kein herabfallender Spatz, kein Fisch, Unkraut oder Gestein entging seiner Aufmerksamkeit, seinem Dabei-Sein.

Wie wir alle rang auch Jesus mit seinem wahren Selbst: seinem Schicksal, seiner Aufgabe, seinen Entscheidungen. Er rang allein im Gebet und zusammen mit denen, die ihm am nächsten waren. Er forderte andere dazu auf, mehr sie selbst zu sein, ihrem Herzen stärker treu zu bleiben und der Perspektive des Gottesreiches in ihrer Mitte. Er forderte Menschen dazu auf, ihre Angst und ihr Mißtrauen loszulassen, damit das Reich Gottes in ihnen Wurzeln schlagen könne. »Suchet zuerst das Reich und seine Gerechtigkeit, und alles andere wird euch dazugegeben werden« (Mt 6,33). Mit dem wahren Selbst ist Gott sehr zufrieden.

Jesus ist *global ökumenisch* in dem Sinne, daß seine Lehre universell ist. Er bricht Tabus und verkündet das Heil für Juden wie für Nichtjuden, für Sünder und Gerechte. Fremde, wie die Samariter, können in seinen Gleichnissen Helden sein.

Die christliche Theologie hat arg vernachlässigt, daß Jesus seiner Person und seiner Verkündigung nach ein Mystiker war. Die Leserinnen und Leser sind eingeladen, diese Sichtweise weiterzuverfolgen, indem sie durch das Prisma der hier angebotenen Kennzeichen für das Mystische in Person, Lehre und Beispiel Jesu noch tiefer nachdenken. Einer der wenigen Christen dieses Jahrhunderts, die den Mut hatten, Jesus als Mystiker zu bezeichnen, war Albert Schweitzer. Er bestand aber auch darauf, daß Jesus nur in eschatologischem Sinne als Mystiker und Lehrer der Mystik zu bezeichnen sei, das heißt in bezug auf das zukünftige Kommen des Menschensohnes.[97] Ich glaube, daß Jesus im vollen Sinne des Wortes ein Mystiker war, weil er im Mysterium seiner Beziehung zum Schöpfer lebte und andere dasselbe zu tun lehrte. Er trat wirklich »in die Mysterien ein« und lud andere ein, ihm zu folgen. Außerdem erweiterte er seine Einladung im Zusammenhang mit dem Gottesreich, das sowohl gegenwärtig ist als auch noch kommen soll, sowohl eschatologisch ist als auch mitten unter uns. Seine Lehre war in der Tat eschatologisch in dem Sinne, daß er bei seinen Zuhörern und Zuhörerinnen das Mystische anregen und auf diese Weise die zukünftige Gottesherrschaft herbeiführen wollte. Seine Gleichnisse waren dazu angelegt, dies dem Inhalt und der Form nach zu tun. Der Zweck der Gleichnisse bestand im Durchbruch und in METANOIA: die Welt auf eine neue Weise zu sehen, als Gute Neuigkeit. In solcher Eschatologie geht es weniger um ein zukünftiges Ereignis als um die Heimkehr der Zukunft, die hier und jetzt beginnende Zukunft. »Dein Reich komme, wie im Himmel so auf Erden« (Mt 6,10). Die Mystik Jesu war eschatologisch *und* prophetisch. Und seine Anhänger müssen ebenfalls eine Mystik solcher Dimensionen aufnehmen. Die Paulusbriefe und Evangelien fallen in diese Kategorie einer eschatologischen *und* prophetischen Mystik. Und das gilt auch für die Geschichte der christlichen Mystik, *sofern sie gesund ist*. Wird sie krank, so verliert sie ihre prophetische Dimension.

Die frühesten Quellen, die wir vom Leben und den Lehren Jesu besitzen, offenbaren diese mystische Dimension. In der paulinischen Theologie treffen wir auf eine hochentwickelte Mystik des »in Christus« und des »Todes und der Auferstehung Christi« (Paulusbriefe, besonders Römer und 1. Korinther). Diese Mystik verdrängt den Schmerz der Welt nicht, doch sie stellt sich alles Leid im Zusammenhang mit der Auferstehung vor. Im nächsten Teil des Buches werde ich mich gründlicher mit diesem Thema beschäftigen. Damit öffnet sich die Tür zur Heilung der Schmerzen von Mutter Erde, zu dem Traum, mit dem ich dieses Buch begann, und dem Ziel, das alle Menschen auf dem Planeten in einer prophetischen und eschatologischen Mystik vereint.

TEIL III

Von der Suche nach dem historischen Jesus zur Suche nach dem Kosmischen Christus

Ein Paradigmenwechsel im Westen

In ihm wurde alles erschaffen, im Himmel und auf Erden, das Sichtbare und Unsichtbare.
KOLOSSER 1,16

Christus ist in allen Dingen, die es gibt.
GREGOR VON NAZIANZ[1]

Der Logos Gottes wurde Mensch, damit wir von einem menschlichen Wesen lernen können, wie ein menschliches Wesen vergöttlicht wird.
CLEMENS VON ALEXANDRIEN[2]

Gott ist es, den der Mensch in jedem Geschöpf erkennt.
HILDEGARD VON BINGEN[3]

Jede Kreatur ist Zeuge von Gottes Kraft und Allmacht; und seine Schönheit bezeugt die göttliche Weisheit. ... Jedes Geschöpf hat in irgendeiner Weise teil an der Ähnlichkeit mit dem göttlichen Wesen.
THOMAS VON AQUIN[4]

Die Fleischwerdung erreichte folgendes: Gott wurde Mensch, und Menschen wurden Gott und nahmen teil an seiner göttlichen Natur.
THOMAS VON AQUIN[5]

Ihr habt einen so edlen Spiegel, in dem ihr euch so häufig tagsüber beschaut. Dies wird wohl der lebendige Gottessohn mit allen seinen Werken sein.
MECHTHILD VON MAGDEBURG[6]

Gott sprach stets nur eines. Sein Spruch ist nur einer. In diesem einen Spruch spricht er seinen Sohn und zugleich den Heiligen Geist und alle Kreaturen.
MEISTER ECKHART[7]

Siehe! Ich bin Gott. Siehe! Ich bin in allem. Siehe! Niemals nehme ich meine Hände von meinem Werk. Siehe! Ich führe alles zu dem Ziele, für das ich es bestimmt habe, anfangslos, durch dieselbe Kraft, Weisheit und Liebe, mit der ich es erschaffen habe. Wie könnte da etwas mangeln?
JULIANA VON NORWICH[8]

Das Göttliche ist die Einhüllung und Entfaltung von allem Seienden. Das Göttliche ist in allen Dingen auf solche Weise, daß alle Dinge im Göttlichen sind.
NIKOLAUS VON KUES[9]

Die Suche der Aufklärung nach dem historischen Jesus wurde möglich und notwendig, als die Philosophie der Aufklärung den Kosmischen Christus entthronte.
JAROSLAV PELIKAN[10]

Unsere Zeit und die Zeit des ersten Jahrhunderts haben mehr gemeinsam, als wir vermuten. ... Beide Zeiten können als Zeiten kosmischer Angst charakterisiert werden, gefangen unter Mächten und Gewalten, wo winzige Menschen nur wissen, daß sie nicht viel tun können, daß sie nicht die Kontrolle haben, daß sie einfach machtlos sind.
KRISTER STENDAHL[11]

Daraus ergibt sich, daß die Annahme eines neuen Paradigmas oft eine neue Definition der entsprechenden Wissenschaft erfordert. Manche alte Probleme können an eine andere Wissenschaft abgegeben oder für völlig »unwissenschaftlich« erklärt werden. Andere wieder, die vorher nicht existierten oder völlig unbedeutend waren, können mit einem neuen Paradigma geradezu ein Haupttypus wichtiger wissenschaftlicher Leistung werden.
THOMAS KUHN[12]

Auch gießt man nicht neuen Wein in alte Schläuche. Sonst zerreißen die Schläuche, der Wein wird verschüttet, und die Schläuche sind verdorben. Sondern neuen Wein gießt man in neue Schläuche. Dann bleiben beide erhalten.
JESUS[13]

Vor einigen Jahren benutzte ich in einer Fernsehshow, die unter Leitung einer Methodistenpfarrerin aufgezeichnet wurde, den Ausdruck »Kosmischer Christus«. Sie fragte darauf: »Was ist der Kosmische Christus? Ich habe den Ausdruck noch nie gehört.« Diese Frau war belesen, hatte gerade eine theologische Ausbildung hinter sich und war vor fünf Jahren ordiniert worden. Seitdem habe ich festgestellt, daß nur sehr wenige protestantische oder katholische Theologiestudenten mit der Theologie des Kosmischen Christus zu tun hatten. Der Theologe und Wissenschaftler Teilhard de Chardin klagte darüber, daß er weder Theologen noch Laien finden konnte, die am Kosmischen Christus Interesse hatten. Warum ist diese Idee der heutigen Christenheit so fremd?

Der lutherische Kirchengeschichtler Jaroslav Pelikan hält es für eine Folge der Aufklärung. Er schrieb: »Die Aufklärung entthronte den Kosmischen Christus.«[1] Man kann davon ausgehen, daß dann, wenn Rationalismus und patriarchale Ansichten die Mystik, die Intuition, die Phantasie und vor allem die Kosmologie vertreiben, auch der Kosmische Christus verbannt wird. Wenn die Menschheit ohne eine Kosmologie überleben kann, was braucht sie da einen Kosmischen Christus? Ist der menschliche Geist aus der Mystik »herausgewachsen«, was braucht er da einen Kosmischen Christus? In einer anthropozentrischen Epoche in Kultur, Erziehung und Religion ist ein Kosmischer Christus überflüssig, ist diese Idee von ihm nur peinlich. Falls Newton recht hat und unser Universum im wesentlichen eine Maschine ist, wer braucht da einen Kosmischen Christus? In einem Maschinenuniversum gibt es keine Geheimnisse. Selbst die Vorstellung von einem Mysterium wird auf die Ebene des »ungelösten Problems« reduziert. Das Geheimnis als die dunkle Stille hinter allem Sein und die tiefe, unergründliche Gegenwart, in der alles Sein gründet, wird verbannt. Die Aufklärung verbannte Mysterium und Mystik, wobei sie letztere unter die außergewöhnlichen Bewußtseinszustände am Rande der Dinge verwies; sie verbannte, konsequenterweise, auch den Kosmischen Christus.

Wie der lutherische Gelehrte Joseph Sittler bemerkt, haben der Rationalismus und Pietismus, die das Christentum vom 17. Jahrhundert bis heute infiltrierten, auch »die Flammen der ... Vision [des Kosmischen Christus] so radikal gedrosselt, daß davon ... nur noch eine moralische oder mystische Glut wirksam ist.«[2]

An diesem kurzen Bericht über den Verlust einer Theologie des Kosmischen Christus sehen wir, welchen Einfluß die Kultur – in diesem Fall die Bewegung der Aufklärung – auf die Spiritualität haben kann. Der christliche Westen konnte dieser säkularen Bemühung, die lebendige Kosmologie, die religiös durch den »Kosmischen Christus« symbolisiert wurde, zu beseitigen, nicht standhalten, weil er seiner eigenen schöpfungsmystischen Überlieferung zu sehr entfremdet war. Die Theologie des Augustinus etwa, von der auch Descartes stark beeinflußt wurde, kennt keinen Kosmischen Christus.[3] Augustinus beschäftigte sich vorrangig mit menschlicher Schuld und Erlösung, und er propagierte ein introspektives Gewissen.[4] Damit konnte seine Theologie aber einer kulturellen Bewegung keinen Widerstand bieten, die den Kosmos, das mütterliche Prinzip in der Seele und damit auch den Kosmischen Christus abzuschaffen suchte. Die Theologen reagierten im Grunde nur dadurch auf die Aufklärung, daß sie das Konzept des Kosmischen Christus beiseite ließen und damit auch die meisten anderen Ansätze, die Welt und den Glauben auf eine nicht anthropozentrische Weise zu sehen. Als die weiße westliche Kultur im Zuge des Kolonialismus die Naturvölker dezimierte – Menschen, die den Kosmischen Christus verehrten, weil sie eine lebendige Kosmologie hatten –, verlor auch die westliche Kirche ihren Kosmischen Christus. Ganz richtig kritisiert der Theologe Krister Stendahl Rudolf Bultmann und letztlich die gesamten theologischen Ansätze unserer Zeit wegen ihres Anthropozentrismus:

»Wir [die Christen] sind mehr an uns selbst interessiert als an Gott oder am Schicksal seiner Schöpfung. ... Rudolf Bultmanns ganzes theologisches Unternehmen hat einen einzigen großen Fehler, aus dem alle anderen entspringen: Er ist überzeugt, daß der wesentliche Schwerpunkt, das Zentrum, von dem alle Interpretation herkommt, die Anthropologie, die Lehre vom Menschen, ist.«[5]

Die Aufklärung forderte die christliche Theologie auf, statt nach dem Kosmischen Christus nach dem »historischen Jesus« zu suchen. Zwei Jahrhunderte lang hat diese Frage die christologischen Studien beherrscht. Pelikan weist darauf hin, wie sehr diese

Suche *auf Kosten des Kosmischen Christus* geführt worden ist: »Die Suche der Aufklärung nach dem historischen Jesus wurde möglich und notwendig, als die Philosophie der Aufklärung den Kosmischen Christus entthronte.«[6]

Ich glaube, das Ziel des dritten Jahrtausends der Christenheit – falls die Erde bis ins nächste Jahrhundert überlebt – wird *die Suche nach dem Kosmischen Christus* sein. Der Paradigmenwechsel, dem sich Religion und Theologie heute unterziehen müssen, besteht im Schritt von der Suche der Aufklärung nach dem historischen Jesus zur heutigen Suche nach dem Kosmischen Christus. Die Bedeutung und Kraft des Kosmischen Christus kann man nicht ohne eine lebendige Kosmologie, eine lebendige Mystik und die spirituelle Disziplin der Meditationskunst erforschen. *Eine lebendige Kosmologie besteht aus der heiligen Dreifaltigkeit von Wissenschaft (Wissen über die Schöpfung), Mystik (erlebte Einheit mit der Schöpfung und ihren unsagbaren Geheimnissen) und Kunst (Ausdruck unserer Ehrfurcht vor der Schöpfung).* Jeder Theologe muß sich aufmachen zu diesen Wegen und sie in sich erwecken, wenn die Theologie ihre Aufgabe in unserer Zeit wahrnehmen will. Das erfordert ein gründliches Loslassen alter Paradigmen der Bildung und Theologie. Die alten Weinschläuche des anthropozentrischen, rationalistischen, antimystischen, antimütterlichen Weltbildes können den neuen Wein der Kreativität nicht in sich halten, die überall explodiert, wo Geist, Herz und Körper die Taufe einer lebendigen Kosmologie erfahren, des lebendigen Kosmischen Christus. Vielleicht wird es Zeit, große Möbelwagen vor unsere Theologieseminare zu stellen, um die riesigen Mengen theologischer Dissertationen, Habilitationsarbeiten, Studien und Kommentare aufzuladen, die sich um die Frage nach dem historischen Jesus angesammelt haben, und unsere religiösen Kräfte in eine andere Richtung umzulenken – zur Suche nach dem Kosmischen Christus.

Was während der Zeit der Suche nach dem historischen Jesus erreicht worden ist, geht bei unserer Frage nach dem Kosmischen Christus keinesfalls verloren. Möglicherweise könnten wir den dynamischen Charakter des Kosmischen Christus nicht ohne den Zugang zu den wissenschaftlichen Entdeckungen des zwanzigsten Jahrhunderts verstehen, die uns das von der ersten Millisekunde seiner Existenz an radikal dynamische und schöpferische Wesen unseres Universums zeigen. Eine Theologie des

Kosmischen Christus muß auf dem historischen Jesus aufbauen, auf seine Worte, auf seine befreienden Taten (die Befreiungstheologie), auf sein Leben, seine Orthopraxis. An die Lehre vom Kosmischen Christus wird nicht *auf Kosten des historischen Jesus* geglaubt oder danach gelebt. Es geht vielmehr um ein dialektisches Verhältnis, einen Tanz zwischen Zeit (Jesus) und Raum (Christus), zwischen Persönlichem und Kosmischem, zwischen Prophetischem und Mystischem. Dieser Tanz führt fort vom Anthropozentrismus.

Wenn wir zu einem Paradigmenwechsel in Theologie und Religion aufrufen, reden wir dabei nicht von einer leichten Bewußtseinsveränderung oder einem bloßen Wechsel der Lehrpläne. Der Schritt von einem Christentum des »persönlichen Erlösers«, den uns das anthropozentrische und antimystische Christentum gibt, hin zu einem Christentum des »Kosmischen Christus« erfordert eine METANOIA, einen Wandel der Perspektive bei allen, die Theologie betreiben, und an allen Schulen, die Theologie zu lehren behaupten. Man kann Theologie nicht mehr lehren, ohne meditative Kunst, ohne vom Körper ausgehende spirituelle Übungen, die auch die Phantasie anregen, in den Unterricht zu integrieren. Wie es in der Wissenschaft die Laborarbeit gibt, in der die Methoden der wissenschaftlichen Forschung gelehrt werden, so braucht die Theologie ihre Laboratorien, in denen mit Malen, Töpfern, Ritualen, Massage und Musik die Kunst der mystischen Entwicklung gelehrt wird. Kirchen und Synagogen brauchen Laboratorien des Gebetes, in denen das »Trockenpflaumenhirn«, zu dem die rechte Hemisphäre geworden ist, wieder bewässert, genährt und entwickelt werden kann. In einer allein von der linken Hirnseite bestimmten Umgebung kann der Kosmische Christus keine Heimat finden. Kein nur von der linken Hirnhälfte beherrschtes Individuum und keine ihm gemäße Institution der Bildung oder Religion könnte den Kosmischen Christus willkommen heißen.

Die Suche nach dem Kosmischen Christus
Ein Paradigmenwechsel

Zum Verständnis der Implikationen des Schrittes von der Suche nach dem historischen Jesus zur Suche nach dem Kosmischen Christus mag es sinnvoll sein, sich das klassische Werk über Paradigmenwechsel in der Wissenschaft von Thomas Kuhn *Die Struktur wissenschaftlicher Revolutionen* anzuschauen. Unter den verschiedenen Kennzeichen des Übergangs zu neuen Paradigmen nennt Kuhn:

- die Natur auf neue Weise zu sehen
- eine Verschiebung der Sichtweise
- eine Transformation der Sichtweise
- eine Bekehrung
- eine »Landkarte« oder eine Anleitung zu ihrer Erstellung
- eine Veränderung der Gestaltwahrnehmung.

Kuhn hält ein Paradigma, eine Weltanschauung oder Vision nicht für eine private Angelegenheit, sondern für eine Sache der *Gemeinschaft*. Während einer Zeit des Paradigmenwechsels wird vor allem eine Umerziehung gebraucht, denn es werden ganz neue Rollen von anderen Menschen und vielleicht sogar ganz andere Persönlichkeiten gebraucht. Das meint Otto Rank, wenn er sagt: »Neue Persönlichkeitstypen entstehen während sozialer und geistiger Krisen religiösen, politischen oder ökonomischen Ursprungs.«[7]

Kuhn erklärt den Ursprung eines Paradigmenwechsels auf folgende Weise: Zuerst bringen Anomalien uns auf neue Fragen. Eine Anomalie ist »ein Phänomen, auf welches das Paradigma den Forscher nicht vorbereitet hatte«[8]. Das Überleben von Mutter Erde und der Mord am mütterlichen Prinzip stellt eine solche Anomalie dar. In der Tat ist der Krieg gegen die Natur und gegen Mutter Erde, der unvermindert und ohne Einspruch der organisierten Religion weitergeht, eine aufschreckende Anomalie. Kuhn meint, daß es oft mit dem wachsenden Gefühl beginnt, daß da in der Weltanschauung etwas fehlt. Und dieses Gefühl kann dann zu einem Durchbruch führen, durch den »die vom Paradigma ausgehenden Erwartungen über den Haufen geworfen werden«, wie er sagt.[9]

Der zweite Schritt eines Paradigmenwechsels ist eine Krise oder ein Zusammenbruch. Es wird nötig, was die Propheten als »Zerreißen und Niederschlagen« bezeichnen. Kuhn spricht davon, daß die Zerstörung eines Paradigmas notwendig ist, damit ein neues auftauchen kann: »Die Einsteinsche Theorie kann nur in der Erkenntnis akzeptiert werden, daß die Newtonsche falsch war.«[10] Ein Beispiel für einen solchen Umbruch ist die tiefe Verunsicherung, die sich vor einem Paradigmenwechsel in der betreffenden Berufsgruppe ausbreitet. Im Klerus und der Hierarchie der westlichen Kirchen läßt sich zur Zeit eine solche Verunsicherung beobachten. Im 16. Jahrhundert hatte die ptolemäische Astronomie darin versagt, die angesprochenen wissenschaftlichen Probleme zu lösen, und darum »war die Zeit gekommen, einem Konkurrenten eine Chance zu geben«[11]. Ich würde dazu eine religiöse Parallele vorschlagen: Augustinus hat darin versagt, die religiösen Probleme des Westens zu lösen; und es ist deshalb Zeit, einem weniger sexistischen, weniger dualistischen, weniger anthropozentrischen Paradigma eine Chance zu geben. Ein solches Paradigma findet sich in einer auf die Schöpfung zentrierten Mystik, die zu einer ins Leben übertragenen Kosmologie führt. Das »traditionelle Paradigma liegt irgendwie schief«[12], beobachtet Kuhn. Ich bin der Auffassung, daß sich dieses »Schiefliegen« in der Religion deutlich zum Beispiel an der Tatsache zeigt, daß weniger als zehn Prozent der europäischen Katholiken regelmäßig zum Gottesdienst gehen. Überall stimmt die Jugend mit ihren Füßen gegen das herrschende religiöse Paradigma: Sie geht aus der Kirche heraus. Der angebotene Gottesdienst findet im Rahmen eines verfehlten Paradigmas statt. Und das gilt auch für die Bestimmungen des religiösen Lebens und der spirituellen Führung. Kuhn stellt fest, daß ein neues Paradigma oft mitten in der Nacht und zu den jungen Wissenschaftlern kommt.[13]

Es gibt nach Kuhn zwischen zwei Paradigmen eine Übergangszeit, während der »viele Probleme – aber nie sind es alle –, ... sowohl durch das alte wie durch das neue Paradigma gelöst werden können. Es gibt aber auch einen entscheidenden Unterschied in den Lösungsmethoden.«[14] Unterschiedliche Regeln mit einem unterschiedlichen Bezugsuniversum kennzeichnen das gewohnte und alte Paradigma. Wodurch zeichnet sich das neue aus? Es ist ästhetischer, sauberer, einfacher als das alte. Was unter dem vorigen Paradigma für »trivial« gehalten wurde – und hiermit meine ich auch Mutter Erde, die Weisheitsliteratur der Bibel, Kunst, Mystik und den Kosmischen Christus –, kann »mit einem neuen Paradigma geradezu ein Haupttypus wichtiger wissenschaftlicher Leistung werden«. Ein Ergebnis eines solchen Paradigmenwechsels kann »eine neue Definition der entsprechenden Wissenschaft«[15] sein. Ich bin der Überzeugung, daß ein Erwachen zum Mystischen eine solche Neudefinition der westlichen Theologie und kirchlichen Praxis erfordert: zum Beispiel eine, die mit der gleichen Intensität nach dem Kosmischen Christus sucht, mit der sie seit der Aufklärung nach dem historischen Jesus gesucht hat. Eine weitere Folge wäre eine »Revolution im Weltbild«[16].

Kuhn weist darauf hin, daß sich gegen einen Paradigmenwechsel oft Widerstand regt. Ich würde zum Widerstand auch die Verdrängung rechnen, die Verdrängung dessen, daß etwas nicht stimmt im Christentum oder in der westlichen Bildung oder in unseren Definitionen theologischer oder priesterlicher Ausbildung oder im vorherrschenden Weltbild der patriarchalen Religion überhaupt. Ich stelle oft eine Art Erkenntnisverdrängung fest, wenn Gläubige das erste Mal der Schöpfungstheologie begegnen und es ihnen widerstrebt zu hören, daß Augustinus, auf den wir uns doch so lange verlassen haben, uns in vielen grundlegenden Punkten in die Irre geführt haben könnte. Widerstand ist ein Zeichen dafür, daß etwas auf sehr tiefer Ebene angegriffen worden ist – und ein Paradigmenwechsel ist tatsächlich eine sehr tiefe Bewegung. »Die Entscheidung, ein Paradigma abzulehnen, ist immer gleichzeitig auch die Entscheidung, ein anderes anzunehmen, und das Urteil, das zu dieser Entscheidung führt, beinhaltet den Vergleich beider Paradigmen mit der Natur *und* untereinander.«[17] Für einen Paradigmenwechsel braucht man, mit anderen Worten, Großzügigkeit, Mut und Opferbereitschaft. Otto Rank drückt es so aus:

> »Wir befinden uns in einer der Krisen der Menschheitsgeschichte, in der wir wiederum eines opfern müssen, wenn wir in den vollen Genuß von etwas anderem kommen wollen. ... Es scheint ein geistiges Gesetz zu bestehen, nach dem nichts ganz gewonnen oder genossen werden kann, ohne daß etwas dafür aufgegeben oder geopfert wird.«[18]

Das Aufgeben ist, so meint Rank, immer eine »frei getroffene Entscheidung«[19]. Das Aufgeben eines zu anthropozentrischen Jesus und eines zu anthropozentrischen und antimystischen religiösen Weltbildes ist Teil des Loslassens – man könnte es als Teil des heutigen Kreuzweges bezeichnen –, das wir brauchen, damit ein neues, lebendiges Paradigma wie das des Kosmischen Christus sowohl die fundamentalistische Suche nach dem persönlichen Erlöser als auch die Suche nach »Erlösung durch Fußnoten« seitens der rationalistischen Theologie ablösen kann.

In meinem früheren Buch *Der Große Segen* habe ich den religiösen Paradigmenwechsel unserer Zeit beschrieben als den Schritt von der »Ursünde« zum »Ursegen«. In geistesgeschichtlichen Begriffen handelt es sich um den Schritt von den drei Stufen der Läuterung, Erleuchtung und Vereinigung, die die Mystik von Proclus und Plotin geerbt hat (*nicht* von Jesus oder der hebräischen Bibel, denn beide Denker waren weder Juden noch Christen), zum vierfachen Pfad: der Freude *(via positiva)*, dem Loslassen *(via negativa)*, der Kreativität *(via creativa)* und dem Mitgefühl, das heißt Feier und Gerechtigkeit *(via transformativa)*. Das »Eintreten in die Mysterien« bedeutet heutzutage das Betreten der Mysterien des vierfachen Pfades der Schöpfungsspiritualität: die Geheimnisse der Freude, der Dunkelheit, des Gebärens und des Mitgefühls. In diesem Kapitel geht es darum, inwiefern der Paradigmenwechsel auch als der Übergang von der Suche nach dem historischen Jesus zur Suche nach dem Kosmischen Christus bezeichnet werden kann.

Obwohl ich den Paradigmenwechsel aus theologischer Perspektive angehe, soll doch betont werden, daß ein solcher Wechsel jeden Aspekt unserer Kultur berührt. Kuhn hat in seiner Studie die Dynamik des Paradigmenwechsels anhand von Veränderungen in der Wissenschaft untersucht. Ein wissenschaftliches Paradigma ist das grundlegendste in einer Kultur, und das unsere verändert sich radikal. Aus der Sicht der Kulturwissenschaft ist aber auch das religiöse Paradigma von immenser Bedeutung, wie der Soziologe Robert Bellah sagt: »Niemand hat je eine Nation verändert, ohne ihre Seele anzusprechen. ... Die Kultur bildet den Schlüssel zur Revolution; die Religion ist der Schlüssel zur Kultur.«[20] Die »Jesus«-Dimension der Religion lief parallel zum Individualismus der Aufklärungszeit und zum Industriezeitalter. Eine »kosmische« Dimension der Geschichte Jesu bildet die

Parallele zum anbrechenden Zeitalter, in dem Mutter Erde danach verlangt, bei der Menschheit eine lebendige Kosmologie zu sehen, eine erwachte Kreativität und einen stärkeren Einsatz für das Mitgefühl. Treten religiöse und wissenschaftliche Veränderungen gleichzeitig auf, so wird eine neue Zivilisation, eine »neue Seele«[21] geboren. Der Definition gemäß ist eine lebendige Kosmologie eben das: Wissenschaft, Mystik und Kunst, die gemeinsam eine Vision des Daseins erschaffen.

Im Bilde der alten und neuen Weinschläuche sprach Jesus selbst von einem Paradigmenwechsel. In der Kultur zu Jesu Zeit war ein Weinschlauch der Behälter, von dem das Leben auf den langen, heißen Reisen durch die Wüste abhing. Hatte ein Weinschlauch ein Leck, so ging es um Leben und Tod. Ein guter Weinschlauch war tragbar und geschmeidig, denn der in ihm ablaufende Reife- und Gärungsvorgang setzte ihn erheblichem Druck aus. Ein eingetrockneter Weinschlauch war deshalb ein gefährlicher Reisebegleiter.

In diesem Bilde bleibend, würde ich von unserem derzeitigen religiösen Weinschlauch, dem der Kosmische Christus fehlt, sagen, daß er nicht nur gefährlich eingetrocknet ist, sondern auch kräftige Lecks hat. Der Wein, die Kraft und Energie der Guten Botschaft, kann nicht mehr in den alten Weinschläuchen gehalten werden, viel weniger sich darin entwickeln und reifen. Ohne eine lebendige Kosmologie kann unsere Tradition uns auf der abenteuerlichen Reise, zu der so viele sich gerufen fühlen, nicht am Leben erhalten. Jesus sagt es ganz direkt: »Man gießt auch nicht neuen Wein in alte Schläuche. Sonst zerreißen die Schläuche, der Wein wird verschüttet, und die Schläuche sind verdorben. Sondern neuen Wein gießt man in neue Schläuche. Dann bleiben beide erhalten« (Mt 9,17). Ein Paradigmenwechsel ist sowohl geistig als auch kulturell ein bedeutendes Ereignis.

Schauen wir uns nun den Kosmischen Christus vom Blickwinkel der biblischen Quellen, der Geschichte der christlichen Mystik (besonders der Schöpfungsmystik im Mittelalter) und seiner heutigen Bedeutung an. Kann eine neue Theologie des Kosmischen Christus die Hoffnung auf ein *wiederbelebtes* Ostermysterium für das dritte Jahrtausend der Christenheit anbieten? Repräsentiert der Kosmische Christus wirklich das Kommen des Heiligen Geistes, und leitet er die spirituelle und kulturelle Wiedergeburt ein, die den bedrängendsten und hervorstechendsten Schmerz unserer Zeit heilen kann – die Kreuzigung der Mutter Erde?

16. Biblische Quellen für den Glauben an den Kosmischen Christus

Durch den Rückgriff auf unsere Quellen erhalten wir neuen Schwung und Verständnis für die reichhaltige Lehre des Kosmischen Christus, die das Christentum seit Jahrhunderten in seinem Schoße verborgen hält. Wie Joseph Sittler sagt, »liegt die theologische Größe und Pracht des Kosmischen Christus größtenteils noch immer im innersten Herzen und Gedächtnis der Kirche eingeschlossen«[22]. Teilhard de Chardin bezeichnet den Kosmischen Christus als die »dritte Natur« Christi, womit er uns über die Definitionen der Konzilien des vierten Jahrhunderts, in welchen die menschliche und die göttliche Natur Christi festgestellt wurden, hinausführen will in den dritten Bereich, wo er »weder menschlich, noch göttlich, sondern kosmisch ist«. Er bemerkt dazu, daß dies »der ausdrücklichen Aufmerksamkeit der Gläubigen und der Theologen entgangen ist«[23]. Teilhard sah den Paradigmenwechsel, der in einer starken Hervorhebung des Kosmischen Christus liegen würde, deutlich voraus.

In diesem Kapitel werde ich die Wiederentdeckung des Kosmischen Christus in der Bibel vorstellen. Sie beginnt bei der Überlieferung Israels und endet mit den Hymnen des Neuen Testaments an den Kosmischen Christus und den Geschichten der Evangelien.

Der Kosmische Christus in Israel

Die Präexistenz der Weisheit:
In Israel und in der hebräischen Bibel war der Kosmische Christus hauptsächlich als die kosmische Weisheit bekannt, die bei vielen Gelegenheiten als präexistent bezeichnet und gepriesen wird. Im Buche Hiob wird eindringlich die Frage gestellt: »Die Weisheit aber – von wo kommt sie?« (28,12 u. 20) Und in Baruch wird die Weisheit als göttliche Eigenschaft gepriesen,

durch welche Gott die Welt beherrscht (Bar 3,9–4,4). In den Sprüchen (1,20–33; 8,1–36; 9,1–6) wird die Weisheit wie in folgenden Passagen personifiziert:

Laut ruft die Weisheit auf den Gassen,
erhebt auf den Plätzen ihre Stimme.
Ruft am Anfang der lärmenden Straßen,
hält am Eingang der Tore, in der Stadt ihre Reden.
Sprüche 1,20–21

Mich hat Jahwe geschaffen als Erstling seines Waltens,
als frühestes seiner Werke von urher.
Ich ward vor aller Zeit gebildet,
von Anbeginn, vor den Uranfängen der Erde.
Ward hervorgebracht, als die Urfluten noch nicht waren,
noch nicht die wasserreichen Quellen.
Bevor die Berge gegründet waren,
vor den Hügeln ward ich hervorgebracht.
Als er das Land und die Fluten noch nicht gemacht,
nicht die ersten Schollen der Erde.
Ich war dabei, als er den Himmel erstellte,
einen Kreis in die Fläche der Urflut zeichnete.
Sprüche 8,22–28

Kommt! Esset von meinem Brot
und trinkt vom Wein, den ich gemischt!
Sprüche 9,5

Auch das Buch Sirach preist die präexistente Weisheit:

Den Kreis des Himmels habe ich umschritten, ich allein,
und in den Tiefen des Abgrundes bin ich gewandelt.
In den Fluten des Meeres und auf der ganzen Erde,
in jedem Volk und jeder Nation besaß ich Herrschaft.

Von der Urzeit her, im Anfang ward ich erschaffen,
und bis in Ewigkeit vergehe ich nicht.

Kommt her zu mir, die ihr mein begehrt,

und an meinen Früchten sättigt euch.
Sirach 24,5–6.9.19

Im Buch der Weisheit erfahren wir, daß die Weisheit »alles durchdringt und durch alles hindurchgeht« (7,24). Sie ist »ein Hauch der Kraft Gottes« und »ein Abglanz des ewigen Lichtes und ein makelloser Spiegel des Wirkens Gottes und ein Abbild seiner Güte« (7,25–26). Die Macht der Weisheit ist groß:

Obwohl sie nur eine ist, vermag sie alles,
und obgleich sie in sich selber bleibt,
erneuert sie doch das All.
Von Geschlecht zu Geschlecht geht sie in heilige Seelen ein
und schafft so Freunde Gottes und Propheten.

Sie erstreckt sich, kraftvoll wirkend,
von einem Ende (der Welt) zum andern
und durchwaltet vortrefflich das All.
Weisheit 7,27; 8,1

Die Weisheit ist es, die Gottes Werke kennt und zugegen war, als Gott die Welt erschuf (Weish 9,9). Und die Weisheit ist es, die würdig ist, in Gerechtigkeit zu regieren und auf des Vaters Thron zu sitzen (9,12).

Wo es in den christlichen Schriften um den Kosmischen Christus geht, spielen die Weisheitstexte Israels eine vorrangige Rolle. Christus ist die Quelle der wahren Weisheit, die von Gott kommt (1 Kor 1,30). Joh 1 und Joh 5 entstehen aus den Texten über die Kosmische Weisheit in Sirach 24. Schon in den frühesten christlichen Schriften, die schließlich zum Neuen Testament wurden, drückte sich die Erfahrung des Kosmischen Christus aus. Viele dieser Passagen stellen Hymnen dar, die bei liturgischen Versammlungen gesungen wurden – Hymnen an den Kosmischen Christus. Es muß betont werden, wie grundlegend diese Lehre bei den ersten Menschen war, die an Jesus glaubten und noch von seinen Jüngern direkt unterwiesen worden waren. Diese Gläubigen lebten in einer Welt, in der »man ›kosmisch‹ interessiert« war, wie Schillebeeckx kommentiert.[24] Die Mysterienreligionen und Göttinnenkulte jener Epoche waren nicht so anthropozentrisch und rationalistisch, wie es unsere jüngste westliche Kultur geworden ist. In diesem Zusammenhang stellte die Verehrung des Kosmischen Christus einerseits die Antwort auf eine Sehnsucht im Herzen der Menschen dar und unterschied die Anhänger Jesu andererseits von den anderen Gläubigen. Es gab wesentliche Unterschiede zwischen denen, die an Jesus als den Kosmischen Christus glaubten, und denen, die in andere Formen der kosmischen Spiritualität eingeweiht waren. Wir werden später einige der christlichen Schriftstellen auslegen, die für die Theologie und Mystik des Kosmischen Christus zentral sind.

Die Propheten:
Bei den Propheten und in bestimmten messianischen Erwartungen zeichnet sich der Kosmische Christus ab. Wie Abraham Heschel sagt: »Der Prophet kümmert sich um das menschliche Geschehen als göttliche Erfahrung. Für uns ist die Geschichte ein Bericht menschlicher Erfahrung. Für den Propheten ist sie ein Bericht göttlicher Erfahrung.«[25] Menschliche Geschichte als Bestandteil der göttlichen Erfahrung ist die Erfahrung des Leidens, der Ergriffenheit, der Qualen und des Zornes Gottes, wenn er mit unschuldigen Opfern der Ungerechtigkeit leidet. Darin zeigt sich der Kosmische Christus als der All-Leidende. Der Gott der Propheten ist überall. »›Bin ich ein Gott nur aus der Nähe‹, spricht Jahwe, ›und nicht ein Gott aus der Ferne? Kann jemand sich so heimlich verstecken, daß ich ihn nicht sehe?‹ spricht Jahwe, ›fülle ich nicht den Himmel und die Erde aus?‹« (Jer 23;23–24). Ein universelles Erwachen wird versprochen, alle Nationen werden zum Berge Jahwes, zum Hause Gottes ziehen (Jes 2,3), und die Kriege unter den Völkern werden aufhören. »Denn das Land ist voll der Erkenntnis Jahwes, wie die Wasser das Meer bedecken« (Jes 11,9). Die Propheten richten ihr Hauptaugenmerk auf die Gerechtigkeit, weil sie die menschliche Geschichte mit der Sehnsucht des Göttlichen durchdringen wollen und weil Gerechtigkeit für Israel eine kosmologische Frage ist – Israel glaubt, daß das Universum selbst auf den Säulen der Rechtschaffenheit und Gerechtigkeit ruht. Deshalb können die Propheten nicht ohne eine lebendige Kosmologie wirken, nicht ohne ein Gespür für den Kosmischen Christus. Am menschlichen Unrecht leidet Mutter Erde.

Dann deckt die Erde das Blut, das sie trank, wieder auf
und verbirgt die Ermordeten nicht mehr in sich.
Jesaja 26,21

Es trauert und verwelkt die Erde,
es verschmachtet und verwelkt der Himmel mit der Erde.
Die Erde ist entweiht unter ihren Bewohnern;
denn sie haben das Gesetz übertreten,
das Recht verkehrt und den ewigen Bund gebrochen.
Jesaja 24,4–5

Die messianische Vision der Propheten bietet die Erlösung von den sündigen und anthropozentrischen Wegen der Menschheit an. Und es wird eine universelle Erlösung versprochen: »Der Gott Israels ist auch der Gott seiner Feinde. ... Sie werden zusammen leben, wenn sie zusammen anbeten«[26], kommentiert Heschel. Das zeigt sich auch bei Sacharja: »Und es werden sich viele Völker an Jahwe anschließen an jenem Tage, und sie werden ihm ein Volk sein« (2,15) und bei Jesaja: »... denn mein Haus soll ein Bethaus für alle Völker heißen« (56,7).

Es gibt nur eine Geschichte: »Haben wir nicht alle einen Schöpfer? Hat nicht ein Gott uns erschaffen? Warum handeln wir also treulos gegeneinander und entweihen den Bund unserer Väter?« fragt der Prophet Maleachi (2,10). »Den Propheten«, so meint Heschel, »kann man wohl als den ersten universalen Menschen in der Geschichte ansehen«[27], weil er seine Botschaft an alle Völker richtet. Jesaja sprach davon, daß der Ratschluß Gottes »für die ganze Erde« Geltung habe (14,26), und er sprach zu allen »Weltbewohnern und Erdenbürgern« (18,3). Jeremia wurde zum »Völkerpropheten« ernannt (1,5), und Amos spricht im Namen des Gottes, der das Schicksal aller Völker lenkt (9,7). Gerechtigkeit ist ein universelles Thema, das stets als Ausdruck des Kosmischen Christus zu verstehen ist, sei es im Worte Gottes oder in der Gabe der Schöpfung. Außerdem wird der Prophet als eine Art präexistenter Gestalt vorgestellt, ähnlich der kosmischen Weisheit selbst. Denken wir nur an die Berufung des Jeremia zum Propheten:

Und das Wort Jahwes erging an mich, wie folgt:
Bevor ich dich im Mutterleibt bildete,

habe ich dich erkannt,
bevor du aus dem Mutterschoß hervorgingst,
habe ich dich geheiligt.
Zum Völkerpropheten habe ich dich gemacht.
Jeremia 1,4–5

Da Jesus sich als in der prophetischen Tradition stehend betrachtete, war es für seine Anhänger ganz natürlich, in ihm den Kosmischen Christus zu sehen, den »Gesalbten, ... Armen Frohe Botschaft zu bringen, den Gefangenen Befreiung zu verkünden und den Blinden das Augenlicht, Bedrückte in Freiheit zu entlassen, auszurufen ein Gnadenjahr des Herrn« (Lk 4,18–19).

Apokalyptische Literatur:
Auch in der apokalyptischen Literaturtradition Israels findet sich der Kosmische Christus. Die apokalyptische Literatur ist voll von Engelskunde und Visionen kosmischer Ereignisse. Engel weisen stets auf kosmologische Zusammenhänge hin, weil »den Engeln die kosmische Ordnung übertragen worden ist«, wie der Theologe Rob van der Hart es ausdrückt.[28] Nach van der Hart fließt die apokalyptische Literatur deshalb so über von Engeln, weil Krisen Engel produzieren. Im Buche Daniel findet sich der Ausdruck »vom Menschensohn auf den Wolken des Himmels kommend« (7,13), der »Macht und Herrlichkeit und die Königsherrschaft« (7,14) erhält. Damit ist das ganze Volk Israel gemeint, das erwählte Volk, das als ein kosmischer Körper gesehen wird. Dieser Ausdruck »Menschensohn« ist in den Evangelien zu der liebsten Selbstbezeichnung Jesu geworden. Damit verbinden sich die Anerkennung der menschlichen Schwäche und der leidende Gottesknecht bei Jesaja. »Denn auch der Menschensohn ist nicht gekommen, sich bedienen zu lassen, sondern zu dienen ...« (Mk 10,45). Zugleich aber weist dieser Titel auf eine Gestalt mit kosmischer Macht hin. Ein Gelehrter drückte es so aus:

»Wie das Leiden zentral für die Vorstellung vom Menschensohn ist, sind es auch Macht und Herrlichkeit. Die Titel ›Menschensohn‹ und ›Gottessohn‹ sind sich von der Funktion her sehr ähnlich. Der Menschensohn vergibt Sünden, hat Autorität über den Sabbat, aufersteht vom Tode und kommt in der Herrlichkeit des Vaters und in Begleitung der heiligen Engel, mit großer

Macht und Herrlichkeit. Überall auf der Erde sammelt er seine Erwählten, leitet das letzte Drama der Weltgeschichte ein, übernimmt wieder sein Amt und sitzt dem Jüngsten Gericht vor«.[29]

Die Kategorie des Menschensohnes ist, mit anderen Worten, in der hebräischen Bibel und den christlichen Schriften zutiefst kosmologisch verankert. C. H. Dodd ist der Auffassung, daß die Bezeichnung »Menschensohn« im Johannesevangelium in Verbindung mit der hellenistischen Überlieferung von einem himmlischen Menschen stehen könnte, der der Prototyp der Menschheit ist, der wahre Mensch, der in allen guten Menschen lebt.[30] Wie ein großer Teil der apokalyptischen Literatur ist das während der Verfolgungszeit geschriebene Buch Daniel eine Quelle der Ermahnung und Ermutigung für die Juden, nicht von ihrem Glauben abzufallen. Die apokalyptische Literatur betonte die Endzeit und die Nähe des Tages des Gerichts für die Unterdrükkermächte. Die apokalyptische Literatur fand zwar den Weg in die Evangelien, doch findet sich der stärkste Ausdruck dieses Genres in der Johannesoffenbarung. In diesem Buch finden wir eine reiche Metaphorik des Kosmischen Christus in apokalyptischer Stimmung dargestellt, in dem, was die Bibelwissenschaftlerin Elisabeth Schüssler-Fiorenza als »Science-fiction«-Genre der Bibel bezeichnet.

Die neutestamentlichen Hymnen zum Preise des Kosmischen Christus

Philipper 2,1–24:
Paulus leitet diese kosmische Hymne mit einem Aufruf zu Mitgefühl und Erbarmen unter allen »in der Gemeinschaft des Geistes« ein: »Dann macht meine Freude dadurch voll, daß ihr eines Sinnes seid, indem ihr die gleiche Liebe hegt und einmütig auf dasselbe bedacht seid. Nichts geschehe aus Streitsucht oder eitler Ruhmsucht. ... Jeder sei nicht nur auf das Eigene bedacht, sondern auch auf das der anderen. Solche Gesinnung habt untereinander, wie sie auch in Jesus Christus war« (2,2–5). Dann hebt er an zu seiner Hymne:

> Er, der in Gottesgestalt war,
> erachtete das Gottgleichsein nicht als Beutestück;

sondern er entäußerte sich selbst,
nahm Knechtgestalt an
und ward den Menschen gleich.
In seiner äußeren Erscheinung als ein Mensch erfunden,
erniedrigte er sich selbst
und wurde gehorsam bis zum Tode,
bis zum Tode am Kreuz.
Darum hat Gott ihn erhöht
und ihm den Namen gegeben,
der über allen Namen ist,
auf daß im Namen Jesu sich jedes Knie beuge,
im Himmel, auf der Erde und unter der Erde,
und jede Zunge zur Ehre Gottes des Vaters bekenne:
Jesus Christus ist der Herr.
Philipper 2,6–11

Der Autor des Briefes ist sicher Paulus, der wahrscheinlich um das Jahr 56–57 schrieb. Er preist Jesus als den von Gott zum neuen kosmischen Herrscher Erhobenen. Die frühen Christen, die diese Hymne gesungen haben, sprachen in Bildern der Kosmologie der damaligen hellenistischen Welt, der dreigliedrigen Unterteilung des Universums in Himmel, Erde und den unterirdischen Bereich. Über sie alle gebietet Jesus. Auch die jüdische Theologie wird hier bemüht. Die »Gottesgestalt« Jesu knüpft an die »Ebenbildlichkeit« des ursprünglichen Adam in Gen 1,26–27 an. Jesus aber entäußerte sich, wurde leer und als ein »Knecht« oder »Sklave« behandelt. Hier haben wir eine Anspielung auf das Motiv des leidenden Knechtes bei Jesaja – und darin besteht auch der schockierende Unterschied zwischen der Mystik des Kosmischen Christus und anderen: Das historische Kreuz ist das zentrale Fundament des Christus. Der Kosmische Christus ist ein Verwundeter, einer, der am Kreuze gestorben ist (Wissenschaftler gehen davon aus, daß Paulus der ursprünglichen Hymne die Formulierung »bis zum Tod am Kreuze« hinzugefügt hat). Der historische Zusammenhang des Kreuzes ist notwendig zum Verständnis der Mystik des Kosmischen Christus, wirft aber die Frage auf: Wird nicht das Verständnis des Kreuzes ohne die Mystik des Kosmischen Christus verzerrt, übertrieben personalisiert, anthropozentrisch und sogar trivialisiert? Wird dadurch eine wirkliche, das heißt kosmologische Kreuzesmystik nicht zu einer Mystifizierung des Kreuzes reduziert?[31]

Im Kommentar zu dieser Passage schreibt Schillebeeckx: »Auffallend im Philipperbrief ist, daß diese ›KYRIOTES‹ oder dieses Herr-Sein Christi nicht auf die Gemeinde oder die Kirche Gottes bezogen wird, wie dies bei Paulus *fast* ausschließlich der Fall ist, sondern auf das *All.*« In der Hymne gibt es das Motiv einer Erhöhung, eines Aufstieges, aber keine Erwähnung der Auferstehung an sich. Und doch ist Christus für Paulus »der vom Tod Erstandene, der Lebende«. An der genannten Stelle spielt das Universum eine größere Rolle als die Kirche. »Daß Christus nicht nur Herr der Kirche, sondern auch des Alls ist, ist Paulus jedoch nicht fremd.«[32] Im ersten Brief an die Korinther schreibt Paulus eschatologischer über den Kosmischen Christus: »Ist aber einmal alles ihm unterworfen, dann wird auch der Sohn selber sich dem unterwerfen, der ihm alles unterworfen hat, damit Gott alles in allem sei« (15,28).

Die Hymne des Philipperbriefes bezieht sich auch auf Jesaja 45,22–25, wo alle Völker von Jahwe eingeladen werden, vor ihm das Knie zu beugen, und alle Zungen ihm Treue geloben sollen. Wie bei einer Inthronisation wird hier Jesus Christus als das königliche Wesen der ganzen Schöpfung gepriesen, obwohl er selbst demütig war, menschlich und ein Opfer von Unterdrükkung. Jesus ist *kein* Engel, sondern ein Mensch, der gelitten hat – für die damaligen Kosmologen des Nahen Ostens war das wahrscheinlich schockierend. Das Motiv ist eines der Inkarnation und der Erhöhung. Paulus schließt nach der Hymne, wie er begonnen hat, mit einer Aufforderung zu mitfühlendem Verhalten: »Tut alles ohne Murren« und »so sollt ihr euch freuen und euch mit mir freuen« (Phil 2,15 u. 18).

Römer 8,14–39:
In diesem Abschnitt feiert Paulus den Kosmischen Christus. »Die ungeduldige Sehnsucht der Schöpfung harrt auf das Offenbarwerden der Söhne und Töchter Gottes.... Wir wissen ja, daß die gesamte Schöpfung bis zur Stunde seufzt und in Wehen liegt. Und nicht nur sie, sondern auch wir, die wir die Erstlingsgabe des Geistes besitzen...« (8,19 u. 22–23). Paulus preist hier das *Abba*-Gebet, das Jesus betete und das wir beten sollen, denn »alle, die sich vom Geist Gottes leiten lassen, die sind Söhne und Töchter

Gottes ... und Kinder Gottes ... und Miterben Christi« (8,14 u. 17). Dabei meint Paulus mit unserer Erfahrung des Kosmischen Christus nicht ein vages »Sich-gut-Fühlen«, sondern ein Fundament im Leiden, das mit dem Mißverstehen und der Verfolgung der Propheten einhergeht. »Wer will uns scheiden von der Liebe Christi? Trübsal oder Bedrängnis oder Verfolgung? ... Aber in all dem obsiegen wir durch den, der uns geliebt hat« (8,35–37). Paulus beendet seinen reichen Lobpreis unserer Einheit mit dem Kosmischen Christus mit einem Aufruf der vier Weltgegenden: »Denn ich bin gewiß, daß weder Tod noch Leben, weder Engel noch Herrschaften, weder Gegenwärtiges noch Zukünftiges, noch Mächte, weder Höhe noch Tiefe, noch irgendein anderes Geschöpf uns zu scheiden vermag von der Liebe Gottes, die in Christus Jesus ist, unserem Herrn« (8,38–39). Wiederum ersetzt Paulus die angeblichen Herrscher des Kosmos durch Christus, denn zu Paulus Zeiten hielt man die meisten dieser kosmischen Kräfte für feindselig der Menschheit gegenüber. Dies ist ein weiterer Aspekt der Guten Botschaft Jesu, einer Botschaft, die nicht nur menschliche Angelegenheiten, sondern die ganze Welt berührt.

In diesem Briefabschnitt über den Kosmischen Christus wird wiederum das Thema unserer »Ebenbildlichkeit mit Gott« aufgenommen. »Gott wirkt in allem zum Guten mit, mit denen, die ihn lieben, ... denn alle, die er im voraus erkannt hat, hat er auch im voraus dazu bestimmt, an Wesen und Gestalt seines Sohnes teilzuhaben, damit dieser der Erstgeborene unter vielen Brüdern und Schwestern sei« (Röm 8,28–29). Christus wird als das vollkommene Ebenbild Gottes gefeiert, als der zweite und »bessere« Adam und doch als Bruder aller anderen Menschen, die ebenfalls Abbilder Gottes sind. Diese Stelle steht in einem größeren Zusammenhang des Paulusbriefes, in dem er unser Leben als einen Kampf beschreibt. Paulus widersteht darin der Versuchung, anzunehmen, daß die Christusmystik uns der Welt und unseres täglichen Kampfes enthebt. Die »Noch-nicht-Dimension« seiner Mystik wird deutlich: »Hoffen wir aber auf das, was wir nicht sehen, so erwarten wir es in Geduld« (8,25). Paulus begründet seine christologische Mystik in der jüdischen Jesusgeschichte, wenn er in der direkt folgenden Stelle des Briefes von seinen »Brüdern im Volke Israel« spricht, »denen auch die Väter angehören und aus denen Christus dem Fleische nach stammt; der über allem Gott ist, [er] sei hochgelobt in Ewigkeit« (9,4–5). Der Kosmische Christus hat ein festes Fundament in der Geschichte, in einem Volk, in Fleisch und Blut. Der inkarnierte Christus wird in einem dialektischen Verhältnis zum Christus der Kosmologie gesehen.

Kolosser 1,15–20:
Dieser Brief ist um die Jahre 61 bis 63 geschrieben und stammt sicher aus der paulinischen Schule, wenn nicht von Paulus selbst. In ihm finden wir eine weitere Hymne an den Kosmischen Christus. Der Autor stellt sie in den Zusammenhang eines mitfühlenden Lebens: »... damit ihr des Herrn würdig wandelt, ganz nach seinem Wohlgefallen, fruchtbar seid an guten Werken und wachset in der Erkenntnis Gottes« (1,10). Darauf folgt die kosmische Hymne:

> Er ist das Bild des unsichtbaren Gottes,
> der Erstgeborene vor aller Schöpfung.
> Denn in ihm ward alles erschaffen,
> im Himmel und auf Erden,
> das Sichtbare und das Unsichtbare,
> seien es Throne oder Hoheiten
> oder Herrschaften oder Gewalten:
> alles ist erschaffen durch ihn und auf ihn hin.
> Und er ist vor allem, und alles hat in ihm Bestand. ...
> Er ist der Anfang, der Erstgeborene aus den Toten,
> damit er in allem den Vorrang habe.
> Denn Gott gefiel es, in ihm die ganze Fülle
> wohnen zu lassen
> und durch ihn alles auf ihn hin zu versöhnen,
> indem er Frieden stiftete durch das Blut seines Kreuzes,
> ja durch ihn zu versöhnen
> sowohl was auf Erden als auch was im Himmel ist.
> Kolosser 1,15–20

In diesem kurzen Text wird der Ausdruck »alles« siebenmal wiederholt, und wir erfahren, daß »alles in Christus Bestand hat«. Der Friede zwischen allen Dingen kommt durch ihn zustande. Das ist wahrlich eine kosmische Erlösung. Joseph Sittler bezeichnet diese Stelle als eine »gewaltige Christusvision«[33], die Jahrhunderte lang von Christen abgeschwächt und ignoriert worden ist. Die Präexistenz Christi als »Erstgeborener der Schöpfung« entspricht derjenigen der Weisheit, die Gott in der Schöpfung begleitet hat (Spr 8,22; 1,4; 24,9; Weish 9,9). Jesus wird also als menschlich und zeitgebunden gesehen wie auch als präexistent und transzendent. Alle Geschöpfe des Himmels und der Erde sind »in Christus«. Dieser Theologie des Kosmischen Christus zufolge »gab es keinen Grund mehr für kosmische Angst, das große Lebensproblem jener Tage«, sagt Schillebeeckx. Christus ist der »Erstgeborene von den Toten«, in dem die Fülle (PLEROMA) Gottes wohnt. Die Hymne borgt sich vieles von anderen Religionen aus und ist zutiefst ökumenisch. Aus diesem Grunde betont Schillebeeckx, daß »der Autor (oder das Lied) nicht vor dem zurückschreckt, was man im Vergleich zum traditionell überlieferten Glauben ›Modernismen‹ nennen könnte. ... Hier ist es (das PLEROMA) ein allgemeiner, spät-antiker Begriff aus dem Synkretismus.«[34]

Zwar preist diese tief kosmische und mystische Hymne die »Fülle« der Schöpfung in Christus, doch ist der Entwurf des Kolosserbriefs weniger räumlich als zeitlich. Der Autor bezeichnet die Kirche als Leib Christi auf praktischer und handelnder Ebene. Im Vergleich zur Christuserfahrung werden die Hörer des Briefes als einstige »Feinde durch die Gesinnung und in den bösen Werken« (1,21) gesehen. Jetzt aber sind sie »heilig, makellos und untadelig«, solange sie »ausharren im Glauben, festgegründet und unerschütterlich« (1,22–23). Der Brief warnt auch vor falschen asketischen Praktiken (2,16–23) und drängt die Hörer, in Christus den zu erkennen, der »das Haupt jeder Herrschaft und Gewalt ist« (2,9).

Epheser 1,3–14:

Der Epheserbrief wurde etwa zur gleichen Zeit wie der Kolosserbrief geschrieben. Der Autor des Briefes an die Epheser war mit dem Inhalt des Briefes an die Kolosser vertraut, jedoch nicht umgekehrt. Der Autor steht Paulus und der paulinischen Schule zumindest nahe; manche Wissenschaftler sind der Auffassung, es sei Paulus. Der Brief beginnt mit einer kosmischen Hymne an Christus und endet, wie derjenige an die Kolosser, mit einem Aufruf zu einem mitfühlenden Leben, in diesem Falle zur Versöhnung zwischen Juden und Heiden. Ein Teil der Hymne lautet:

> Gepriesen sei der Gott
> und Vater unseres Herrn Jesus Christus,
> der uns mit jeglicher Art von geistigem Segen
> in den Himmeln gesegnet hat in Christus.
> Denn in ihm hat er uns auserwählt
> vor der Grundlegung der Welt...
> Denn er tat uns kund das Geheimnis seines Willens,
> so wie es ihm gefiel,
> so wie er es sich vorgenommen hatte ihn ihm,
> zur Verwirklichung der Fülle der Zeiten,
> nämlich das All in Christus
> wieder unter ein Haupt zu fassen,
> das Himmlische und das Irdische.
> Epheser 1,3–4 u. 9–10

Der Autor stellt Christus als kosmischen Herrscher dar. »Gott hat Christus alles zu Füßen gelegt, ihn selbst aber hat er seiner Kirche zum Haupt über alles gegeben; ist sie doch sein Leib, die Fülle dessen, der alles in allem erfüllt« (1,22–23). Christus ist sowohl Haupt der Welt als auch der Kirche, denn er »erfüllt alles in allem«. Wie die Lehren der Stoa stellt der Autor das Universum als einen lebenden Menschen dar; anders aber als in der stoischen Lehre wird die Welt nicht statisch, sondern dynamisch beschrieben – vieles wird erst noch kommen. Darin liegt ein weiterer Aspekt der eschatologischen Dimension christlicher Mystik, die sie von anderen Arten Mystik jener Zeit unterscheidet. Christus ist »von den Toten auferweckt« worden und sitzt im Himmel »hoch erhoben über jegliche Herrschaft und Macht und Gewalt und Hoheit und über jeden Namen, der da genannt wird nicht allein in dieser Weltzeit, sondern auch in der zukünftigen« (Epheser 1,20–21). Die Kirche soll für die historische Gegenwart dieses kosmischen und versöhnenden Christus stehen, um ein Mikrokosmos jenes Makrokosmos zu sein, den Christus der Welt bringt. Der Autor fordert mitfühlendes Verhalten. Christus Jesus hat »die zwei [Völker, Juden und Nicht-Juden] zu *einem* neuen Menschen geschaffen, ... da er in seiner Person die Feindschaft getötet hat« (2,15–16). Die Christen werden dazu gedrängt, »ein Haus« und »ein Leib« zu sein, auf den Eckstein Christi gebaut und den Frieden, den er bringt. Schillebeeckx meint in seinem Kommentar dazu, daß der Autor zwar Sympathie habe mit der

»universalen kosmischen Bewußtwerdung« seiner Kultur, daß er aber betont, daß die »geschichtliche Verantwortung der Kirche ernst genommen wird. ... Wenn irgendwo im Neuen Testament, dann legt der Epheserbrief damit die Grundlage für eine politische Theologie.«[35] In dieser Christusmystik begegnen sich also wieder das Kosmische und das Historische. Der Brief ist für seine Leser Gute Nachricht, weil er ihnen versichert, daß sie sich vor dem Kosmos und seinen Herrschern nicht zu fürchten brauchen, auch nicht vor Schicksal und Bestimmung. Christus befreit von allen diesen Ängsten. Man beachte aber, daß die Botschaft *nicht* darin besteht, daß die Gläubigen Christi sich von der Kosmologie zurückziehen und ein psychologisiertes und introvertiertes Dasein leben sollen. Sie sollen vielmehr eine neue Beziehung zur Welt aufnehmen, voller Hoffnung und »Kraft«. Auf tief mystische Weise wird Gott als »Vater aller, über allen und durch alle und in allen« (4,6) gepriesen. Als »universaler Friedensstifter«[36] bringt Christus den Menschen die Erkenntnis dieses Gottes. Im Epheserbrief wird die historische und prophetische Dimension des Kosmischen Christus betont und die Kirche aufgerufen, ihre Aufgabe als eine Stätte des Friedens und der Versöhnung zu erfüllen.

Der Autor des Briefes betont die schöpferische Dimension einer lebendigen Kosmologie. Wir hören, daß »wir Gottes Gebilde sind, geschaffen in Christus Jesus zu guten Werken, die Gott im voraus bereitgestellt hat, damit wir darin wandeln« (2,10). In diesem Brief kommen wirklich Kunst, Mystik und wissenschaftliches Weltbild zusammen, wie es bei einer lebendigen und vibrierenden Kosmologie stets der Fall ist. Der Ruf nach einem »neuen Menschen« ist ein Ruf nach einem – im kosmischen Frieden und der Versöhnung, die Christus bringt – neu geschaffenen Menschen.

Der Epheserbrief ruft auch auf zu einer Tiefenökumene: Praktisches Ergebnis der kosmischen Versöhnung, die der Kosmische Christus bringt, ist die Versöhnung von Juden und Heiden. Schillebeeckx ist zwar der Auffassung, daß der Autor des Epheserbriefes mehr »geschichtlich und kirchlich denkt, und nicht pankosmisch«[37], womit erneut ein Dualismus zwischen Kosmos und Geschichte, zwischen Kosmos und Kirche behauptet wurde.

Ich schlage dagegen vor, daß im Epheserbrief Kirche und

Geschichte in ihrem kosmischen Zusammenhang gesehen werden.

Die Einbeziehung des Kosmischen Christus in unsere Theologie wirft eine interessante Frage für die Ekklesiologie auf: Ist womöglich die Definition der Kirche als »Volk Gottes« zu anthropozentrisch? Die Autoren, die wir gelesen haben, und die von den ersten christlichen Gläubigen gesungenen Hymnen feiern Christus im Kosmos, die Menschen »in Christus« und die Kirche als einen Mikrokosmos Christi im Kosmos. Klammern wir diese Vorstellung aus, so wird unser Konzept der Kirche trivialisiert und führt zu den institutionellen Sünden und Spaltungen, die die Kirche seit Jahrhunderten verfolgen. Wo der Kosmos unterschlagen oder unbewußt uns und unseren Institutionen angepaßt wird, macht sich Arroganz breit. Als Individuen und als Gemeinschaften werden die Menschen viel eher kreativ sein und sich an der Vielfalt freuen, wenn sie in einem Kosmos leben, statt nur in einer begrenzten Ansammlung von Menschen, und in diesem darum ringen, Gottes Gnade herabzurufen.

Hebräer 1,1–4:
Dieser Brief eines unbekannten Autoren wurde um das Jahr 67 an eine ausschließlich jüdisch-christliche Hörerschaft geschrieben, vielleicht sogar an jüdische Priester. Der Brief beginnt mit dem typischen Motiv des Kosmischen Christus – einer Kombination von heiligem Raum (Kosmos) und heiliger Zeit (Prophet):

»Vielmals und auf mancherlei Art hatte Gott von alters her zu unseren Vorfahren gesprochen durch die Propheten. In der Endzeit dieser Tage hat er zu uns gesprochen durch das Kind, das er zum Erben des Alls eingesetzt und durch das er auch die Welten geschaffen hat. Er [Christus] ist der Abglanz seiner Herrlichkeit und Ausprägung seines Wesens, er trägt das All durch sein machtvolles Wort, und da er die Reinigung von den Sünden vollbracht hat, hat er sich zur Rechten der Majestät in der Höhe gesetzt. Um so viel erhabener als die Engel ist er geworden, wie der Name, den er als Erbteil erhalten hat, sie überragt. Denn zu welchem der Engel hat Gott je gesagt: »Du bist mein Kind, heute habe ich die Elternschaft für dich übernommen. Ich will deine Eltern sein, und du mein Kind.«
Hebräer 1,1–5

Der Autor des Briefes weist die Vorstellung der Engelherrschaft über das Universum zurück zugunsten des Kosmischen Christus (ein anderer Name dieses Christus ist Hoherpriester), der ganz Mensch ist und wie alle Menschen gelitten hat. Auf der einen Seite steht die eschatologische Erhöhung des Kosmischen Christus – denn wie könnten die kosmischen Kräfte sonst gezähmt und die Menschen frei werden? Auf der anderen Seite steht der menschliche, leidende Prophet und Knecht. Nach der Erinnerung an den Tod Jesu sagt der Autor, daß es im wesentlichen darum ging, daß er auf diese Weise »den Schwestern und Brüdern in allem gleich werden mußte, um ein barmherziger und getreuer Hoherpriester für sie bei Gott zu werden« (2,17). Christus wird auf der einen Seite erhöht und ist auf der anderen ein Bruder, der das Mitgefühl auf die gleiche Weise gelernt hat, wie wir alle es lernen: durch Leiden.

Im Hebräerbrief ist Christus ein »Priester«. Der Ausdruck »Christus« bedeutet »der Gesalbte« und ist für den Briefschreiber, der sich in der jüdischen Priesterschaft auskennt, praktisch mit »Priester« synonym. Schon darin liegt eine Aussage über den Kosmischen Christus. Denn ein Priester ist ursprünglich ein kosmischer Mittler, nicht ein Bewahrer des Kults, sondern ein Träger der prophetischen Gabe und der göttlichen Barmherzigkeit, die das Universum durchdringt. Schillebeeckx meint, daß dieser Brief »eine Entmythologisierung des jüdischen Priesterbildes [ist]: die Liebe des menschlichen, für andere leidenden Jesus, in Treue zu Gott und solidarisch mit der menschlichen Leidensgeschichte, das ist für den Autor Priestersein im wahren Sinn des Wortes: Menschen zu Gott zu bringen«[38]. Ich halte die Botschaft für weniger anthropozentrisch: Als Priester ist Jesus der Kosmische Christus, der die ganze Schöpfung erlöst, indem er das menschliche Bewußtsein heilt, das sich mit der Schöpfung im Krieg befand. Der Tod Jesu ist das Sühneopfer, das alle Sünden ausgelöscht hat und deshalb einen Neuen Bund einleitete.

Johannes 1,1–18:
Das um das Jahr 90 geschriebene Johannesevangelium entfaltet die zuvor besprochenen Eigenschaften des Kosmischen Christus. Der Autor ist diesen Eigenschaften im christlichen Gottesdienst und in den Briefen des Paulus bereits begegnet. Der Johannesprolog stellt das ganze Leben Jesu und seinen Dienst in einen

kosmologischen Zusammenhang. Er preist Christus als den *Logos*, das »Wort« Gottes, das wie Gottes Weisheit mit Gott bei der Schöpfung der Welt gegenwärtig war. Wie in anderen Texten wird Jesus zugleich in einem geerdeten, historischen Zusammenhang gesehen. Er »wohnte unter uns« und »war in der Welt«; Zeugen wie Johannes der Täufer und die Autoren des Johannesevangeliums sahen ihn und lebten mit ihm (1,14–15). Wie viele andere von uns betrachtete Texte war auch dieser »wahrscheinlich eine frühchristliche Hymne, die der Evangelist kommentiert und in das Evangelien übernommen hat«[39]. Die Hymne beginnt:

> Im Anfang war das Wort,
> und das Wort war bei Gott,
> und Gott war das Wort.
> Alles ist durch es geworden,
> und ohne es ist nichts geworden.
> Was geworden ist – in ihm war das Leben,
> und das Leben war das Licht der Menschen.
> Und das Licht scheint in die Finsternis,
> und die Finsternis hat es nicht ergriffen.
> ...
> Allen aber, die es aufnahmen, gab es [das Wort]
> die Kraft, Kinder Gottes zu werden,
> denen, die an seinen Namen glauben,
> der nicht aus dem Blute und
> nicht aus dem Willen des Fleisches
> und nicht aus menschlichem Willen,
> sondern aus Gott geboren wurde.
> Und das Wort wurde Fleisch
> und schlug sein Zelt unter uns auf,
> und wir schauten seine Herrlichkeit,
> eine Herrlichkeit, wie sie das einzige Kind
> von seinem Vater hat,
> voll Gnade und Wahrheit.
> ...
> Aus seiner Fülle haben wir alle empfangen.
> Johannes, 1,1–5. 12–14. 16

Jesus Christus (dessen Name erst ab Vers 17 erwähnt wird) wird hier auf kosmologischem Hintergrund gefeiert. Logos bezeichnete in der Stoa ein statisches Weltprinzip. Das christliche Verständnis des *Logos* aber ist dynamisch: alles ist durch ihn geworden, alle haben durch ihn das Leben und die Kraft, die Finsternis zu überwinden. Das Wort selbst ist das Licht, das in die Welt kommt und den Menschen die Fähigkeit gibt, Kinder Gottes zu werden. Es bezeugt die Herrlichkeit, die DOXA, und ruht »an der Brust« Gottes (1,18), auch wenn er unter den Menschen wohnt. Johannes erzählt hier eindeutig eine neue Schöpfungsgeschichte, die in ihren Eröffnungsworten »Im Anfang« die Genesis anklingen läßt. Das Wort ist »im Anfang« dabei, genau wie die Weisheit. Deshalb ist das Wort nicht nur Wort, sondern auch Weisheit. Der ganze Johannesprolog spielt auf die kosmologischen Texte der Weisheitsliteratur an, zum Beispiel mit dem Bilde des Zeltaufschlagens. Das Buch Sirach preist die ursprüngliche Weisheit:

> »Ich ging hervor aus dem Munde des Allerhöchsten
> und bedeckte dem Nebel gleich die Erde.
> Ich hatte in der Höhe mein Zelt aufgeschlagen,
> und mein Thron stand auf einer Wolkensäule.
> ...
> In den Fluten des Meeres und auf der ganzen Erde,
> in jedem Volk und jeder Nation besaß ich Herrschaft.
> Bei all diesen suchte ich Ruhestatt
> und auf wessen Anteil ich mein Zelt aufbauen könnte.
> Da erging Befehl an mich vom Schöpfer des Alls,
> und der mich erschuf gab meinem Zelt die bleibende Stätte.
> Gott sprach: ›In Jakob schlage dein Zelt auf,
> und in Israel gewinne einen Erbbesitz.‹
> Von der Urzeit her, im Anfang war ich erschaffen,
> und bis in Ewigkeit vergehe ich nicht.«
> Sirach 24,3–14

Diese kraftvolle kosmologische Dichtung wird vom Autoren des Johannesevangeliums in die Bilder für Jesus Christus eingebaut, der »im Anfang bei Gott war« und zugleich das »fleischgewordene Wort« ist.

In dieser Hymne und anderen Texten zum Lobpreis des Kosmischen Christus tritt der Ausdruck DOXA oder »Herrlichkeit« sehr hervor. Herrlichkeit und ihr Synonym »Pracht« sind kosmologische Kategorien. Ihre Verwendung in den Schriften weist auf ein kosmologisches Bewußtsein beim Autor hin. In der hebräischen Bibel bezeichnet Herrlichkeit (KABOD) göttliche Kraft und Heiligkeit, die sich oft als Licht manifestiert. – Licht ist auch das erste in der Genesis erschaffene Element. Jahwe ist der »König der Herrlichkeit« und Jahwes Herrlichkeit »erfüllt die Erde« (Ps 24,8; Jes. 6,3). Die Schöpfung verkündet die göttliche Herrlichkeit, denn »die Himmel rühmen die Herrlichkeit Gottes, das Firmament verkündet das Werk seiner Hände« (Ps 19,2). Göttliche Herrlichkeit offenbart sich in Gottes Sorge um die Menschen. Im Neuen Testament wird die Herrlichkeit als Kraft, Glanz und Licht beschrieben. Gottes Herrlichkeit manifestiert sich in Heiligkeit und Kraft. Herrlichkeit wird auch eschatologisch verstanden: Christus wird in der Herrlichkeit des Schöpfers kommen (Mk 8,38). Wer Christus nachfolgt, wird an seinem Leiden und seiner Herrlichkeit teilhaben. Denen, die Gottes verborgene Weisheit verkünden, wird der Geist die Herrlichkeit geben, die noch das übersteigt, was Moses auf dem Berge Sinai erlebte. »Wir alle aber, die wir mit unverhülltem Angesicht die Herrlichkeit des Herrn widerspiegeln, werden in das gleiche Bild verwandelt von Herrlichkeit zu Herrlichkeit, wie es vom Herrn aus geschieht, welcher Geist ist« (2 Kor 3,18). Die Herrlichkeit Christi wird so denen zuteil, die ihm nachfolgen. Und sie wird nicht nur mitgeteilt, sondern wächst und entwickelt sich, wobei sich die dynamische Natur des Verhältnisses des Kosmischen Christus zu seinen Jüngern offenbart. Das Wachsen in der Herrlichkeit ist ein Wachsen in der Ebenbildlichkeit Gottes, welche Christus bereits in ganzer Fülle erreicht hat. Wir hören, daß der Kosmische Christus in uns eine veränderliche Größe ist, eine göttliche Gegenwart, die zunehmen und sich entwickeln kann. Denn die Herrlichkeit Christi ist die des »einzigen Kindes Gottes« – doch haben wir alle von der »Fülle« dieses einen empfangen (Joh 1,14 u. 16). Der Kosmische Christus offenbart göttliche Herrlichkeit und erweckt sie in anderen.

Im Johannesevangelium fehlt das Erlebnis der Verklärung, die in den synoptischen Evangelien eine Manifestation des Kosmischen Christus ist, wie wir unten sehen werden. Johannes betont jedoch die göttliche DOXA (»Herrlichkeit«) durch die wunderbaren Zeichen, die Jesus tat (2,11), durch die »Herrlichkeit« des Kreuzes und durch die Weitergabe der Herrlichkeit an die Jünger (17,22). In der hebräischen Bibel manifestiert sich die göttliche

Herrlichkeit in der Natur (zum Beispiel Gewitter) und in der Geschichte (zum Beispiel Befreiung aus Ägypten). Weisheit ist ein reiner Ausfluß der Herrlichkeit Gottes (Weish. 7,25). Die Präexistenz der Weisheit (die, wie wir oben sahen, der Kosmische Christus ist) wird in Johannes 17,5 bezeichnet als »die Herrlichkeit, die ich [Jesus] bei dir hatte, ehe die Welt war«. Ihre Ursache ist, daß »du mich [Jesus] geliebt hast vor der Grundlegung der Welt« (17,24; 1,1).[40] Deshalb stellt jeder Einsatz der Kategorie der »Herrlichkeit« in den Schriften eine Erwähnung des Kosmischen Christus dar.

Die Johannesoffenbarung:
Apokalyptische Literatur ist immer höchst kosmologisch. Elisabeth Schüssler-Fiorenza vergleicht sie mit Science-fiction, und Krister Stendahl mit Horrorfilmen. Das Buch der Apokalypse präsentiert eine Bilderfülle, aus der sich eine kosmische Christologie entwickelt. Die Schlüsselfrage der Offenbarung ist, wie Schüssler-Fiorenza anmerkt, eine sehr politische: »Wer ist der wahre Herr der Welt?«[41] Sind es die römischen Kaiser, wie das Römische Reich seine Untertanen gern glauben machen wollte? Soll der römische Kaiser verehrt werden, wie er es im Rahmen des Kaiserkultes verlangte? Ist der wahre Herr in den Mächten und Institutionen zu finden, den Händlern und Schiffsbauern des Reiches? Das Argument des gesamten Buches läuft darauf hinaus, daß Jesus Christus der »Herr und König der Welt ist«[42], nicht menschliche Kaiser oder Reichsgründer. Wird das Wort »Herr«, wie so oft heute, im anthropozentrischen Zusammenhang gebraucht, so assoziieren wir damit die Herr/Sklaven-Verhältnisse des Feudalismus. In der englischen Sprache erinnert das Wort »Lord« (Herr) auch an den entsprechenden Adelstitel. Viele Feministinnen und andere meiden es deshalb als einen Titel für Jesus. Für die urchristlichen Autoren hatte es jedoch keine anthropozentrische Bedeutung. Das Wort »Herr« bezeichnete ihnen den Herrscher und Gebieter des Universums. Es handelte sich um einen rein *kosmischen* Titel. In der hebräischen Bibel wird Jahwe als der »Herr« der ganzen Erde bezeichnet, dessen Herrlichkeit die Erde erfüllt, weil Jahwe die Himmel und die Erde erschaffen hat. Im Neuen Testament »bekommt die Anwendung des Titels ›Herr‹ auf Christus eine besondere theologische Bedeutung. ... [Sie weist] mit Nachdruck auf die göttliche

›Herrschaft‹ Christi hin.«[43] In der frühen Kirche ist der Ausdruck »Herr« eine Bezeichnung für den Kosmischen Christus und wird oft in diesem Zusammenhang verwendet.

In der Johannesoffenbarung gibt es viele Anspielungen auf den Kosmischen Christus:

»Jesus Christus [ist] der getreue Zeuge, der Erstgeborene der Toten und Herrscher über die Könige der Erde. Ihm, der uns liebt und durch sein Blut uns gewaschen hat von unseren Sünden und uns zu einem Königtum von Priestern für seinen Gott und Vater gemacht hat, ihm (gebührt) die Herrlichkeit und die Macht in alle Ewigkeit. Amen. Siehe er kommt mit den Wolken, und schauen wird ihn jedes Auge, auch die, die ihn durchbohrt haben, und wehklagen werden über ihn alle Geschlechter der Erde. Ja, Amen« (Offb 1,5–7).

In dieser Passage tauchen viele der Motive auf, die in anderen biblischen Texten mit dem Kosmischen Christus verbunden sind: Herrscher der Erde, die Kreuzigung, die Wolke als Symbol der Theophanie, »Herrlichkeit« und die Universalität, in der alle Nationen ihn erkennen werden. Christus wird als der eschatologische Richter über die Völker dargestellt, der die Sterne und die Engel in seinen Händen hält (1,10–20).

In Offenbarung 4 und 5 wird die zentrale Frage des Buches angesprochen: Wer ist Herr dieser Welt? Die Antwort wird deutlich gegeben: Es ist Gott, der Schöpfer, der auf dem göttlichen Throne sitze (ein »zentrales Bild, das wie ein Hauptakkord im ganzen Buch wiederholt wird«, wie Schüssler-Fiorenza sagt) zusammen mit Christus, der »die wahre Herrschaft über die Welt ausübt«[44]. Und tiergestaltige Wesen »bringen dem, der auf dem Throne sitzt, Ehre, Preis und Dank dar« (4,9), und die Ältesten preisen ihn, »der das All geschaffen hat und durch dessen Willen allein alles geschaffen wurde und ist« (4,11). Christus wird als das Lamm dargestellt, das für die ganze Menschheit geschlachtet wurde. Ihm wird ein Lobgesang dargebracht:

> Denn du bist geschlachtet worden
> und hast für Gott mit deinem Blute erkauft
> aus jedem Stamm und jeder Sprache,
> aus jedem Volk und jeder Nation,
> und du machtest sie für unseren Gott

zu einem Reich und zu Priestern,
und sie werden herrschen auf Erden (Offb 5,9–10).

Der Kosmische Christus hat alle zu einem heiligen Volk, einem königlichen Volk werden lassen. Die ganze Schöpfung stimmt ein in diese Hymne an den Kosmischen Christus:

»Und jedes Geschöpf, das im Himmel und auf der Erde und unter der Erde und auf dem Meere ist, samt allem, was es darin gibt, hörte ich sagen: ›Dem, der auf dem Throne sitzt, und dem Lamme Lobpreis und Ehre und Herrlichkeit und Macht von Ewigkeit zu Ewigkeit.‹ Und die vier Wesen sprachen ›Amen‹« (Offb 5,13–14).

Laut Schüssler-Fiorenza wird Christus im Buch der Offenbarung 28mal als Lamm bezeichnet, und das »weist stets auf den auferstandenen Christus hin«. Das unschuldig geopferte Kosmische Lamm symbolisiert »Jesus Christus als den Herrscher der Welt und über ihr Schicksal«[45]. Darin steckt eine sehr politische Haltung, denn der Kosmische Christus, den die Gläubigen für den *wahren* Herrn der Erde halten, wird gegen den Kaiser gesetzt, der dieses Recht für sich beansprucht. Der Autor der Offenbarung meint das nicht als abstrakte These. Zur Zeit der Niederschrift wurden die Kirchen aufgrund der Verfolgung von Christen, die die kultische Kaiserverehrung verweigerten, demoralisiert und zersplittert. Das wahre Heil und die Erlösung kommen nur vom Kosmischen Christus und *nicht* vom Römischen Reich und seinen Herrschern. Dieses Kosmische Lamm »wird sie zu den Wasserquellen des Lebens führen; und Gott wird alle Tränen von ihren Augen abwischen« (7,17). Das Lamm ist der Kosmische Christus, denn »das Lamm ist der Herr der Herren und der König der Könige« (17,14). Schüssler-Fiorenza kommentiert:

»Die letzte Erlösung bezieht sich nach der Offenbarung nicht nur auf die Seele und die geistige Wirklichkeit. Sie zeigt sich in der Abschaffung aller Entmenschlichung und allen Leides und zugleich in der Fülle des menschlichen Heiles ... als eine Wiedergutmachung der großen Sorgen in den Leiden des Krieges, der Friedlosigkeit, des Hungers, der Inflation, der Seuchen, der Verfolgung und des Todes.«[46]

Das Hauptthema der Predigten Jesu in den Evangelien ist die Nähe des Gottesreiches. Es besteht kein Zweifel, daß der Autor der Offenbarung dies im Auge hat, wenn er von der antiimperialistischen Haltung der Gläubigen des Lammes spricht. »Die Herrschaft über die Welt ist unserem Herrn und seinem Gesalbten zuteil geworden, und er wird herrschen in alle Ewigkeit« (11,15). Zu diesem Erwachen zum Gottesreich wird auch der Kampf gegen jene gehören, die die Schöpfung zerstören, denn uns wurde gesagt, daß »der Zeitpunkt gekommen ist, ... ins Verderben zu bringen, die die Erde verderben« (11,18).

Es tritt auch die Gestalt einer Göttin auf, die die Himmelskönigin ist. Sie bringt ein Kind zur Welt, das der messianische König und der Kosmische Christus ist (12,1–17). »Die ›Geburt des Messias‹ ist hier nicht die historische Geburt des Jesus, sondern die Erhöhung und Inthronisation des ›Erstgeborenen der Toten‹ und der Beginn der neuen Schöpfung.« In der Offenbarung findet sich deshalb so reiche kosmische Metaphorik, weil der Kampf gegen das Römische Reich deutlich als ein Kampf gegen kosmische Mächte und Hoheiten des Bösen gesehen wurde. »Und die ganze Welt staunte hinter dem Tier her« (13,3), so hören wir. Und das Tier »tat sein Maul auf zu Lästerungen wider Gott, um seinen Namen zu lästern und sein Zelt, das heißt diejenigen, welche im Himmel ihr Zelt haben. Und es wurde ihm gegeben, Krieg gegen die Heiligen zu führen und sie zu besiegen, ja es wurde ihm Macht gegeben über jeden Stamm und jedes Volk, jede Sprache und jede Nation« (13,6–7). Ursprung der Macht des Tieres ist Satan. Der Autor spricht wiederum sehr direkt über die dämonische Unterdrückung, unter der Christen und andere litten, da die Römer Gottes Ehre an sich gerissen hatten. Die Bezeichnung des Kosmischen Christus als »Herr« stellt nach Schüssler-Fiorenza eine Widerstandsparole gegen die Lehre dar, daß Kaiser Augustus der »Herr und Heiland« sei.[47]

Diejenigen, die sich entscheiden, den Schöpfergott, »der den Himmel und die Erde und das Meer und die Wasserquellen erschaffen hat« (14,7), anzubeten, werden befreit werden, wie die Israeliten durch das Rote Meer aus Ägypten geführt wurden. Die Hymne an den Kosmischen Christus, das Lamm, das – wie Moses – den Weg zum Heil weist, ist durch einen ungeheuren Universalismus gekennzeichnet. »Alle Völker werden kommen und vor dir anbeten, denn dein gerechtes Walten ist offenbar geworden« (15,4). Alle Völker werden das Hochzeitsfest des Lammes feiern. Schüssler-Fiorenza sagt:

»Die universelle kosmische Erlösung geht weit über die in der Kirche angekündigte hinaus. Die universellen, kosmischen Dimensionen der neuen Gottesstadt mischen sich mit den paradiesischen Eigenschaften der neuen Schöpfung. An dieser Herrlichkeit, dieser Pracht und diesem ewigen Leben werden nicht nur die gläubigen Christen teilhaben, sondern alle, deren Namen gemäß ihren Werken beim Jüngsten Gericht ins Buch des Lebens geschrieben worden sind.«[48]

Der Kosmische Christus wird als »Wort Gottes« (19,13) bezeichnet und als »Krieger der Gerechtigkeit« (19,11). Er ist der »König der Könige und Herr der Herren« (19,16). Er ist das Alpha und das Omega und verspricht eine neue, gerechtere Welt – eine Welt, die von der Herrlichkeit des Kosmischen Lammes erleuchtet wird (21,23). Gott ist der Gott-mit-uns, der gemeinsam mit dem Lamm den Tempel aufbaut.

»Und ich sah einen neuen Himmel und eine neue Erde; denn der erste Himmel und die erste Erde sind vergangen ... ›Siehe, das Zelt Gottes bei den Menschen; und er wird bei ihnen wohnen, und sie werden sein Volk sein; und er selbst, Gott-mit-ihnen, wird ihr Gott sein. Und er wird alle Tränen von ihren Augen abwischen, und es wird keinen Tod mehr geben, auch keine Trauer, keinen Klageschrei, keine Mühsal wird es mehr geben, denn das Frühere ist vorbei.‹ Und der auf dem Throne saß, sprach: ›Siehe, ich mache alles neu. ... Ich will dem Dürstenden umsonst aus dem Quell des Lebenswassers geben‹« (21,1 u. 3–6).

In der Metaphorik des Kosmischen Christus, des Herrn der Erde, und des Kosmischen Lammes fand der Autor der Offenbarung eine reiche Quelle der Stärkung für Christen und Nichtchristen gleichermaßen, die unter dem Römischen Reich litten. Der verwundete Christus regte Visionen an von der Möglichkeit, das Unrecht aufzuheben, durch das so viele Menschen auf der Erde verletzt werden.

Motive des Kosmischen Christus in den Evangelien und der Apostelgeschichte

Viele Christen sind zwar vertraut mit den Hymnen an den Kosmischen Christus, die wir besprachen und von denen die meisten in den Briefen zu finden sind. Doch wird die kosmische Christologie in den Evangelien noch recht wenig beachtet. Ich behaupte jedoch, daß alle wesentlichen Ereignisse des Lebens Jesu von den Evangelisten zugleich als lebendige Kosmologie dargestellt werden. Kern der Geschichten um den historischen Jesus ist der Kosmische Christus.[49] Darüber hinaus hat jedes synoptische Evangelium, wie auch das des Johannes, einen auf den Kosmischen Christus bezogenen Prolog.

Die Kindheitserzählungen:
Der Bibelwissenschaftler Raymond Brown weist darauf hin, daß die Kindheitserzählungen bei den Autoren des Matthäus- und des Lukasevangeliums eine sich allmählich herauskristallisierende Christologie enthalten. In dieser Hinsicht entsprechen die Geschichten dem Johannesprolog: Was er als die Präexistenz des Wortes beschreibt, preisen Matthäus und Lukas als eine einzigartige Empfängnis, eine Empfängnis durch den Heiligen Geist, den Geist, der bei der Schöpfung über den Wassern schwebte. Unmittelbar vor der Verkündigung und der Geburtsgeschichte wird im Prolog des Matthäusevangeliums die Genealogie Jesu angeführt (Mt 1,1–17). Wie Schillebeeckx erläutert, entspricht die Genealogie, »das Buch des Werdens den *tol 'dot* [das heißt der Geburt] der Welt in der Genesis«[50]. In der Genealogie bei Matthäus wird Jesu Geburt in den Rahmen der Weltgeschichte gestellt und er damit zum Kosmischen Christus erklärt. »Die Geschichten über die Kindheit sind«, so kommentiert es Brown, »tatsächlich zu Kindheitsevangelien geworden.«[51] Die Kindheitsgeschichten sind eine Miniaturausgabe der Evangelien, eine Art mikrokosmischer Evangelien, die in Kürze die makrokosmische Geschichte der Evangelien spiegeln. Wir hören dort vom Messias, der von einigen – den Weisen und den Hirten – angebetet wird, von anderen aber – Herodes (bei Matthäus) und denen, die dem Zeichen widersprechen (Lk 2,34) – gehaßt wird. In den Evangelien als Ganzem, wird die gleiche geteilte Reaktion gegenüber dem erwachsenen Jesus berichtet.

In der Kindheitserzählung bei Matthäus werden die Anbetenden gleich in ein kosmologisches Umfeld gesetzt. Die von weither angereisten Weisen folgen einem Stern, der ihnen die Geburt des Messias ankündigte. Sie sind Wissenschaftler oder Astrologen und werden als sehr achtbare Personen vorgestellt. »Es gibt in der Beschreibung der Weisen bei Matthäus nicht den geringsten Hinweis auf eine Bekehrung oder eine falsche Kultausübung; sie sind ganz und gar zu achten. Sie stellen das Beste aus der heidnischen Überlieferung und religiösen Empfänglichkeit dar, das durch die Offenbarung in der Natur zur Suche nach Jesus gekommen ist.«[52] Die Kindheitsgeschichte ist ein »Miniaturevangelium« mit »seiner Passion und seiner Ablehnung, aber auch seinem Erfolg«[53]. Die Weisen beten ihn aufgrund des Sternes an und auf der Basis ihrer Schriften. Herodes aber, der Jesus bekämpft, repräsentiert die Hohenpriester und die Schriftgelehrten, die ihn später kreuzigen werden. Die Geschichte hat etwas Universelles, nicht nur weil bei der Offenbarung die Natur eine so herausragende Rolle spielt, sondern auch weil die Weisen Heiden sind und weil die Ermordung der Unschuldigen nicht auf einen Haushalt beschränkt ist. Diese Ermordung der unschuldigen Kinder stellt ein Kreuzigungsereignis dar, weil auch Jesus ein Unschuldiger war.

In der Verkündigungsgeschichte bei Lukas spricht der Engel zu Maria: »Heiliger Geist wird über dich kommen und die Kraft des Höchsten wird dich überschatten« (Lk 1,35). Erinnern wir uns daran, daß im ersten Jahrhundert ein Engel einen kosmologischen Zusammenhang anzeigte. Das Wort für »überschatten« wird in der hebräischen Bibel benutzt, um die Gegenwart Gottes in seinem Heiligtum zu beschreiben. In den Evangelien taucht es bei der Verklärung auf, wo eine »Wolke der Herrlichkeit Jesus überschattet«. Wolken weisen im alten Israel auf die Kosmologie und eine Theophanie hin. Dies nicht nur aus dem offensichtlichen Grund, weil für ein Wüstenvolk Wolken Schatten und lebenswichtigen Regen bedeuteten, sondern auch weil die Wolke die Theophanie auf dem Berge Sinai begleitet und die Herrlichkeit Gottes darin wohnt (Ex 16,10). Als das heilige Zelt erbaut wurde, bedeckte es eine Wolke, und die Herrlichkeit Gottes erfüllte es (Ex 40,34). Herrlichkeit, Wolke und heiliges Zelt – oder im späteren Judentum *Schechina* – weisen auf die göttliche Gegenwart hin, das heißt auf die Gegenwart des Kosmischen

Christus (siehe Joh. 1,14). Zusätzlich zur neuen Schöpfungsgeschichte in der Kindheitserzählung haben wir im Lukasevangelium eine neue Theophanie auf dem Berg: Eine Wolke, die die göttliche Gegenwart anzeigt, »überschattete« die Anwesenden, und aus ihr sprach eine Stimme: »Dies ist mein geliebter Sohn« (Lk 9,34 f.) Ebenso wird Jesus in der Verkündigungsgeschichte bei Lukas als »Sohn Gottes« bezeichnet. Jesus ist auch eine »neue Schöpfung«, denn er ist »ganz und gar Gottes Werk«, weil Maria im Bericht des Lukas eine Jungfrau ist und weil sie vom gleichen Geist befruchtet wurde, der in Genesis 1 das Urmeer befruchtete.[54]

Im Lukasevangelium folgt auf die Geburt eine kosmische Sinfonie. »Plötzlich war bei dem Engel eine Menge himmlischer Heerscharen, die Gott lobten und sprachen: ›Ehre sei Gott in den Höhen und auf Erden Friede unter den Menschen, an denen er Wohlgefallen hat‹« (Lk 2,13–14). Die Engel kündigen den Hirten die Geburt an, und »die Herrlichkeit des Herrn umstrahlte sie« (Lk 2,9). Auch das ist eine weitere Theophanie, ein himmlischer Lobgesang auf die Herrlichkeit der Gottheit, das heißt des Kosmischen Christus, der im Kinde Jesus geboren wird. Der Lobgesang klingt an Jesaja an: »Heilig, heilig, heilig ist der Herr der Heerscharen, die ganze Erde ist erfüllt von seiner Herrlichkeit«, singen die Seraphim bei Jesaja.[55] Durch die Geburt dieses kosmischen Kindes wird Friede auf Erden versprochen. Gewiß ist das »eine große Freude, die dem ganzen Volk zuteil werden wird« (Lk 2,10). Darin liegt wahrhaftig eine Zusammenfassung der Guten Botschaft des gesamten Evangeliums und des Ostergeheimnisses Jesu.

Woran werden die Hirten den Messias erkennen? Indem sie eine Krippe besuchen. Auch dieser Krippe haften kosmologische Assoziationen an. Es handelte sich um Hirten, die draußen bei ihren Schafen lebten. Sie waren den Nicht-Zweibeinern stets nahe. Bei Jesaja spricht Jahwe: »Das Rind kennt seinen Besitzer und der Esel die Krippe seines Herrn. Israel aber hat keine Erkenntnis, mein Volk hat keine Einsicht« (Jes. 1,3). Der Prophet Jesaja wußte, daß Tiere der Quelle der Weisheit näher sein können als Zweibeiner. Thomas Merton pflegte zu kommentieren: »Vergiß nie, daß jedes nicht-zweibeinige Geschöpf ein Heiliger, eine Heilige ist.«[56]

Jesu Taufe und Versuchung in der Wüste:
Wie Johannes (das späteste Evangelium), Lukas und Matthäus mit dem Kosmischen Christus beginnen, so auch Markus (das früheste Evangelium). Der Markusspezialist D. E. Nineham bezeichnete die Taufe Jesu und die Versuchung in der Wüste (Mk 1,1–13) als »Vorspiel« und »Prolog« des Evangeliums. »St. Markus führt in seinem Prolog etwas ganz ähnliches durch wie St. Matthäus und St. Lukas in ihren Geschichten der übernatürlichen Geburt und Kindheit und St. Johannes in seiner einleitenden Lehre (Joh 1,1–18).«[57] Was ist das Wesentliche an dieser »Vorspiel«geschichte der Taufe Jesu? Die Taufe wird als ein kosmisches Ereignis beschrieben: »Die Himmel öffneten sich, und der Geist schwebte auf ihn herab wie eine Taube. Und eine Stimme von den Himmeln sprach: ›Du bist mein geliebter Sohn, an dir habe ich Wohlgefallen‹« (Mk 1,9–11). Das Bild des sich öffnenden Himmels stammt von Jesaja: »Oh daß du die Himmel zerrissest und herabstiegst...« (Jes 63,19). Zu Jesu Zeit erwarteten die Menschen, daß der Messias in einem solchen Ereignis erschiene. Nach dem um 109 v. Chr. zusammengestellten *Testament der zwölf Patriarchen* heißt es: »Die Himmel sollen sich öffnen, und vom Tempel der Herrlichkeit soll auf ihn der Segen mit der Stimme des Vaters kommen wie von Abraham zu Isaak.«[58] Markus stellt Jesus als den bei seiner Taufe gesalbten Messias dar, wie auch die Apostelgeschichte berichtet, daß er »mit dem Heiligen Geist und mit Wunderkraft gesalbt« war (Apg 10,38).

Auch die Versuchung Jesu in der Wüste ist in einen deutlich kosmologischen Zusammenhang gestellt. Es heißt: »Der Geist trieb ihn hinaus in die Wüste«, wo er »vom Satan versucht wurde. Mit den wilden Tieren war er zusammen, und die Engel dienten ihm« (Mk 1,12–13). Nineham bemerkt dazu, »daß die Wüste der klassische Aufenthaltsort der bösen Geister war« und daß Jesus sich mit dieser Stelle bei Markus »in die große eschatologische Schlacht begibt«[59]. Die Begegnung mit Satan in der Wüste bedeutet, daß er mit den kosmischen Kräften des Bösen kämpft, mit den Mächten und Hoheiten. »Denn unser Kampf geht nicht gegen Blut und Fleisch, sondern gegen die Mächte, gegen die Gewalten, gegen die Weltherrscher dieser Finsternis, gegen die bösen Geister in den Himmelshöhen«, warnt der Autor des Epheserbriefes (6,12). Man nahm an, daß die Engel die vier

Elemente der Schöpfung beherrschten und »in den verschiedenen Bereichen des Universums, über die Sterne, die Meteore, die Pflanzen und die Tiere«[60]. Die wilden Tiere erinnern an die zahmen Tiere an der Krippe im Prolog bei Lukas. Im jüdischen Volk gab es den Glauben, daß »beim Kommen des Messias alle wilden Tiere wieder zahm werden und in Harmonie leben«[61].

Die Öffnung des Himmels, die Wildnis, die Wüste, die wilden Tiere, Satan, die Engel – all dies ergibt ein kosmologisches Bild des ersten Auftretens Jesu im Markusevangelium. Sie geben dem ganzen weiteren Evangelium eine kosmologische Färbung.

Die Verklärung:
(Mt 17,1–8; Mk 9,2–9; Lk 9,28–36; 2 Petr 1,16–18). Die Verklärung ist als »der wahre Mittelpunkt des Markusevangeliums, die Offenbarung der Herrlichkeit und transzendenten Sohnschaft Jesu« bezeichnet worden.[62] Sie enthält Elemente der Taufe, der Kreuzigung, der Auferstehung und der Himmelfahrt Jesu. Die östliche, orthodoxe Christenheit – die den Kosmischen Christus niemals wie der Westen verlassen hat – hält das Fest der Verklärung für den zentralen Punkt des liturgischen Jahres. Zentral ist es, so meine ich, weil darin gefeiert wird, daß der historische Jesus von seinen Jüngern als der Kosmische Christus erkannt wurde. Alle vier Berichte des Ereignisses machen das deutlich. Und besonders der Brief des Petrus betont das gemeinsame Erlebnis der Theophanie. Man beachte in dem Text die Verwendung des Begriffs »Herrlichkeit« und daß Gott als »hocherhabene Herrlichkeit« bezeichnet wird:

»Wir sind ja keinen ausgeklügelten Fabeln gefolgt, als wir euch die Macht und die Ankunft unseres Herrn Jesus Christus kundtaten, sondern wir sind Augenzeugen seiner Majestät gewesen. Denn er empfing von Gott dem Vater Ehre und Herrlichkeit, da von der hocherhabenen Herrlichkeit die Stimme an ihn erging: ›Dieser ist mein geliebter Sohn, an dem ich Wohlgefallen habe.‹ Und diese Stimme hörten wir vom Himmel kommen, als wir mit ihm auf dem heiligen Berge waren« (2 Petr 1,16–18).

Die Zeugen dieser Verklärung waren die irdischen Gefährten des historischen Jesus: Petrus, Johannes und Jakobus. Die anderen Zeugen in dem Bericht waren Moses, der eine eigene Gotteserfahrung auf einem Berggipfel gemacht hatte, als ihm der Bund verheißen wurde (Ex 19,3–25), und Elia, ein Prophet, der zur Zeit der Evangelien bei den Juden sehr beliebt war und oft als Vorläufer des Messias angesehen wurde. Von all den großen Gestalten der hebräischen Bibel durften nur Moses und Elia die göttliche Gegenwart schauen und überleben. Nur sie konnten den Schrecken der Gottheit ertragen.[63]

Die Theophanie der Verklärung bildet eine Parallele zu Gotteserscheinungen in der hebräischen Bibel, bei denen sich die Gottheit auf einem Berggipfel offenbart, in eine Wolke gehüllt. Daß Petrus sich auf ein Zelt bezieht, erinnert an das »Zelt der Offenbarung«, das Moses errichtete und in dem »Jahwe mit Moses redete, wie jemand mit seinem Freunde spricht« (Ex 33,10). Am Eingang des Zeltes stand eine Wolkensäule (Ex 33,10). Die Worte, die auf dem Berggipfel zu Jesus gesprochen wurden »Dieser ist mein geliebter Sohn, an dem ich Wohlgefallen habe. Höret auf ihn!« entsprechen genau denen bei der Taufe (Mt 3,17) und erinnern an die Erwählung des Knechtes Gottes (Jes 42,1 und 49,3). Ein weiterer Hinweis auf den Kosmischen Christus ist darin zu erkennen, daß der Geist sich über Jesus senkt und ihn für seine messianische Sendung salbt, der gleiche Geist, der über den Wassern der Schöpfung schwebte (Gen 1,2). In der Taufe, als Jesus offenbart wird, daß er der Kosmische Christus ist, wird also auf eine neue Schöpfungsgeschichte angespielt, ebenso wie in der Verklärung, als den anderen offenbart wird, daß er der Kosmische Christus ist.

Schillebeeckx weist darauf hin, daß die Verklärungsszene im Johannesevangelium fehlt, weil das ganze Leben Jesu dort als ein »Verherrlichungsprozeß« dargestellt wird, zum Beispiel bei der Hochzeit zu Kana und der Erweckung des Lazarus von den Toten.[64] Das gesamte vierte Evangelium ist von der Theologie des Kosmischen Christus durchdrungen.

Die Überlieferung der Orthodoxen Kirche, wie sie von dem Theologen Nicolas Berdjajew vertreten wird, betont einige der Implikationen der Verklärung, die auf den Kosmischen Christus hinweisen. Berdjajew schreibt:

»Die zentrale Vorstellung der Kirchenväter des Ostens war die THEOSIS, die Vergöttlichung aller Geschöpfe, die Verklärung der Welt, die Vorstellung der kosmischen und nicht die einer persönlichen Erlösung. ... Erst die spätere Christenheit begann die

Vorstellung der Hölle wichtiger zu finden als die der Verklärung und Vergöttlichung der Welt. ... Das Reich Gottes ist die Verklärung der Welt, die universelle Auferstehung, ein neuer Himmel und eine neue Erde.«[65]

Kreuzigung und Auferstehung:
Im Zusammenhang mit dem Kosmischen Christus wird, wie wir sahen, oft das Bild des Christus angesprochen, der den Tod überwindet. Auch die Auferstehungsgeschichten müssen also mit dem Kosmischen Christus in Zusammenhang gesehen werden, der sogar und besonders Macht über die kosmischen Kräfte des Todes besitzt. Wo Christus, der Lebensbringer, regiert, sind die kosmische Angst und Verzweiflung, von denen ganze Kulturen und mit ihnen einzelne Personen durchdrungen sind, machtlos. Die Kreuzigung wird als ein kosmisches Ereignis dargestellt: »Finsternis kam über das ganze Land« (Mk 15,33); »die Sonne verlor ihren Schein« (Lk 23,44); »die Erde erbebte, und die Felsen spalteten sich, die Gräber öffneten sich, und viele Leiber der entschlafenen Heiligen wurden auferweckt« (Mt 27,51–52). Im Markusevangelium lesen wir, daß beim Tode Jesu »der Vorhang des Tempels von oben bis unten in zwei Teile riß« (Mk 15,38). Das Bild bedeutet, daß der Kosmos in zwei Teile gerissen wird, denn »der Tempel gab ›schattenhaft‹ die Struktur des Alls wieder«[66].

Die Kreuzigung spielt auch in der Verklärung eine wesentliche Rolle, als Jesus, mitten in der Theophanie auf dem Berggipfel, auf seinen Tod anspielt. (Dies hat besonders das Markusevangelium [9,9] stark entwickelt.) Die Dialektik von Erhöhung und Kreuzigung, die Johannes in seinem Evangelium noch viel tiefer führt, deutet ein weiteres Mal darauf hin, daß die Anhänger Jesu Wert darauf legten, daß der Kosmische Christus und der leidende, prophetische Jesus in der gleichen Person zusammengekommen sind. Der Kosmische Christus wird immer mit den Wunden dargestellt, mit den Wunden des historischen Jesus, des leidenden Knechtes oder des Propheten, der wegen seiner Guten Botschaft verfolgt und gekreuzigt wird.

Es gehört nach Raymond Brown ganz wesentlich zum Mysterium der Auferstehung, daß sich alle Erzählungen darüber im Rahmen eines Weltbildes bewegen, das sich von unserem heutigen erheblich unterscheidet. Der »auferstandene Jesus« ist »von den gewöhnlichen Gesetzen des Raumes ausgenommen«, sagt Brown. »Unsere Sprache der raum-zeitlichen Erfahrungen bricht zusammen, wenn sie zur Beschreibung des Eschatologischen benutzt wird.«[67] In den Erzählungen um die Auferstehung wird aber mit Raum und Zeit sehr frei umgegangen. Zum Beispiel faßt Lukas die Himmelfahrt und die Ausgießung des Geistes mit unter das Ereignis der Auferstehung. Er setzt außerdem räumliche Bilder ein, die in den Schriften immer kosmologische Kategorien sind: Jesus wird in einer Wolke aufgehoben (Apg 1,9) und ein gewaltiger Wind/Geist fuhr vom Himmel herab (Apg 2,2).[68] Auch Engel, bei den Denkern des ersten Jahrhunderts immer kosmologische Zeichen, kommen in den Auferstehungsgeschichten vor (Mk 16,7; Mt 28,7; Joh 20,11–13). Brown erklärt, daß ihre Gegenwart auch schon in der frühen Kirche vor Markus betont wurde.[69] Der früheste Versuch, die Auferstehung zu beschreiben, findet sich in dem nichtkanonischen *Petrusevangelium*, das im zweiten Jahrhundert seine endgültige Form fand. Dort sehen wir, wie kosmologisch die Geschichte ist. Der auferstandene Jesus ist ein universeller Mensch, ein Kosmischer Christus: »Sie sehen wiederum drei Männer aus dem Grabe herauskommen und die zwei den einen stützen und ein Kreuz ihnen folgen und das Haupt der zwei bis zum Himmel reichen, dasjenige des von ihnen an der Hand Geführten aber die Himmel überragen.«[70]

Bei Matthäus wird die Auferstehung von einem apokalyptischen kosmischen Ereignis begleitet, einem Erdbeben, begleitet von einem »Engel des Herrn«, der vom Himmel kommt und den Stein fortrollt.

Eine wichtige Dimension der Auferstehungsgeschichte sind die Erscheinungen des auferstandenen Jesus. Die Jünger sagten nicht, sie hätten nach Ostern den historischen Jesus gesehen, sondern »den auferstandenen Herrn«. Jesus ist nicht mehr einfach Jesus, sondern »der Herr«, ein kosmischer Titel. Brown kommentiert:

»Das Zeugnis nach der Auferstehung lautet nicht einfach: ›Wir haben Jesus gesehen‹, sondern ›Wir haben den *Herrn* gesehen‹ (Joh 20,18 u. 25; 21,7; Lk 24,34). Da ›Herr‹ die christologische Bewertung Jesu ist, sagen die Evangelisten uns, daß die Zeugen ... sahen, daß Jesus in den Bereich der Herrschaft, in den Bereich Gottes also, erhoben worden war.«[71]

In der Tat *ist* der auferstandene Herr der Kosmische Christus. In der Apostelgeschichte wird gesagt, daß Jesus durch die Auferstehung zum Herrn gemacht wurde (Apg 2,32 u. 36). Wie Brown sagt, »stimmt das gesamte Neue Testament darin überein, daß der auferstandene Jesus Träger der DOXA war, denn die Auferstehung war die Machthandlung Gottes par excellence«[72]. Die Auferstehung ist ein Hauptereignis der »Herrlichkeit« (DOXA), eine Manifestation des Kosmischen Christus. Schillebeeckx zieht den Schluß: »Anthropologie und Ethik sind im Altertum in einen kosmischen, das heißt einen von himmlischen Geistern bestimmten Weltrahmen gefaßt. Daher ist auch Jesu Auferstehung ipso facto eine Inthronisation des Herrseins Jesu über alle Engelmächte.« Aus dem gleichen Grund und weil »sündigen bedeutet ..., sich himmlischen Mächten unterwerfen« (Eph 2,1–3; siehe 2 Kor 4,4), führt die Kreuzigung Jesu zu einem kosmologischen Triumph über die Sünde.[73]

Die Himmelfahrt:
Die Erhöhung Jesu als Kosmischer Christus gehört zu der Dimension der Auferstehungsgeschichte, die wir als Christi Himmelfahrt bezeichnen (Apg 1,2–4). Das Ereignis wird zwar nur bei Lukas als historisch berichtet (Apostelgeschichte und Lukasevangelium), aber viele andere Schriften zeigen, daß es in der frühen Kirche für das Verständnis des Christusgeschehens als wesentlich eingeschätzt wurde. Wir hören, daß Christus nach seiner Auferstehung den Platz zur Rechten Gottes einnahm. (Anspielungen darauf fanden wir bereits im Römer-, Epheser- und Hebräerbrief, und siehe Kol 3,1–3.) Christus wird auf den Thron hoch über den Wolken in vollkommener Herrlichkeit gesetzt und gebietet über alle himmlischen Mächte. In der Parusie (Endzeit) wird er von dort wiederkommen.

Der Epheserbrief preist die Himmelfahrt (siehe 4,8–13) als in Zusammenhang mit der Ausgießung des Geistes stehend, die alle Menschen »zu dem hinwachsen läßt, der das Haupt ist, zu Christus« (4,15), denn er ist aufgestiegen »über alle Himmel, um das All zu erfüllen« (4,10). Wie Jesus sich mit dem Schöpfergott verbunden hat, der »Eltern aller ist, über allen und durch alle und in allen« (4,6), so empfangen wir die Kraft, zur Einheit zu gelangen, »zur Ausführung des Dienstes, zum Aufbau des Leibes Christi« (4,12).

Es fällt auf, wie viele kosmologische Begriffe in der folgenden kurzen Stelle bei Markus (13,26) zu finden sind: »Und dann wird man den Menschensohn in den Wolken des Himmels kommen sehen mit großer Macht und Herrlichkeit.« Dieser Erhöhung und Verherrlichung des Kosmischen Christus folgt die Aussendung des Geistes.

In der kirchlichen Überlieferung ist dieser Zusammenhang entweder dadurch beachtet worden, daß Ostern und Himmelfahrt zu einem Fest zusammengefaßt worden sind, wie in der frühen Kirche, oder in der Pfingstfeier kurz nach Himmelfahrt, wie in der heutigen liturgischen Praxis. Wie wir in dem Kapitel über den Gottesdienst sehen werden, gehören die Schriftlesungen des Himmelfahrt-Donnerstags zu den kosmologischsten Texten der Bibel.

Pfingsten:

Die Aussendung des Geistes ist ein Kosmisches Ereignis (Apg 2,1–4). Raymond Brown weist darauf hin, daß die Ausatmung des Geistes durch Christus den Schlüssel für das Verständnis von Auferstehung und Himmelfahrt darstellt.[74] In der Aussendung des Geistes liegt eine neue Schöpfung, des einen Geistes nämlich, der über den Wassern der ersten Schöpfung schwebte. Gott ist der/die eine, der/die den Lebenshauch in die Nase des Menschen blies (Gen 2,7), der/die uns »gebildet und eine tätige Seele eingehaucht hat« (Weish 15,11). Die Gabe des Geistes wird zu Pfingsten einzelnen geschenkt, damit sie ihre prophetische Aufgabe annehmen können. Die Geschichte des Turmbaues zu Babel hingegen zeigt das kosmische Chaos, das entsteht, wenn die Menschen dem Universum ihre Ordnung aufzwingen wollen, statt sich der göttlichen Ordnung einzugliedern.[75] Die Heilung der babylonischen Aufsplitterung beim ersten Pfingstfest ist darum ein tief kosmisches Ereignis: Es repräsentiert den Triumph der Schöpfung über das Chaos, des göttlichen Planes über menschliche Vorhaben. Es bezeichnet das Ende des Gebabbels und den Beginn der Verständigung. Man könnte die Pfingstgeschichte schwerlich in kosmischere Bilder fassen, als es geschehen ist. Alle vier Elemente spielen darin eine Rolle: Luft (Wind), Feuer (in Zungen), Erde (alle Völker) und Wasser (Taufe). Ausdrücklich wird hier die im ersten Jahrhundert bekannte Physik angesprochen.

»Da entstand plötzlich vom Himmel her ein Brausen, wie von einem daherfahrenden gewaltigen Wind, und erfüllte das ganze Haus, in dem sie saßen. Und es erschienen ihnen Zungen wie von Feuer, die sich zerteilten, und es ließ sich auf jeden von ihnen nieder. Und alle wurden mit Heiligem Geist erfüllt und begannen mit anderen Zungen zu reden, wie der Geist ihnen zu sprechen verlieh. Es waren aber in Jerusalem fromme Männer wohnhaft aus jedem Volk unter dem Himmel. Als aber dieses Brausen entstand, kam die Menge zusammen und ward bestürzt; denn jeder hörte sie in seiner eigenen Sprache reden« (Apg 2,2–6).

Die Ansprache des Petrus ist dem Propheten Joel entliehen und benutzt ebenfalls reichhaltige kosmische und universelle Metaphern:

> In den letzten Tagen wird es geschehen, spricht Gott:
> Da will ich von meinem Geist ausgießen über alles Fleisch,
> und ihre Söhne und ihre Töchter werden weissagen,
> und die Jünglinge werden Gesichte schauen,
> und die Greise werden Träume träumen.
> . . .
> Und ich will Wunder wirken am Himmel oben
> und Zeichen auf der Erde unten.
> Die Sonne wird sich in Finsternis wandeln
> und der Mond in Blut,
> ehe der große Tag des Herrn kommt.
> Jeder, der den Namen des Herrn anruft,
> wird gerettet werden.
> Apostelgeschichte 2,17–21

Petrus beschließt seine Ansprache mit einem Glaubensbekenntnis zu Jesus als dem Kosmischen Christus: »Mit Gewißheit erkenne also das ganze Haus Israel: Gott hat ihn zum Herrn und Messias gemacht, eben diesen Jesus, den ihr gekreuzigt habt« (Apg 2,36).

In diesem Kapitel über den Kosmischen Christus in der Heiligen Schrift haben wir die Tradition des Kosmischen Christus in der hebräischen Bibel kennengelernt und die alles durchdringende Rolle, die die Perspektive des Kosmischen Christus nicht nur in den kosmischen Hymnen der Briefe und der Offenbarung spielt,

sondern auch in den Evangelien. Um dieser Suche weiter nachzugehen, schlage ich folgende einfache Weise vor, die Bibel mit der Frage nach dem Kosmischen Christus neu zu lesen: Denken Sie jedesmal »Einstein«, »Kosmologie« oder »Kosmischer Christus«, wenn Sie auf einen der folgenden Begriffe treffen:
1. Engel. Wie wir gesehen haben, repräsentierten die Engel im Mittelmeerraum des ersten Jahrhunderts die wichtigste kosmologische Frage: »Sind die Engel Freunde oder Feinde?« Die gleiche Frage stellte Einstein: »Ist das Universum freundlich oder nicht?«
2. Herr. Das Wort KYRIOS oder »Herr« steht für den Herrscher des Universums – denjenigen, der das Universum in Bewegung hält: ein kosmologischer Titel.
3. Wolke. Die Gottheit kommt in der apokalyptischen Literatur oft auf Wolken, die auch oft die Erscheinungsform von Theophanien sind. Für ein Wüstenvolk wie die Israeliten brachten Wolken das Wunder des Schattens und gelegentlich auch das Wunder des Regens! Der Bibelgelehrte D. E. Nineham identifiziert die aus der »Wolke« kommende Stimme in der Verklärungsszene mit »der Stimme Gottes selbst; denn in den späten jüdischen Schriften war die Wolke das Vehikel par excellence der göttlichen *Schechina* [d. h., die Wohnstätte Gottes] und das Medium, in welchem und durch welches er sich manifestierte«[76] (siehe Ex 16,10; 19,9; 19,16; 25,15; Num 14,19; Hes 1,4–28).
4. Herrlichkeit. Das Wort »Herrlichkeit« (DOXA) wird mit der göttlichen Ausstrahlung und Schönheit assoziiert, die das All erfüllt. Es ist ein kosmologischer Begriff.
5. Wildnis und Berge. Theophanien finden an den kosmologischen Orten der Kraft und Energie statt, die durch Berge und Wildnis bezeichnet sind, wo die Menschen dem Schrecken und der Schönheit des Göttlichen und den machtvollen nicht-menschlichen Wesen begegnen, durch die sich Göttliches manifestiert.
6. Das Böse. Der Kampf mit dem Bösen ist ein Kampf mit kosmischen Kräften, »Mächten und Hoheiten«, die größer als der Mensch sind.

Ich glaube, daß ein neues Lesen der Schrift mit diesen sechs Kategorien im Sinne uns dabei helfen wird, die unglaublich reiche Theologie des Kosmischen Christus in unserem biblischen Erbe zu erkennen. Vielleicht reagiert man, wenn wir dies tun, auf uns so wie auf die Jünger beim ersten Pfingsten: »Sie sind voll des neuen Weines« (Apg 2,13).

17. Der Kosmische Christus und die Schöpfungs-Mystiker
Die griechischen Kirchenväter

In einem Vortrag sagte der Philosoph Henri-Louis Bergson einmal, daß »die Ausdehnung unserer Zukunft sehr davon abhängt, wie weit wir in die Vergangenheit zurückgehen«. Wollen wir also die mächtige Überlieferung des Kosmischen Christus wieder entdecken, so müssen wir auf jene Epochen schauen, in denen sie lebendig und gesund war. Die Heilige Schrift ist, wie wir sahen, viel reicher an einer Theologie des Kosmischen Christus, als wir gelehrt wurden. Es fragt sich nun, ob die griechischen Kirchenväter sich dessen bewußt waren.

Jaroslav Pelikan (dessen Mutter bezeichnenderweise orthodox war) widmet in seiner kürzlich erschienenen Studie *Jesus Christus* ein Kapitel dem »Kosmischen Christus«. Er konzentriert sich auf die christlichen Philosophen des vierten und fünften Jahrhunderts und stellt ihre Definition des Kosmischen Christus folgendermaßen dar: Christus ist der »göttliche Schlüssel zur Ordnung der Realität (Metaphysik) und, innerhalb der Metaphysik, zum Rätsel des Seins (Ontologie)«. Christus ist derjenige, der die »Herrschaft über das Universum innehat«, und der »Erstgeborene von den Toten«. Der Kosmische Christus verleiht dem Kosmos einen Sinn. Er ist die göttliche, im Gegensatz zur irdischen Weisheit und, wie Basilius von Cäsarea es ausdrückt, »das Wort Gottes, das durch die Schöpfung läuft«, vom Anfang bis zum heutigen Tage. Christus ist »Gottes Mitarbeiter«. Christus repräsentiert als Logos die »Vernunft« des Kosmos, denn ohne LOGOS zu sein, ALOGOS, bedeutet, verrückt zu sein. Gregor von Nazianz sagt über den Kosmischen Christus: »Dieser Name [Logos] wurde ihm gegeben, weil er in allen Dingen ist, die es gibt.« Jesus Christus ist die »zweite Person« der Dreifaltigkeit und auch der Kosmische Christus. Die Menschheit hat teil an der Gegenwart des Kosmischen Christus, indem sie »die Gegenwart des schöpferischen Logos widerspiegelt« (Gregor von Nyssa). Die göttliche Vernunft findet in der menschlichen eine Heimat, und deshalb ziehen Ordnung und Harmonie in die menschlichen Angelegenheiten und das ganze Universum ein. Laut Basilius werden durch den Kosmischen Christus »alle Dinge vereint«, und deshalb ist das Universum nicht absurd, sondern durchdrungen »vom Wort Gottes, das über alles gesetzt ist und herrscht« (Athanasius).[77]

In der patristischen Tradition des Kosmischen Christus findet sich eine natürliche Verbindung zu den zuvor dargestellten Schriftzeugnissen. Es ist erstaunlich, wie ausgeprägt die Kosmologie, und damit auch das Bild des Kosmischen Christus, bei so vielen Denkern der patristischen Zeit ist. Pelikan beobachtet: »Es war ein Charakteristikum der griechischen christlichen Philosophen des vierten und fünften Jahrhunderts, daß sie, im Gegensatz zum späteren christlichen Individualismus, wie er sich besonders im westlichen Denken manifestierte, immer die Menschheit und den Kosmos in unmittelbarer Nachbarschaft zueinander sahen.«[78] Er vermerkt jedoch nicht den Grund für diesen Mangel an kosmologischen Gedanken in der westlichen Religion: Zur Zeit des großen Interesses der östlichen Christenheit am Kosmischen Christus lebte Augustinus von Hippo (354–430), dessen Interesse nicht dem Kosmos, sondern der psychologischen Innenschau, der Frage nach persönlicher Schuld und Erlösung galt. Mehr als irgendeine andere Gestalt beeinflußte er den christlichen Westen in Richtung auf den Individualismus. Der Individualismus eines Descartes, der im 17. Jahrhundert erklärte: »Ich denke, also bin ich!«, läßt sich direkt zu Augustinus zurückverfolgen.

Im Zusammenhang mit ihrem Interesse am Kosmos feierten die griechischen Kirchenväter auch die Göttlichkeit der Menschheit, die mit dem Kommen des Kosmischen Christus in Verbindung gebracht wurde. Petrus schrieb, wir hätten »Anteil an der göttlichen Natur« (2 Petr 1,4). Clemens von Alexandrien führt diesen Gedanken aus: »Der göttliche Logos ist Mensch geworden, damit wir von einem Menschen lernen können, wie ein Mensch vergöttlicht werden kann.«[79] In dieser Vorstellung klingt Irenäus nach, der im zweiten Jahrhundert aus dem Osten nach Westen kam und schrieb: »Gott wurde Mensch, damit Menschen Gott werden können.«[80] Die Gottwerdung von Menschen ist für eine Theologie des Kosmischen Christus keineswegs ein peinliches Thema. Gerade weil die Gottwerdung in einem *kosmischen* und damit natürlichen Rahmen gesehen wird, gibt es daran nichts zu fürchten – im Gegenteil ist eine frohe Antwort angemessen. Mit der Vergöttlichung geht auch die Verantwortung einher, die Verantwortung für die gesamte Schöpfung. Als der Kosmische Christus wurde Jesus vom Vater verstanden als das Ziel des Kosmos wie auch als sein Beginn, als das Omega wie als das Alpha. Durch ihn kommt, nach Gregor von Nyssa, die Wiederherstellung aller Dinge; und mit der Re-formation, der Neu-Bildung der Welt wird auch die Menschheit vom Vergänglichen und Irdischen zum Unvergänglichen und Ewigen gewandelt.[81] Die Kirchenväter versuchten zwar, diese Theologie des *Logos* und des Kosmischen Christus in der Fleischwerdung und im irdischen Jesus zu verankern; doch waren sie darin nicht besonders erfolgreich. Aufgrund ihres platonischen Dualismus fehlte ihnen jene Liebe zur Erde und Erdverbundenheit, auf die eine Theologie des Kosmischen Christus aufbauen muß.[82]

Trotzdem aber gab es im vierten Jahrhundert eine kosmologische Theologie und darum einen Kosmischen Christus. Die Kosmologie war zu jener Zeit überhaupt wichtig. Das gilt auch, wie wir sehen werden, für die Schöpfungsmystiker im Mittelalter. Es gilt jedoch *nicht* für die Theologie der letzten drei Jahrhunderte im Westen. Nachdem Einsteins Begeisterung für das Geheimnis des Universums aber die unmystische und mechanistische Kosmologie von Newton und Descartes gebannt hat, zieht eine neue Epoche des Kosmischen Christus auf. Und mit ihr, vielleicht, eine neue Lebensweise und neue Kraft, Mutter Erde und ihre Kinder zu lieben, einschließlich uns selbst.

Das europäische Mittelalter

Mit großem Eifer priesen die an der Schöpfung orientierten Mystiker und Mystikerinnen des europäischen Mittelalters den Kosmischen Christus. Diese kosmische Christologie findet sich von Hildegard von Bingen (im 12. Jahrhundert) über Franz von Assisi, Thomas von Aquin, Mechthild von Magdeburg, Dante, Meister Eckhart (im 13. und 14. Jahrhundert) bis zu Juliana von Norwich (im 14. und 15. Jahrhundert) und Nikolaus von Kues (15. Jahrhundert). Wir werden einen kurzen Blick auf diese Mystiker und Mystikerinnen werfen und sehen, wie sie die Erfahrung des Kosmischen Christus ausgedrückt haben.

Hildegard von Bingen. Hildegard von Bingen (1098–1179) stellte ihre gesamte Theologie in einen kosmologischen Rahmen. Ihre

Vorstellungen vom Universum waren ebenso kosmologisch ausgerichtet wie ihre *Methode* des Denkens und der Mitteilung. Hildegard komponierte eine Reihe von Liedern, »Die Sinfonie der Harmonie der himmlischen Offenbarungen«, in denen sie ihre tiefen mystischen Erfahrungen des Kosmischen Christus auf poetische und musikalische Weise ausdrückte. Sie vertrat die Auffassung, daß das Singen von Worten deren Bedeutung vermittels der Körperschwingungen direkt der Seele mitteile. Bis heute vermögen diese Lieder bei denen, die sie singen, mystische Erfahrungen zu erwecken. Ihre Musik ist kosmisch, sie verlangt ein nahezu kosmisches Atemvolumen, wenn man sie singen will – die Studierenden unseres Institutes, die sie jahrelang gesungen haben, wissen das nur zu gut. Und sie springt von Tonart zu Tonart, wie das Universum es in seiner Tätigkeit auch tut.

Sie malte Mandalas oder Psychokosmogramme, um eine Erfahrung des Kosmischen Christus hervorzurufen. In einem Gemälde der »Saphirblauen Menschengestalt« stellt sie dar, was sie als das verbindende Feuer des Universums bezeichnet, das wie ein Bündel alle Dinge zusammenhält[83]. Sie betont, daß die »saphirblaue Menschengestalt« in jedem Menschen als eine Kraft des heilenden göttlichen Mitgefühls wohnt. Ein weiteres Bild zeigt das Universum im Bauche der Gottheit, die als eine Gestalt der Liebe[84] bezeichnet wird. Es handelt sich um ein erstaunlich panentheistisches Bild: alle Geschöpfe in Gott und Gott in allen Geschöpfen. Die Füße der Gestalt repräsentieren die beiden Throne der Gerechtigkeit und der Rechtschaffenheit (d. h., der Mystik), die das Universum stützen.[85]

»Gott ist es, den der Mensch in jedem Geschöpf erkennt«, schreibt Hildegard[86]. Man beachte, wie wenig anthropozentrisch bei ihr der Kosmische Christus ist: Er ist das göttliche Bild oder der »Spiegel«, der in jedem Geschöpf leuchtet und glänzt.[87] Das klingt sehr ähnlich den Stellen in den Weisheitsbüchern der hebräischen Bibel, die wir besprachen und aus denen auch die Autoren des Neuen Testamentes schöpften. Hildegard schreibt:

> Ich aber bin jener Lufthauch, der alles Grüne nährt
> und die Blüten sprießen läßt mit ihren reifenden Früchten.
> Mit jedwedem Hauch des Heiligen Geistes werde ich belehrt,
> so daß ich die lautersten Bäche ergießen kann.

Mit dem Seufzen zum Guten rufe ich Tränen hervor
und aus den Zähren den Wohlgeruch heiliger Werke.
Auch bin ich jener Regen, der aus dem Tau herweht,
durch den alle Kräuter mich anlachen zu fröhlichem
Leben.[88]

Hildegard entwickelt ihre eigene Theologie des *Logos* oder »Wortes« Gottes, wenn sie sagt, daß Christus das Wort sei, weil »Es mit dem Schall Seiner Stimme die gesamte Schöpfung geweckt und weil Es sie zu sich gerufen hat«[89]. Christus ist der »Sohn der Gerechtigkeit«, der jedes Geschöpf erleuchtet. »Jegliches Geschöpf wird von der Klarheit seines Lichtes erhellt.«[90] Sie führt die Theologie des »Gotteswortes« weiter aus:

»Ohne Gottes WORT ist keine Kreatur hervorgebracht worden. Denn durch Gottes WORT ist alle Schöpfung, sichtbar oder nicht, gemacht worden, jedwede Kreatur, die in jener Wesenheit existiert, im lebendigen Geist nämlich, sei es in Grünkraft, sei es in Wirkkraft.

Als nun das WORT Gottes erklang, da erschien dieses WORT in jeder Kreatur, und dieser Laut war das Leben in jedem Geschöpf.

Wesensgleich der Gottheit war dieses WORT, das bei Gott ist, Ihm gleich an Göttlichkeit, weil ja das WORT in Gott untrennbar von Gott existiert, da Es Ihm wesensgleich ist.«[91]

Hildegard verfällt nicht in Anthropozentrismus; sie deutet die Rede vom »fleischgewordenen Wort« des Johannesevangeliums als einen Bezug auf die göttliche Gegenwart in der ganzen Natur. An einer anderen Stelle schreibt sie, daß es keine Kreatur gibt, die nicht einen solchen Glanz besitzt.[92] Der Ausdruck »Glanz« ist für Hildegard ein *terminus technicus* für das Licht und die Erleuchtung, die Gott ist. Wie jeder Strahl der Sonne die Sonne ist, so ist jeder Strahl Gottes Gott (wenn auch nicht in seiner Ganzheit). Jedes Geschöpf ist also ein Strahl Gottes, eine göttliche Ausstrahlung, ein göttlicher Ausdruck Gottes. Hildegard läßt Gott, den Schöpfer, sprechen:

»Der Ich der Alte der Tage bin, Ich sage: Ich bin Tag aus Mir selber, ein Tag, der nicht aus der Sonne erstrahlt, durch den vielmehr die Sonne entflammt ward. ... So habe Ich zur

Anschauung Meines Antlitzes Spiegel geschaffen, in denen Ich alle Wunder Meiner Ursprünglichkeit, die nimmermehr aufhören, betrachte. Ich habe Mir diese Spiegelwesen bereitet, auf daß sie im Lobgesang mitklingen, denn Ich habe eine Stimme wie Donnerklang, mit der ich das gesamte Weltall in lebendigen Tönen aller Kreatur in Bewegung halte. Dieses habe Ich gemacht, Ich, der Alte der Tage.«[93]

Beim Lesen der Hildegard von Bingen *fühlt* man mit der rechten Hirnhälfte ebenso die lebendige kosmologische Mystik, wie man mit der linken darüber lernt. Wie die östlichen Kirchenväter auch, fürchtet sich Hildegard nicht vor dem Thema der Gottwerdung oder Vergöttlichung. »Dieses Gleichnis [der innigen Liebe der Schöpfung zum Schöpfer] aber zielt im Grunde auf den Menschen«, sagt sie.[94] »Ist er, der Mensch, doch das Inbild und die Fülle aller Schöpfung. In seinem innersten Seelengrunde verlangt er nach dem Kusse seines Gottes.« Das Göttliche scheint besonders in unserer Kreativität auf. Die Menschheit allein ist dazu berufen, Gott zu helfen und Gottes Mitwirkende zu werden. Hildegard ist aber weniger anthropozentrisch als die Kirchenväter in ihrer Anwendung der »Guten Botschaft« auf unsere Vergöttlichung. Sie lehrt zum Beispiel, daß »der Mensch ein natürliches Verlangen nach der Kreatur hat, zu der er in Liebe brennt; oft und gern sucht er die Natur auf«[95]. Der Schöpfergott, dessen Namen »keinen Anfang hat«, wird von »der gesamten Schöpfung angebetet«[96], lehrt Hildegard, weil jedes Geschöpf ein geistiges Leben hat.[97] Die Erde ist heilig und darf nicht verletzt werden, denn selbst »die Elemente tragen ihre Klagen ... ihrem Schöpfer vor«[98]. Hildegards Verständnis des Kosmischen Christus kann aus ihren Schriften, ihren Gemälden und ihrer Musik noch viel besser verstanden werden, als es hier gezeigt werden konnte. Sie liegen inzwischen in zahlreichen Ausgaben vor.

Franz von Assisi. Die kosmische oder schöpfungsorientierte Überlieferung Hildegards und der keltischen Tradition blühte nicht nur im Rheinland, wo Hildegard lebte, ausgebildet wurde und wirkte, sondern auch in Norditalien, wo Franz (1181–1226) lebte und ihr folgte.[99] Wie Hildegard verankerte Franz seinen Sinn für den Kosmischen Christus im Kampf um eine Reform und Erneuerung der Kirche. Hildegard stritt in ihren Briefen und Predigten für die Kirchenerneuerung, während Franz einen

Lebensstil aufzubauen versuchte, der die Habgier und die Systeme des Feudalismus und beginnenden Kapitalismus ersetzen sollte. Sein größtes geschriebenes Werk, der »Sonnengesang«[100], sollte im Lichte des Kosmischen Christus gelesen werden, wie wir es herausgearbeitet haben. Dabei muß man sich vor Augen halten, daß Franz – wie auch Hildegard – ein Mystiker war, jemand, der die Erfahrung einer lebendigen Kosmologie in sich aufgenommen hatte, nicht jemand, der nur *über* den Christus schrieb. Gegen Ende seines Lebens schuf Franz dieses große Gedicht, in dem viele der reichsten Motive des Kosmischen Christus widerhallen.

Franz beginnt sein Gedicht mit den Worten, die in der Schrift oft in Verbindung mit einer Theophanie des Kosmischen Christus auftauchen: »Herr« und »Herrlichkeit«. Er weiß, daß die Herrlichkeit von der göttlichen Quelle allen Seins ausgeht.

> Du höchster, Du allmächtiger, guter Herr,
> Dein sind die Herrlichkeit, der Preis und jeglicher Segen.

Wie die Lobgesänge im Lukasevangelium und in der hebräischen Bibel bringt er singend Preis und Segen zu ihrer Quelle zurück.

> Dir nur, Höchster, wenden sie sich entgegen,
> Und keiner der Menschen ist würdig, Dich zu benennen.

Franz meint hier den Prozeß des Entleerens und Loslassens, der in Philipper 2 besungen wird. Damit wirklicher Lobpreis entstehen kann, muß er aus jenem leeren Raum tief im Menschen kommen. Die göttliche Transzendenz läßt sich nicht leicht benennen, denn sie ist in tiefem, unaussprechlichem Geheimnis verborgen und verlangt stille Verehrung. Doch erkennt Franz auch die Gottheit in ihrer schöpferischen und geschöpflichen Manifestation. Das Göttliche inkarniert sich im Fleische der Natur.

Er fährt fort:

> Gelobt seist Du, mein Herr, mit allen Deinen Geschöpfen,
> Vor allem dem Herrn und Bruder Sonne,
> Der den Tag bringt, und Du erleuchtest uns durch ihn,

Und schön ist er und strahlend in großem Glanze –
Dein Sinnbild, Höchster.

Es fällt auf, daß der »Glanz« nicht nur Hildegard begeistert hat, sondern auch Franz dazu anregt, ihn als »Sinnbild« Gottes zu preisen. Franz geht nach der Folge von Genesis 1 vor – dieses ist *seine* Schöpfungsgeschichte – und nach Johannes 1, indem er als erstes das Geschenk des Lichts durch die Sonne lobt. (Er folgt damit auch der modernen Kosmologie, die annimmt, daß die Schöpfung mit einem 700 000 Jahre dauernden Feuerball begonnen hat.) Sonne und Licht waren tatsächlich der Ursprung der Dinge. Spielt Franz auch auf Christus als das präexistente Licht an, den »Erstgeborenen aller Kreaturen«, wenn er von »Bruder Sonne« spricht und davon, daß »du uns durch ihn erleuchtest«? Indem er die Sonne als »Herrn« bezeichnet, feiert Franz nicht nur den Panentheismus, sondern weist auch die »Herren« des Feudalismus ab, gegen die er politisch kämpfte, indem er seine feudalen Privilegien ablegte, und ökonomisch, indem er sich an die Armut hingab.

Franz ist kein Sexist, worin er wiederum Hildegard ähnelt und der sexuell ausgewogenen keltischen Überlieferung, die ihn so tief beeinflußte. Sein Gedicht bewegt sich stets im Gleichgewicht zwischen männlichen und weiblichen Aspekten des Universums:

Gelobt seist Du, mein Herr,
durch Schwester Mond und die Sterne.
Am Himmel schufest Du sie
leuchtend und kostbar und schön.

Franz führt das Motiv des Lichtes, des Glanzes und der Erleuchtung fort, indem er die Helligkeit des Mondes und der Sterne preist. Der Kosmische Christus, »das Licht, das alles Lebendige erleuchtet«, ist in allen Geschöpfen gegenwärtig, und *deshalb* sind alle Wesen einander Geschwister.

Franz nimmt die Idee der Schöpfungsfamilie sehr ernst, die Vorstellung, daß alle Wesen miteinander und mit dem göttlichen Licht verbunden sind. Er führt sein Gedicht weiter und preist »Bruder Wind und die Luft ... und jegliches Wetter«, »Schwester Wasser«, die so »nützlich, kostbar und rein« ist, und »Bruder Feuer, durch den Du die Nacht uns erleuchtest, und er ist stark und mächtig«. Und dann preist er unsere Mutter und Schwester Erde:

> Gelobt seist Du, mein Herr,
> Durch unsere Schwester Mutter Erde,
> Die uns ernährt und erhält
> Und schenkt uns vielfältige Frucht
> Und bunte Blumen und Kräuter.

Mutter Erde ist für Franz eine königliche Person. In der Erde, die uns Mutter und Schwester ist, wohnen die Würde und Unabhängigkeit einer Herrscherin. Sie wird gepriesen dafür, daß sie Früchte, Blumen und Kräuter gebiert – das heißt Nahrung, Schönheit und heilende Kraft. All dies ist das Wirken des Kosmischen Christus in der Natur. Franz spielt auf die Überlieferung der Mutterschaft Gottes an, wie sie auch zu Jesu Zeit gefeiert wurde.

Aus dem Besprochenen wird deutlich, daß Franz' Gedicht ein Lobpreis aus der Sicht der alten Kosmologie und Physik von den vier Elementen Erde, Luft, Feuer (Licht) und Wasser ist. Das Gedicht geht dann über zum Kosmischen Christus in den Zweibeinern. Wie wir in den Lehren der Schrift gesehen haben, liegt im Kern der Kosmischen Christuserfahrung, in seiner Fleischwerdung eine prophetische Dimension. Deshalb preist Franz die menschliche Fähigkeit, zu vergeben, Trübsal zu bestehen und Träger des Friedens zu sein. Historiker sagen uns, daß Franz zur Zeit der Dichtung des Sonnengesangs aufgefordert war, zwischen zwei streitenden Parteien in seiner Heimatstadt zu vermitteln. Die Verse haben also durchaus auch einen praktischen Beiklang. Man beachte auch, wie subtil er von dem Wort »Kräuter«, das heißt dem Symbol der Heilkraft der *Natur*, zu den *menschlichen* Kräften der Heilung, des »Vergebens« übergeht. Das bestätigt erneut, wie erdverbunden er mit seiner Kosmologie war: Menschliche Weisheit entsteht aus der Weisheit der Natur, nicht umgekehrt.

> Gelobt seist Du, mein Herr,
> Durch jene, die aus Liebe zu Dir vergeben
> Und Schwäche tragen und Trübsal.
> Selig, die bleiben in Frieden,
> Du, Höchster, wirst sie einst krönen.

Hier scheint eine leichte Ähnlichkeit zu den Seligpreisungen der Bergpredigt vorzuliegen, indem Franz jenen die Seligkeit verspricht, die in Frieden bleiben. »Selig sind die Friedensstifter«, sagt auch er auf seine Weise.

Franz beendet sein Gedicht mit einem Abschnitt zum Lobe von »Schwester Tod«, den er hinzufügte, als er wußte, daß er sterben würde. Darin wiederholt er die Geschichte des Kosmischen Christus, der kommt, die Mächte des Todes zu besiegen und durch seinen Tod und seine Auferstehung von der kosmischen Todesangst zu befreien.

> Gelobt seist Du, mein Herr,
> Durch unsere Schwester, den leiblichen Tod.
> Kein Mensch kann ihm lebendig entrinnen.
> Wehe denen, die in Todsünden sterben;
> Doch selig, die er in deinem heiligsten Willen findet.
> Der zweite Tod tut ihnen kein Leid.

Für Franz ist der Tod nicht zu fürchten, sondern als Teil des kosmischen Laufes zu preisen. Viele Tode gehen unserem physischen Tod voraus, wie zum Beispiel die Taufe und andere Bekehrungen. Franz hat viele von ihnen erlebt, wie jenen Augenblick, den er für die größte Tat seines Lebens hielt, als er den Leprakranken umarmte und küßte. Das war für Franz eine Bekehrung, eine Art Tod und Wiedergeburt. Franz lehrt uns auch, den »zweiten Tod«, den Jüngsten Tag, nicht zu fürchten, sofern wir »Gottes Willen tun«. Was ist dieser Wille? Einfach das:

> Lobet und preiset meinen Herrn
> und dankt ihm und dient ihm in tiefer Demut.

Thomas von Aquin. Selten nur wird Thomas Aquinas (1225–1274) als Mystiker erkannt. Rationalistische Interpreten seiner Gedanken, die mehr von der aufklärerischen Verbannung des Kosmischen Christus als von Thomas selbst beeinflußt waren, haben ihn zu sehr mit der linkshemisphärischen »Scholastik« identifiziert. Dadurch ist er nicht als ein ernsthafter kosmologischer Denker beachtet worden. Bezeichnenderweise sind siebenhundert Jahre nach seinem Tode die meisten seiner Bibelkommentare, seine am wenigsten scholastischen Werke, noch nicht ins

Englische übersetzt. Doch Thomas von Aquin war so ernsthaft um eine lebendige Kosmologie bemüht, daß er es wagte, seine Theologie auf der wissenschaftlichen Grundlage des »Heiden« Aristoteles zu entwickeln. Die Kosmologie des Aristoteles war zu Thomas Zeit eine gänzlich neue und äußerst umstrittene Entdekkung der westlichen Christenheit. (Ebenso wie die Scholastik gelangte die aristotelische Philosophie nicht durch das Christentum, sondern über den Islam nach Westeuropa.) Thomas von Aquin fand bei Aristoteles und Dionysios Areopagita den Gegenpol zu dem augustinischen Mangel an einem Kosmischen Christus und die übertrieben individualistische Frömmigkeit, die auf der Grundlage des Augustinus die westliche Kirche beherrschte. (Durch sein Mißtrauen gegenüber Natur und Schöpfung hatte auch der Neuplatonismus diese individualistische Frömmigkeit verstärkt.)

Für dieses intellektuelle Wagnis, aus einem vorchristlichen wissenschaftlichen Paradigma eine christliche Kosmologie zu entwickeln, mußte Thomas einen hohen Preis zahlen. Der heftige Widerstand seitens der augustinischen Christen auf der rechten Seite und der säkularistischen Aristoteliker, angeführt von Siger von Brabant, auf der linken trieb ihn in seinen frühen Tod. Auch nach seinem Tode war Thomas noch umstritten und wurde dreimal verdammt, zweimal vom Pariser Bischof und einmal vom Bischof von Canterbury.

Es folgen einige Auszüge aus den reichhaltigen kosmologischen Schriften des Thomas von Aquin. Wären bloß diejenigen, die sich als »Thomisten« bezeichneten, auch so für den Kosmischen Christus eingetreten wie Bruder Thomas!

»Die Kreaturen können Gottes Worte genannt werden«, sagt Thomas, weil sie »den Geist Gottes manifestieren, wie die Wirkungen ihre Ursache«[101]. Auch Jesus ist eine Kreatur; und von ihm sagt Thomas: »Das inkarnierte Wort ist wie ein gesprochenes Wort. So wie ein vernünftiger Laut ausdrückt, was wir denken, so drückt der Leib Christi das Ewige Wort aus.«[102] Der Kosmische Christus »drückt das Universum aus und erschafft es auch«[103]. Dieser Christus ist die »Hauptquelle der Erneuerung und Neuheit«[104]. Für Thomas von Aquin ist das Universum im wesentlichen ein freundlicher Ort. Wenn uns eine Kosmologie fehlt, dann entsteht in uns eine Art kosmischer Angst. »Ein Mensch stellt sich vielleicht vor, er sei gewissen Kräften ausgeliefert, denen er tatsächlich jedoch überlegen ist – und das allein, weil er seine Natur und seinen Ort im Kosmos nicht kennt. Jeremia warnt uns: ›Fürchtet euch nicht vor den Zeichen des Himmels, wie es die Heiden tun.‹ (Jer. 10,2)«[105] Gott, so lehrt Thomas, ist die »Quelle und der Ursprung alles Guten« und fließt über in alle Geschöpfe – Gott ist der Hauptstrom, und die Geschöpfe sind die Nebenflüsse des Guten.[106] Damit wird erklärt, daß »die Vernunft zu liebevoller, göttlicher Güte entzündet wird, wenn sie sich den Kreaturen zuwendet«[107]. Thomas bezeichnet jede Kreatur als »Zeuge von Gottes Kraft und Allmacht; und seine Schönheit bezeugt die göttliche Weisheit«[108]. Tatsächlich ist »die ganze Welt« Gottes Kunstwerk, »gewissermaßen ein Abbild der göttlichen Weisheit, wie sie im Geiste des Vaters empfangen wurde«[109]. Das Wort, welches Christus ist, »umfaßt alle Dinge und erhält sie«, und deshalb »ist nichts, was geschaffen ist, ohne das Wort«; das Wort ist »Leben an sich, vollkommenes Leben«[110]. Der Kosmische Christus bleibt allerdings nicht auf Jesus allein beschränkt, denn Thomas sagt: »Jedes Geschöpf hat in irgendeiner Weise teil an der Ähnlichkeit mit dem göttlichen Wesen.«[111] In der gesamten Schöpfung ist die Dreifaltigkeit auf dynamische Weise am Werk: der Schöpfer zusammen mit dem Kosmischen Christus und dem Geist. »Ein Bild der Dreifaltigkeit pulsiert in allen bewußten und liebevollen Kreaturen in dem Maße, wie sie ebenfalls Worte empfangen und sich in Liebe ausstrecken.«[112] Überall, wo Kreativität ist, ist deshalb der Kosmische Christus am Werk. Nicht nur Menschen sind Ebenbild Gottes, sondern der ganze Kosmos.[113] Das Wesen der Dinge, jenes Geschenk des Daseins, das »Gott am nächsten« ist, stellt sich Thomas als Licht vor, wie auch Hildegard und Franz vor ihm. »Das Sein der Dinge selbst ist ihr Licht, und das Maß des Seins eines Dinges ist das Maß seines Lichtes.«[114]

Thomas wiederholt auch das Motiv der Vergöttlichung als Grund für die Menschwerdung Christi. Obwohl dieses Motiv in der westlichen Theologie nur selten entwickelt wird, sagt er:

»Der Sohn Gottes wurde Mensch, damit Menschen Götter und Kinder Gottes werden können.«[115]

»Die Fleischwerdung erreichte folgendes: Gott wurde Mensch, und Menschen wurden Gott und nahmen teil an seiner göttlichen Natur.«[116]

»Wir sollen Gott ähnlicher werden.«[117]

»Der eingeborene Sohn Gottes, da er uns zu *Teilhabern an der göttlichen Natur* (2. Petr. 1,4) machen wollte, nahm selbst unsere Natur an und wurde Mensch, damit er Menschen zu Göttern macht.«[118]

»Wir heißen Kinder Gottes, indem wir das Bild seines natürlichen und eingeborenen Sohnes annehmen, welcher selbst die geborene Weisheit ist.«[119]

Diese kurze Auswahl mit Kommentaren zur Theologie Thomas von Aquins machen deutlich, daß in seinem Werk und in seinem Kampf um eine Wiederbelebung der Kosmologie im christlichen Westen die Tradition des Kosmischen Christus lebendig und real war. In dieser Hinsicht wurde seine Arbeit durch drei seiner Schüler und Schülerinnen zur Reife gebracht: Mechthild von Magdeburg, Dante und Meister Eckhart.

Mechthild von Magdeburg. Dominikaner waren die geistlichen Leiter der Mechthild von Magdeburg (ca. 1210–ca. 1280), einer Laientheologin und Sozialaktivistin, Begine und Gesellschafts- und Kirchenkritikerin. Von ihnen erhielt sie ihre geistliche Basis in der Spiritualität Thomas von Aquins samt seiner Wertschätzung einer lebendigen Kosmologie und des Kosmischen Christus – und das, obwohl Thomas noch höchst umstritten war und vier Jahre vor Mechthilds Tod verdammt wurde. Ihre geistlichen Lehrer ermutigten sie zu schreiben und sorgten dafür, daß ihr Buch »Das fließende Licht der Gottheit« sofort ins Lateinische übersetzt wurde.

Es ist erstaunlich, wie diese ungebildete Laiin Jahrhunderte, bevor es in der katholischen Kirche Theologinnen gab, eine ebenso phantasievolle wie konkrete Spiritualität des Kosmischen Christus entwickelte. Es folgen einige Stellen aus ihren Schriften zu diesem Thema:

> (Seele:) Eia, dann sage mir, wo seine Wohnung ist!
> (Minne:) Es gibt sonst keinen Herrn mehr,
> Der zugleich in all seinen Schlössern wohnt
> Denn alleine er.[120]

Interessant ist, auf welche Weise sie hier das biblische Motiv des Gottesreiches weiterentwickelt. Ihre Sprache ähnelt auffallend der Antwort Jesu auf die Frage der Pharisäer nach dem Kommen des Gottesreiches: »Das Reich Gottes kommt nicht so, daß man es berechnen könnte. Auch wird man nicht sagen: Siehe hier! oder: Dort! Denn siehe, das Reich Gottes ist mitten unter euch« (Lk 17,20–21). Mechthild interpretiert den Ausdruck »unter euch« dahin, daß die Gottheit in allen Dingen ist. Dann setzt sie diese Erfahrung der Allgegenwart der Gottheit mit Jesus gleich, wenn sie erzählt:

»Ich sah mit den wahren Augen meiner ewigen Natur in süßer Wonne ohne Anstrengung einen Stein, der war gleich einem wohlgestalteten Berge. Er war von selbst gewachsen, zeigte verschiedene Farben und duftete sehr süß von edlen himmlischen Gewürzen. Da fragte ich den überaus lieblichen Stein, wer er wäre. Da sprach er also: ›Ego sum Jesus.‹«[121]

Diese Geschichte von Mechthilds Meditationserfahrung »in süßer Wonne ohne Anstrengung« ist auch die Geschichte einer persönlichen Begegnung mit dem Kosmischen Christus. In ihren Schriften findet sich eine Fülle weiterer Beispiele für solche Begegnungen. In der folgenden Stelle beschreibt sie, wie jeder Mensch Träger des Kosmischen Christus ist:

»In ihm scheint der Spiegel der Heiligen Dreifaltigkeit und verleiht Wahrheit und Erkenntnis aller Tugenden, die der Leib je übte, und aller Gaben, die die Seele auf Erden empfing.«[122]

»Ihr habt einen so edlen Spiegel, in dem Ihr Euch so häufig tagsüber beschaut. Dies wird wohl der lebendige Gottessohn mit allen seinen Werken sein.«[123]

Wie Jesus ein Bild der Gottheit ist, sind auch wir es. Mechthild stellt ein Gespräch zwischen der Seele und Gott dar:

> Vollkommene Seele, freue dich:
> Du bist allein Gott gleich ...[124]
> O du Bild meiner Gottheit,
> Geehrt durch meine Menschheit ...
> Da legte sich das reine Lamm
> auf sein eigenes Bild in ihren Leibesstall.[125]

Mechthild personalisiert wiederum das biblische Motiv des Kosmischen Christus, der »alles in allem« ist (1 Kor 15,28), und beschreibt den Durchbruch, den die Seele beim Erwachen erlebt:

> Unsere Herrin, die Seele hat geschlafen von Jugend auf,
> Nun wachte sie im Lichte der offenen Liebe auf. ...
> Da schaut sie wahrhaftig und erkennt,
> Wie Gott alles ist in allen Dingen.[126]

Wie erwacht Mechthild, um Gott als »alles in allem« zu sehen? In Form des Panentheismus. Am Tage ihres geistigen Erwachens habe sie gesehen und erkannt, daß sie Gott in allen Dingen sah und alle Dinge in Gott. Ein Teil unseres Erwachens besteht im Innewerden der Liebe Gottes:

> Ich kann Mich nicht von dir entzweien;
> Wie weit wir auch geschieden seien,
> Wir können doch nicht getrennt werden.
> ...
> Ich bin in dir, du bist in Mir,
> Wir können einander nicht näher sein,
> Denn wir sind beide in eins geflossen
> Und sind in eine Form gegossen
> Und verbleiben so ewig unverdrossen.[127]

Zu unserem Erwachen gehört auch das Erwachen zu unserer eigenen Göttlichkeit. Deshalb sagt Gott zur Seele: »Ich bin der Gott aller Götter, du aber bist der Geschöpfe Göttin.«[128] Und wiederum:

»Wenn sie [die Seele] sich zu erheben beginnt, dann fällt der Sündenstaub von ihr ab, und sie wird mit Gott ein Gott, so daß das, was er will, auch sie will, und anders können sie nicht in ganzer Einung vereint sein.«[129]

Aus dem Erwachen des Kosmischen Christus in uns entsteht ein kreatives Werk des Mitgefühls, das Mechthild mit den Worten preist:

»Wie wir Gott, Sankt Marien und den Engeln gleich werden?

Soviel wir Barmherzigkeit lieben und Beharrlichkeit üben, soviel gleichen wir dem himmlischen Vater, der diese Dinge ohne Unterlaß übt.«[130]

Mechthild kommt also zu dem Ergebnis, daß die Erfahrung des Kosmischen Christus bedeutet, ein Werkzeug göttlicher Barmherzigkeit zu werden. Diese tiefe biblische Lehre ist identisch mit der Aussage Hildegards in ihrem Mandala von der saphirblauen Menschengestalt, die Mitgefühl bringt und in uns allen wohnt.

Der Kosmische Christus ist aber auch in unserem Leiden und unserer Dunkelheit anwesend. Als sie einem Leiden unterworfen ist, sagt Gott zu Mechthild, daß er ihre Bürde zuerst auf sich nehmen und sie nahe bei sich behalten wolle. Auf diese Weise könne sie sie leichter tragen.[131] Mechthild antwortet, daß sie ihr Herz in zwei teilen werde, damit er darin wohnen könne. Gott solle sich in die Wunden ihrer Seele legen.[132]

Auch im Spiel ist der Kosmische Christus gegenwärtig:

»... Dann zieht Gott die Seele weiter an einen heimlichen Ort.[133] Dort ... will er allein mit ihr spielen, ein Spiel, das der Leib nicht versteht.«[134]

Dante Alighieri. Wie alle anderen von uns besprochenen Schöpfungsmystiker lebte Dante Alighieri (1265–1321) seinen Glauben an den Kosmischen Christus auch in der Praxis. Wie Hildegard, Franz, Thomas und Mechthild befand sich Dante ständig in politischen Schwierigkeiten. Als Laie, Mystiker und gewählter Beamter in Florenz war er ein »furchtloser Gegner der päpstlichen Militärmacht, Habgier und Korruption. Als Folge dessen wurde er in lebenslanges Exil verbannt und mit dem Tode durch Verbrennen bedroht, sollte er jemals nach Florenz zurückkehren«[135]. Mehr als zwanzig Jahre lang reiste er durch Italien, von seiner Heimat, seinen Freunden und Verwandten abgeschnitten. Während dieser Zeit schrieb er sein großes Werk *Die Göttliche Komödie.* Diese Dichtung könnte man als eine Kosmische Christuserfahrung durch Kunst bezeichnen, denn Dantes Vision ist kosmologisch. »Des Allbewegers lichte Herrlichkeit durchdringt die Welt«, meint er.[136] Der Mensch ist für Dante aus der »ewigen Schönheit« und »den Funken Gottes« geschaffen.

»Diese Funken, menschliche Seelen, die direkt von Gott kommen, nehmen kein Ende: für alle Zeit sind sie von Gottes Schönheit geprägt.«[137]

Was ist, nach Dantes Ansicht, der Sinn der Schöpfung? Es ist, das göttliche »Ich bin«, den Kosmischen Christus, in allen Kreaturen zu erwecken.

> ... nur damit sein Glanz
> im Widerscheine kündete: Ich bin!
> entließ aus sich der Liebende
> nach seiner Lust, jenseits der Zeit und jenseits
> von jeglichem Verstehn, ein neues Lieben.[138]

Die Struktur der *Göttlichen Komödie* ist als Dantes eigenes Ostermysterium identifiziert worden, denn sie beginnt am Karfreitag in der Hölle und erhebt sich am Ostersonntag aus dem Fegefeuer. Am Höhepunkt seiner Reise, bei der Vision des Paradieses, beschreibt Dante die mikrokosmisch/makrokosmische Beziehung seiner Seele zum Universum. Er sagt, daß »jeder Wunsch und Wille mit ergriffen [war] von Liebesallgewalt, die still und einig im Kreis die Sonne führt und alle Sterne«[139]. Das Universum wird also, wie auch Hildegard lehrte, durch die Liebe bewegt. Dante beschreibt den Sohn, der der Kosmische Christus ist, als ein »großes Licht«, ein »ewiges Licht«, das das Licht des Schöpfers spiegelt. Wie zwei Regenbogen, die einander bespiegeln, so wirken sie miteinander.[140] Und das große Licht wird auch in der menschlichen Gestalt ausgedrückt:

> Der Lichtkreis, der, in dir so eingeschlossen,
> wie eine Spiegelung von dir erschien,
> von meinen Augen um und um betrachtet,
> erwies sich mir mit unserm Ebenbild
> in seinem Innern in derselben Farbe
> bemalt, daß ich mich ganz darin versenkte.[141]

Durch einen Akt der Erleuchtung, wie Hildegard es gesagt hätte, wird sein »Geist ... von einem Blitzstrahl« getroffen, und er erfährt die Einsicht, wie die Liebe die Sonne, die Sterne und alle Dinge der Welt bewegt. Doch ist das ewige Licht nicht auf die Menschen allein beschränkt, sondern »verloren« in »Wind und

Blättern« in der ganzen Welt.[142] Gott ist das glänzende Licht, in seinem Geist ist die Schöpfung, »das Weltgetriebe, das in der Mitte stillhält und alles andere um sich bewegt«, und »der Spiegel, wo sich Raum und Zeit begegnen«[143]. Raum und Zeit treffen also zusammen im ewigen Jetzt der Gottheit, eingebettet in die Schöpfung. Dante und seine Begleiterin Beatrice reisen von Stern zu Stern und Planet zu Planet, machen also eine wahrhaft kosmische Reise. Und ebenso sieht Dante auch im irdischen Leben und Sterben Jesu die kosmische Konsequenz:

> Bis es dem Gotteswort gefiel, herab
> in die entfremdete Natur zu steigen,
> ...
> Der Tod, den Gott und die Hebräer wollten,
> die eine Tat, gebar verschiedne Folgen:
> die Erde bebt', der Himmel tat sich auf.
> ...
> Und von der letzten Nacht zum ersten Tage
> ist nie auf diesem oder jenem Weg
> ein größer Werk geschehn, noch wird geschehn.[144]

Es wird daran deutlich, daß Dante seine prophetische und mystische Kosmologie aus seinem Verständnis des Kosmischen Christus schrieb.

Meister Eckhart. Das Motiv des Kosmischen Christus ist von keinem christlichen Mystiker so reichhaltig entfaltet worden wie von Meister Eckhart (1260–1327), der seinen Vorgängern Hildegard und Franz, Thomas und Mechthild viel verdankt und ein Zeitgenosse von Dante war. Als wahrer Anhänger des Kosmischen Christus und des prophetischen Jesus wurde Eckhart eine Woche nach seinem Tode von der Kirche verdammt. Alle Kirchengeschichtler stimmen darin überein, daß die Verdammung alle Züge eines politischen Angriffs auf ihn und auf die Unterdrückten trug, mit denen er so eng zusammengearbeitet hatte: die Frauen, die Beginen waren, die Bauern, denen er in ihrem eigenen Dialekt predigte, und Adlige, die ihre Besitzungen verloren hatten.[145]

Eckhart preist den *Logos* oder das »Wort« Gottes, das sich in allen Geschöpfen ausspricht: »Alle Kreaturen sind ein Sprechen von Gott. Daß mein Mund Gott ausspricht und offenbart, dasselbe tut des Steines Sein, und man erkennt mehr aus dem Wirken als aus den Worten.«[146] Hier stellt Eckhart Steine *und* Werke als »Worte Gottes« heraus. Er spielt darauf an, daß Christus als das Wort Gottes in Steinen und Werken ebenso gefunden werden kann wie in den Worten, die wir aussprechen. Er fährt fort: »Alle Kreaturen möchten in allen ihren Werken Gott nachsprechen.... Die rufen alle danach, wieder dort hinein zu kommen, wo sie ausgeflossen sind.«[147] Eckhart sieht eine gewisse Heiterkeit und Freude bei allen Kreaturen, wenn sie versuchen, ihrer Aufgabe als Worte Gottes oder Ebenbilder des Kosmischen Christus gerecht zu werden. Indem er sagt, in allen ihren Werken »tun sie ihr bestes«, meint Eckhart, wir sollten die Geschöpfe weniger kritisieren, sondern mehr zu ihren Füßen sitzen und über das Bild Gottes lernen, das in ihnen und durch sie wirkt. Eckhart betont, daß es nur ein Wort Gottes, nur einen Kosmischen Christus gibt. Er schreibt: »Gott sprach stets nur Eines. Sein Spruch ist nur einer. In diesem einen Spruche spricht er seinen Sohn und zugleich den Heiligen Geist und alle Kreaturen.«[148] Er stellt fest, daß die Gottheit allgegenwärtig ist.

»Die Leute wähnen, Gott sei nur dort (= in seiner historischen Menschwerdung) Mensch geworden. Dem ist nicht so, denn Gott ist hier ebenso wohl Mensch geworden wie dort, und er ist aus dem Grunde Mensch geworden, daß er dich als seinen eingeborenen Sohn gebäre und als nicht geringer.«[149]

Indem er die Theologie des »Gotteswortes« besonders auf Menschen bezieht, schreibt er: »In diesem Wort spricht der Vater meinen Geist und seinen Geist und eines jeglichen Menschen Geist demselben Worte gleich. In diesem selben Sprechen bist du und ich ein natürlicher Sohn Gottes wie dasselbe Wort.«[150]

Eckhart preist die Saat Gottes in jedem Menschen, wenn er sagt, daß der Same des göttlichen Wesens der Sohn Gottes ist und Gottes Wort.[151] »Der Same Gottes ist in uns.... Birnbaums Same erwächst zum Birnbaum, Nußbaums Same zum Nußbaum, Same Gottes zu Gott.«[152] Durch die Gegenwart dieses Samens oder Wortes werden die Menschen zu Christus. »Denn deine menschliche Natur und die seine [des ewigen Wortes] haben keinen Unterschied. ... An dem gerechten Menschen ist erfüllt, was die Heilige Schrift und die Propheten von Christo je gesagt haben.«[153] Die Menschen sind dazu aufgerufen, jeder/jede auf seine/ihre eigene Weise zu Mystikern und Propheten zu werden, wie Jesus es war. Jedem Menschen sei es gegeben, ein Kind Gottes zu werden, vom Wesen her in Christus, von sich aus aber durch Angenommensein in der Gnade.[154] Das ist damit gemeint, daß die Menschen das Werk Christi tun und sich genau wie Jesus verhalten, der das Werk Christi tut. Eckhart klagt darüber, daß die Leute Christus folgen wie ein Falke einer Frau, die Würste trägt, und betont, daß die Nachfolge Christi bedeutet, sich in allen Werken nach seinem Vorbild zu bilden. Seinem Werk nachzufolgen heißt nicht, ihm zu folgen wie ein Wolf dem Aas oder Fliegen einem Topf.[155]

Dies geschieht, indem man gute Samen sät, die Wurzeln aller Weisheit, allen Wissens, aller Tugend und aller Güte, die Gott nach seinem Bilde in alle Kreaturen gesät hat. Da alle Kreaturen das Wort Gottes in sich tragen und zum Ausdruck bringen, muß die radikale Gleichheit des Seins beachtet werden. »Gleichviel ergießt sich doch Gott seinshaft in alle Kreaturen, in eine jede, soviel sie empfangen kann. Dies ist uns eine gute Lehre, wie wir alle Kreaturen gleich lieben sollen mit allem dem, was wir von Gott empfangen haben.«[156] Weil »Gleichheit in allen Dingen stärkt«[157], gibt das Leben von Tieren und von Kindern den Erwachsenen Kraft und vertreibt ihre Angst. »Die größte Beglükkung im Himmel und auf Erden liegt begründet in der ›Gleichheit‹«[158], sagt Eckhart in einer ebenso politischen wie ökonomischen Beobachtung. Wenn schließlich alles »Sein Gott ist«, dann drücken alle Dinge auf der Ebene des »Seins«[159] zunächst den Kosmischen Christus aus und sind auf dieser Ebene alle gleich.

In der Betonung der Funktion des Wortes als Samenkorn steckt auch die durch den Kosmischen Christus erlebte Kreativität. Der Schöpfer erschafft ständig, und das Universum wird ständig geschaffen. Eckhart sagt: »Ich habe schon manchmal gesagt, Gott erschaffe diese ganze Welt voll und ganz in diesem Nun.«[160] Wo genau findet dieser kreative Vorgang statt? In der menschlichen Tiefe und Vorstellung. Eckhart fährt fort: »Dort, wo niemals Zeit eindrang, niemals ein Bild hineinleuchtete: im Innersten und im Höchsten der Seele erschafft Gott die ganze Welt.«[161] Eckhart bezieht sich dabei auf die Überlieferung der Präexistenz Christi und des Mitschöpfertums Christi gegenüber den Menschen, oder – wenn man so will – des Kosmischen Christus in den Menschen.[162] Die Welt wird in uns geschaffen, wie sie in Christus geschaffen wird. Die Geburt des Kosmischen Christus ist der eigentliche Grund der Inkarnation, »denn Gott ist hier ebenso wohl Mensch geworden wie dort, und er ist aus dem Grunde Mensch geworden, daß er dich als seinen eingeborenen Sohn gebäre und als nicht weniger«[163]. Die Gottheit möchte den Kosmischen Christus in jedem einzelnen Individuum gebären. »Der Vater gebiert seinen Sohn im Innersten der Seele und gebiert dich mit seinem eingeborenen Sohne.«[164] Woher aber wissen wir, daß Gott den Kosmischen Christus in uns gebiert? Durch unsere Fähigkeit, ihn in anderen Kreaturen zu finden. Eckhart schreibt: »Darum nimm Gott in allen Dingen, und das ist ein Zeichen dafür, daß er dich als seinen eingeborenen Sohn geboren hat und als nicht weniger.«[165]

Es reicht also nicht aus, daß wir den Kosmischen Christus in uns selbst und anderen erfahren: Wir sollen ihn auch gebären, wie Maria Jesus gebar, der der Christus war. »So liegt Gott im Kindbett, wie eine Frau, die geboren hat, in einer jeden guten, sich selbst entzogenen und in Gott gewöhnten Seele.«[166] Meister Eckhart betrachtet die Tradition des »Eingewöhnens in Gott« darum als eine äußerst kreative. Er fährt fort: »Und was hülfe es mir, daß der Vater seinen Sohn gebäre, ich gebäre ihn denn auch? Zu dem Ende gebiert Gott seinen Sohn in einer vollkommenen Seele und liegt im Kindbett, auf daß sie ihn weiter ausgebäre in allen ihren Werken.«[167] Solch ein Mensch wird sein wie Joseph, der Sohn Jakobs, von dem es heißt, daß er nicht für einen Menschen, sondern einen Gott gehalten wurde, »weil Jahwe mit ihm war und ihm alles gelingen ließ« (Gen. 39,3 u. 23). Die lebendige Gegenwart des Kosmischen Christus und die verstärkte Gegenwart, die durch die menschliche Kreativität hervorgebracht wird, erfreut Gott und bereitet Gott Vergnügen. Eckhart stellt fest: »Gott liebt alle Kreaturen als Gott. ... Gott schmeckt alle Kreaturen, nicht als Kreaturen, sondern die Kreaturen als Gott. In dem Schmecken, in dem Gott sich schmeckt, in dem schmeckt er alle Dinge.«[168]

Meister Eckhart versteht auch die Gegenwart des Kosmischen Christus im Leiden der Welt. Ist jedes Geschöpf ein Wort Gottes, dann ist das Leiden eines jeden Geschöpfes auch ein Leiden des Gotteswortes. Und das barmherzige Werk der Heilung des

Leidens aneinander ist das Werk der Erlösung der Leiden Christi.[169]

Zweifellos ist Eckharts Theologie des Kosmischen Christus deshalb so stark entwickelt, weil seine schöpfungsorientierte Spiritualität eine lebendige Kosmologie voraussetzt. Meister Eckharts gesamtes Werk läßt sich – wie auch dasjenige der Hildegard von Bingen – als eine Abhandlung über den Kosmischen Christus verstehen.

Juliana von Norwich. Eine andere herausragende Vertreterin des Kosmischen Christus im Mittelalter war Juliana von Norwich (ca. 1342–1415). Juliana, die sich entschieden hatte, mitten in der geschäftigen Stadt Norwich als Einsiedlerin zu leben, pries das »Innesein« Gottes in allen Kreaturen. Sie schreibt: »Wie ich es verstand, sah ich Gott in einem Punkt. Und indem ich das sah, sah ich Gott in allen Dingen. Gott wirkt in allen Kreaturen, weil Gott der Mittelpunkt von allem ist.«[170] Juliana läßt Gott selbst über das Thema des göttlichen Mittelpunktes sprechen:

»Siehe! Ich bin Gott! Siehe! Ich bin in allen Dingen. Siehe! Alles führe ich dem Ziele zu, für das ich es bestimmt habe, ohne Anfang, durch die gleiche Kraft, Weisheit und Liebe, durch die ich es geschaffen habe. Wie könnte es an etwas fehlen?«[171]

Juliana bezieht diese Gegenwart in der Mitte, die ein so wesentlicher Teil des Panentheismus ist, auf Christus, der in Jesus gefunden wird:

Wie unser Herr Jesus oft sprach:
»Dies bin ich. Dies bin ich.
Ich bin, was du liebst.
Ich bin, was dich freut.
Ich bin, wem du dienst.
Ich bin, wonach du verlangst.
Ich bin, wonach du trachtest.
Ich bin, was du willst.
Ich bin alles, was ist.«[172]

Juliana baut ihre »Ich-bin«-Sätze auf die »Ich-bin«-Worte des Herrn im Johannesevangelium auf, die wiederum auf dem großen »Ich bin« in Exodus 3,14 gründen, wo Moses Gott nach seinem heiligen Namen fragt und Gott spricht: »Ich bin der Ich-bin [oder der Ich sein werde].« Juliana stellt auch eine Theologie des LOGOS oder »Wortes Gottes« vor, wenn sie Gott sagen läßt: »Was für euch unmöglich ist, ist nicht unmöglich für mich: Ich werde mein Wort erhalten in allen Dingen und alle Dinge heil machen.« Juliana betont hier die heilende Kraft des Kosmischen Christus, der als das in allen Dingen anwesende Wort »alle Dinge heil machen« kann. Dieses Heilmachen aller Dinge macht das große Werk der Gottheit aus. Sie schreibt: »Dies ist die große Tat, die unser Herr tun wird.«[173] Für Juliana sind alle Kreaturen in Christus geborgen, wie gleichzeitig Christus in allen Kreaturen ist – ein christologischer Panentheismus. Christus ist der eine, »in dem wir alle geborgen sind und er in uns«. Sie hat das richtige Gefühl, daß diese Beziehung etwas tief *Mütterliches* an sich hat, so wie wir alle geborgen sind in »der tiefen Weisheit der Dreifaltigkeit, [die] unsere Mutter ist«[174]. Hier greift sie das Motiv der Gottheit als Mutter auf, das wir schon bei Meister Eckhart und anderen Schöpfungsmystikern sahen. Die gleichen Bilder entwickelt sie weiter, wenn sie schreibt: »Unsere Substanz – von gleichem Wesen wie die Jesu – ist auch in Ihm geborgen mit der gesegneten Seele Christi, der in der Gottheit sitzt und ruht.«[175]

Wie für die anderen von uns besprochenen Schöpfungsmystiker bedeutet die Feier des Kosmischen Christus für Juliana ein Eintauchen in die Wunden des gekreuzigten Propheten Jesus. Sie sieht tatsächlich die Kreuzigung als ein kosmisches Ereignis, das die gesamte Natur mit ihren Schmerzen und ihrem Leid einbezieht:

> Ich sah eine große Einswerdung zwischen Christus und uns,
> denn als er in Schmerzen war,
> waren auch wir in Schmerzen.
> Alle Kreaturen Gottes, die dazu in der Lage sind,
> litten mit ihm.
> Beim Tode Christi waren Himmel und Erde erschüttert,
> denn er war auch ein Teil der Natur.[176]

Juliana bezieht sich auf biblische Texte, die wir schon besprachen, die den Tod Jesu als bedeutendes kosmisches Ereignis darstellen. Sie unterstreicht die wechselseitige Abhängigkeit aller Geschöpfe und allen Leidens mit Jesus als dem Christus.

Sie nimmt auch das Motiv der Präexistenz des Kosmischen Christus auf, indem sie es in Zusammenhang mit unserer eigenen Präexistenz bringt: »Ich sah, daß Gott niemals *begonnen* hat, uns zu lieben. Wir sind *immer schon* in Gottes Vorsehung gewesen, ohne Anfang von ihm erkannt und geliebt.«[177] Alle Kreaturen – Bilder des präexistenten Kosmischen Christus – kamen zugleich ins Dasein. Juliana sagt: »Wir wurden alle zugleich geschaffen; und in unserer Erschaffung wurden wir mit Gott verknüpft und vereint. Dadurch bleiben wir so strahlend und edel, wie wir erschaffen wurden.«[178] Dieser Lobpreis unserer Präexistenz verleitet Juliana jedoch nicht dazu, die Zukunft oder ihre Verwirklichung zu vernachlässigen. Sie stellt fest, daß »die Seele, die auf Erden erkennt, daß sie das Heim und das Reich unseres Herrn Jesus ist, ihm gleich gemacht und mit ihm vereint wird.«[179] Wie Eckhart sieht sie unsere irdische Aufgabe darin, ein Zuhause für das Reich Gottes hier und jetzt zu bereiten. Ihr Empfinden des Kosmischen Christus schließt sich wiederum an die Lehre Jesu an, daß das Reich Gottes jetzt unter uns ist.

Nikolaus von Kues. Als Erbe eines großen Teils der schöpfungsorientierten Spiritualität seiner rheinischen Mystikerkollegen Hildegard und Eckhart war Nikolaus von Kues (1400–1464) Wissenschaftler, Anwalt, kritischer Historiker, Philosoph, Humanist, Mystiker, Diplomat des Vatikan und Kardinal der römisch-katholischen Kirche. Sein Verständnis der lebendigen Kosmologie war so tief, daß David Bohm vom Birbeck College in London, einer der kreativsten Physiker unserer Zeit, ihn als Vorläufer seiner Arbeit anführt. Das umfassende Verständnis des Kusaners für den Kosmischen Christus wird in seinen Gedankengängen sehr deutlich. Etwa wenn er sagt:

»Behauptet jemand, alle Dinge seien in der erschaffenen Weisheit, und jemand anders behauptet, alle erschaffenen Dinge seien im Logos, sagten sie damit nicht das gleiche? Auch wenn es im Ausdruck einen Unterschied zu geben scheint, drücken sie doch die gleiche Idee aus, denn der Logos der Schöpfung, in dem alle Dinge erschaffen sind, kann nichts anderes als die göttliche Weisheit sein.«[180]

Nikolaus von Kues vertritt eine wahrhaft auf die Weisheit hin orientierte Spiritualität. Er stellt fest, daß »Weisheit ewig ist, denn sie ist vor dem Anfang und vor jeder erschaffenen Wirklichkeit«[181]. Weisheit ist nicht-elitär, sie ist »überall« zu finden.[182] »In allen Dingen brennt« die Weisheit und »lockt uns mit einem Vorgeschmack ihrer Süße, damit wir von wunderbarem Verlangen zu ihr gezogen werden«[183]. Weisheit ist die »beseelende Kraft aller Dinge«[184] und findet sich besonders im Herzen:

»Die Weisheit ruft in den Straßen. Für die Weisheitssucher reicht es einfach nicht, nur über sie zu lesen. Weisheit muß entdeckt werden. Und einmal entdeckt, muß sie auswendig gelernt werden. Weisheit werdet ihr nicht in euren Büchern finden; denn sie stammt nicht aus euren Büchern, sondern aus den Büchern unserer Gottheit.«[185]

Wie Eckhart stellt auch Nikolaus von Kues heraus, daß jede Kreatur ein Wort Gottes ist und ein Buch über Gott.[186] Tatsächlich sieht er das Antlitz Gottes im Spiegel oder göttlichen Ebenbild eines jeden Geschöpfes widergespiegelt: »Die Göttlichkeit leuchtet in den Kreaturen als die Wahrheit eines reflektierten Bildes.«[187]

»Es gibt nur einen fleckenlosen Spiegel: das Göttliche, in dem das Offenbarte empfangen wird, wie es ist. Denn dieser Spiegel unterscheidet sich im Grunde nicht von einem existierenden Ding. Vielmehr ist er das, was in jedem existierenden Ding ist: er ist die universale Form des Seins.«[188]

Wenn wir einander anblicken, schauen wir den Kosmischen Christus an, weil

»in allen Gesichtern das Gesicht der Gesichter zu sehen ist, in eine Milliarde Rätsel gehüllt – doch wird es unverhüllt nicht gesehen, bis wir schließlich, über allen Gesichtern, in eine gewisse geheime und mystische Stille eines Gesichtes eintreten«[189].

Wenn wir die ewige Weisheit »in jedem fühlbaren Ding« fühlen und der Kosmische Christus oder die Kosmische Weisheit die »Freude in allem Erfreulichen« ist, ist es doch noch erstaunlicher, daß »die Weisheit uns genießt. Und man kann nichts Köstlicheres erfassen«[190]. Nikolaus preist die »Kraft der Weisheit«, die im Menschen »brennt, in seinen Körperteilen« und »der Harmonie und Bewegung der verschiedenen Organe« und im »Geiste der

Vernunft, der wunderbarer Künste fähig ist«[191]. Wie alle Schöpfungsmystiker ist der Kusaner ein Panentheist: »Der absolute göttliche Geist ist alles Sein in allem Seienden. Die Gottheit ist auf solche Weise in allen Dingen, daß alle Dinge in der Gottheit sind.«[192]

Und wir sind, als weitere Christusgestalten und Spiegel der Gottheit, ebenfalls panentheistisch in unserem Vermögen, zu lieben, zu wissen und schöpferisch zu sein. Nikolaus von Kues schreibt: »Der menschliche Geist ist das All seiner Träume. ... Da der Geist annimmt, er würde alle Dinge umfassen, überschauen und begreifen, schließt er daraus, daß er in allem ist und alles in ihm.«[193]

Man kann die Kreaturen als göttlich bezeichnen, denn »was man auch in den Kreaturen findet, findet man auch im Göttlichen; das heißt, es ist göttlich.« Die Menschen sind göttlich, jedoch nicht in Vollkommenheit[194], denn Nikolaus fährt fort: »Wir sind gleichsam menschliche Götter. Menschen sind auch das Universum, doch nicht absolut, da wir Menschen sind. Die Menschheit ist darum ein Mikrokosmos, oder in Wahrheit ein menschliches Universum. Darum umfaßt die Menschheit in ihrer menschlichen Kraft sowohl Gott als auch das Universum.«[195] Gott gibt den Geschöpfen zwar Göttlichkeit, doch ist unser Aufnahmevermögen begrenzt. Nikolaus von Kues schreibt: »Die gebende Gottheit gibt nichts anderes als Göttlichkeit. ... Doch kann dieses Geschenk nicht empfangen werden, wie es gegeben wird. ... Deshalb wird das Unendliche endlich empfangen.«[196]

Nikolaus von Kues hat mit der griechischen Kirche zusammengearbeitet, um eine Einheit mit der römischen zu bewirken, und schrieb ein Buch über die Notwendigkeit einer universalen Religion, die die kosmische Weisheit umfassender ausdrücken würde als eine einzelne kirchliche Tradition. Er vertrat eine wahrhaft universelle und ökumenische Vision, wie folgende Stelle zeigt:

»Die Menschheit wird feststellen, daß nicht eine Vielzahl von Konfessionen, sondern überall der gleiche Glaube beabsichtigt ist. ... Es kann nur eine Weisheit geben. ... Deshalb müssen alle Menschen zu der übereinstimmenden Ansicht kommen, daß es nur eine einfachste Weisheit gibt, deren Kraft unendlich ist. Und bei der Beschreibung der Tiefe ihrer Schönheit muß jeder erkennen, daß ihre Schönheit gewaltig und furchtbar ist.«[197]

In Nikolaus von Kues treffen wir auf einen weiteren herausragenden Vertreter der Lehre vom Kosmischen Christus, der auch nicht zögerte, aus seiner Theologie visionäre Folgerungen für die Kirche zu ziehen.[198]

18. Schrift, Tradition und der Kosmische Christus

In diesem Teil haben wir untersucht, wie der Kosmische Christus im Judentum, in den Hymnen der christlichen Schriften und den darin erzählten Ereignissen aus dem Leben Jesu gepriesen wird. Wir haben auch gesehen, wie reich die Theologie des Kosmischen Christus bei den griechischen Kirchenvätern des vierten Jahrhunderts und bei den schöpfungsorientierten mittelalterlichen Mystikern der westlichen Kirche entwickelt war. Jede der von uns besprochenen biblischen Quellen verankert den Kosmischen Christus in der Geschichte, an einem Ort, in prophetischen Taten und im menschlichen Leiden. Das ist in der Tat die Ostergeschichte: Die Gottheit wurde Fleisch in Jesus, der die Gute Botschaft verkündete und dafür gekreuzigt wurde. Doch konnte der Tod, das von allen lebenden Wesen gefürchtete Gesetz, ihn nicht überwinden, denn er ist auferstanden und wurde erhöht, um der geschaffenen Welt und ihren Bewohnern weiterhin die Gute Botschaft anzubieten, indem er den Geist aussandte.

Beim Studium der Evangelien fanden wir heraus, daß jedes ausdrücklich mit einer Kosmologie beginnt. Bei Johannes 1 ist es Christus, »durch den alles wurde«. Die Kindheitsgeschichten bei Lukas und Matthäus sind tief kosmologisch, wobei die Engel eine Schlüsselrolle spielen. Das Markusevangelium eröffnet ebenfalls mit einer Kosmologie durch die Taufe Jesu und sein Erlebnis in der Wildnis (wo er mit dem Teufel zu kämpfen hatte und die Engel ihm dienten). Das Buch der Offenbarung ist sowohl kosmologisch als auch sehr politisch, indem es darauf besteht, daß die Christen dem *wahren* Herrn des Universums und nicht den selbsternannten Herren in kaiserlicher Kleidung des alten Rom zu huldigen hätten. Die liberalen Theologen der Aufklärungszeit haben dieses Buch praktisch ignoriert, da eine Kosmologie und ein symbolisches Bewußtsein für sie höchst peinlich waren. Kein Wunder, daß die Fundamentalisten das Buch für sich in Beschlag nahmen, es auf ihre eigentümliche Weise wörtlich interpretierten und den Aufbau des amerikanischen Imperiums damit stützten. Die eschatologische Vision des Buches muß erst noch von Gelehrten entdeckt werden, die bereit sind, den Schritt von der Suche nach dem historischen Jesus zu derjenigen nach dem Kosmischen Christus zu vollziehen.

Aus den Evangelien erfuhren wir auch, daß in jedem wesentlichen Ereignis des Lebens Jesu der Kosmische Christus gegenwärtig und maßgebend ist: in seiner Geburt, seiner Taufe, seiner Verklärung, seinen Predigten, seiner Kreuzigung, Auferstehung, Himmelfahrt und der Aussendung des Geistes. All das findet in ausgesprochen kosmologischem Rahmen statt. Im Neuen Testament finden wir die Schlüsselworte, die stets an den Kosmischen Christus denken lassen: Engel, Herrlichkeit, Wolken, Herr und andere. Bei der Verwendung dieser Kategorien sollten wir also, wenn wir die Schrift lesen, stets denken: Kosmischer Christus, Einstein. Für die ihrem Anthropozentrismus verhafteten Theologen der Aufklärung war die biblische Kosmologie stets peinlich. Wir sollten jedoch stolz darauf sein und unser Verständnis unseres biblischen Erbes entsprechend revidieren.

Beim Studium der alten Hymnen aus der frühen Kirche fanden wir, daß der Kosmische Christus niemals ohne die Kreuzigung und ohne seine Wunden gepriesen wurde. Der Kosmische Christus wird als das Kosmische Lamm dargestellt, das für alle geschlachtet wird, die zu Unrecht leiden. Wir erfahren auch, daß der Kosmische Christus nicht statisch (wie die Logos-Gestalt der Stoa), sondern dynamisch ist – in gewissem Sinne ist der Kosmische Christus »noch nicht«, das heißt, er muß noch geboren werden und in der Zukunft wiederkommen. Durch diese Wiederkunft eines dynamischen Christus wird eine neue Zukunft angeboten. Wir lernen, daß der Kosmische Christus eine universale Vorstellung und eine ökumenische ist.

Alle Völker, Nationen und Geschöpfe sind dazu eingeladen, das göttliche »Ich bin« in sich zu erfahren. Der Kosmische

Christus ist nicht der Alleinbesitz der Christen. Die jüdische Weisheitsliteratur, die Propheten und die apokalyptischen Schriften sind erfüllt von lebendiger Kosmologie: Ja, die messianischen Zeiten werden durch ein kosmisches Erwachen zu erkennen sein. Der Hintergrund der kosmischen Hymnen in den christlichen Schriften erinnert uns daran, daß wir unser Verhalten nach dem Kosmischen Christus ausrichten sollen – ein Aufruf dazu, nicht nur übernommene kulturelle Sitten, sondern die Weisheit zur Grundlage unserer Moral zu machen. Die Moral – die Entscheidungen, die wir über unser Verhalten treffen – muß auf den Kosmischen Christus gegründet werden (siehe Kol 3,10–11). Angesichts der reichen Überlieferung des Kosmischen Christus in alten Hymnen *wie auch* in den Evangelien fragt man sich, wie viel von den Evangelien in der jüngsten Zeit verlorengegangen ist, während derer der Kosmische Christus in Pelikans Worten »entthront« wurde.

Wir haben uns in diesem Kapitel auch damit beschäftigt, wie wesentlich das Motiv des Kosmischen Christus bei den griechischen Theologen der Kirchenväterzeit war und wie stark diese Überlieferung im Westen durch die Schöpfungsmystiker des Mittelalters entfaltet wurde. Hildegard von Bingen, Franz von Assisi, Thomas von Aquin, Mechthild von Magdeburg, Meister Eckhart, Dante, Juliana von Norwich, Nikolaus von Kues – alle diese westlichen Mystiker weisen eine reiche Theologie des Kosmischen Christus auf. Vielleicht liegt der Grund darin, daß das Mittelalter im Westen der letzte Zeitraum war, der noch eine lebendige Kosmologie hatte. Geht diese verloren, wie es mit der Aufklärung geschah, so besteht keine Notwendigkeit mehr für einen Kosmischen Christus. Tritt eine lebendige Kosmologie aber wieder auf, wie das heute der Fall ist, so müssen wir uns auf unsere Vorgänger im Glauben stützen, die ein Verständnis und eine Erfahrung des Kosmischen Christus entwickelten und zum Herz ihrer Mystik machten.

Was ich in diesem Kapitel geboten habe, ist nur der Anfang einer umfangreichen Aufgabe, die wir in Angriff nehmen müssen, wenn wir den Kosmischen Christus wiederentdecken wollen. Wäre es nicht wundervoll, wenn immer mehr Bibelwissenschaftler und Theologen diese Studien weiterentwickelten, indem sie die Suche nach dem Kosmischen Christus weiterführten?

Im vierten Teil werden wir weiter die verschiedenen Bedeutungen des Kosmischen Christus untersuchen, die sich aus diesen Studien der biblischen und historischen Quellen ergeben haben.

TEIL IV

Wer ist der Kosmische Christus?

Der Geist des Herrn erfüllt den Erdkreis, und der das All umfaßt, weiß alles, was geredet wird.
WEISHEIT 1,7

Da sprach Moses zu Gott: »Wenn sie mich fragen: ›Wie lautet sein Name?‹, was soll ich ihnen antworten?« Da sprach Gott zu Moses: »Ich bin der Ich-bin!« Und er fuhr fort: »So sollst du zu den Israeliten sprechen: Der Ich-bin hat mich zu euch gesandt.«
EXODUS 3,13–14

Ehe Abraham ward, bin ich.
JESUS[1]

Und wenn dich das Irdische vergaß,
zu der stillen Erde sag: Ich rinne.
Zu dem raschen Wasser sprich: Ich bin.
RAINER MARIA RILKE[2]

Durch seine Inkarnation wohnt Christus der Welt inne ... ist in der Welt verwurzelt, bis ins Herz des winzigsten Atoms.
TEILHARD DE CHARDIN[3]

Die kabbalistischen Verkünder und Schriftsteller waren von dem Gedanken durchdrungen, daß nicht nur der Mensch Gott, sondern auch Gott den Menschen nötig hat, daß das Handeln des Menschen für alle Welten entscheidend ist und den Lauf transzendenter Ereignisse beeinflußt. Daher bemühen sie sich, alle Menschen mit dem Bewußtsein zu erfüllen, daß jedes Handeln von äußerster Wichtigkeit ist. ... Jeder fromme Jude ist als Architekt verborgener Welten ein Stück Messias.
ABRAHAM HESCHEL[4]

Göttlich bin ich, innen und außen, und heilig mache ich alles, was ich berühre oder wovon ich berührt werde.
Warum sollte ich wünschen, Gott besser als heute zu sehen?
Ich sehe Gott zu jeder der vierundzwanzig Stunden und jeden Augenblick.
In den Gesichtern der Männer und Frauen sehe ich Gott, und in meinem eigenen Gesicht im Glas.
Ich finde Briefe, die Gott auf der Straße verlor, und ein jeder trägt seine Unterschrift.
WALT WHITMAN[5]

Welches Muster verbindet den Krebs mit dem Hummer und die Orchidee mit der Primel und alle diese vier mit mir? Und mich mit ihnen?
GREGORY BATESON[6]

Denn in ihm ward alles erschaffen, im Himmel und auf Erden, das Sichtbare und das Unsichtbare. ... Und er ist vor allem, und alles wird in ihm zusammengehalten.
KOLOSSER 1,16–17

Wir aber alle, die wir mit unverhülltem Angesicht die Herrlichkeit des Herrn widerspiegeln, werden in das gleiche Bild verwandelt von Herrlichkeit zu Herrlichkeit...
2. KORINTHER 3,18

Denn er tat uns kund das Geheimnis seines Willens, so wie es ihm gefiel, so wie er es sich vorgenommen hatte zur Verwirklichung der Fülle der Zeiten, nämlich das All in Christus wieder unter ein Haupt zu fassen, das Himmlische und das Irdische.
EPHESER 1,9–10

Der Sohn, der da Abglanz der Herrlichkeit Gottes und Ausprägung seines Wesens ist, der auch das All trägt durch sein machtvolles Wort, ist um vieles erhabener als die Engel.
HEBRÄER 1,3–4

Das Wort war im Anfang bei Gott. Alles ist durch das Wort geworden, und ohne das Wort ist nichts geworden, was geworden ist.
JOHANNES 1,2–3

Wer ist ein Heiliger? Jemand, der sich des Leidens anderer bewußt ist.
KABIR[7]

Ein Herz, das aufbricht, kann die ganze Welt in sich fassen. ... Im »grenzenlosen Herzen« des Bodhisattva ist alles erfaßt. Jenes grenzenlose Herz berühren wir in unseren tiefsten und innersten Antworten auf unsere Welt – auf Hunger und Folter und die drohende Vernichtung.
JOANNA MACY[8]

19. Die Benennung des Kosmischen Christus

Der Wissenschaftler Gregory Bateson stellt der Religion die beunruhigende und kritische Frage: »Verdirbt die menschliche Gattung ihren Geist mit langsam zerfallender Religion und Erziehung?«[1] Bateson trifft gleichzeitig den Kern des Problems und deutet auch eine Lösung an, wenn er vom »Verderben des Geistes« spricht. Ohne Geist und Achtsamkeit wird die Religion auf bloße Willkür reduziert. Selbst wohlgemeinte Taten des Mitleids können den Verlust des Geistes nicht wettmachen – das Erkennen unseres Platzes in der Welt. Denn ohne Kosmos gibt es keinen Geist. Der Kosmische Christus bringt darum der Religion den Geist zurück. Betrachten wir die verschiedenen Bedeutungen des Ausdrucks »Kosmischer Christus« noch einmal im Lichte der Gleichsetzung von Geist (oder Seele) und Kosmos.

Der Kosmische Christus – Erzeuger der geistigen Wachheit

Eine gesunde Religion, die auf tiefen geistigen Erfahrungen und Überlieferungen aufbaut und die den Mystiker, die Mystikerin in uns und unter uns erzieht, verdirbt den Geist nicht durch Geistlosigkeit. Eine geistlose Religion ist sentimental und antiintellektuell, und es fehlt ihr an einer Kosmologie. Bei einer derartigen geistigen Einstellung schwelgen die Gläubigen so sehr in ihren persönlichen Gefühlen, daß sie daraus niemals auftauchen, um sich am Kampf des Mitgefühls um die Erleichterung der Leiden anderer zu beteiligen und in der Gemeinschaft für Gerechtigkeit und Freude zu sorgen. Wie Anne Douglas die Sentimentalität als »ranziges politisches Bewußtsein« bezeichnet hat, würde ich eine geistlose Religion als »ranziges kosmisches Bewußtsein«[2] bezeichnen. Eine gesunde Religion tut genau das Gegenteil: Sie erschafft geistige Wachheit. Der Kosmische Christus erweckt diese Wachheit, die die Menschen in ihrem Bedürfnis und Recht anleitet, die Gegenwart der Gottheit in sich und um sich zu erfahren. Sie öffnet ihre Einsicht und ihr Herz für das Universum, für alles, was ist und was wir sind: Bürger einer Zwanzig-Milliarden-Jahre-Geschichte, die noch unvollendet ist und die wir vollenden sollen; Bürger eines Universums mit Hunderten Milliarden Galaxien, von denen die unsere eine wundersam kleine ist. Eine geistvolle Religion erweckt den Geist, statt ihn zu dämpfen; sie preist die Vernunft, statt sie geringzuschätzen; sie läßt den Geist auferstehen, statt ihn zu verderben.

Wie kann eine Religion diese Aufgabe erfüllen? Ein Weg ist, die Weisheit der Wissenschaftler in sich aufzunehmen, deren Aufgabe es ist, das Universum zu erforschen und es uns zu erklären. »Sein ist Gott«, schrieb Meister Eckhart[3]; und Hildegard erklärte, daß alle Wissenschaft von Gott kommt.[4] Thomas von Aquin suchte eine Annäherung zwischen Wissenschaft und Religion, um eine lebendige Kosmologie hervorzubringen. Er warnte davor, daß »Fehler in bezug auf die Kreaturen zu Fehlern in bezug auf Gott beitragen«[5]. Da wir keine lebendige Kosmologie entwickelt und schätzen gelernt haben, mußten wir uns auf eine verzerrte Theologie stützen. Wo Wissenschaft und Mystik sich durchdringen, können neue Visionen geboren werden. Eine Wiedergeburt entsteht nicht von außen nach innen, sondern geht von innen nach außen. Die Seele regt sich. Neue Bilder werden geboren – und ausgelebt und zu erstaunlichen Höhen des Abenteuers, Risikos und neuen Möglichkeiten gebracht. Durch diesen Aufruf zum Abenteuer wird die Jugend angesprochen. Ich weiß noch, wie ich einmal zusammen mit dem Physiker Brian Swimme auf einer Abendveranstaltung in einer Universität sprach. Danach kam eine Frau mit Tränen in den Augen zu mir und sagte: »Ich habe heute abend meine sechzehnjährige Tochter mitgebracht. Sie ist sehr intelligent und hat vor einem halben Jahr ihre Schulausbildung abgebrochen. Wir wußten alle nicht, was sie in Zukunft tun würde. Mitten in Ihrem Gespräch drehte sie sich zu mir um und sagte: ›Mami, jetzt weiß ich, was ich mit meinem Leben anfangen will.‹« Was stieß dieser jungen Frau zu, als sie einen Theologen und einen Wissenschaftler im Gespräch hörte? Sie wurde zu ihrer Rolle in einer lebendigen Kosmologie erweckt; sie bekam die Gewißheit, daß sie und ihre Entscheidungen über ihr Leben, ihre Ausbildung, ihre Arbeit und Beziehungen *nicht belanglos sind* – daß sie Teil einer Zwanzig-Milliarden-Jahre-Geschichte und eines Geheimnisses ist und daß sie eine kosmische Aufgabe zu erfüllen hat.

Die Wiederentdeckung des Kosmischen Christus erweckt geistige Wachheit und läßt eine lebendige Kosmologie hervortreten.

Der Kosmische Christus kann eine Epoche lebendiger Kosmologie einleiten, denn es gibt in der Welt nur ein »Sein«[6]. Wissenschaftler und religiös Gläubige suchen nicht nach unterschiedlichen Welten oder anderen Universen als dem, das da ist.

Der Kosmische Christus – das verbindende Muster

Die letzten zehn Jahre seines Lebens rang Gregory Bateson mit der drängenden Frage: »Was ist das verbindende Muster? (The pattern that connects?)«[7] Was verbindet die Krebs-Nebel im Himmel mit den Genen einer Krabbe auf der Erde oder den Genen in unserem Körper? Unsere geistige Überlieferung behauptet, daß der Kosmische Christus »das verbindende Muster« ist. Die alte Hymne des Kolosserbriefes stellt fest:

»Er ist das Bild des unsichtbaren Gottes, der Erstgeborene vor aller Schöpfung. Denn in ihm ward alles erschaffen, im Himmel und auf Erden, das Sichtbare und das Unsichtbare. ... Und er ist vor allem, und alles wird *in ihm zusammengehalten*« (Kol 1,15–17, Hervorh. Verf.).

Was hat es zu bedeuten, daß unsere spirituelle Tradition für den Kosmischen Christus einen Namen hat und ihn auf eine bestimmte historische Person gründet, die diese Christusähnlichkeit inkarniert hat? Der als »verbindendes Muster« gesehene Kosmische Christus bestätigt die wissenschaftliche Suche nach einem solchen Muster. Im Beharren auf diesem inneren Zusammenhang aller Dinge und im Insistieren darauf, daß der menschliche Geist imstande ist, das, was die Welt im Innersten zusammenhält, zu erkennen, liegt zugleich ein Hoffnungspotential.

Der Kosmische Christus *personalisiert* und lokalisiert die Erfahrung des »verbindenden Musters« auf eine ganz und gar nicht belanglose Weise. Er begründet die wechselseitige Verbundenheit in der Erfahrung der Freude und des Leidens des historischen Jesus: Der Kolosserhymnus endet damit, daß er den Preis nennt, den der Mensch Jesus dafür zu zahlen hatte, daß er den Kosmischen Christus inkarnierte. Damit wird eine entscheidende Verbindung zwischen unserem moralischen Verhalten, unserem Wissen um die Welt und unserer Liebe für die Welt hergestellt. Nicht einmal die Wissenschaftler sind davon ausgenommen, dieser Weisheit des Alls zu dienen. »Denn Gott gefiel es, in ihm die Fülle wohnen zu lassen und durch ihn alles auf ihn hin zu versöhnen, indem er Frieden stiftete durch das Blut seines Kreuzes« (Kol 1,19–20). An dieser Stelle werden auch Ironie und Paradoxien gepriesen: Friede entsteht durch brutales Unrecht bei der Kreuzigung eines Unschuldigen. Der durch das Kreuz repräsentierte kosmische Schmerz wird benannt. Unsere Opfer haben kosmische Größe, unser Leiden ein kosmisches Ausmaß, und der Friede ist eine kosmische Verheißung. Das Paradoxe ist, daß das »verbindende Muster« auch trennt. Kontinuität und Diskontinuität gehen Hand in Hand. Ein gewaltsames Zerreißen – sogar in der Gottheit, indem Jesus einen schmachvollen Tod starb – bringt kosmischen Frieden hervor. Ein Tod, jeder Tod, ist stets eine Trennung. Doch so gewaltsam die in ihm sichtbare Trennung zwischen Menschlichem und Göttlichem, zwischen Gerechtigkeit und Ungerechtigkeit, zwischen Licht und Finsternis ist, in letzter Analyse *verbindet* dieser entwürdigende Kosmische Tod am Kreuz. Er verbindet Himmel und Erde, Vergangenheit und Zukunft, Gottheit und Menschheit, die gesamte Schöpfung: »alles im Himmel und auf Erden«.

Der durch das Kreuz gekommene Friede macht uns mit einem weiteren Weg zur geistigen Wachheit bekannt: mit der Entleerung. Die KENOSIS oder »Leerwerdung« ist ebenso mit der geistigen Wachsamkeit verbunden wie mit dem Eintreten des Kosmischen Christus in unsere Seele. Nur wer es gewagt hat, loszulassen, kann es wagen, wieder einzutreten, so warnt Meister Eckhart.[8] Die Hymne im Philipperbrief an den Kosmischen Christus preist diesen Weg der Wachheit. Entleerung geht der Erfüllung voraus. »Er, der in Gottesgestalt war, erachtete das Gottgleichsein nicht als Beutestück; sondern er entäußerte sich selbst, nahm Knechtgestalt an und ward den Menschen gleich. In seiner äußeren Erscheinung als ein Mensch erfunden, erniedrigte er sich selbst und wurde gehorsam bis zum Tode, bis zum Tode am Kreuz« (Phil 2,6–8). Paradoxerweise entsteht aus dieser Leere die Fülle: »Darum hat Gott ihn erhöht und ihm den Namen gegeben, der über allen Namen ist, auf daß im Namen Jesu sich jedes Knie beuge, *im Himmel, auf der Erde und unter der Erde*, und jede Zunge zur Ehre Gottes des Vaters bekenne: Jesus Christus ist der Herr« (Phil 2,9–11). Wiederum verbindet das

Muster Christus Göttlichkeit und Irdisches, Leere und Fülle, Leiden und Vollendung. Es verbindet alle Wesen im ganzen Universum.

Wenn wir an dieses »verbindende Muster« glauben, fangen wir an, wieder Verbindungen herzustellen. Denn bei allem Glauben geht es um die Praxis, nicht um bloße Theorie. Glaube ist kein Glaube, wenn er nicht in die *Praxis* umgesetzt wird. Die Praxis des Herstellens und Suchens von Verbindungen und sogar die Suche nach dem »verbindenden Muster« kann jetzt ernsthaft beginnen. Dieses Unternehmen braucht jene »neuen Weinschläuche«, jene neuen Paradigmen, die eine durch den Kosmischen Christus repräsentierte lebendige Kosmologie herbeiführt. Die neuen Weinschläuche werden sich als Gefäße anbieten, in denen der Geist erneut aufsteigen kann unter allen, die in den Institutionen der Kirche und der Gesellschaft jung sind; in denen der Geist neue Verbindungen zwischen den Weltreligionen schaffen kann; in denen er unsere Lebensweise wieder in Kontakt bringen kann mit unserem Vermögen zu Kreativität, Phantasie, Spiel, Leiden, Sexualität, Wissen und Weisheit. Uns auf den Kosmischen Christus einzulassen, das erfordert einen Paradigmenwechsel und stärkt uns gleichzeitig für einen Paradigmenwechsel:

von:	zu:
– Anthropozentrik	lebendiger Kosmologie
– Newton	Einstein
– Stückwerk-Mentalität	Ganzheitlichkeit
– Rationalismus	Mystik
– Gehorsam als Haupttugend	Kreativität als Haupttugend
– persönlicher Erlösung	Heilung der Gemeinschaft, d. h. Mitgefühl als Erlösung
– Theismus (Gott außerhalb)	Panentheismus (Gott in uns und wir in Gott)
– Sündenfall-Erlösungs-Religion	schöpfungsorientierter Mystik
– Religion	Spiritualität
– Askese	Ästhetik

Sie sehen, daß die Begriffe der rechten Spalte, des neuen Paradigmas, alle mit dem »verbindenden Muster« zu tun haben: Kosmologie, Einstein, Ganzheit, Mystik, Kreativität, Mitgefühl,

Panentheismus, schöpfungsorientierte Spiritualität, Schönheit – jeder neue Weinschlauch ist ein verbindender Weinschlauch. In der Tat leitet der Kosmische Christus eine Epoche ein, die Verbindungen schafft.

Der Kosmische Christus stellt in der Person Jesu Christi das *göttliche*, verbindende Muster dar (das aber keineswegs auf diese Person beschränkt ist). Das göttliche Muster der Verbindung *wurde Fleisch und wohnte unter uns* (Joh 1,14). Das »uns« umfaßt ganz besonders auch die Besitzlosen, Entrechteten – jene, die den geringsten Teil an den »Verbindungen« haben, die das Establishment zu bieten hat. Besonders den Entrechteten bot Jesus Verbindung an: den Leprakranken, Frauen, Sklaven, Sündern und gesellschaftlich Ausgestoßenen. Er schuf die Verbindung zu ihnen nicht nur durch Gespräche und gemeinsame Mahlzeiten, sondern indem er auf Golgatha den Tod der Unverbundenen, Entrechteten, Besitzlosen starb. Die historische Person Jesus zeigt ein ganz anderes »verbindendes Muster« als die ANIMA MUNDI des Platonismus, der alle Sorge für und damit auch alle Verbindung zu den ANAWIM fehlt, den Kleinen und Vergessenen, den Unterdrückten und Opfern der sozialen Ungerechtigkeit. Der Kosmische Christus befreit alle Menschen und führt deshalb, wie in alter Zeit Moses, einen neuen Exodus an: aus den Ketten und der schlechten Botschaft eines Newtonschen, mechanistischen Universums, das übersättigt ist mit Wettkampf, Gewinnern und Verlierern, Dualismen, Anthropozentrik und damit der Langeweile, die daraus entsteht, daß man unsere aufregende Welt als eine Maschine ohne Mystik und Geheimnis darstellt. Der Kosmische Christus ist räumlich und historisch wirklich eng mit der menschlichen Geschichte verbunden. Der Kosmische Christus könnte nebenan wohnen oder auch in unserem tiefsten, innersten Selbst. Das Reich Gottes kann nämlich schon unter uns sein.

Der Kosmische Christus – Träger des Zusammenhalts

Der Soziologe Robert Bellah beschreibt, wie die westliche Kultur zu einer »Kultur der Trennung« wurde. Er zitiert den Dichter John Donne, der unsere Krankheit so treffend beschrieb: »Alles in Stücken, der Zusammenhalt fort.«[9] Der Kosmische Christus leitet eine Zeit des Zusammenhalts ein, beendet die Spaltungen, Unterteilungen, Dualismen, das Stückwerk, das eine Welt ohne Mystik und eine Gesellschaft ohne lebendige Kosmologie ausmacht. Ein Kosmos ist stets ein Ganzes, eine Einheit, ein Zustand des Zusammenhalts, selbst wenn er eine Zeitlang anscheinend nur in den Herzen und der Phantasie von Menschen, nur in der Hoffnung existieren sollte. Der Kosmische Christus vereinigt wieder Psyche und Kosmos. Im Jahre 1875 schrieb der Theologe J. B. Lightfoot, daß Christus das »Prinzip des Zusammenhalts im Universum ist. Er verleiht ihm die Einheit und Festigkeit, aufgrund derer es ein Kosmos und kein Chaos ist. Deshalb (um nur ein Beispiel zu nennen) ist die Gravitation, die alle Dinge an ihrem Ort hält und die Bewegungen der bewegten Dinge regelt, ein Ausdruck Seines Geistes.«[10] Das Gegenteil von Zusammenhalt ist Chaos. Vom Chaos erlöst uns der Kosmische Christus. (In der Bibel ist das Gegenteil von Chaos die Schöpfung und die ihr innewohnende Gerechtigkeit. Unrecht ist immer eine Rückkehr ins Chaos.) Der Kosmische Christus bringt uns dadurch vom Chaos zum Zusammenhalt, daß er die Hoffnung – die Hoffnung darauf, daß ein Zusammenhalt möglich ist – zurück zur Seele und damit zurück zur Menschheit und in ihre Institutionen bringt. Der unvorstellbar tiefe Graben zwischen nördlichen und südlichen Völkern, zwischen Reichen und Armen, zwischen Arbeitenden und Arbeitslosen, zwischen Männern und Frauen, zwischen Heterosexuellen und Homosexuellen zeigt, daß unserer Zivilisation der Zusammenhalt fehlt, daß sie chaotisch ist. Radikale Änderungen sind erforderlich, wenn wir den Kosmischen Christus als den annehmen, der uns in eine Epoche des Zusammenhalts hinüberführt. Was zum Beispiel haben die zwei armen Drittel unserer Welt dem einen Drittel, das im Überfluß lebt, zu geben? Sicherlich ist es schon ein Geschenk, daß sie die Sinnlosigkeit einer Gesellschaft in Frage stellen, der eine echte Mystik fehlt. Was haben die Armen, die Arbeitslosen, die Frauen und die

Homosexuellen den Reichen, Arbeitenden, Männern und Heterosexuellen der Gesellschaft zu geben? Ein gesellschaftliches Zusammenhalten würde gemeinsame Antworten auf diese Fragen erfordern.

Der in Jesus repräsentierte Kosmische Christus verbindet die Armut der materiell Armen mit der Armut der geistig Armen. Er fordert die Bequemen und Zufriedenen, die im Überfluß Lebenden und Privilegierten *anhand ihrer eigenen Armut* heraus. Der reiche junge Mann im Lukasevangelium ging traurig fort, weil er seine Reichtümer nicht loslassen konnte, um die Gegenwart des Göttlichen zu erfahren. Alles Leiden und alle Armut sind also miteinander verbunden, wie auch alle Herrlichkeit und Schönheit. Leiden gibt es nicht als Stückwerk, es ist nicht sinnlos. Alles Leiden hängt zusammen, nämlich im Kosmischen Christus (der gekreuzigt und verwundet ist) und damit in der Gottheit wie in der Menschheit, auf der Erde wie im Himmel. Das große Thema des Epheserbriefes, das »Zusammenbringen verstreut auseinanderliegender Teile«, umschreibt das Leiden als Frieden stiften[11], versöhnen, zusammenfügen zu einem Leib oder Tempel, zu dem allen Zutritt geschaffen wird, und in dem allen als das Kundtun der vielfarbigen Weisheit Gottes (Epheser 1–3).

Der Kosmische Christus muß geboren werden

Es genügt nicht, den Kosmischen Christus als das »verbindende Muster« und den »Träger des Zusammenhalts« zu preisen, wie er in Jesus Ausdruck fand. In einem sehr wirklichen Sinne ist der Kosmische Christus noch nicht geboren. Selbst in Jesus muß der Kosmische Christus noch ganz geboren werden, denn diejenigen, die an Jesus zu glauben behaupten, haben den Kosmischen Christus noch nicht annähernd in dem Maße hervorgebracht, in dem Mutter Erde es braucht. Man könnte also von einem bereits geborenen Kosmischen Christus sprechen (verwirklichte Eschatologie), den wir nur »rätselhaft durch einen Spiegel« sehen (1 Kor 13,12), und vom noch nicht geborenen Kosmischen Christus (unverwirklichte Eschatologie), der der Christus der Gerechtigkeit, der Kreativität und des Mitgefühls in uns selbst und in der Gesellschaft ist, der sich danach sehnt, *in uns* geboren zu werden. Was nützte es mir, so fragt Meister Eckhart, wenn der

Sohn Gottes vor 1400 Jahren der Maria geboren worden wäre, nicht aber in meiner Person, meiner Kultur und meiner Zeit? Auf der Ebene des »Seins« existiert der Kosmische Christus bereits in jeder Kreatur als ein »glänzender, leuchtender Spiegel der Gottheit« (Hildegards Ausdruck). Da wir Menschen aber über das Vermögen des Bewußtseins verfügen, nützt es uns gar nichts, wenn wir uns dessen nicht bewußt sind. »Denn wäre ich ein König, wüßte es aber selber nicht, so wäre ich kein König«, sagt Meister Eckhart. Der Name »Christus« bedeutet »der Gesalbte«. Wir alle sind Gesalbte. Wir alle sind königliche Menschen, schöpferisch, göttlich, heilig, Personen voller Schönheit und Anmut. Wir alle sind der Kosmische Christus, »weitere Christusträger« (other Christs). Was aber nützt das, wenn wir es nicht wissen? Jeder, jede ist eine Sonne Gottes wie auch eine Tochter oder ein Sohn Gottes, doch nur wenige wissen oder glauben es. Meister Eckhart bezeichnet sie als »die Erleuchteten«[12].

Wir sind alle aufgerufen, wie der Kosmische Christus, die göttliche Gegenwart miteinander und füreinander auszustrahlen. »Wir aber, die wir mit unverhülltem Angesicht die Herrlichkeit des Herrn widerspiegeln, werden in das gleiche Bild verwandelt von Herrlichkeit zu Herrlichkeit, wie es vom Herrn aus geschieht« (2 Kor 3,18). Beachten Sie, wie Paulus davon spricht, wie wir an Herrlichkeit immer mehr *zunehmen*. Wir sahen vorher, daß »Herrlichkeit« in der Schrift ein kosmologischer Begriff ist, und hier hören wir, daß noch nicht die ganze göttliche Herrlichkeit des Universums erfüllt ist. Die Menschheit hat die Kraft und Verantwortung, die Herrlichkeit und damit die göttliche Gegenwart im Kosmos zu steigern. Teilhard de Chardin meinte, daß »Christus abgesehen vom mystischen Leib auch einen kosmischen Leib über das Universum ausgebreitet hat. Und wie der mystische Christus noch sein volles Wachstum zu erlangen hat, so auch der Kosmische Christus.«[13] Meister Eckhart lehrt, daß wir alle Mütter Gottes sein sollen[14] und daß wir alle zur Geburt des Kosmischen Christus in uns und in der Gesellschaft berufen sind. Wir sind berufen, Träger des neuen Paradigmas zu sein, der lebendigen Kosmologie und ihrer neuen Weinschläuche; wir sind berufen, das »verbindende Muster« zu sein und »Träger des Zusammenhalts« in einer Gesellschaft der Trennung. Auch Evelyn Underhill verstand diesen Sinn des Kosmischen Christus, der sich danach sehnt, geboren zu werden:

»Die Inkarnation, die für das volkstümliche Christentum gleichbedeutend ist mit der geschichtlichen Geburt und dem irdischen Leben Christi, ist für den Mystiker nicht nur dies, sondern zugleich ein dauernder kosmischer und persönlicher Vorgang. Sie ist ein beständiges Hervorbringen des göttlichen und vollkommenen Lebens, im Weltall und auch in der aufsteigenden Einzelseele, des reinen Gottescharakters ...«[15]

Ganz richtig verbindet Underhill unsere Berufung, den Kosmischen Christus zu gebären, mit der Hauptaufgabe der Mystik. In der biblischen Lehre über die Engel, die ein Element der lebendigen Kosmologie in der Bibel sind, entdeckt der Theologe Rob van der Hart geradezu den Ruf danach, kosmische Ordnung oder Zusammenhalt zu gebären:

»Die kosmische Ordnung, die so wesentlich für den Frieden auf der Erde ist, scheint keineswegs vorgegeben oder selbstverständlich zu sein. *Sie muß errungen werden* – errungen durch eine ständige Integration der mächtigen und furchtbaren Willenskräfte der Engel. ›Dein Wille geschehe auf der Erde wie im Himmel.‹«[16]

Den Kosmischen Christus zu gebären, ist ein kosmischer Akt, der auch kosmische Wehen mit sich bringt und der nicht leichtfällt. Wir begegnen »furchtbaren Willenskräften der Engel«, sind Erben der »*furchtbaren* Zeugungskraft« Gottes, wie Meister Eckhart sagt.[17] Etwas Neues tatsächlich zu gebären ist eine ehrfurchtgebietende Verantwortung. Bei denjenigen, die es wagen, das Mystische in sich und durch sich geboren werden zu lassen, ruft der Kosmische Christus aber auch Verantwortung hervor. Man fragt sich wirklich, ob die überwältigende Stille, die den Kosmischen Christus in der christlichen Geschichte umgibt, nicht mit der Angst zu tun hat, sich den Geburtswehen zu unterziehen und die Verantwortung auf sich zu nehmen, zu welcher der Kosmische Christus die Menschen beruft. C. G. Jung hat die radikale Herausforderung und das Wagnis, das der Kosmische Christus von uns fordert, begriffen, wenn er sagt, der Mensch habe aufgrund der Inkarnation

»eine neue Verantwortlichkeit. Er kann sich jetzt nicht mehr mit seiner Kleinheit und Nichtigkeit ausreden, denn der dunkle Gott hat ihm die Atombombe und die chemischen Kampfstoffe in die

Hand gedrückt und ihm damit die Macht gegeben, die apokalyptischen Zornschalen über seine Mitmenschen auszugießen. Da ihm sozusagen göttliche Macht geworden, kann er nicht mehr blind und unbewußt bleiben. Er muß nun um die Natur Gottes und um das, was in der Metaphysik vorgeht, wissen, damit er sich selbst verstehe und dadurch Gott erkenne.«[18]

Wie Hildegard ruft Jung uns dazu auf, »zu erkennen, wer wir sind«. Wir sind göttlich und menschlich, tierisch und dämonisch. Wir sind der Kosmische Christus. Meister Eckhart sagt dazu:

»Seht, in der gleichen und in keiner andern Weise gebiert Gott der Vater seinen Sohn in der Seele Grunde und in ihrem Sein und vereinigt sich so mit ihr...

Nicht nur der Sohn des himmlischen Vaters wird in dieser Finsternis, die sein Eigen ist, geboren: auch du wirst da geboren als desselben himmlischen Vaters Kind und keines andern, und er gibt auch dir jene Gewalt [nämlich, in der Seele zu gebären].

...Aus demselben Grunde, daraus der Vater sein ewiges Wort gebiert, aus dem wird sie [die fruchtbare Person] fruchtbar mitgebärend.«[19]

Weil wir der Kosmische Christus sind und weil wir aufgerufen sind, den noch ungeborenen Kosmischen Christus zu gebären, sind wir – wie Jesus – Propheten der Ordnung (Gerechtigkeit) über das Chaos (Unordnung und Unrecht). Darum kann Eckhart erklären, daß »des Gerechten Seligkeit und Gottes Seligkeit eine Seligkeit ist, weil der Gerechte da selig ist, wo Gott selig ist. ... und darum ist der Gerechte Gott gleich, denn Gott ist die Gerechtigkeit. Und darum: Wer in der Gerechtigkeit ist, der ist in Gott und ist Gott. ... alle Tugend des Gerechten und jegliches Werk, das aus der Tugend des Gerechten gewirkt wird, ist nichts anderes, als daß der Sohn [d. h. die neue Schöpfung, M. F.] von dem Vater geboren wird.«[20] Eckhart kommt dann auf seine ursprüngliche Aussage zurück, daß es nur *ein* Werk gibt – das Werk des Kosmischen Christus, der in der Person Jesu erklärte, »Ich und der Vater sind eins. ... Denn was der Vater tut, das tut der Sohn in gleicher Weise« (Joh 1,30 u. 5,19). Der Kosmische Christus, der in Jesus Fleisch wurde, erhielt die »Herrlichkeit« des Schöpfers und wurde von ihm »geliebt vor der Grundlegung der Welt« (Joh 17,24). Er verlangt danach, daß diejenigen, die in seine Fußstapfen treten und ihm nachfolgen, ebenfalls die Werke des Kosmischen Christus tun. »Wer an mich glaubt, wird die Werke, die ich tue, auch selbst tun. Und er wird noch größere als diese tun« (Joh 14,12). Dies wird durch unser mystisches und panentheistisches Verhältnis zum Schöpfer möglich. »An jenem Tage werdet ihr erkennen, daß ich in meinem Vater bin und ihr in mir und ich in euch« (Joh 14,20). Jesus informiert uns über den gewaltigen Traum des Kosmischen Christus, der in uns geboren werden möchte – ein Traum von Herrlichkeit und Fruchtbarkeit. »Dadurch ist mein Vater verherrlicht, daß ihr viel Frucht bringt, und dann werdet ihr meine Jünger sein ... Ich habe euch dazu bestimmt, daß ihr hingeht und Frucht bringt und eure Frucht bleibe« (Joh 15,8 u. 16).

Jesus als der Kosmische Christus – eine Geburt, ein Tod, ein Werk

Paulus hebt hervor, daß wir weitere Christusträger sind und zu Christus werden, wenn er sagt: »Ich lebe, doch nicht mehr als Ich, sondern Christus lebt in mir« (Gal 2,20). Er sieht seine Aufgabe als Verkünder der Heilsbotschaft (Gal 1,16) darin, den Christus zu gebären. »Meine Kinder, um die ich abermals Wehen leide, bis Christus in euch Gestalt gewinnt!« (Gal 4,19). Dadurch wird Jesus Christus für uns zu zwei Personen: Erstens ist er der Gekreuzigte, der in uns allen lebt – »mit Christus bin ich gekreuzigt« und »dem Gesetz gestorben« (Gal 2,19). Vielleicht würde das Motiv »dem Gesetz gestorben« heute bedeuten, dem Gesetz des Newtonschen Mechanismus gestorben, dem toten Gesetz eines toten Paradigmas. Zweitens ist Jesus die Kraft des mystischen Lebens, das in uns allen wiederaufersteht. Weil er der ist, der den Tod verleugnet, ist er es, der zum Leben ruft und zur Auferstehung, zur Mystik und zur Verbindung mit allem Sein. Auf diese Weise Leben und Tod zu verbinden, das ist wahrhaftig ein »verbindendes Muster«. Wie ein König durch Salbung mit Öl zum König gemacht wurde, so ruft Christus, »der Gesalbte«, uns auf, zu sein wie er: königliche Menschen – Menschen voll Würde und Verantwortung, voll Schönheit und Kreativität, Träger von Heilung und Stifter von Gerechtigkeit. Wir sind berufen, ebenfalls Christus zu sein.[21] Um diesen Ruf zur Christwerdung zu hören, müssen wir jedoch erwachen. Jesus ist ein Erwecker.

Es ist entscheidend, daß er das Erwachen bringt; denn so viele unter uns schlafen, als wären sie tot. Jesus ist es, der von den Toten erweckt, der uns aus dem Schlummer aufrüttelt, der uns wach macht und zu neuem Leben anregt. Wie kann er das so wirksam tun? Weil er der »Erstgeborene von den Toten« ist (Kol 1,18). Er hat den Hades besucht und das Land der lebenden Toten, die Unterwelten der Verschlafenheit und der dumpfen Gemüter, der kalten Herzen und lahmen Phantasie. Er war »in der Hölle« und kam zurück. Auf dieser Reise verband Jesus Leben und Tod, Himmel und Hölle, Erde und Himmel, Vergangenheit und Zukunft; er ist »das verbindende Muster«.

Alle Geschöpfe tragen das Bild des Kosmischen Christus, obschon viele es nicht wissen. Die Menschen jedoch tragen sowohl das Bild als auch die Ähnlichkeit mit dem Kosmischen Christus, denn ihnen ist auch die Kreativität zu eigen, die aus Gott ist. Unsere Werke und die Früchte, die sie tragen, sind den göttlichen (und darum notwendigerweise auch den dämonischen) näher als diejenigen von anderen Kreaturen.

Der Kosmische Christus verbindet Zeit und Raum

Der in Jesus fleischgewordene Kosmische Christus verbindet auch Raum und Zeit. Als Prophet ist Jesus ein Zeit-Mensch, ein Ankünder neuer Zeiten, des Endes der Zeiten, der Zeit der kommenden Gerechtigkeit, der Zeit der Befreiung für die Gefangenen und des Lichtes für die Blinden und der Ankunft des Reiches Gottes in unserer Mitte. Und wie wir anderen hatte auch Jesus seine Zeit zu leben, die – weil er seiner prophetischen Berufung treu blieb – kurz bemessen war. Da der Tod – auch und besonders für den Gottessohn – immer ein endgültiges Ereignis ist, kann niemand die Zeit wiederbringen, die Jesus verlor und niemals erleben wird. Der große Beitrag der jüdischen Propheten für die Menschheit ist zweifellos der Sinn für die Zeit als einer prophetischen, dringenden, nicht durch unausweichliche Kreisläufe gebundenen. Zeit ist eine Gelegenheit für den göttlichen Durchbruch, für die Ankunft neuen Lebens, größerer Gerechtigkeit, wahreren Friedens. In dieser Hinsicht enttäuscht der Prophet Jesus nicht. Und der Kosmische Christus, der die Wunden der Zeit und des Todes trägt, überdeckt nicht und erlaubt uns nicht zu vergessen, wie zeitlich der gekreuzigte Christus war.

Das letzte Jahrhundert der Wissenschaft hat die Menschheit zur Kraft und Dimension der Zeit wiedererweckt. Neue Ehrfurcht vor dem Geheimnis unseres Ursprungs erfüllt uns, seit uns die Tatsache unserer Evolution dämmerte und wir allmählich einzuschätzen lernten, welche Ausmaße in der Zeit die Erde (viereinhalb Milliarden Jahre) und das Universum (etwa zwanzig Milliarden Jahre) hat. Alles ist im Fluß; alles entwickelt sich; alles kommt und geht; alles ist in der Zeit und gebiert zu seiner Zeit. Zeit und Geschichte sind Teil des ganzen Geheimnisses. Das ist das kosmische Gesetz.

Zwischen dem zeitlichen Bewußtsein der modernen Wissenschaft und demjenigen Jesu Christi besteht eine tiefe Verbindung. Einer der wesentlichen Beiträge Jesu, wie auch der jüdischen Propheten vor ihm, ist der Ruf an die Menschen, ihre Zeit zu feiern als Lebenszeit, als Zeit miteinander – und sie nicht nur hinzunehmen. Wir sind gerufen, zu unserer Zeit Früchte zu tragen, »die bleiben« (Joh 15,16), und den Kosmischen Christus zu gebären, der als das »verbindende Muster« alle Zeiten verknüpft.

Ein weiterer Beitrag dieses »verbindenden Musters« Jesus, welcher der Christus ist, ist die Verbindung von Zeit und Raum. Der Westen hat aufgrund der wissenschaftlichen Arbeit des vergangenen Jahrhunderts tatsächlich das Bewußtsein der Zeit erweckt. Doch unser Raumbewußtsein schlummert immer noch. Wie ich unser Zeitbewußtsein als unsere prophetische Seele verstehe, so verstehe ich unser Raumbewußtsein als unsere mystische Seele oder Psyche. Unsere Zivilisation ist, wie schon in Teil II gezeigt, nicht mit ihren mystischen Kräften in Berührung. Der Kosmische Christus erweckt uns zu genau dieser Dimension, die unruhig in uns schläft. Eine mystische Erfahrung ist unweigerlich von einer Aufhebung der Zeit begleitet: Wir fragen danach »Wo ist bloß die Zeit geblieben?« Der Raum nimmt dabei überhand, Räumlichkeit mit einer Betonung der *Fülle*, des PLEROMA. Jener Raum wird erfüllt von der Erfahrung des Göttlichen, vom ewigen Jetzt. Alles ist vergessen außer der Herrlichkeit, der wunderbaren Gegenwart des göttlichen Geliebten. Der Kosmische Christus reist nicht nur in der Zeit, sondern auch im

Raum. Unsere raum-erfüllten Erfahrungen sind kostbar und erinnernswert – sie sollten der Verwurzelungspunkt aller Moral und aller Entscheidungen sein. Eckhart sagt, Gott sei *spatiosissimus*, das Räumlichste aller Dinge. Hier bekommen wir – endlich – alle die Erlaubnis, unsere Räumlichkeit zu feiern. Jesus wagt es, den als Himmel bekannten Raum mit dem als Erde bekannten zu vermischen: »Dein Wille geschehe im Himmel wie auf Erden.« Was anderes ist die Auferstehung als ein Sieg über Zeit und Ort (Tod auf Golgotha) durch den Raum – durch eine leere (raum-erfüllte) Grabkammer, wo Traurigkeit und Tod keinen Platz mehr haben; wo der Gram ein Ende findet; wo das neue, geheimnisvolle Leben gegen alle Wahrscheinlichkeit und allen Pessimismus und allen Zynismus und alle Niedergeschlagenheit aufersteht. Wo eine Rückkehr ins Land der Lebenden (nach Emmaus gehend, redend und essend) und zum Ursprung des Kosmos (Himmelfahrt) und wo die Ausgießung des Geistes über alle (Pfingsten) erreicht wird.

Ohne ein gesundes Gefühl für Raum und Mystik wird die Zeit leicht zum Götzen: Entweder entsteht ein Götzendienst am »Fortschritt«, dem unsere Kultur seit hundert Jahren huldigt (eine Zeit, in der mindestens so viel heruntergekommen ist, wie sich entwickelt hat). Oder es gibt einen Götzendienst der Schuld und des apokalyptischen Geschreis, das alles Raumbewußtsein betäubt und damit alle Kräfte der Phantasie und Kreativität, die den menschlichen Geist auferstehen lassen und damit die Zeiten erlösen können. Heutzutage reden einige Wissenschaftler ebenso pessimistisch wie einige fundamentalistischen Prediger. In beiden Lagern fehlt es an Mystik und einem Sinn für den Kosmischen Christus, der – wie jeder Mystiker, jede Mystikerin – paradox handelt und aus der Verzweiflung Hoffnung zieht, aus der Finsternis Licht, aus dem Tod Leben und aus dem Alter Jugend. Alle nämlich, die in diesem Christus sind – so Paulus (2 Kor 15,17) –, sind die »Neue Schöpfung«.

In der heutigen spirituellen Szene finden wir zwei Verzerrungen (abgesehen vom Fundamentalismus, der nicht reif genug ist, um als Spiritualität bezeichnet zu werden). Eine Verzerrung tritt in bestimmten Trends der New-Age-Bewegung auf, die ganz Raum und nicht Zeit sind: ganz Bewußtsein und kein Gewissen, ganz Mystik und keine Prophetie, ganz Reinkarnationserfahrung, Engelbegegnung, unsagbare Seligkeit und keine Kritik an

Unrecht oder Anerkennung des Leidens und Todes, die die Zeit als Zoll fordert. Kurz, kein Körper. Diesen Bewegungen sagt der Kosmische Christus: »Tretet in die Zeit ein. Seht, meine Wunden! Liebet euren Nächsten. Laßt die Gefangenen frei.« Eine zweite Verzerrung tritt auf unter den wohlmeinenden Menschen, die für Frieden und Gerechtigkeit hart arbeiten und viel opfern – die, mit anderen Worten, kämpfen, um die Zeit aufzurichten, die messianische Zeit geschehen zu sehen und die Verheißung von Frieden und Gerechtigkeit zu schmecken, die die Propheten verkündeten. Hier liegt die Gefahr in zu starkem Zeitbewußtsein, das abgeschnitten ist von Mystik und Raumbewußtsein. Dadurch wird man in den zeitlichen Kampf verwickelt und brennt aus, wird pessimistisch, verliert die Kreativität, den Geist und die Phantasie. Diesen Menschen sagt der Kosmische Christus: »Schaut, das All! Seht seine übervollen Geheimnisse. Seht, die Herrlichkeit meines Schöpfers. Schaut auf das Universum in euch, die Weite eurer Seele, eure schöpferischen Kräfte, die Wiedergeburt, die Fruchtbarkeit, die Jugend. Seht eure Verbundenheit mit allen großen und kleinen Dingen. Überall findet ihr Schönheit. Nehmt daran teil. Ihr seid Teil davon. ›Laßt ab und erkennt, daß ich Gott bin‹ (Ps 46,10). Und auch ihr seid es.«

Die Technik hat unsere Vorstellung vom Raum gründlich umgemodelt. »Raum« ist jetzt ein Begriff, der für eine weitere Front menschlicher Eroberung und Ausbeutung steht, wie es die gängige Phrase von der »Eroberung des Raums« verkündet. Die Technik hat uns zwar ermöglicht, über den gewaltigen und wunderbaren Anblick unseres Planeten zu jubeln, der im Raume schwebt, andere Planeten zu besuchen und unsere Teleskope und damit Augen und Ohren bis zu den Ursprüngen von Zeit und Raum auszustrecken. Sie hat aber auch den Schatten des Menschen in den Raum getragen. Was wir als »Krieg der Sterne« bezeichnen, ist ein Beispiel dafür, wie wir unseren Militarismus in den Raum hinaustragen. Uns fehlt der innere Seelenraum der Mystik, der es uns ermöglicht, von Krieg, Dualismus und Unterdrückung abzulassen. Zu dieser verzerrten Vorstellung vom Raum sagt der Kosmische Christus: »Laßt ab von eurem Eroberungsdrang. Laßt ab von eurem Militarismus. Horcht in euren inneren Raum nach dem Göttlichen und projiziert *dieses* – seine Herrlichkeit und Schönheit, seine Hoffnung und Gerechtigkeit – in die anderen Räume. Laßt ab davon, den Raum nach eurem

Bilde umzuformen, sondern bildet euch um im Lichte des Raumes. Geht mit dem Raum um, wie ihr wünscht, daß der Raum mit euch umgeht. Und liebt den Raum wie euch selbst.«

Indem der Kosmische Christus Zeit und Raum vereint, ruft er die Bürger des zwanzigsten und einundzwanzigsten Jahrhunderts auf, das tiefere Werk des Universums mitzugestalten. Wie Einstein unser Jahrhundert auf die Verbundenheit von Zeit und Raum aufmerksam machte, weckt der Kosmische Christus uns mit der Lektion von der gegenseitigen Durchdringung unserer Erfahrung von Geschichte und Mysterium, von Prophetie und Mystik, von Zeit und Raum. In welcher Hinsicht sind Zeit und Raum sowohl historische Offenbarung als auch spielerische Darstellung des Gottesreiches? Wer außer der Menschheit könnte diese Frage beantworten? Und wie könnte man sie jemals aussprechen, wenn nicht in der *Praxis* ebenso wie in der Theorie?

Der Kosmische Christus verbindet Mikrokosmos und Makrokosmos

Eine weitere vom Kosmischen Christus geschaffene Verbindung besteht zwischen dem Winzigen und dem Gewaltigen, zwischen Mikrokosmos und Makrokosmos. Der Kosmische Christus leitet eine Epoche der Psychologie ein, die sich nicht um Ich und Ichstärkung – obwohl auch das für manche eine Rolle spielen wird –, sondern um Mikro- und Makrokosmos drehen wird. Darin liegt die Frage, welche Beziehung wir zum übrigen Universum haben – zu den kleinsten Protonen und Neutronen ebenso wie zu den wirbelnden, brausenden, rasenden Galaxien, Lichtjahre entfernt. Der Kosmische Christus ist das »Muster«, das Protonen und Galaxien, Menschen und Neutronen, Menschen und Supernovas »verbindet«. Der Kosmische Christus gibt uns die Gewißheit, daß *nichts belanglos ist*, weil alles mit dem Ganzen verbunden ist. Alles ist eine Quelle der Ehrfurcht, des Staunens, der Weisheit und der Gegenwart des Göttlichen. Alles ist Offenbarung; alles ist unvollendet; alles »harrt in ungeduldiger Sehnsucht auf das Offenbarwerden der Söhne und Töchter Gottes. ... Wir wissen ja, daß die gesamte Schöpfung bis zur Stunde seufzt und in Wehen liegt« (Röm 8,19 u. 22). C. G. Jung begrüßt die

Wiederkehr der Mirko-/Makrokosmos-Psychologie, wenn er sagt: »Jene alte und längst obsolete Idee vom Menschen als Mikrokosmos bedeutet nämlich eine große psychologische Wahrheit, die noch zu entdecken ist.«[22] Die neue Kosmologie ist tatsächlich dabei, die Kraft dieser Vorstellung von Mikrokosmos und Makrokosmos wiederzuentdecken. Wenn wir zum Beispiel lernen, daß alle Elemente unseres Körpers bei einer Supernova-Explosion vor Milliarden Jahren geboren wurden, dann ruft diese Entdeckung Ehrfurcht vor unserem Dasein hervor. Ehrfurcht aber ist – wie die Schriften uns sagen – der Beginn der Weisheit. Und wie schon bemerkt, sagt Heschel, daß Ehrfurcht dem Glauben vorausgeht. *Ohne Ehrfurcht gibt es einfach keinen Glauben.* Mit Ehrfurcht ist alles möglich. Alles kann dann geboren oder wiedergeboren werden – selbst der Kosmische Christus, das Muster, das alle Dinge im Himmel und auf Erden und dazwischen verbindet.

Den frühen Christen war die Verbindung von Raum und Zeit stärker bewußt als den folgenden Generationen. Daß die Heilsgeschichte in der theologischen Ausbildung seit der Aufklärung derart zum Götzen gemacht wurde, ist nur ein Hinweis darauf, wie unausgewogen die moderne Christenheit auf Kosten des Raumes der Zeit zuneigt. Die im Epheser- und Kolosserbrief repräsentierte frühe Kirche reagierte mit einem Raum- *und* Zeitbewußtsein auf das Christusgeschehen. Karfreitag ist Zeit, Ostern ist Raum. Der Sabbat ist Raum, Spiel und das Vergessen der Zeit. Jesus ist Zeit, Christus ist Raum. In dieser Überlieferung spielen Mystik *und* Prophetie eine Rolle, und zwar eine dialektische. Denken wir zum Beispiel an die wundervolle Verbindung der beiden im Hebräerbrief. Zunächst kommt das Zeitbewußtsein:

»Vielmals und auf mancherlei Art hatte Gott von alters her zu den Vorfahren gesprochen durch die Propheten. In der Endzeit dieser Tage hat Gott zu uns durch das Kind gesprochen« (Hebr 1,1–2).

Dann das Raumbewußtsein:

»Dieses Kind hat Gott zum Erben des Alls eingesetzt, wie er durch es alles erschaffen hat. Das Kind ist der Abglanz von Gottes Herrlichkeit und Ausprägung des göttlichen Wesens, und es trägt das All durch sein machtvolles Wort, ... und hat sich zur Rechten der Majestät in der Höhe gesetzt. Um soviel erhabener ist er geworden als die Engel, wie der Name, den er geerbt hat, sie überragt« (Hebr 1,2–4).

Offenbar hat der Kosmische Christus die Kraft, Christen rückzuverbinden zu einer ausgewogenen Erfahrung von Zeit und Raum, von Prophetie und Mystik, von Geschichte und Geheimnis. Die Inkarnationsgeschichte – das Göttliche, das Ursprüngliche, die Weisheit von alters her nahm Gestalt an als ein neugeborenes menschliches Kind, »bis auf die Sünde uns in allem gleich« (Hebr 4,15) – das ist eine Geschichte von Mikro- und Makrokosmos, wenn es je eine gab. Denn die Vermählung von Mikrokosmos und Makrokosmos schlechthin ist diejenige des Menschlichen und des Göttlichen.

20. Jesus Christus als gekreuzigte und auferstandene Mutter Erde

Die Ureinwohner Neuseelands, die Maori, haben das Sprichwort, daß »die Erde eine Mutter ist, die niemals stirbt«. Ich wünschte, dieser wunderbare Satz wäre heute ebenso wahr, wie er es die Zehntausende Jahre lang war, die das Volk der Maori existierte. Doch ist, wie wir im ersten Teil des Buches sahen, der Muttermord eine Realität. Die Tötung von Mutter Erde ist das *vorrangige ethische, geistige und menschliche Problem unseres Planeten.* Während ich dieses Buch schrieb, hörte ich täglich die Berichte über die Verwüstung unseres Planeten: seiner Ozonschicht, seiner Regenwälder, seines Bodens, seiner Gewässer, seiner Vegetation, seiner freilebenden Tierarten, seiner Kinder. Durch all das beginnt, endlich, das Bewußtsein der Menschheit zu erwachen und seine Torheit zu erkennen. Die Fakten werden bekannt, und wir lernen dazu. Der Theologe und Geologe Thomas Berry sagte:

»Die Erde wird nicht zu erbärmlicher Knechtschaft herabgewürdigt werden. Nach den Angriffen des Menschen erhebt sich die

Majestät der Erde nun mit unergründlichem Angesicht über ihn. Die Anzeichen einer Antwort in Form massiver Vergeltung mehren sich. Das Spiel ist nur ein Spiel, wenn es zu einem umfassenderen Leben führt. Sonst ist das Spiel keine kreative Erfahrung mehr, sondern ein Todeskampf, ein Kampf, den die Menschheit nicht gewinnen kann.«[23]

In ähnlichem Ton warnte uns Hildegard von Bingen schon vor achthundert Jahren, mit unserem Umgang mit der Natur nicht das »Netz des Universums« zu stören. Sie schrieb:

»Die gewaltige Stimme aber ... deutet auf die Klage hin, welche die Elemente mit wildem Geschrei ihrem Schöpfer vortragen. Nicht in menschlicher Weise hörst du sie reden, sondern mit allen Zeichen ihrer augenscheinlichen Unterdrückung. ... So oft auch die Elemente der Welt durch die schlechten Taten der Menschen geschändet wurden, wird Gott sie durch die Qualen und Drangsale der Menschen wieder reinigen.«[24]

Es ist deutlich, daß die Schöpfung auf das Unrecht reagiert, das ihr von der Menschheit zugefügt worden ist. Äußert sich der Kosmische Christus zu dieser dringendsten Not von Mensch und Erde? Trägt der Kosmische Christus zur Heilung von Mutter Erde bei und zum Kampf gegen den Muttermord? Kann der Kosmische Christus helfen, die Mutter von den Toten zu erwekken? Ich glaube, ja.

Wie alle religiösen Menschen des damaligen Mittelmeerraumes dachte die erste Generation der Christen sehr kosmologisch. Sie verstand das Christusgeschehen, die Erfahrung Christi in der Person Jesu als ein kosmisches Geschehen. Sie glaubte daran, daß Jesus nichts weniger als eine kosmische Heilung, eine kosmische Erlösung zuwege gebracht hat.

In der Formulierung »Jesus ist die Sonne der Gerechtigkeit« drückte sich der Glaube an die Macht Jesu Christi als des Herrn über die chaotischen Kräfte der Schöpfung aus. Dieser kosmologische Titel ist vom ersten Jahrhundert an bis heute verwendet worden. Die Vorstellung von Jesus als Sonne, als Licht der Lichter, das die Finsternis und Verzweiflung verbannt, steht hinter der Tradition der Feier seiner Geburt in der dunkelsten Jahreszeit zur Wintersonnenwende. Weihnachten ist ein Beweis für das kosmologische Bewußtsein der Jahrhunderte Vor-Newtonscher Christenheit. Ich bin jedoch nicht der Auffassung, daß das Sonnensymbol für Jesus dem dritten Jahrtausend der Christenheit angemessen ist. Zum Beispiel ist ganz offenkundig, daß die Säkularisierung von Weihnachten die leuchtende Kraft, die einst mit diesem Fest verbunden war, praktisch zerstört hat. Zum Teil ist die Säkularisierung eine Folge des allmählichen Verlustes kosmischer Symbolik im Volk der Gläubigen selbst, die das Gedächtnis an eine lebendige kosmische Person nicht mehr achten.

Ich glaube, das heute passende Symbol des Kosmischen Christus, der Fleisch geworden ist, ist dasjenige von Jesus als der gekreuzigten Mutter Erde, die doch täglich aufersteht. Wie komme ich zu dieser Überzeugung? Zunächst weil Mutter Erde in unserer Zeit gekreuzigt wird und schwer verwundet ist. Wie Jesus auf Golgotha ist sie keines Vergehens schuldig. Viereinhalb Milliarden Jahre lang hat sie uns gesegnet, indem sie Wasser gab, die Kontinente trennte, die richtigen Mengen Sauerstoff, Kohlendioxid und Ozon in die Atmosphäre gab, indem sie Pflanzen, Blumen, Tiere, Vögel und Fische gebar; alles, um uns zu erfreuen, uns mit ihren Gaben und ihren Werken zu segnen, die die Luft und den Boden gesund und zuträglich für uns machten. Kurz: die Erde liebte uns – und liebt uns noch –, auch wenn wir sie täglich kreuzigen.

Doch erhebt sie sich, wie Jesus, täglich aus ihrem Grab. Ostern ist für die Erde nicht ein liturgisches Ereignis einmal im Jahr. Vielmehr segnet sie uns, verwundet und sich doch erhebend, täglich, wenn wir aus dem Schlaf erwachen. Wie der auferstandene Jesus hat sie das Vermögen, durch verschlossene Türen zu gehen, durch die verschlossenen Herzen der Menschen, um ihnen Frieden zu wünschen und den Atem (RUACH) des Lebens in sie zu hauchen als Quelle der Wiedergeburt und Kreativität.

Jesus kann als Mutter Erde aufgefaßt werden, weil er sich selbst als Mutter bezeichnete, als er über Jerusalem weinte: »Jerusalem! Jerusalem! Du tötest die Propheten und steinigst, die zu dir gesandt sind; wie oft habe ich deine Kinder versammeln wollen, wie die Glucke ihre Küken unter den Flügeln sammelt, und ihr habt nicht gewollt! Siehe, euer Haus wird euch öde gelassen« (Lk 13,34–35). Wenn Jesus durch seine Mutterliebe zu Jerusalem schon derart erschüttert war, wie groß wäre sein Klagen heute um Mutter Erde? Er, der die Kinder um sich sammeln wollte, wie die Glucke ihre Küken unter ihren Flügeln sammelt, er wäre gewiß derjenige, der heute die Klage anstimmen würde für die Heilige Stadt, das heißt für den ganzen Planeten. Das Haus, unser Haus, Mutter Erde also, ist verödet. Die Menschheit fährt fort, die Propheten zu töten und jene zu steinigen, die ausgesendet sind, um sie zum Schmerz über Mutter Erde zu erwecken. In Jesu Worten ist das verlassene Haus der Tempel. Der Tempel aber ist Mutter Erde, der geweihte Bezirk, in dem die heilige Schöpfung wohnt und Gott lobt. Zu seiner Lebzeit wurde Jesu Sendung und Botschaft zurückgewiesen – er wurde gekreuzigt. Die ablehnende Haltung ist es, die unsere Mißhandlung an Mutter Erde so schmerzlich macht. Sie hat unser Bestes gewollt, wie auch Jesus das Beste für das Volk von Jerusalem wollte – um dann abgelehnt zu werden. Bemerkenswert ist auch, daß es die Kinder sind, um die Jesus als Mutter weint. Es sind die Kinder, die kommenden Generationen, die am meisten unter der Verwüstung der Schönheit und Fruchtbarkeit der Erde leiden werden. Ist Mutter Erde in dieser Hinsicht nicht Jesus gleich? – da sie über die bedrohte Zukunft der Kinder weint und danach verlangt, *alle* ihre Kinder (die Erwachsenen eingeschlossen) schützend unter ihre Fittiche zu nehmen? Die Stelle im Evangelium endet mit einer Warnung: »Ich sage euch aber: Ihr werdet mich nicht mehr sehen, bis die Zeit kommt, da ihr sprecht: ›Gepriesen sei, der da kommt im Namen des Herrn!‹« (Lk 13,35: Mt 23,37–39). Jesus bezieht sich auf Psalm 118,26, einen Psalm der Wallfahrt und der messianischen Feier. Bei dem Ruf: »Gepriesen sei, der da kommt im Namen des Herrn!« handelt es sich um eine Rückkehr zum Bewußtsein des Gesegnet-Seins, um ein Innewerden des Ursegens, der Mutter Erde für die Menschheit ist und immer war. Nur dadurch kann die heilige Beziehung zwischen der Erde und uns wieder aufgerichtet werden.

Die Tradition von Jesus als Mutter, die bei den Schöpfungsmystikern immer vorherrschte, hat besonders reich Juliana von Norwich entfaltet. Sie preist unser Geborgensein im Leibe Jesu, wenn sie schreibt: »Jesus ist unsere wahre Mutter, in der wir unentwegt getragen werden und aus der wir nie heraustreten.«[25] Diese panentheistische Metaphorik gleicht derjenigen im Johannesevangelium, wo Jesus davon spricht, daß wir »in ihm« sind. »Ich bin der Weinstock, ihr die Reben. Wer in mir bleibt und ich in ihm, der bringt viele Frucht« (Joh 15,5; siehe auch 17,21 u.

23). Juliana fährt fort: »In Jesus finden wir die geschickte und weise Bewahrung unserer Sinnlichkeit, wie auch unsere Erlösung und Befreiung; denn Er ist unsere Mutter, unser Bruder und Befreier.«[26] Sie stellt Jesus als eine Mutter dar, die unsere irdische Seite und Sinnlichkeit erhält und behütet. Sie verbindet die Mütterlichkeit mit der Weisheit Gottes und definiert den Dienst der Mutter als das »Nächste, Bereitwilligste und Sicherste«[27]. Unsere »Mutter Christus« führt uns auch durch dieses vergängliche Leben ins Licht.[28] Neben der Mütterlichkeit Jesu hat Juliana auch die Mütterlichkeit Gottes tief empfunden: »Gott ist der wahre Vater und die wahre Mutter der Naturen.«[29]

Jesus Christus symbolisiert auch darum die Erde, weil er, wie jeder Mensch, von Erde gemacht ist und zur Erhaltung seines Lebens von der Erde abhängt. Hildegard von Bingen spricht davon, wie die Erde doppelt vergöttlicht wird: erstens, weil sie so heilig ist, und zweitens, weil sie für den Körper sorgte, in dem der Sohn Gottes als Mensch Fleisch wurde. Außerdem wird Christus als »Erstgeborener« und als »Erstling (erste Frucht)« bezeichnet (Röm 8,29; 1 Kor 15,20 u. 23). Diese tiefen erdhaften Bilder, die Paulus verwendet, gehören zur Bildwelt der jüdischen Fruchtbarkeitsriten zu Passah, mit welchen Passah als ein Nachvollzug der Kosmogonie oder Schöpfung gefeiert wurde. Was waren diese »Erstlinge«? Sie »galten als das Kostbarste und Lebenskräftigste der ganzen von ihnen repräsentierten Familie, Herde oder Ernte. Von ihrer Hingabe erhoffte man Gedeihen und Fruchtbarkeit, mit einem Wort: Leben.«[30] Die Erstlinge wurden auf besondere Weise für das Volk geopfert, wie auch Jesus. Dieser Mensch, der das »vollkommene Bild des Schöpfers« ist und deshalb der vollkommene Kosmische Christus, ein Erstgeborener und ein Erstling, ist wie jedes Erdenwesen Erbe von zwanzig Milliarden Jahren Geburtskampf des Universums. Er ist ein Geschöpf der Erde und das noch radikaler als wir anderen, weil er der kostbarste, lebendigste Repräsentant der erstaunlichen Fruchtbarkeit der Erde ist. Die Erde hat durch die Geburt Christi eine einzigartige göttliche Tat vollbracht, eine Geburt, von der die Evangelien uns erzählen, daß sie wie die ursprüngliche Schöpfung selbst stattgefunden hat: Der Geist Gottes schwebte über dem Fruchtwasser von Marias Leib, die eine neue Schöpfung gebar.

Jesus war auf einzigartige und tiefe Weise empfänglich für die

Schmerzen der Welt. Er identifizierte sich völlig mit den ANAWIM, den Leidenden und Unterdrückten. »Dann werden auch sie antworten und sagen: ›Herr, wann sahen wir dich hungrig oder durstig oder fremd oder nackt oder krank oder im Gefängnis und haben dir nicht gedient?‹ Da wird er ihnen antworten: ›Wahrlich, ich sage euch: Was immer ihr einem dieser Geringsten nicht getan habt, das habt ihr mir nicht getan‹« (Mt 25,44–45). Ist nicht Mutter Erde heute hungrig und durstig, eine Fremde und nackt, krank und unterdrückt? Dann ist Jesus die Mutter Erde, Mutter Erde als ANAWIM, Mutter Erde als diejenige ohne Stimme, die Vernachlässigte und Bedrückte. Im Lukasevangelium ist die erste Verkündigung Jesu, daß er ein Prophet ist, wie Jesaja ihn vorhergesagt hat. »Der Geist des Herrn ruht auf mir, weil er mich gesalbt hat; er hat mich gesandt, Armen Frohe Botschaft zu bringen, den Gefangenen Befreiung zu verkünden und den Blinden das Augenlicht, Bedrückte in Freiheit zu entlassen und auszurufen ein Gnadenjahr des Herrn« (Lk 4,18–19). Ist Jesus, der Christus, etwa nicht gesandt, die Frohe Botschaft zu Mutter Erde zu bringen, die arm ist; Freiheit zu verkünden für Mutter Erde, die in der menschlichen Gier und Habsucht gefangen ist, den blinden Zweibeinern, die die Gaben der Erde übersehen, das Augenlicht zu geben und die bedrückte Mutter Erde in die Freiheit zu entlassen?

Die Weisheit ist nicht nur in Jesus Fleisch geworden, sondern in allen Ausdrucksweisen des Kosmischen Christus. Daraus, daß – mit Eckharts Worten – jedes Geschöpf ein Wort Gottes ist, folgt, daß Mutter Erde ein besonderes Wort Gottes ist: ein einzigartiger Ausdruck göttlicher Weisheit, göttlicher Mütterlichkeit und Sorge, göttlicher Kreativität und Fruchtbarkeit. Denken wir nur an ihre gewaltigen Leistungen und daran, wie viele andere »Worte Gottes« – jedes Geschöpf auf diesem Planeten – völlig vom Überleben und dem Erblühen von Mutter Erde abhängen. Jesus, der Sohn Gottes, war völlig von Mutter Erde abhängig, wie alle Menschen: darin liegt der Skandal von Bethlehem, der dem Skandal von Golgotha vorausging. Mutter Erde hat Jesus nie enttäuscht oder im Stich gelassen. Er hungerte nicht und wurde auch geistig nicht benachteiligt, indem er die Schöpfung erlebte. Ja, seine Gleichnisse nehmen seine reichen Erfahrungen in der Schöpfung und mit ihren Segnungen auf. Er starb unter den Händen von Männern, ebenso wie Mutter Erde unter den Händen einer wahnsinnig gewordenen patriarchalen Zivilisation mit ihrer Neigung zum Muttermord stirbt. Jesus und Mutter Erde erscheinen als die Opfer der gleichen pathologischen Erscheinung. Mutter Erde läßt uns Menschen nicht im Stich, vielmehr verlassen wir sie.

Was für eine Krankheit ist das, die Mutter Erde tötet und damit auch Jesus Christus immer wieder umbringt? Otto Rank bezeichnet sie als »ein ideologisches Befürfnis im Menschen, seinen mütterlichen Ursprung auszulöschen, um seine sterbliche Natur zu verdrängen«[31]. Der Kosmische Christus stellt den Muttermord in seinem Kern in Frage: unsere Todesangst, unsere Flucht vor unserer Sterblichkeit, von der Otto Rank meint, daß sie die patriarchale Epoche regieren. Der Kosmische Christus feiert alles Menschliche, alles Irdische und darum alles Sterbliche. Es ist nicht mehr nötig, unseren Ursprung »auszulöschen«. Im Gegenteil ist die »Rückkehr zum Ursprung«, von der wir in Teil II sprachen, eines der wertvollsten Geschenke einer gesunden und lebendigen Mystik. Der Kosmische Christus erlaubt uns, lädt uns ein, ja fordert uns heraus, die destruktive Angst vor der Natur zu überwinden, die hinter einem großen Teil der krankhaften Züge der Gesellschaft und hinter dem Muttermord unserer Zeit steht. Rank sagt:

»Die tiefverwurzelte Angst vor den Naturkräften, die den Menschen nicht nur von außen, sondern mehr noch von innen, aus seiner eigenen Natur bedrohen, läßt den Menschen sein natürliches Selbst aus dem Blick verlieren und die Wirklichkeit bis zum Wahnsinn hin verzerren. ... Doch all seinen Bemühungen, Kontrolle zu gewinnen, ist eine Grenze gezogen, solange der Tod den unverschämten Eroberer der Natur erwartet.«[32]

Rank identifiziert das muttermörderische Prinzip mit dem Zwang zur Kontrolle. Wieder ist es aber unsere Sterblichkeit, die uns die Grenzen des Kontrollierens zeigt. Wollen wir in einer Gesellschaft der Kontrolle für immer leben, so müssen wir unsere Sterblichkeit bekämpfen.

Auf verschiedene Weise hat der Kosmische Christus mit unserer Todesangst zu tun, nicht zuletzt dadurch, daß er durch seine Auferstehung all unsere Ängste um den Tod und damit auch unser übertriebenes Kontrollbedürfnis beruhigt. Kein Wunder, daß Rank, der nicht Christ, sondern Jude war, die Geschichte der

Auferstehung als die »revolutionärste Idee« der Menschheitsgeschichte bezeichnet. Sie zeigt uns einen Weg aus den muttermörderischen Tendenzen des Patriarchats, einen Weg über unsere Todesangst hinaus, einen Weg aus dem männlichen Neid um die weibliche Kreativität, einen Weg zur Kreativität für alle. Eckhart meinte, daß wir alle dazu bestimmt seien, Mütter Gottes zu sein.[33] Rank sieht (an der oben zitierten Stelle) die Ursache des Muttermordes darin, daß wir unser »natürliches Selbst« aus dem Blick verloren haben. Die Flucht vor der Natur, vor unserer Animalität, davor, daß wir ursprünglich Gesegnete und doch endliche Kreaturen sind, die Flucht vor der Schöpfung: All dies sieht Rank als Quelle unserer Versuchung zum Muttermord. Aber haben die Kirchen und Synagogen viel dazu beigetragen, unser »natürliches Selbst« zu preisen, oder uns gelehrt, es zu feiern? Eine schöpfungsorientierte Spiritualität tut natürlich genau das. Die Sündenfall-Erlösungs-Theologie, die im Westen einflußreichste Tradition, versagt darin. Wo eine solche Ideologie vorherrscht, trägt die Religion selbst zur Verursachung des Muttermordes bei.

Ich habe begründet, warum das neue Symbol Jesus als gekreuzigte und doch auferstehende Mutter Erde die Kraft in sich trägt, die Menschheit zu erwecken – zum Überleben der Erde, zur Beendigung des Muttermordes und zu ihrem eigenen besten Selbst als Mystiker, Propheten und schöpferische Individuen. Wie das Symbol Jesus als Sonne der Gerechtigkeit in den vergangenen neunzehnhundert Jahren der Christenheit wirksam war, so enthält das von mir wahrgenommene Symbol das Vermögen, weltweit eine dem dritten Jahrtausend angemessene Spiritualität ungeahnten Ausmaßes einzuleiten. Abgesehen davon, daß die Christen zu ihren ältesten und tiefsten Überlieferungen erwachen, zu einer lebendigen Kosmologie, werden auch andere Menschen guten Willens aufwachen, denn der Friede mit Mutter Erde ist Vorspiel und Voraussetzung für den Frieden auf Erden. Alle Menschen guten Willens werden das in wachsendem Maße einsehen. Im Endeffekt geht es nicht darum, daß das Christentum bis ins nächste Jahrtausend überlebt. Ich nehme sogar an, daß es in der uns bekannten Form *nicht* überleben wird, denn wir kennen es nur noch in spröden, alten und lecken Weinschläuchen. Wenn aber Mutter Erde nicht überlebt, wird gar nichts überleben. Das eigentliche Problem ist das Überleben, mehr noch das Erblühen von Mutter Erde. Dabei kann das Christentum hilfreich sein, indem es dem Weiterleben der Erde die reiche Symbolik des Oster-Geheimnisses leiht.

21. Ein Ostermysterium für das dritte Jahrtausend der Christenheit

Mit der Annahme, daß Mutter Erde als der gekreuzigte Jesus Christus verstanden werden kann, beziehe ich mich auf die alte jüdische und christliche Tradition des Passah-Geheimnisses. Ich biete einen neuen Weinschlauch an, mit dem das Oster-Mysterium im dritten Jahrtausend begriffen und gelebt werden kann. Eine lebendige Kosmologie, wie diejenige des Kosmischen Christus, bringt uns einen neuen und herausfordernden Kontext, eine neue Sicht für die Überlieferung des Oster-Geheimnisses.

Untersuchen wir kurz den Kern der Tradition. Ein Theologe definiert sie als »das Ostergeheimnis des Leidens, der Auferstehung und der Himmelfahrt Christi, ... die Erlösung, wie sie im Alten Testament vorgebildet ist und deren Inhalt Überwindung des Todes sowie Verleihung des Lebens ist; demzufolge Ursprung der Kirche und der Sakramente, insbesondere der Taufe und der Eucharistie«[34]. Im Zusammenhang mit dem Kosmischen Christus bekommt dieses Oster-Geheimnis neue Kraft, eine vertiefte Bedeutung und moralische Leidenschaft, in dem wir in dem gekreuzigten, auferstandenen und aufgefahrenen Jesus Christus die Passion, Auferstehung und Himmelfahrt der Mutter Erde anschauen. Durch diesen erweiterten Sinn kann es auch zur Wiedergeburt der Kirche und der Sakramente kommen, wie wir in Teil V sehen werden. Es ist wichtig, zu erkennen, daß das ursprüngliche jüdische Passahfest nicht auf die Heilsgeschichte bezogen war, sondern der Verehrung der Mutter Erde diente. Es handelte sich um Feiern von Zeit und Raum im kosmischen Sinne:

»Beide – Passah und Mazzot – sind vorisraelitischen Ursprungs. Passah ist ursprünglich ein Ritus der nomadisierenden Kleinviehhirten, den sie in der Vollmondnacht zur Zeit des Frühjahrsäquinoktiums zu ihrem und ihrer Herden Schutz und Gedeihen ... vornahmen. Die Mazzot dagegen gehören dem Kulturbereich der Ackerbauern an, die beim Erntebeginn durch das Essen von ungesäuerten Broten, denen kein von der vorjährigen Ernte stammendes Getreide beigegeben war, den Einschnitt zwischen alt und neu markierten. Es handelt sich also um zwei *Naturfeiern*, die von den Israeliten ... ›historisiert‹ worden sind.«[35]

Die Tradition der Fruchtbarkeitsriten ging in Israel nicht ganz verloren; das sinnliche und kosmologische Hohelied ist der Lesungstext der Synagoge für das Passahfest. Das Oster- oder Passah-Geheimnis Jesu Christi ist traditionell verbunden mit der Passah-Theologie des jüdischen Volkes, die sich auf die drei Erlösungstaten Jahwes konzentriert: Zunächst wurde Israel der Tod erspart mit Hilfe des Passah-Lammes, dessen Blut als Zeichen des Schutzes für das Volk galt. Zweitens wurde Israel aus der Gefangenschaft in Ägypten geführt. Und drittens ging Israel durch das Rote Meer, wo die Teilung der Wasser den Durchgang durch den Geburtskanal versinnbildlichte – ein deutliches Bild der Neugeburt. Passah ist also ein Exodus, ein Hinausgang ebenso wie ein Übergang – ein Hinübergehen vom Tode zum Leben, von der Sklaverei in die Freiheit, vom Vergangenen ins Land der Verheißung und des Friedens.

Liturgisch oder sakramental bestand Passah im wesentlichen aus einer Gedächtnisfeier zur Verlebendigung der befreienden Taten. Passah wurde in Israel als das »Fest der Feste« angesehen, es erinnerte an den Geburtstag Israels selbst, den Beginn seiner Geschichte. Das Ritual bestand in einem symbolischen Nachvollzug des Auszuges und der Befreiung. Es war auch ein Opfermahl: »Das bei der häuslichen Feier zu verzehrende Lamm (bzw. Ziegenböckchen) wurde zuvor im Tempel geopfert. ... Dabei kommt dem Passahblut Sühnebedeutung zu.«[36]

In der neutestamentlichen Version des Christusgeschehens war das jüdische Passah die »Stunde«, auf die Jesus sich absichtlich zubewegte. Er wurde als das »Passahlamm« geschlachtet, wurde »unser Passah« (1 Kor 5,7). Bei den Synoptikern wird das letzte Abendmahl auf das Passahmahl der Juden bezogen. Ebenso wie das Blut des Passahlammes hat der Tod Jesu Sühnebedeutung: Bei der Kreuzigung wird die Kirche aus Jesu Seite geboren; zwischen Gott und seinem Volk wird ein neuer Bund geschlossen. Erlösung wird als die Befreiung von der Gefangenschaft verstanden.

Jede Mahlzeit, die wir essen, ist wie ein Abschiedsmahl für Mutter Erde, denn wir essen immer sie. Darum ist Mutter Erde ein ständig geopfertes »Passahlamm«, dessen Blut zu unserer Heilung, unserer Nahrung und Erlösung vergossen wird.

Kann Mutter Erde heute eine Erlösung erwarten, wie sie der Überlieferung des Passah-Geheimnisses entspricht? Kann sie erwarten, daß ihr der Tod durch ein geweihtes Opfer erspart wird? Ist die Tatsache, daß Mutter Erde ans Kreuz genagelt wird, für die Menschheit nicht genug Grund zu erwachen? Und könnte nicht aus einem erneuerten Bund ein »neues Israel« erwachsen, das bis zum Ende der Welt reicht und Gottes ganze Schöpfung willkommen heißt? Schließlich wurde der erste Bund nach der Schrift nicht zwischen Gott und Israel, sondern zwischen Gott und der Schöpfung geschlossen – sein Symbol ist der Regenbogen (Gen 9,12–17). Der Regenbogen ist weder jüdisch noch christlich, weder moslemisch noch atheistisch. Er gehört der ganzen Schöpfung. Er ist Zeichen eines kosmischen Bundes, und er ist ein direkter Nachkomme von Mutter Erde und ihren Wundern, dem Sonnenschein und dem Regen, der Erde und dem Himmel. Wenn uns der Kosmische Christus zur Kraft von Mutter Erde erwecken kann und uralte Rituale wie Passah wiederbelebt, was sonst alles kann unter der Perspektive des Kosmischen Christus noch erneuert werden?

22. Die Erlösung erlösen: der Kosmische Christus als Erlöser des Kosmischen Schmerzes

Die Gute Botschaft, die wir hören möchten und die zu fühlen sich auch Mutter Erde sehnt, besteht darin, daß das Heil mit Solidarität zu tun hat: Solidarität mit Gott, den Nächsten und allen Geschöpfen Gottes. Die Vorstellung einer privaten Erlösung ist völlig überholt. Nur eine Newtonsche Weltsicht des Stückwerks konnte die populäre Häresie verbreiten, daß Erlösung individualistisch und eine Privatsache sei. In einer Welt der wechselseitigen Abhängigkeit gibt es so etwas wie ein privates Heil nicht. »Alle sind gesendet oder keiner ist gesendet«, sagt Meister Eckhart.[37] Bei der Erlösung geht es darum, daß Gott »alles in allem« wird, wie uns Paulus sagt (1 Kor 15,28). Die Hymnen an den Kosmischen Christus, die wir in Teil III betrachteten, wie auch das überwältigende kosmologische Interesse, das wir in den Evangelien fanden, sprechen für die kosmische Bedeutung der Erlösung und Heilung. Vielleicht wird die Kraft dieser Guten Botschaft am besten von Kabir zusammengefaßt, der sagt: »Wer ist heilig? Heilig ist, wer das Leiden anderer spürt.«[38] Er sagt *nicht*, daß heilig ist, wer das eigene Leiden versteht, sondern dasjenige von anderen. Um das Leiden von anderen zu verstehen, muß man die Gäste des Schmerzes und Leidens auch in sich selbst bewirten. Es beim eigenen Schmerz zu belassen wäre aber reine Sentimentalität. Sentimentalität und Fundamentalismus gehen meist zusammen. Wer sich ausschießlich um das eigene Heil und seinen persönlichen Erlöser kümmert, tut dies in direktem Gegensatz zur ganzen Lehre des Kosmischen Christus, der für alle gekreuzigt wurde. Die Erlösung muß in einem umfassenden Sinne für alle gelten und eine Heilung des kosmischen Schmerzes sein, oder es ist überhaupt keine Erlösung. Gerade die Geringschätzung des kosmischen Leidens und damit auch der kosmischen Heilung und Erlösung ist es nämlich, die die Religion letztlich belanglos werden läßt.

Der Kosmische Christus wird eine Epoche herbeiführen, in der die Idee einer Privaterlösung den Weg der Newtonschen Weltanschauung gehen wird. Denn auf dieser Kosmologie konnten nur Pietismus und private Heilsvorstellungen aufbauen und die Vorherrschaft gewinnen. Der Kosmische Christus führt uns dazu, uns mit dem Leiden auseinanderzusetzen und darin eine neue Ebene der Wahrhaftigkeit und Ehrlichkeit zu entdecken, anstatt es nur zuzudecken. Ist angesichts der menschlichen Zerstörungskraft, die sich in atomarer Aufrüstung, aber auch in Atomkraftwerken (Tschernobyl) und Chemiefabriken (Bhopal, Indien) zeigt, der *dämonische* Aspekt der menschlichen Macht nicht schon in seinem kosmischen Ausmaß deutlich? Mit anderen Worten: Wir können die Wirkung unserer Zerstörungskraft nicht mehr auf »persönliche« oder auch nur »zwischenmenschliche« Zufügung von Leid begrenzen. Selbst Landesgrenzen können den Schmerz nicht mehr aufhalten, den die Menschen Mutter Erde und ihren Kindern zufügen können. Die Unschuldigen *sind betroffen und werden es auch weiterhin* sein. Nach der Katastrophe von Tschernobyl konnten Lappländer in Finnland, deren ganze Kultur und Wirtschaft vom Rentier abhängt, noch ganze sechs Tiere verkaufen. Daran fällt die wechselseitige Abhängigkeit von Zweibeinern und Vierbeiner auf: Weil die unschuldigen Rentiere ungerechterweise durch das Ereignis von Tschernobyl vergiftet wurden, waren die unschuldigen Lappländer ebenfalls betroffen.

Da Schmerz, Leiden und Sünde kosmisch sind – größer, als wir kontrollieren, und viel komplexer, als wir uns vorstellen können –, muß auch die Erlösung kosmisch sein. Ist der dämonische Aspekt der menschlichen Seele in der Lage, derartiges kosmisches Leid zu verursachen, sollte dann der *göttliche* Anteil derselben Seele nicht in der Lage sein, eine kosmische Heilung herbeizuführen? Der Kosmische Christus besteht auf dieser Möglichkeit und kann uns den Weg dahin zeigen! Kosmisches Heil ist die Antwort auf das kosmische Böse. Mensch zu sein bedeutet nach Thomas von Aquin, *capax universi* zu sein, »des Universums mächtig«. Unser universelles Vermögen ist göttlich und dämonisch, positiv und negativ, Herrlichkeit und Schatten. Unser Kampf richtet sich gegen die »Mächte und Gewalten«, wie Paulus sie nennt (Eph 6,12). In einer lebendigen Kosmologie gibt es nichts »nur Menschliches«. Der Christus oder himmlische Messias wird die kosmischen Kräfte entwaffnen. Wir hören, daß Christus »die Hoheiten und Mächte entwaffnet und ein öffentliches Beispiel an ihnen gibt«. In diesem Sinne befreit er uns von der Herrschaft des Gesetzes – davon, »den Vormündern und Verwaltern zu unterstehen, den Weltelementen (Gal 4,2–3). Jene Mächte können nichts weiter anbieten als ein stückweises Gleichgewicht der kosmischen Kräfte, eine Art ›Recht und Ordnung‹, wobei die Freiheit in die Zwangsjacke kommt«[39].

Der Kosmische Christus kämpfte in Jesus darum, ein Gleichgewicht der kosmischen Kräfte herzustellen und einen kosmischen Krieger aus ihm zu machen. Die Versuchungen Jesu in der Wüste waren *kosmische* Versuchungen, ein Kampf mit Mächten und Gewalten, die – wie wir in Teil III sahen – durch den Teufel symbolisiert wurden. Der Hebräerbrief entfacht das Thema des kosmischen Leidens, dem Jesus ausgesetzt war, als er mit dem

Kosmischen Christus rang, der danach verlangte, ganz in ihm geboren zu werden. In diesem Brief erfahren wir, daß »Menschsein heißt ... höheren Himmelswesen unterworfen zu sein. ... Denn dadurch, daß er in einer Welt weilt, die guten und bösen Geistern unterworfen ist, kann Jesus, da er mit allen Menschen solidarisch ist, versucht werden (Hebr 4,15) und leiden (Hebr 2,10–14; 5,7; 2,16–18; 12,2–3).«[40] Wie auch beim Thema der KENOSIS, der »Entleerung«, in Philipper 2 wird im Hebräerbrief betont, daß Jesus eine niedrige Person war, da die Menschen niedriger als die Engel und ihnen in gewisser Weise unterstellt sind. Die Engel repräsentieren die kosmischen Kräfte. Jesus teilt unsere kosmische Verletzlichkeit als Mensch in einem Universum, das gewaltig ist und unsere Einflußmöglichkeiten in einem Maße übersteigt, wie wir es uns nicht vorzustellen wagen. Deshalb ist der Kampf Jesu »in eine kosmische Perspektive gestellt, in der die Welt der Geister einer höheren Wirklichkeit angehört als die irdische Welt der Menschen«[41].

Aus dem kosmischen Leiden, dem Jesus unterworfen ist, lernt er mitfühlende Solidarität. Das trifft auch auf uns zu. Wir saugen die Heilung des Kosmischen Christus in dem Maße in uns auf, indem wir uns des bloß persönlichen Leidens entleeren, um das Leid als ein kosmisches und ungeteiltes zu erleben. Joanna Macy sagte es so: »Ein Herz, das aufbricht, kann die ganze Welt in sich fassen. Dein Herz ist groß: vertraue ihm. Atme weiter.« Letztlich gibt es nur ein Herz, das Herz des Kosmischen Christus, der auch der Bodhisattva ist, jemand, der sich gänzlich für die Erleuchtung jedes Geschöpfes auf der Erde einsetzt. Macy fährt fort: »Im ›grenzenlosen Herzen‹ des Bodhisattva ist alles erfaßt. Jenes grenzenlose Herz berühren wir in unseren tiefsten und innersten Antworten auf unsere Welt – auf Hunger und Folter und die drohende Vernichtung. Es ist das Netz, das wir als miteinander verbundene Systeme – oder Synapsen im Geiste Gottes – gewoben haben.«[42] Deshalb laden alle Schöpfungsmystiker uns ein, das Dunkel zu erfahren, den Schmerz zu schmecken, die tiefe Reise in die Unterwelt der Trauer, der Wut und des Leids zu machen: Dort ist der Kosmische Christus und begleitet uns auf unseren Reisen. Wir leiden gemeinsam Schmerzen. Macy rät:

»Erfahre den Schmerz. Fürchten wir nicht seine Wirkung auf uns oder andere. Wir werden nicht zittern, denn wir sind keine

Gegenstände, die brechen können. Und wir werden auch nicht im Leiden steckenbleiben, es ist dynamisch und fließt durch uns hindurch. Lassen wir unsere Abwehr fallen, bleiben wir in seinem Fluß gegenwärtig, drücken ihn aus – in Worten, Bewegungen und Lauten.«[43]

Der Kosmische Christus ist überall anwesend, wo Schmerz ist. Er vereint uns alle in diesem Schmerz in einem göttlichen Herzen, in dem göttlichen – und doch verwundeten – Leibe Christi, welcher der Leib des Universums ist. Der Kosmische Christus ist der Gekreuzigte und Leidende in jedem Geschöpf, ebenso wie der Kosmische Christus der Strahlende ist, der in jedem Geschöpf leuchtende und glitzernde Spiegel Gottes.

Auch der Gottheit bleibt das Leiden nicht erspart – das ist die Lektion des leidenden Kosmischen Christus. Überall, wo Unrecht herrscht, wird der Kosmische Christus wiederum gekreuzigt. Und das heißt auch: Überall, wo für Gerechtigkeit gekämpft wird und wo sie siegt, wo Heilung stattfindet und weitergegeben wird, wo Mitgefühl siegt, heilt, befreit und erlöst der Kosmische Christus. Der Kosmische Christus führt den Weg zum kosmischen Heil an.

23. Der Kosmische Christus: Offenbarer des göttlichen Ich-bin in jeder Kreatur

Wie wir bei den griechischen Kirchenvätern und den Mystikern des Mittelalters sahen, ist eines der verbreitetsten Motive in der Theologie des Kosmischen Christus der Lobpreis der Allgegenwart der Gottheit. Das Göttliche findet sich in allen Geschöpfen. Den Namen der Gottheit aus Exodus 3,14 »Ich bin der Ich-bin« macht sich Jesus dadurch zu eigen, daß er uns zeigt, wie wir unsere eigene Göttlichkeit annehmen können. Der Kosmische Christus ist das »Ich-bin« in jeder Kreatur. Das göttliche Geheimnis und Wunder des Daseins offenbart sich in der einzigartigen Existenz eines jeden Atoms, in jeder Galaxie, jedem Baum, Vogel, Fisch, Hund, jeder Blume, jedem Felsen und jedem Menschen. Meister Eckhart sagte: »Denn mir wird in diesem

Durchbrechen zuteil, daß ich und Gott eins sind. Da bin ich, was ich war, und nehme ich weder ab noch zu, denn ich bin da eine unbewegliche Ursache, die alle Dinge bewegt.«[44] Diese »Ich-bin«-Sprache ist geheimnisvoll, berührt uns aber auch sehr tief. Unser Leben besteht aus der Geschichte, wie unser »Ich-bin«-Sein zustande kam und wie es zu seinem einzigartigen und wundervollen Ausdruck des Göttlichen erblüht, zu jenem Bilde Gottes, das im Universum nur in uns auf genau diese Weise geboren wird.

Im Johannesevangelium spielen die »Ich-bin«-Worte Jesu eine entscheidende Rolle:

> Ich bin das Brot des Lebens [das lebendige Brot] (6,35 u. 51).
>
> Ich bin das Licht der Welt (8,12; 9,5).
>
> Ich bin die Tür (zu den Schafen) (10,7 u. 9).
>
> Ich bin der gute Hirte (10,11 u 14).
>
> Ich bin die Auferstehung und das Leben (11,25).
>
> Ich bin der Weg, die Wahrheit und das Leben (14,6).
>
> Ich bin der wahre Weinstock (15,1 u. 5).

Diese Offenbarungen des »Ich-bin«-Seins rufen uns auf, auf ähnliche Weise unser Leben und Dasein zu benennen (und zu fordern). Inwiefern sind wir das Brot des Lebens oder lebendiges Brot für einander? Inwiefern sind wir das Licht der Welt, der wahre Weinstock, die Auferstehung und das Leben? Inwiefern sind wir, mit anderen Worten, ebenfalls Ausdrucksweisen des Kosmischen Christus, wie Jesus es auf so vollkommene Weise war? Der Johannes-Spezialist Raymond Brown weist darauf hin, daß der Autor des Johannesevangeliums die »Ich-bin«-Worte nach dem Stil des Deutero-Jesaja ausruft. Bei Jesaja sagt Jahwe, daß Israel erwählt sei, »damit ihr erkennt und mir glaubt und einseht, daß Ich bin« (43,10; siehe Joh 8,28). »Mit der Verwendung des EGO EIMI [Ich bin] durch Jesus zieht Johannes die

Aufmerksamkeit auf die Implikationen des Göttlichen. ... Die Verwendung des ›ICH BIN‹ als Gottesname im späten Judentum könnte erklären, daß Johannes so häufig auf den göttlichen Namen Jesu Bezug nimmt.«[45]

Es ist jedoch nicht nur das Johannesevangelium, das die »Ich-bin«-Sprache einsetzt. Brown sieht das »Ich-bin«-Motiv auch in vielen synoptischen Gleichnissen des Gottesreiches, die Jesus mit den Worten beginnt: »Das Reich Gottes ist wie...« Wo Jesus bei Johannes sagt »Ich bin der Weinstock«, würde er in den anderen Evangelien eher sagen: »Das Reich Gottes ist wie ein Weinberg.«[46]

Doch gibt es auch noch andere »Ich-bin«-Worte in den Evangelien, die Brown nicht erwähnt. Es handelt sich dabei um die »Ich-bin«-Worte der ANAWIM, der Verwundeten ohne Stimme. Denken wir daran, wie Jesus bei Matthäus 25 lehrt:

»Da werden ihm die Gerechten antworten: ›Herr, wann sahen wir dich hungrig und haben dich gespeist, oder durstig und haben dich getränkt? Wann sahen wir dich als Fremdling und haben dich aufgenommen oder nackt und haben dich bekleidet? Wann sahen wir dich krank oder im Gefängnis und kamen zu dir?‹ Und der König wird ihnen antworten und sprechen: ›Wahrlich ich sage euch, was immer ihr einem dieser meiner geringsten Brüder und Schwestern getan habt, das habt ihr mir getan‹« (Mt 25,37–41).

Ein weiteres »Ich-bin«-Wort Jesu steckt in dem Satz der Eucharistie: »Dies ist mein Leib, dies ist der Kelch mit meinem Blut.« In den Aussagen »Ich bin Brot« und »Ich bin Wein« drückt sich der Grund für unsere Ehrfurcht vor Essen und Trinken, Weizen und Wein, Acker und Weinberg, den Vorgängen der Photosynthese und allem, was wachsen läßt, in einer höchsten *Ehrerbietung* aus. Wir ehren das Alltägliche, weil es so voll des Göttlichen ist, so voll des »Ich-bin«. In dieser Offenbarung der Göttlichkeit des Brotes und Weines liegt derjenige Teil des Mitgefühls, der sich in der Feier zeigt. Freude ist ebenso ein Teil des göttlichen Ausdrucks wie der Kampf. Wir sollen mit göttlichem Frohsinn uns freuen. Die Freude ist unser des Geschmacks wegen. Die Göttlichkeit ist unser im Trinken.

Unser »Ich-bin« zu feiern bedeutet, das *Sein* vor das *Tun* oder *Haben* oder *Beweisen* zu setzen. Wie Meister Eckhart sagt, »brauchten die Leute nicht soviel nachzudenken, was sie *tun* sollten; sie sollten vielmehr bedenken, was sie *wären*«[47]. »Ich bin« kommt vor »Ich mache« oder »Ich beweise« oder »Ich verdiene«. Das »Ich-bin«-Bewußtsein betrifft auch unsere Einstellung zur Zeit. Die Vergangenheit und die Zukunft sind nicht existent; der jeweilige Augenblick ist es, der am vollsten da ist. Das göttliche »Nun« gehört uns zum Trinken.

Indem wir Mitgefühl erleben und uns mit dem Leiden anderer identifizieren – wie auch mit ihrer Freude –, erfahren wir das Göttliche, das in jedem Menschen leidet und jauchzt (siehe Jes 58,3–11). Im Geburtskampf unseres eigenen »Ich-bin« erleben wir auch das göttliche »Ich-bin«. Wir müssen letztlich alle den Kosmischen Christus in dem gebären, was wir sind und tun, denn dafür existieren wir. War es nicht der Zweck seiner Fleischwerdung in Jesus, die Immanenz des Kosmischen Christus im Leiden und der Würde einer jeden Kreatur auf der Erde zu offenbaren? Und während wir unser eigenes »Ich-bin« und die Ekstase und die Qual des Göttlichen in uns entdecken, wachsen wir allmählich in ein »Ich-bin-mit« anderen (*Emmanuel*, »Gott-mit-uns«). Wir wachsen zum Mitgefühl, und darin wird das göttliche »Ich-bin« wiederum Fleisch. Da allein Gott das Mitfühlende ist, wachsen wir, indem wir zum Mitgefühl wachsen, zu unserer Göttlichkeit.[48]

TEIL V

Die Vision vom Kommen des Kosmischen Christus

Die Heilung von Mutter Erde und eine globale Wiedergeburt

Alle Blumen und Blüten sind – offenbar ohne Ausnahme – Geschlechtsorgane.
GUY MURCHIE[1]

Wenn Leben und Seele heilig sind, ist der menschliche Körper heilig.
WALT WHITMAN[2]

Beide, Religion und Sexualität, heilen, weil sie die Kluft zwischen uns und der Welt schließen! Wir entdecken uns als »Teil von allem« und erfahren uns als eins mit dem Mysterium des Lebens. Wenn wir über Gott sprechen in Beziehung auf unsere Sexualität, dann werden wir der Liebe, die in uns wirkt, gewahr. »In Gott leben, weben und sind wir« (Apg. 17,28).
DOROTHEE SÖLLE[3]

Außer in der modernen Welt ist Sexualität immer und überall eine Hierophanie gewesen, und der Geschlechtsakt war eine integrierende Handlung und ein Weg zur Erkenntnis.
MIRCEA ELIADE[4]

Die Vereinigten Staaten der 1980er Jahre könnten die erste Gesellschaft der Geschichte sein, in der es den Kindern bedeutend schlechter als den Erwachsenen geht.
SENATOR DANIEL PATRICK MOYNIHAN[5]

Wer sich für gering hält wie dieses Kind, der ist der Größte im Himmelreich.
JESUS[6]

Ich stelle mir vor, daß wir unsere Kinder eines Tages nicht mehr als manipulierbare Kreaturen ansehen werden, sondern als Boten aus einer Welt, die uns einmal sehr vertraut war, die wir aber längst vergessen haben, und die uns mehr über die wahren Geheimnisse des Lebens lehren können, als unsere Eltern jemals konnten.
ALICE MILLER[7]

Der negative Senex ist ein Senex, der sich von seinem Puer-Aspekt abgespalten hat. Er hat sein »Kind« verloren.
JAMES HILLMAN[8]

Die erotische Energie ist die ewige Quelle des Schöpfertums.
NICOLAS BERDJAJEW[9]

Kunst ist das Gegenmittel gegen die Gewalt. Sie bietet die Ekstase und die Selbsttranszendenz, die sonst die Form der Drogenabhängigkeit, des Terrorismus, des Selbstmordes oder Krieges annehmen könnte.
ROLLO MAY[10]

Die Schöpfung ist nicht nur ein Geschehen von Gott her auf den Menschen zu: auch vom Menschen verlangt Gott schöpferische Neuheiten, neue Schöpfungen, erwartet er die Werke der menschlichen Freiheit.
NICOLAS BERDJAJEW[11]

Wir sollten verstehen, daß alles das Werk des Großen Geistes ist. Wir sollten wissen, daß er in allen Dingen ist: in den Bäumen, den Gräsern, den Flüssen, den Bergen und all den vierbeinigen Tieren und den geflügelten Völkern; und was noch wichtiger ist: wir sollten verstehen, daß er auch über allen diesen Dingen und Wesen ist.
SCHWARZER HIRSCH[12]

In der Leidenschaft für Gerechtigkeit umarmt ursprünglich der Mensch seine ganze Welt.
D. H. LAWRENCE[13]

Die Menschheit wird feststellen, daß nicht eine Vielzahl von Konfessionen, sondern überall der gleiche Glaube beabsichtigt ist. ... Es kann nur eine Weisheit geben. ... Deshalb müssen alle Menschen zu der übereinstimmenden Ansicht kommen, daß es nur eine einfachste Weisheit gibt, deren Kraft unendlich ist. Und bei der Beschreibung der Tiefe ihrer Schönheit muß jeder erkennen, daß ihre Schönheit gewaltig und furchtbar ist.
NIKOLAUS VON KUES[14]

Eine Renaissance ist eine Wiedergeburt aus einer geistigen Initiative.
M. D. CHENU[15]

Henry Adams, der Enkel von Präsident John Adams und Abigail Adams, war einer der beeindruckendsten Feministen in der amerikanischen Geschichte. Am Beginn des zwanzigsten Jahrhunderts und als Mitglied der privilegierten Schicht in Boston schrieb Henry Adams mit einem gewissen Pessimismus – einem Pessimismus, von dessen Berechtigung wir inzwischen aufgrund mehrfacher Weltkriege, des Waffenhandels, der Zerstörung von Mutter Erde und des mütterlichen Prinzips wissen: »Wir haben keine phantasievolle Ader mehr, um einen Glauben oder eine Kunst wiederzuerrichten.«[1] Hatte Henry Adams recht? Ist unsere Zivilisation so tot, wie sie tödlich ist? Oder ist noch etwas Neues möglich – eine neue Vision, ein neues Paradigma, eine neue Weisheit, eine neue Zivilisation? Ist, statt der Unterwerfung unter Tod, Ungläubigkeit und Kunstlosigkeit, statt der Beraubung der Erde von Schönheit und Hoffnung eine Renaissance möglich? Der große Historiker der europäischen Geschichte M. D. Chenu definiert eine Renaissance als »eine Wiedergeburt aus einer geistigen Initiative«[2]. Chenu ist der Auffassung, das zwölfte Jahrhundert sei die einzige Phase in der westlichen Geschichte gewesen, in der eine Renaissance gelungen sei. Ist die Menschheit, trotz des Pessimismus eines Henry Adams und vieler anderer Autoren nach ihm, noch fähig zu einer Wiedergeburt aus einer geistigen Initiative? Und wenn wir es nicht sind, sind wir Geschöpfe der Mutter Erde dann alle zum Untergang verdammt?

Wenn eine solche Initiative nicht vom Geist ausgeht, nicht aus unserer Tiefe kommt, wird sie sicherlich auch nicht »von oben« kommen, das heißt von unseren Institutionen in Regierung und Medien, Bildung und Politik, Wirtschaft und Religion. Der Schlüssel zur prophetischen Herausforderung liegt im Wort »Phantasie«. Adams meinte, es sei der Tod der Phantasie gewesen, der uns zu Sterilität, Glaubenslosigkeit und einem Leben ohne Schönheit verdammt habe. Der Geologe und Theologe Thomas Berry spricht davon, daß wir »das Menschliche neu erfinden müssen«[3]. Ist das möglich, oder haben wir es nur mit apokalyptischer Rhetorik zu tun? Kann eine Renaissance tatsächlich eine Neuerfindung des Menschlichen mit sich bringen, und könnte eine Neuerfindung des Menschlichen tatsächlich eine Renaissance herbeiführen?

Robert Bellah unterstreicht die enge Verbindung zwischen

kultureller und spiritueller Wiedergeburt, indem er sagt: »Niemand hat je eine große Nation verändert, ohne ihre Seele anzusprechen.«[4] Die von Chenu als Ursprung einer Renaissance geforderte »geistige Initiative« muß unsere persönliche und kollektive Seele machtvoll ansprechen. Sie muß wahrhaft Seelen erwecken, ihre Kräfte lebendig werden lassen, ihre Mystik entfachen und ihre Fähigkeiten zu Schönheit und Mitgefühl entzünden. Ein solcher Wandel des Herzens, dieses Erwachen, diese METANOIA, diese Revolution kann nicht ohne eine religiöse Renaissance zustande kommen, nicht ohne einen erneuten Einsatz für den besten, oft verborgenen und vergessenen Teil unserer eigenen Geschichte. Bellah stellt dazu fest: »Kultur ist der Schlüssel zur Revolution; Religion ist der Schlüssel zur Kultur. ... Wir brauchen eine Tradition als einen Stimulus der Wiedergeburt.«[5] Wurzeln und Überlieferung, Geschichte und die Kraft unserer Vorfahren in der Gemeinschaft der Heiligen sind die Gaben, die die Religion zum geistigen Erwachen und zu der Renaissance beiträgt, die für unsere Zeit so wesentlich ist. Die Religion muß jedoch einige ihrer Irrtümer und Sünden eingestehen, um zu einer Renaissance beitragen zu können. Sie muß die Notwendigkeit zur Bekehrung bei sich selbst erkennen. Wie Albert Schweitzer zu Beginn dieses Jahrhunderts sagte, ist das, was während der vergangenen neunzehn Jahrhunderte als Christentum galt, ein bloßer Anfang, voller Schwächen und Fehler, und nicht das erwachsene Christentum, das dem Geiste Jesu entspringt. Er rief die Christenheit auf, aufrichtig mit ihrer Vergangenheit und mit ihrem Denken aufzuräumen, damit sie sich ihres wahren Wesens bewußt werden könne.[6] Schweitzer selbst bemühte sich um die Entdeckung des wahren Geistes Jesu, indem er sich wissenschaftlich für die Suche nach dem historischen Jesus einsetzte und sein Leben der Arbeit für die Armen in Afrika und dem Leiden der Tiere widmete. Er lebte das Mitgefühl, das Jesus predigte.

Heute erfordert der volle Einsatz im Geiste Jesu ironischerweise, daß wir von der Suche nach dem historischen Jesus ablassen und uns auf die Suche nach dem Kosmischen Christus machen. Sind beide Seiten des dialektischen Verhältnisses erneuert – der historische Jesus und der Kosmische Christus –, so kann die Christenheit sich ihres wahren Wesens wieder bewußt werden und sich zu einer erwachsenen Christenheit entwickeln, wie

Schweitzer es wollte. Der historische Jesus erfüllte alles, was ein Mystiker und Prophet sein kann, wie in Teil II ausgeführt wurde. Sein Leben, seine Lehre, sein Tod – seine eigene Geschichte sowie die Geschichte seines Dienstes – zeigen einen Mystiker und Propheten, der alle Merkmale der Mystik besaß, die wir zuvor herausarbeiteten. Wird der historische Jesus ins Gleichgewicht mit dem Kosmischen Christus gebracht, dann werden *wir*, und nicht nur Jesus, auferstehen. Wir werden Jesus folgen, indem wir unsere Berufung zu Mystikern und Propheten annehmen und selbst »weitere Christusträger« werden. Mit der Auferstehung unseres Geistes, unserer Hoffnungen und unserer Vorstellungen wird eine Renaissance in Kultur und Religion einhergehen, die wiederum zur Auferstehung von Mutter Erde beitragen wird. Dieser Prozeß der Auferstehung wird eine lebendige Mystik in unserem Bewußtsein anregen, und dann wird geschehen, was Schweitzer vorhersagte, daß wir mit unserer Vergangenheit aufräumen. Wie ich im dritten Teil des Buches zeigte, hat die Überlieferung des Kosmischen Christus eine lange Geschichte in der Heiligen Schrift und bei den westlichen Mystikern und Propheten. Darüber hinaus ist sie tief in Wissenschaft und Kunst verankert. Der Kosmische Christus ist entscheidend für eine lebendige Kosmologie: für das Zusammentreffen von Wissenschaft, Mystik und Kunst in unserer Zeit. Einstein sagte, »daß es die wichtigste Funktion der Kunst und der Wissenschaft ist, dies Gefühl [die kosmische Religiosität] ... zu erwecken und lebendig zu erhalten«[7].

Der Kosmische Christus ist der archetypische Empfänger kosmisch religiöser Gefühle. Doch ist es ein Kosmischer Christus *mit Wunden*, ein Kosmischer Christus, der sein Gegengewicht findet im leidenden Jesus, einer historischen Person, einem Propheten, der zu einer bestimmten geschichtlichen Zeit gekreuzigt wurde, weil er das kosmische Mitleid des Christus bringen wollte. Das Leiden gehört als wesentlicher Anteil zum vollen, menschlichen Ausdruck des Kosmischen Christus. Das kosmische Leiden des Kreuzes macht es möglich, auch alle anderen Schmerzen zu erkennen und sich auf sie einzulassen. Alle Tränen kehren zurück zu dem großen unterirdischen Strom, als den Eckhart das Göttliche bezeichnet. Die Tränen aber sind salzig und drohen, die schöpferischen, heiligen Wasser des unterirdischen Stromes zu versalzen und zu verschmutzen. Darin liegt ein weiterer Grund, Schmerzen anzuerkennen, damit sie erlöst werden können. Das Recycling der salzigen Tränen in die schöpferischen Wasser der Weisheit ist noch möglich; Heilung ist noch möglich. Das ist die Hoffnung, die der Kosmische Christus, der verwundete und doch auferstandene, für unsere Zeit birgt.

Otto Rank spricht von drei Ebenen der Heilung in einer Kultur. Die erste liegt beim Psychiater, der in der Regel auf einer eins-zu-eins-Basis heilt. Die zweite liegt beim Künstler, der Menschengruppen heilen kann. Und auf der dritten Ebene führt er den Propheten an, der »die Massen heilt«[8]. Trägt der Kosmische Christus die Möglichkeit des prophetischen Erwachens aller Menschen in sich und damit zur Heilung der Menschheit? Könnte die Religion selbst wieder prophetisch werden? Religion würde dann zu einem Instrument des sozialen Erwachens und tiefen sozialen Wandels für und durch die Massen. Aber sie kann das nur, sofern sie von der Suche nach dem historischen Jesus abläßt und sich auf die Suche nach dem Kosmischen Christus macht. Es reicht nicht aus herauszufinden, welche genauen Worte Jesus vor zweitausend Jahren gesprochen hat. *Heute* brauchen wir *einen historischen Christus* – einen lebendigen Christus, der noch einmal die Geschichte verändern kann und diesen Wandel auf eine lebendige Kosmologie gründet. Der »historische Christus«, von dem ich spreche, würde die historische und fleischgewordene Verwurzelung des Propheten Jesus mit einer räumlichen und kosmischen Mystik des Kosmischen Christus verbinden, um eine Renaissance hervorzubringen, einen Wandel der Herzen und Lebensweisen.

Wie kann ich es wagen, heute von einer Renaissance zu reden? Handelt es sich einfach um den bourgeoisen Traum eines Schreibtisch-Theologen, den romantischen Rückzug eines Akademikers? Welcher Mensch mit gesundem Menschenverstand kann sich das Leid in der heutigen Welt anschauen und dabei annehmen, daß die Menschheit tatsächlich an der Schwelle einer gewaltigen, globalen Renaissance steht? Ich glaube, es ist wohl der Mystiker in mir, der eine solche Vision zu entwerfen wagt. Und warum? Weil uns der Mystiker lehrt, darauf zu vertrauen, daß alle Erfahrungen des Leerwerdens und der Nichtigkeit Matrix und Patrix einer Neugeburt sind. Die Verzweiflung der heutigen Zeit ist es gerade, die mich davon überzeugt, daß eine Renaissance kurz bevorsteht, daß eine Renaissance die einzige

Antwort auf die Tiefe unseres Dilemmas ist. Eine Renaissance oder die globale Vernichtung. Es gibt keinen Weg mehr dazwischen.

Wie aber kann eine solche Wiedergeburt geschehen? Durch den Paradigmenwechsel, der möglich wird, wenn eine lebendige Kosmologie auf die Bühne tritt. Denken Sie an die Überlegungen Thomas Kuhns über den Paradigmenwechsel in der Wissenschaft, die in Kapitel 15 dargestellt wurden. Denken Sie auch daran, daß ein neues Paradigma ein neuer Weinschlauch ist. Man bringt nicht eine neue Ernte Weintrauben ein, preßt sie und gießt sie dann in alte, vertrocknete Weinschläuche. Vielmehr sucht man sich einen neuen, geschmeidigen und weichen Schlauch, einen, der flexibel ist und begierig danach, benetzt zu werden, einen, der Neuheit und Kreativität begrüßt. Ein so gefüllter Weinschlauch ist die lebendige Kosmologie, die aus drei reichhaltigen Weinbergen gespeist wird: Wissenschaft, die heute eine universelle Schöpfungsgeschichte beisteuert; Mystik, aus der heraus die menschlichen Kräfte zu Einheit, Ganzheit und Phantasie entstehen; und Kunst, aus der heraus die Gute Botschaft einer lebendigen Kosmologie in die Herzen, Träume, Phantasien und Leiber von Menschen geboren wird, und sogar in die kulturellen Institutionen.

Auf diese Weise befinden wir uns an der Schwelle, ein neues Passah-Mysterium für das dritte Jahrtausend der Christenheit zu benennen: Muttermord, Mystik und der Kosmische Christus zeigen die erweiterte Ostergeschichte, die wir in Tod, Auferstehung und Wiederkunft Jesu Christi gefunden haben. Der Tod von Mutter Erde (Muttermord), die Auferstehung der menschlichen Psyche (Mystik) und die Wiederkunft des Kosmischen Christus (eine lebendige Kosmologie) bezeichnen das Mysterium des göttlichen Kreislaufs von Tod, Wiedergeburt und der Aussendung des Geistes in unserer Zeit. Würde die Menschheit wirklich wieder an dieses Geheimnis glauben, so käme es gewiß zu einer globalen Renaissance.

In den folgenden Kapiteln werden einige Elemente dieser Renaissance der Kultur und der Kirche, der Seele und der Institutionen aufgezeigt. Insbesondere werden wir folgende Fragen ansprechen: Was bringt uns heute die Wiederkunft des Kosmischen Christus? Wie erweckt sie den menschlichen Geist im Hinblick auf die Sexualität, die Beziehungen zwischen Alten und Jungen, einen kreativen Lebensstil, die Arbeit, die Bildung und Ausbildung, den Gottesdienst und die Tiefenökumene? Wir werden nacheinander auf diese Themen eingehen.

24. Der Kosmische Christus und eine Renaissance der Liebesmystik

Eine anthropozentrische Religion ohne Kosmologie hat uns sehr wenig Gutes über die Sexualität zu erzählen, die doch eine so besondere Gabe des Kosmos ist. Infolgedessen säkularisiert die Kultur die Sexualität und mißbraucht sie. Pornographie schiebt sich an die Stelle der Mystik. (In Amerika geben wir heutzutage jährlich sieben Milliarden Dollar für Pornographie aus.) Wenn ich darauf höre, was die westliche Religion uns über Sexualität lehrt, so vernehme ich zweierlei. Zuerst paradoxerweise *Schweigen*: keine Pubertätsriten, keine wirksamen Übergangs-Zeremonien für die Jugend, um die ungeheure Neuigkeit zu feiern, daß sie nun bereit und fähig sind, das Geheimnis des menschlichen Lebens weiterzugeben. Ein Klaps auf die Wange zur Konfirmation oder ein Zimmer voller Geschenke zu Bar Mitzvah vermag dieses verlegene Schweigen nicht zu füllen. Die zweite Antwort unserer Religion ist das *Moralisieren*. Es wirkt nicht sehr erhellend, über unsere Sexualität nur zu hören, was für Sünden wir mit unseren Geschlechtsorganen begehen können. Der französische Philosoph Gabriel Marcel hat gesagt, daß diejenigen, die ein Mysterium zu einem Problem reduzieren, sich der »intellektuellen Perversion« schuldig machen. Die westliche Religion hat während der Epoche, die den Kosmischen Christus und die lebendige Kosmologie abschaffte, eine Menge intellektueller Perversionen begangen. Das Mysterium der Sexualität ist im Namen des Moralisierens oft auf ein moralisches Problem reduziert worden.

Sollte ich die Botschaft über die Sexualität, die ich während meiner 45 Lebensjahre von meiner Religion empfangen habe, in einem Wort zusammenfassen, so würde ich sagen: *Bedauern*. Ich glaube, daß die westliche Kirche im Geiste Augustins hauptsächlich die Tatsache *bedauert*, daß wir sexuelle, sinnliche Wesen sind. »Wenn bloß die Sexualität verschwände«, so lautet die Botschaft, »könnten wir endlich mit den wichtigen Glaubensthemen weiterkommen.« Doch außer der augustinischen gibt es noch eine andere Tradition bezüglich unserer Leiblichkeit und unseres tiefen sexuellen Wesens: die Tradition des *Lobpreises*. Es wird Zeit, daß die Kirche zusammen mit den anderen Kreaturen die Stimme erhebt, den Schöpfer für das erstaunliche und phantasievolle Geschenk unserer Sexualität zu loben. Eine lebendige Kosmologie kann und wird diesen Lobpreis entfachen. Dadurch wird die Sexualität von der Pornographie zurückgewonnen und wieder in das Heiligtum gebracht, in das sie gehört.

Das Hohelied feiert unsere Sexualität als einen Teil der heiligen Gabe des Kosmischen Christus, dem Liebende ineinander begegnen können. Zu viele Christen sind zu dem Glauben verleitet worden, in der körperlichen Liebe sei Christus nicht anwesend. Das ist aber Unsinn. Im Gegenteil, der Kosmische Christus wohnt der Sexualität ganz entschieden inne, in all ihren Dimensionen und Möglichkeiten. Der Kosmische Christus feiert die sexuelle Vielfalt: »In Christus gibt es nicht Männlich und Weiblich«, sagt Paulus (Gal 3,28). Der Kosmische Christus ist nicht von sexuellen Identitäten besessen. Der Kosmische Christus kann männlich und weiblich sein, heterosexuell und homosexuell. So hat die Natur die menschliche Art gemacht, und nichts Natürliches ist dem Kosmischen Christus fremd. Der Kosmische Christus jubelt und ist spielend und schaffend mit dabei, wo Liebende beieinander sind. Neidisch flattern die Engel dann mit den Flügeln. Der Kosmische Christus ist in Ekstase und Aufregung, wenn Babys geboren werden – ein jedes ein neuer Ausdruck des Kosmischen Christus. Der Kosmische Christus wird mißbraucht, wo Sexualität als eine Waffe eingesetzt wird, um Menschen niederzuhalten oder Machtspiele zu treiben. Der Kosmische Christus wird verwundet, wenn Menschen zu Opfern von Vergewaltigung, Impotenz, Sterilität oder zu sexuellen Sündenböcken werden (der Projektion unterdrückter Sexualität auf sexuelle Minderheiten). Der Kosmische Christus wird traurig, wenn das Mysterium und die Mystik der Sexualität auf das Moralisieren über Geschlechtsakte reduziert wird. Der Kosmische Christus identifiziert sich mit den sexuellen ANAWIM. Unter den Wunden, die der Kosmische Christus trägt, befinden sich auch die Wunden, die Personen oder Gruppen zugefügt werden, die irgendeiner Form sexueller Unterdrückung zum Opfer fallen.

Heute stirbt der Kosmische Christus immer wieder an AIDS. Der Kosmische Christus lernt auch die Lektionen der Weisheit und versucht sie als ein Ergebnis der Tragödie von AIDS zu lehren. Die erste dieser Lektionen könnte eine größere Ehrlichkeit und Offenheit über unsere Sexualität und die wichtige Rolle sein, die sie in unserem Leben spielt. Der Kosmische Christus hat weniger Toleranz gegenüber denjenigen, die versuchen, die Sexualität zu verdecken, oder vorgeben, sie sei für die Psyche und die Liebe und eine lebendige Kosmologie nicht wichtig. Sexuelles Verhalten und sein Ausdruck in der Kunst des Liebens muß seinen Platz in verbindlichen Liebesbeziehungen zwischen zwei Menschen finden. Der Kosmische Christus sieht über den sexuellen Ausdruck mit mehreren Partnern nicht hinweg, sondern ermutigt monogame Verbindlichkeit. Im sexuellen Akt gibt man auf sehr tiefe und freiwillige Weise das »Ich bin«, das man selbst ist.

Sexuelle Mystik im Hohenlied[9]

In der als das Hohelied bezeichneten sexuell mystischen Dichtung der Bibel erklärt die Frau: »Mein eigener Weinberg liegt vor mir. Die tausend [Silberstücke für Früchte] lasse ich dir, Salomo« (Hoheslied 8,12). Dieses Gefühl für die eigene Persönlichkeit, das »Ich bin«, ist für eine lebendige Sexualmystik entscheidend. Die Frau spricht auf diese Weise, weil sie ein Gefühl ihres eigenen »Seins« (im Sinne von Eckhart) hat, ihres »Ich-bin«-Seins. Weiter vorher in dem Gedicht erklärt sie: »Ich bin eine Rose von Saron, die Lilie der Täler!« (2,1). Sie hat einen Sinn für ihre eigene Schönheit, ihre Persönlichkeit, ihre königliche Würde, ihr ursprüngliches Gesegnetsein. Deshalb kann sie auch die Schönheit ihres Geliebten preisen: »Schön bist du, mein Geliebter, verlockend!« (1,16). Natürlich wird ihre eigene Schönheit durch die Liebe ihres Geliebten erhöht, der sie »erquickt« und sie »stärkt, stützt und umfängt« (2,4–6).

Kurz vor dem Höhepunkt des Liedes, bevor die Frau erklärt, daß sie über ihre Früchte verfügt (8,12), kommt ein weiteres »Ich-bin«-Wort: »Ich bin eine Mauer, und wie Türme sind meine Brüste; so habe ich in seinen Augen Gefallen gefunden« (8,10). Hier preist sie ihr »Ich bin« einschließlich ihrer Fähigkeit, sowohl »nein« zu sagen als auch sich einem einzigen Geliebten hinzugeben. Sie antwortet auf den Chor der Weisen, der junge Geliebte, die »offene Türen« sind, »mit Zederplanken versperren« und diejenigen, die »eine Mauer« sind, mit »silbernen Zinnen schmücken« will (8,9). Untreue ist ein Vergehen gegen den Kosmischen Christus, den man im Geliebten leuchten sieht. Ist das nicht Teil der neuen Vision – die lebendige Gegenwart des Kosmischen Christus –, wie Liebende sie aneinander erfahren? Manche bezeichnen das Verlieben vielleicht als Projektion, doch vielleicht ist es einfach die Sehnsucht nach dem Kosmischen Christus im anderen.

Um damit richtig umzugehen, muß man sich tief in die Seele und Person des Geliebten, der Geliebten versenken. In diesem Sinne muß man treu sein, geduldig und an die gegenseitige Erforschung hingegeben. Betrachten wir folgende Worte, die die Frau zu ihrem Geliebten spricht. Ganz offenkundig ist sie in ihm dem Kosmischen Christus begegnet:

> Mein Geliebter ist weiß und rot,
> er ragt hervor unter Zehntausend!
> Sein Haupt ist feines Gold;
> wie Dattelrispen sind seine Locken, schwarz wie ein Rabe.
> Seine Augen sind wie Tauben am Wasser eines Beckens,
> Die sich baden in Milch, die sitzen auf einem Meer.
> Seine Backen sind wie Beete mit Balsam,
> wie Schreine voller Gewürze.
> Seine Lippen gleichen Lilien,
> sie träufeln flüssige Myrrhe.
> Seine Hände sind Stäbe aus Gold
> mit Steinen aus Tarschisch besetzt.
> Sein Leib ist eine Elfenbeinplatte,
> bedeckt mit Saphiren.
> Seine Beine gleichen Marmorsäulen,
> gegründet auf Sockel von Feingold.
> Wie der Libanon ist seine Gestalt,
> ohnegleichen wie Zedern.
> Sein Mund ist voll Süße;
> ganz und gar ist er entzückend.

Das ist mein Geliebter,
ja das ist mein Freund, ihr Töchter Jerusalems! (HL 5,10–16).

Ihr Geliebter singt ebenfalls sein Lied, einen Lobpreis auf den Kosmischen Christus, den er in ihr findet:

Schön bist du, meine Freundin, ja du bist schön.
Hinter dem Schleier deine Augen wie Tauben.
Dein Haar gleicht einer Herde von Ziegen,
die herabzieht von Gileads Bergen.
Deine Zähne sind wie eine Herde
frisch geschorener Schafe, die aus der Schwemme steigen.
Die allesamt Zwillinge warfen,
und keines hat ein Junges verloren.
Rote Bänder sind deine Lippen,
lieblich ist dein Plaudermund.
Einer Granatapfelscheibe gleicht deine Schläfe
hinter deinem Schleier.
Wie der Turm Davids ist dein Hals,
in Schichten von Steinen erbaut;
....
Deine Brüste sind wie zwei Kitzlein,
wie die Zwillinge einer Gazelle,
die in den Lilien weiden.
....
Wie schön, meine Schwester Braut,
sind deine Liebkosungen, ... und der Duft deiner Salben
köstlicher als alle Balsamdüfte.
Von deinen Lippen, Braut, tropft Honig;
Milch und Honig birgt deine Zunge.
....
Deine Triebe sind ein Garten von Granatbäumen
mit den köstlichsten Früchten.
....
Ein verschlossener Garten ist meine Schwester Braut,
ein verschlossener Garten, ein verborgener Quell.
(HL 4,1–5 u. 10–11 u. 13 u. 12)

Die Liebenden nehmen hier nichts aneinander als selbstverständlich hin, sondern betrachten jede Nuance, jede Geste, jedes

Glied, jedes Element des sich im Geliebten, in der Geliebten ausdrückenden Kosmischen Christus. Zu lieben heißt, einen Menschen *ganz* zu lieben und das göttliche Leuchten von jedem einzelnen Aspekt des geliebten Menschen ausgehen zu sehen. Deshalb muß das Gedicht kosmologische Züge tragen: Die Liebenden strahlen ihren Glanz auf die Welt zurück, von der sie ihn empfangen haben. Liebe hat immer mit einer Kosmologie zu tun. Liebende leben in einem Universum, nicht nur in einer persönlichen Beziehung. Die Antwort der Frau auf die Bemerkung des Geliebten über den verborgenen Quell schließt deshalb auch einen Gesang an die Winde ein:

> Der Gartenquell ist ein Born lebendigen Wassers,
> das herabfließt vom Libanon.
> Nordwind erhebe dich, und Südwind eile herbei!
> Durchwehe meinen Garten, daß seine Düfte strömen.
> Mein Geliebter komme in seinen Garten
> und genieße seine köstlichen Früchte (HL 4,15–16).

Das ganze Lied ist in seiner Ekstase, den Kosmischen Christus im anderen und in der von den beiden Liebenden geprägten Beziehung zu finden, ein Beispiel lebendiger Kosmologie. Es endet mit einer kosmologischen Aufforderung, wenn die Frau singt:

> Komm! Eile mein Geliebter!
> der Gazelle gleich und dem Junghirsch!
> Komm! Spiele auf den Balsambergen! (HL 8,14).

Sie ist ein Balsamberg, dessen Früchte sie selbst verschenkt – und verschenken möchte sie sie. Die Exegetin Phyllis Trible stellt fest, daß das Hohelied die Vorstellung des Gartens erlöst, mit dem die »schiefgegangene Liebesgeschichte« in der Erzählung der Genesis vom Garten Eden zusammenhing. In dieser »Sinfonie der Erotik« wird die Frau oft als ein Garten dargestellt: »Die Frau ist der Garten (GAN), und zu dem Garten kommt ihr Geliebter.« Pflanzen, Tiere, Wasser, alle fünf Sinne vereinen sich zum Preise des Gartens. »Erotik wird, als Zeugin der Güte der Schöpfung, zum Gottesdienst im Rahmen der Gnade.«[10]

Wir hören in dem Gedicht, daß die Liebenden »aus der Wildnis, von der Wüste« heraufziehen, »an den Geliebten geschmiegt« (8,5). Sich zu lieben bedeutet, in die kosmische Wildnis hinauszugehen, die künstlichen Gebilde der Städte und der Zivilisation zu verlassen und zu den Tiefen der Dunkelheit zurückzukehren, wo der Geist die Materie umarmt und der Kosmische Christus als erdhaft und ungezähmt erkannt wird. Geist und Instinkte brauchen nicht im Widerstreit zu liegen. Für diese Liebenden ist die sexuelle Erfahrung eine Begegnung mit der Wildnis, mit der Wildheit in sich und zwischen sich, mit jenem Teil der Gottheit und des Kosmischen Christus, der wild ist, nicht sanft oder zahm. Jahwe begegnete dem jüdischen Volk zuerst »in der Wildnis«, und die Propheten sprachen davon, in die Wildnis zu gehen, wo Gott »von Herz zu Herz« spricht (Hos. 2,14). Auch Jesus rang mit den kosmischen Kräften der Engel und Dämonen und bekam so in der Wildnis den Kosmischen Christus in sich zu fassen. »Auf den Bergen zu spielen« deutet ebenfalls auf die Wildnis hin. Denn ein Berggipfel ist nicht nur schön, sondern auch schrecklich. Dort schlägt der Blitz ein, dort sammeln sich große Stürme, und oft hüllen ihn Wolken ein. Auf einem Berggipfel kann man ungeheure Stille und Einsamkeit schmecken. Deshalb ist auch der Berg ein Bild der Wildnis.

Wie weit ist doch jene mystische Begegnung mit der göttlichen Wildnis von dem entfernt, was Frederick Turner – wie ich meine, mit Recht – als »den Geist des Westens gegen die Wildnis«[11] bezeichnet hat. Dieser Geist ist gekennzeichnet von einem zahmen, weichlichen, körperfeindlichen und antisexuellen Spiritualismus, der die westliche Religion beherrscht. Wie weit sind wir doch abgekommen von der Liebe und der Weisheit des Hohenliedes!

Ebenso wie das Gedicht den Kosmischen Christus unter Liebenden und im Liebesakt preist, setzt es sich auch mit dem kosmischen Schmerz auseinander, den die Abwesenheit des Geliebten bringt. Tiefe Liebe schafft tiefe Verletzlichkeit. Ein offenes Herz steht dem Leiden ebenso offen wie der Liebe. In der Liebesbeziehung trifft man ebenso auf die Wunden des Kosmischen Christus wie auf das Leuchten des Göttlichen. In der sexuellen Liebe wird auch die *via negativa* beschritten:

> Ich öffnete meinem Geliebten;
> doch mein Geliebter war weg, war verschwunden.
> ....

> Ich suchte ihn, doch ich fand ihn nicht;
> ich rief nach ihm, doch er gab nicht Antwort.
> Die Wächter trafen mich an auf ihrer Runde durch die Stadt;
> sie schlugen mich, verwundeten mich.
> Meinen Mantel rissen sie mir weg, die Wächter der Mauern.
> Ich beschwöre euch, Töchter Jerusalems,
> wenn ihr meinen Geliebten trefft, –
> Was sollt ihr ihm melden? Daß ich krank bin vor Liebe! (HL 5,6–8).

Liebe hat die Kraft, uns ohnmächtig werden zu lassen, uns Entsagung und Verlust erfahren zu lassen, Wunden und Mißverständnisse. Doch werden die Jungen (die Töchter Jerusalems) bei der Suche nach dem Geliebten helfen, weil sie verstehen, worum es geht. Die Wächter, die für die Sicherheit Zuständigen, die Hüter von Gesetz, Ordnung und Gruppenmoral verstehen nicht, sondern unterdrücken die Liebende. Sie begreifen die Panik in der Geliebten nicht, die fühlt, daß sie zugleich mit ihrem Geliebten auch die Berührung mit dem Kosmischen Christus verloren hat.

Eine weitere von der sexuellen Liebe angesprochene dunkle Seite ist unsere Sterblichkeit. Liebe ruft auch die Gestalt ihres kosmischen Gegenspielers herbei: den Tod. Liebende werden empfindsam dafür, was der Tod des Geliebten bedeuten könnte – und damit für das Mysterium und die Macht des Todes. Die Frau spricht:

> Stark wie der Tod ist die Liebe,
> hart wie die Unterwelt ist die Leidenschaft.
> Ihre Gluten sind Feuergluten, gewaltige Flammen.
> Auch mächtige Wasser können die Liebe nicht löschen,
> auch Ströme schwemmen sie nicht hinweg (HL 8,6–7).

Die Liebe steht dem Tod von Angesicht zu Angesicht gegenüber und zwingt ihn nieder. So ehrfurchtgebietend der Tod auch ist, die Liebe ist ebenso groß. Die Liebe zuckt nicht vor unserer Sterblichkeit zurück. Kein Wasser kann die Flammen ihrer leidenschaftlichen Liebe löschen und kein Tod sie überwinden.

Genau betrachtet ist solche Liebe Gnade, ein Geschenk, eine voraussetzungsfreie Überraschung. Sie erklärt: Selbst wenn »einer den ganzen Reichtum seines Hauses für die Liebe böte, würde man ihn nur verachten« (HL 8,7). Eine solche Liebe kann man nicht kaufen. In ihr findet, so könnte man sagen, der Kosmische Christus sein kosmisches Selbst in einem anderen. Gott liebt Gott durch unsere wechselseitige Liebe. Ja wir vereinen uns in diesem Leben mit dem Göttlichen im Liebesakt. Das ist das Versprechen des Kosmischen Christus der Sexualität.

Das Lied ist vorchristlich wie die gesamte Weisheitsliteratur der hebräischen Bibel. Das ist ein weiterer Hinweis darauf, daß der Kosmische Christus nicht auf Jesus beschränkt ist.

Im Laufe der Jahrhunderte hat das Hohelied bei den Christen erhebliche Ängste erzeugt. Man denke nur daran, daß die Inquisition zu Lebzeiten des Johannes vom Kreuz, im 16. Jahrhundert, die Übersetzung des Hohenliedes ins Spanische verboten hat. Das Heilige Offizium warf einen Dichter, Fray Luis de Leon, für fünf Jahre in den Kerker, weil er das Gedicht in die Landessprache übersetzt hatte.[12] Trotzdem verbrachte der Hl. Johannes vom Kreuz einen großen Teil seines Lebens damit, das Gedicht zu übersetzen, abzuschreiben und zu kommentieren.

Bedenkt man, wie viele Exegeten im Lauf der Jahrhunderte das Gedicht der sexuellen Liebe als bloße Allegorie interpretiert haben, so ist man erneut begeistert davon, welch eine Renaissance der Kosmische Christus heute für die Sexualität bringen wird. Denn bislang ist diese reichste mystische Quelle des Westens zur sexuellen Liebe noch kaum in ihrer ersten und offensichtlichsten Bedeutung gehört worden: In der menschlichen Liebe und Sexualität begegnen wir dem Kosmischen Christus! Im Rahmen einer lebendigen Kosmologie offenbart sich Sexualität als eine weitere Theophanie, eine weitere Verklärungserfahrung. Vielleicht endet das Lied darum mit der Aufforderung: »Spiele auf den Balsambergen«, denn der Berg ist der übliche Ort für Theophanien und heilige Wolken, wie wir in der Besprechung der Verklärung sahen. Das hebräische Wort für »Berg« bedeutet auch »der Allmächtige« und leitet sich von dem Wort für Brust ab. Berge sind die Brüste von Mutter Erde: Komme also und »spiele auf den Bergen von Balsam«.

Die psychologische Tiefe und Einsicht des Liedes zeigt sich auch darin, daß Mann und Frau hier nicht einfach die stereotypen Geschlechtsrollen spielen. Die Frau ist diejenige, die die Initiative ergreift. Sie beginnt das Gedicht, indem sie von ihrem Verlangen erzählt und wohin es sie führt:

> Ich will das Lied der Lieder singen.
> Denn mich verlangt, daß er mich küßte
> mit seines Mundes Küssen. ....
> Ziehe mich her hinter dir! Laß uns eilen!
> Oh König, führe mich in deine Gemächer (HL 1,1–2 u. 4).

Sie geht nach ihrem Geliebten suchen:

> Du, den meine Seele liebt, sag mir:
> Wo weidest du die Herde? Wo lagerst du am Mittag?
> Wozu soll ich erst umherirren
> bei den Herden deiner Gefährten? (HL 1,7).

Sie weigert sich, sich unter den Gefährten ihres Geliebten zu langweilen. In ihren Augen ist er, obwohl ein Hirte, ein »König«. Sie sucht ihn, denn ohne ihn ist sie in der Nacht einsam:

> Bei Nacht auf meinem Lager suchte ich,
> den meine Seele liebt;
> ihn suchte ich, doch ich fand ihn nicht.
> »So will ich denn aufstehen, die Stadt zu durchstreifen;
> will auf den Straßen und Plätzen den suchen,
> den meine Seele liebt!«
> Ich suchte ihn, doch ich fand ihn nicht (HL 3,1–2).

In ihrer Entschlossenheit ist sie auch nicht zu schüchtern, die Stadtwachen nach dem Verbleib ihres Geliebten zu fragen:

> Die Wächter trafen mich an auf ihrer Runde durch die Stadt.
> »Habt ihr den gesehen, den meine Seele liebt?«
> Kaum war ich an ihnen vorüber, da traf ich,
> den meine Seele liebt.
> Ich hielt ihn fest und will ihn nicht lassen,
> bis ich ihn ins Haus meiner Mutter gebracht,
> in die Kammer von der, die mich getragen (HL 3,3–4).

Sie hält ihren Geliebten fest und will ihn nicht gehen lassen. In Jungschen Begriffen zeigt die Frau damit einen gut entwickelten Animus. Sie findet die psychische Kraft der Entschlossenheit in sich selbst. Sie ist sich sicher, daß es an ihr ist, aus ihrem Weinberg zu geben, denn sie ist sich ihres »Ich-bin« bewußt. Wie Phyllis Trible bemerkt, gibt es im Hohenlied »keine männliche Dominanz, keine weibliche Unterordnung und keine Stereotypen eines der Geschlechter. ... Im Hohenlied ist sie (die Frau) unabhängig und dem Mann voll ebenbürtig.« Sicherlich handelt es sich dabei um »eine Wiederentdeckung der Gegenseitigkeit im Garten der Erotik«[13].

Umgekehrt zeigt auch der männliche Liebende eine gut entwickelte Anima. Er ist bereit und in der Lage zu warten. Mehrmals weist er die Leute an, seine Geliebte ruhen zu lassen und sie nicht vor der Zeit zu wecken. Er kann warten, wie man auf das Erblühen von Blumen oder das Hervorkommen des Mondes wartet. Damit beschwört er die Erdgöttin; dieser Mann hat noch Berührung mit der vorpatriarchalen Spiritualität:

> Ich beschwöre euch, Töchter Jerusalems,
> bei den Gazellen oder den Hindinnen der Flur
> [bei den Geistern und Göttinnen der Felder]:
> Stört doch die Liebe nicht, und weckt sie nicht auf,
> bis es ihr selbst gefällt! (HL 2,7; 3,5; 8,4).

Seine Liebe ist nicht vergewaltigend und besitzergreifend, nicht fordernd oder kontrollierend. Vor allem ist sie voll *Achtung gegenüber den natürlichen Bedürfnissen und Rhythmen der Geliebten* – dem Bedürfnis nach Ruhe und dem Aufwachen zur rechten und erfüllten Zeit. Er lobt sie wegen ihrer Beziehung zu ihrer Mutter, daß sie »ihrer Gebärerin ergeben« ist (6,9). Er steht nicht in Konkurrenz mit ihrer Weiblichkeit oder ihrer Mutter, wohl auch mit seiner eigenen nicht. Er hat ein gesundes Mutterbild in sich selbst. Er gibt sich mehr der Ekstase als der Kontrolle hin und kann zugeben, daß er in Gegenwart seiner Geliebten sich selbst vergißt (6,12). Das erinnert an Jesu Wort, daß man seine Seele gewinnt, wenn man sie verliert. Doch wird seine Männlichkeit und königliche Persönlichkeit von ihr gestärkt, die ihm das Gefühl gibt, wie ein Prinz zu sein (6,12). Er weicht auch seiner männlichen Natur nicht aus: »Entschlossen will ich die Palme ersteigen, will ihre Rispen ergreifen« (7,9). Und er »erweckt sie« unter dem »Apfelbaum« (8,5). Er ist eine ganze Person: Indem er die weibliche Dimension seiner Persönlichkeit voll integriert hat, ist er wahrhaft und tief männlich geworden. Dieser Mann sucht nicht ständig außerhalb von sich nach seiner Anima. Verliebt er sich, so sucht er wirklich die »Andere« und nicht nur fehlende Teile seiner Seele. Dieser Mann und diese Frau sind reife Liebende, die die Freude des jeweils anderen ebenso suchen wie die eigene.

Das Hohelied gipfelt darin, daß der Mann die Frau einlädt zu singen: »Laß mich deine Stimme hören!« (8,13) Der Gesang, nach dem er verlangt, scheint hier ein Euphemismus für den Liebesakt zu sein. Auch der Titel des Hohenliedes, des Liedes der Lieder, deutet an, daß die Liebesvereinigung selbst das wahre Lied ist. Die Frau beantwortet die Einladung des Mannes zu singen mit ihrer Aufforderung, »auf den Balsambergen zu spielen« (8,14). Spiel ist das innerste Wesen aller Mystik, das Wesen aller Sexualität, die im Lichte des Paradigmas des Kosmischen Christus neu gesehen wird. Diese Perspektive der Sexualität verbindet uns mit derjenigen unserer frühen Vorfahren, für die Sexualität hauptsächlich Spiel war und nicht Vermehrung. C. G. Jung kommentiert:

»Die normale Sexualität als ein gemeinsames und scheinbar gleichgerichtetes Erleben bestärkt das Gefühl der Einheit und der Identität. Dieser Zustand wird als völlige Harmonie bezeichnet und als großes Glück gepriesen (›Ein Herz und eine Seele‹); wohl mit Recht, denn die Rückkehr zu jenem anfänglichen Zustand der Unbewußtheit und der bewußtlosen Einheit ist wie eine Rückkehr in die Kindheit (daher die kindische Geste aller Verliebten). ... Ja es ist ein echtes und nicht zu leugnendes Erleben der Gottheit, deren Übergewalt alles Individuelle auslöscht und verschlingt. Es ist eine eigentliche Kommunion mit dem Leben und dem unpersönlichen Schicksal.«[14]

Wann ist diese Weisheit, daß Sexualität Spiel ist, verlorengegangen und warum, warum gerade in unserer religiösen Tradition? Otto Rank bietet eine glänzende Antwort auf diese Frage: Im Gegensatz zu der »naiven spielerischen Aktivität«[15], die der Sex Tausende von Jahren des menschlichen Stammeslebens war, wurde er seit dem vierten Jahrhundert n. Chr. mit Schuld und bitterem Ernst assoziiert. In jener Epoche wurde die Seele oder das kollektive Überleben des Stammes – seine Unsterblichkeit – in Zusammenhang mit ehelicher Geburt gebracht und dadurch mit den Blutsbanden der Familie, den Abstammungslinien, der Erbschaft, Ehre und Gehorsam. »Als Ausdruck des Willens wurde Sexualität böse, schuldig und zur Ursache des Todes«, sagt Rank[16], denn die eheliche Sexualität hatte nun das volle Gewicht des Überlebens- und Unsterblichkeitsbedürfnisses des Stammes zu tragen. Diese Epoche ist gekennzeichnet durch eine »Befruchtungsideologie«, und Sex verstand man als einen Kraftraub an den Männern – interessanterweise entstand gleichzeitig die Ideologie des Zölibats. Rank sagt, es ging »in der Epoche der sexuellen Befruchtungsideologie immer schon um die Unsterblichkeit und die Errettung der menschlichen Seele vor der Auflösung«[17].

Nicht nur die Religion hat sich der negativen Meinung über Sex leichthin unterworfen, sondern auch solche patriarchalen Gestalten wie Freud, Nietzsche und Schopenhauer. Rank meint, daß die Ära der völligen Identifikation der menschlichen Seele mit der Sexualität und der Familie erst durch das Auftreten der Psychologie vor hundert Jahren beendet wurde. Die große Leistung der Psychologie bestand darin, die sexuelle Epoche beendet und die Menschen von der übertriebenen Ernsthaftigkeit befreit zu haben, die die Sexualität umgab. Rank hält auch die psychologische Ära für vorübergehend, denn »die psychologische Ideologie ist niemals lebendig gewesen. Sie ist sozusagen mit einem alten Gemüt auf die Welt gekommen.«[18] Die Psychologie glaubt an nichts und hat darum keine Vision, keine eschatologische Leidenschaft und keine Zukunft anzubieten. Deshalb ist es wesentlich, daß wir uns über die Psychologie hinaus zur Mystik und Kreativität bewegen. Und genau dahin kann uns der Kosmische Christus bringen – über die Psychologie hinaus zu Mystik und Kreativität, zu einer lebendigen Kosmologie, deren Aufgabe es nicht ist, über Sex zu moralisieren, sondern die erstaunliche Energie und Schönheit, die Intimität und kosmische Verbundenheit zu feiern, die sich dort findet, wo der Kosmische Christus in menschlichen Liebenden am Liebesspiel teilhat. Wir müssen die Sexualität zu ihren ursprünglichen Wurzeln in der Mystik zurückführen.

Wo immer Menschen sich wirklich lieben und ihre Liebe in

der Kunst des sexuellen Liebesspiels ausdrücken, ist der Kosmische Christus beteiligt. Das Spiel, zu dem die Frau im Hohenlied ihren Geliebten auf dem Balsamberge einlädt – mit all den sinnlichen Anklängen an Säfte und Düfte –, ist, wie wir sahen, ein verantwortungsvolles. Es findet im Rahmen wirklicher Liebe statt, wirklicher Verbindlichkeit, weil sie eine »Mauer« ist, ein echtes »Ich-bin«, die über ihre Früchte selbst zu bestimmen hat. Kein Wunder, daß sie sich als eine fühlt, die willkommen geheißen wird. Die Gastfreundschaft gehört mit zum heiligen Geben und Nehmen, zu dem heiligen Spiel zwischen Körpern, die auch Körper Christi sind, Leiber des einen kosmischen und sexuellen Leibes. Der Kosmische Christus fühlt sich wohl mit der Sexualität und der Pflege ihrer spielerischen Seite. Wir haben über die Sexualität von der lebendigen Kosmologie des Kosmischen Christus viel zu lernen.

Das Hohelied birgt mit seinem Lob der sexuellen Liebe als einer göttlichen eine ganze Spiritualität der Geschlechtlichkeit in sich. Und hier könnte ein neuer Anfang – ein neuer, wenn auch sehr alter Weinschlauch – für eine heutige Theologie der Sexualität gefunden werden. Das Judentum bringt das Hohelied sehr weise mit dem Sabbat in Verbindung – dem Tag des Spieles und der Muße – und führt es sogar unter den Lesetexten für Passah. Die westliche Religion hat es im allgemeinen verpaßt zu bemerken, was dieses Lied uns über die Weisheit der Liebenden und die Ekstase, über das Leiden und die göttliche Offenbarung in der menschlichen Liebe zu sagen hat.

Die nun aufkommende Epoche der Mystik und Kreativität wird eine Wiederentdeckung der spirituellen Überlieferung erfordern, die das Hohelied so reichhaltig bereithält. Unsere religiösen Lehrer müssen daran voll teilhaben und sich dieser Tradition bewußt werden, um dem darin liegenden Versprechen gerecht werden zu können. Wir müssen den Sinn für die Theophanie, für das Heilige in der sinnlichen Liebe wiederfinden. Ohne Mystik und ohne eine lebendige Kosmologie kann es keine gesunde, volle Sexualität geben, die ihren Ursprung in einem Lobpreis des Kosmos feiert.

Der Religionsgeschichtler Mircea Eliade stellt fest, daß unsere Zivilisation die einzige ist, die den Sex säkularisiert und moralisiert hat. Er schreibt:

»Überall und immer ... ist Sexualität eine polyvalente Funktion, deren erster und vielleicht größter Wert in der kosmologischen Funktion liegt: Eine psychische Situation in sexuelle Begriffe zu übersetzen bedeutet also auf keinen Fall eine Geringachtung. Außer in der modernen Welt ist Sexualität nämlich immer und überall eine Hierophanie gewesen, und der Geschlechtsakt war eine integrierende Handlung und ein Weg zur Erkenntnis.«[19]

Der Kosmische Christus drängt uns, die Sexualität wieder zu einer Hierophanie werden zu lassen. Die Theologin Dorothee Sölle tut dies, wenn sie schreibt:

»Beide, Religion und Sexualität, heilen, weil sie die Kluft zwischen uns und der Welt schließen! Wir entdecken uns als ›Teil von allem‹ und erfahren uns als eins mit dem Mysterium des Lebens. Wenn wir über Gott sprechen in Beziehung auf unsere Sexualität, dann werden wir der Liebe, die in uns wirkt, gewahr. ›In Gott leben, weben und sind wir‹ (Apg 17,28).«[20]

Der Physiker Erich Jantsch begründet die Sexualität im kosmischen Geheimnis und lehrt uns dieses Wunder wieder preisen. »Sexualität«, so sagt er, »war ... einer von zwei wesentlichen Faktoren, die eine außerordentliche Beschleunigung der Evolution und die Entstehung einer Vielfalt von Lebensformen bewirkten.«[21] Sexualität war eine schöpferische Tat unseres Universums, die unseren wundervollen Planeten ermöglichte. In der Tat ist jede Blume und Blüte ein Geschlechtsorgan. Sexualität liegt im Zentrum der kreativen Kraft des Universums. Auch C. G. Jung betont diese kreative Kraft, die in unserer Sexualität freigesetzt wird:

»Der Konflikt zwischen Ethos und Sexualität ist heutzutage nicht eine bloße Kollision von Triebhaftigkeit und Moral, sondern ein Kampf um die Daseinsberechtigung eines Triebes oder um die Anerkennung einer in diesem Triebe sich ausdrückenden Macht, die anscheinend nicht mit sich spaßen läßt und darum sich unseren wohlmeinenden Sittengesetzen nicht fügen will. Die Sexualität ist nicht bloß eine Triebhaftigkeit, sondern auch eine unzweifelhaft schöpferische Macht, die nicht nur Grundursache unseres individuellen Lebens, sondern auch ein sehr ernst zu nehmender Faktor in unserem psychischen Leben ist.«[22]

Auf ähnliche Weise spricht der russisch-orthodoxe Theologe Nicolas Berdjajew über die Verbindung von Eros und Kreativität: »Ebenso unauflösbar ist die Erotik mit dem Schaffen verbunden. Die erotische Energie ist die ewige Quelle des Schöpfertums. ... Die erotische Erschütterung ist der Weg der Erschließung der Schönheit in der Welt.«[23] Wird die sexuelle Liebe wieder in ihren kosmologischen Rahmen gestellt, so wird sie wieder zu einem Sakrament, wie auch Paulus meint, wenn er sie als ein »großes Geheimnis« bezeichnet, das er »auf Christus und die Kirche deutet« (Eph 5,32).

Der Kosmische Christus erkennt die Kreativität in der Sexualität. Er besteht außerdem auf einer Verbindung von Gerechtigkeit und Sexualität. Das traurige Phänomen, daß viele östliche Meister, die in den Westen gekommen sind, mit vielen ihrer Anhängerinnen ins Bett gehen, weist auf einen Mangel in der spirituellen Einstellung des Ostens hin. So wie der Westen den Glauben an die spirituelle Dimension der Sexualität verloren hat, so läuft die östliche Haltung bei ihrer Übersetzung in den Westen Gefahr, die Dimension der Gerechtigkeit zu vergessen, die allen Beziehungen, einschließlich der sexuellen, innewohnt. Als Prüfstein echter Mystik muß die Lebensweise stets Gerechtigkeit aufweisen – ebenso wie umgekehrt die Mystik der Prüfstein für die Gerechtigkeit ist. Mystik ist die Dimension des »Ja«, des »Ich-bin«, des Bewußtseins, »es ist an mir, meine Früchte zu geben«. Gerechtigkeit ist die Dimension des »Nein«, der »Mauer«, die auch das Hohelied als einen Teil echter Liebe und wahrhaft mystischer Sexualität herausstellt. Niemand bekommt eine Freikarte, um sich an der Dimension der Gerechtigkeit vorbei zur Sexualität durchzumogeln, denn die Gerechtigkeit ist ebenso ein Teil des kosmischen Gesetzes wie die Ekstase. Ohne das »Nein« und die »Mauer« kann es gegenüber einem frei gewählten Partner zu keinem wirklichen Geben kommen – gibt es keine gegenseitige Bindung. Man kann nicht legitim bei allen willkommen geheißen werden, sondern nur von dem oder der frei gewählten Geliebten.

Die Frage der Gerechtigkeit in der Sexualität schließt natürlich auch Gerechtigkeit für sexuelle Minderheiten und den Kampf für eine Gesellschaft ohne Sexismus ein. Der Kampf um Gerechtigkeit für die Frauen und für das mütterliche Prinzip, das heute noch dem ausgesetzt ist, was ich als Muttermord bezeichne, ist Teil und Träger jedes echten sexuellen Erwachens in der heutigen Kultur. Der Muttermord schließt aber auch eine Art Vatermord in sich ein, der Vater wird ebenfalls verzerrt, denn es gibt keine Mutter ohne Vater. Und auf dieser gestörten Vaterschaft beruht letztlich das pathologische Patriarchat.

Im Hohenlied wird das Wort »Mutter« siebenmal verwendet. Mutter ist ein Beziehungsbegriff, der nicht nur die Kinder, sondern auch einen Vater einschließt. Ohne einen Vater gibt es keine Mutter. Wird jedoch die Mutter bedroht und mißbraucht, dann ist auch der Vater aus dem Gleichgewicht – und das gilt ganz besonders, wenn der Vater oder das väterliche Prinzip selbst die Ursache des Mißbrauchs der Mutter ist. Eine Ära des Muttermordes ist also unweigerlich auch die Ära eines gestörten Vaterprinzips. Wenn Mutter und Vater wechselseitig abhängige Prinzipien der Beziehung und des Zusammenwirkens sind und eines von beiden aus irgendeinem Grund gestört ist, dann betrifft diese Störung beide in ihrer Beziehung.

Wie wir im Falle des Astronauten Rusty Schweikert sahen, bedurfte es einer massiven METANOIA, um die Heilung einer gestörten männlichen Psyche zu beginnen. Das Aufkommen einer Befreiungsbewegung der Männer, das typisch für unsere Zeit ist, und die Wiederentdeckung gesunder und kraftvoller männlicher Energie sind Antworten auf das Sterben der Mutter in unserer Mitte. Die männliche Befreiung wird das nächste wichtige Kapitel nach dem Erwachen des weiblichen Bewußtseins sein, denn die Männer sind ebenfalls Opfer des Systems gewesen, das die Mutter Erde, die Frauen und die Kinder ausgebeutet hat.

Die Männer haben länger gebraucht, um zu der Erkenntnis zu kommen, daß sie Opfer sind, denn auf der Ebene patriarchaler Werte sieht es so aus, als seien sie keineswegs die Opfer, sondern die Gewinner des Systems. Überall wo sich männliche Befreiungsgruppen zusammenfinden, lernen sie aus dem ehrlichen Gespräch zwischen Männern als erstes eines: Männer leiden tiefen Schmerz über alles, was ich in meinem Traum genannt habe – die Bedrohung von Mutter Erde und der Kinder, den Mangel an Kreativität und Mitgefühl, die Frustration durch Mutter Kirche, die Schuld am Völkermord an den Naturvölkern. Doch sind Männer dazu erzogen worden, ihren Schmerz zu unterdrücken und zu leugnen. In Männergruppen lernen sie, einander dabei zu helfen, ihre Geschichten zu erzählen – vorzugsweise nicht durch Worte, sondern durch Trommeln, Tanzen und mystische Übungen alter Völker. Werden Männer dazu fähig, so können sie geheilt werden und einander als Heiler erkennen. Dieses Bewußtsein repräsentiert eine neue Art Männlichkeit, die sowohl sensibel als auch stark ist. »Softe« Männlichkeit wird beim Erwachen zu einem gesunden Mutter/Vater-Prinzip nicht gebraucht. Aber »Stärke« darf nicht länger als »Macht über«, sondern muß als »innere Kraft« verstanden werden.

Kürzlich sprach ich in Colorado über das verwundete Kind in uns Erwachsenen. Unter den Zuhörern befand sich ein früherer Bankier und nun Therapeut, Mitte Fünfzig. Nach dem Vortrag malte er zu Hause drei Bilder. Die beiden ersten bezogen sich auf seine Kindheit. Auf einem wurde er von stockartigen Wesen angegriffen. Das zweite Bild zeigte einen Jungen mit einem Pflaster über dem Mund, dem die Tränen herunterliefen. Unter dem Bild die Notiz: »Große Jungen weinen nicht, sie behalten ihre kosmischen Tränen in sich.« Das dritte Bild bestand aus einem Fluß goldenen Lichtes mit dem Titel: »Ich bin göttliches Licht, das in das Universum fließt.« Das letzte Bild wäre nicht möglich gewesen ohne das Zulassen des Schmerzes, von dem die beiden ersten Bilder erzählen. Als er das tat, löste sich sein mystisches Selbst und konnte voll Kraft und Anmut fließen. Das ist eine Lehre für alle Männer, die durch die muttermörderische Vernichtung der Erde verwundet sind. Muttermord und Vatermord gehören zusammen. Da Männer und Frauen ein mütterliches und ein väterliches Prinzip in sich tragen, leiden wir alle, sobald Mutter oder Vater gestört werden.

Frauen, die das väterliche Prinzip außerhalb von sich zum Idol machen – was im Faschismus und in fundamentalistischen Religionen üblich ist –, zeigen damit eine vom Vatermord ausgelöste Krankheit, nämlich das Fehlen einer gesunden Väterlichkeit im Inneren. Eine gesunde Frau findet den Vater in sich. Sonst geht sie das schwere Risiko ein, ihre Väterlichkeit auf jemand anderen zu projizieren, sei es der Präsident, der Papst, ein Diktator, ein Film- oder Popstar. Eine faschistoide Gesellschaft fördert solche Projektionen und hält die Frauen vaterlos. Der Christofaschismus (Dorothee Sölles Begriff für religiösen Fundamentalismus) verfällt der gleichen Projektion, wenn er uns Jesus ohne einen Schöpfergott vorstellt. Es war ein gesunder Beitrag der Frauenbewegung, daß die Frauen ihren eigenen Anteil an der Männlichkeit zurückgefordert haben.

In dem wichtigen Werk *Phallos – Sacred Image of the Masculine*, in dem Eugene Monick eine gesunde Männlichkeit wiederentdeckt, zeigt er einige der Perversionen unserer Verehrung des »großen phallischen Sonnengottes. ... Die Staaten bauen einen atomaren Phallus nach dem anderen, zielen damit aufeinander und spielen die Wettkämpfe der Jungen, wessen Urinstrahl am weitesten reicht. Darin liegt die tödliche Gefahr des Schattens einer selbstgerechten solaren Männlichkeit.«[24] Es fällt nicht schwer, die gleiche »selbstgerechte solare Männlichkeit« in den Kriegen zu entdecken, die sich heutzutage in den fundamentalistischen Fernsehkampagnen abspielen oder gestern in dem Wahn der Inquisition, der Kreuzzüge, der Hexenverbrennungen. Welche Lösung gibt es für zu viel »solare Männlichkeit«? Monick stellt warnend fest, daß für die Männer die Lösung niemals in einer bloßen Rückkehr zur mütterlichen Energie liegen kann. Solch eine vereinfachende Lösung trägt schwere Gefahren in sich und die Saat des Rückfalls.

»Das Unbewußte ist für einen Mann der Ursprungsort. Es ist in der Evolution des Individuums wesentlich, wieder an ›den Ort‹ zurückzukehren, von dem man kam. ... Ist der Ort eines Mannes der Bereich der Mutter – und damit grundlegend antagonistisch –, so wird die Verbindung behindert. Wird der Ursprung als allein weiblich verstanden, so ist der männliche Widerstand dagegen verständlich, sofern die zum Aufbau der Männlichkeit eingesetzte Energie unabhängig von der Matrix ist. Entweder ein Mann bleibt, wo er ist, seiner Tiefe beraubt, oder er läßt sich auf sie ein und ergibt sich dem, wonach er sich lange gesehnt hat.«[25]

Wohin aber können Männer sich wenden, um ihre Ursprünge zu entdecken? Zur Heiligkeit des Phallus. »Der Phallus als Gottesbild bietet einen Ausweg aus dem Dilemma. Der Phallus als männliche Quelle bietet Männern einen Weg, ins Unbewußte zurückzukehren, ohne ihre phallische Identität aufzugeben.« Monick argumentiert damit, daß der »Zauber« und die »Faszination«, die der Phallus für heterosexuelle wie für homosexuelle Menschen birgt, mit einem »unkontrollierbaren Gott« vergleichbar ist, der Verehrung verlangt. Er gehört zum Bereich des Heiligen, das der Philosoph Rudolf Otto als das NUMINOSUM bezeichnete. »Der phallische Bann ist ein Symptom der männlichen Hierophanie«, denn Sexualität »ist im Grunde eine religiöse Frage, weil sie eine Tür in der Psyche öffnet, die dem dahinter stehenden Gottesbild Eingang ins Ichbewußtsein verschafft.«[26] Die älteste der heutigen Weltreligionen, der bis 10000–8000 v. Chr. zurückgehende Hinduismus, feiert die Hierophanie des Phallus. Der Gott Schiva ist der Schöpfer und Zerstörer aller Dinge und Herr des Tanzes. Schivas Symbol ist der LINGAM oder Phallus. Schiva spricht:

»Ich bin nicht vom Phallus unterschieden. Der Phallus ist identisch mit mir. Er zieht meine Getreuen zu mir und soll darum verehrt werden. Wo immer ein aufrechtes männliches Glied ist, bin ich selbst anwesend, auch wenn sonst keine andere Darstellung von mir vorhanden ist. ... Der Phallus ist ... das Symbol Gottes.«[27]

Das ist die Sprache des Kosmischen Christus. Das Wort Gottes, das im Innersten aller Dinge anwesend ist, ist auch im Innersten der männlichen und weiblichen Geschlechtskraft gegenwärtig. Ebenso wie Jesus durch die Heilung des Blindgeborenen am Sabbat einen Skandal unter denjenigen Juden verursachte, die des Gesetz zu wörtlich nahmen, wird es heute Skandal geben um ein echtes Bemühen, die sexuelle Mystik wieder in den Bereich des Heiligen zurückzubringen. Doch besteht der Kosmische Christus darauf, daß wir es tun. Erst dadurch werden Männer aktiven Respekt und Ehrfurcht vor ihren eigenen erstaunlichen Kräften bekommen und aufhören, auf die Kräfte der Frauen neidisch zu sein. Von daher ruft Monick die Männer auf, nicht nur den Befreiungsweg der Frauen zu imitieren, sondern ihren eigenen zu wagen.[28]

Um aber Respekt und sogar Ehrfurcht gegenüber dem Phallus wieder zu lernen, muß man in die Kraft eintreten, für die der chthonische Phallus steht, und der Versuchung widerstehen, die männliche Sexualität zu spiritualisieren, die Männer *soft* werden läßt. Monick meint:

»Das Hereinbrechen des chthonischen Phallus, samt seiner Schattenseiten, ist notwendig für die Transformation und Wiedergeburt. Schlagen, brechen, zwingen, nehmen sind die Handlungen des Phallus, der seiner Natur gehorcht. Die Paradoxie der Schändung als Weg zur Keuschheit erklärt, warum Jung auf der Notwendigkeit der Schattenintegration besteht. Man kann nicht rein sein, ohne die Unreinheit selbst erfahren zu haben; ohne das Böse in sich selbst entdeckt zu haben, kann man nur naive Erleuchtung finden.«[29]

Denjenigen Männern, die sich zur Geistigkeit hingezogen fühlen, droht besonders die Gefahr der Feminisierung – die Gefahr, »in ihren Lebenszielen vorherrschend solar zu werden und sich an ein männliches Muster ohne Sexualität anzupassen«, fährt Monick fort. In einer solchen Situation wird die »Spiritualität spröde und technisch, ohne den heißen Atem des chthonischen Phallus, eine Halbheit, rational und uninspiriert. ... Die Faszination und das Staunen fehlen, da beide untrennbar mit dem Aufstieg und Fall, dem Tod und der Auferstehung des chthonischen Phallus verbunden sind.«[30] Kurz: Jeder muß einmal die Wildnis aufsuchen.

Wie entdeckt man den Sinn für den chthonischen Phallus? Ein Weg der Rückkehr zum Chthonischen ist das Trommeln, Tanzen und Sicheinlassen auf irrationale Prozesse, die Zehntausende von Jahren hindurch der natürliche Weg des Rituals und der Weisheit waren. Der Schlüssel liegt darin, daß wir lernen, das Heilige und das Physische wieder zusammen zu verkörpern. Es müßten Rituale entwickelt werden, um Männern, besonders jungen, beim Erlebnis eines solchen Erwachens zu helfen. Pubertätsriten – worum es in den sakramentalen Konfirmationen und dem Bar Mitzvah eigentlich gehen sollte – sollten diese Aufgabe dadurch erfüllen, daß die Jugendlichen ihre chthonische Ganzheit in Begleitung erwachsener Männer feiern.

Monick ruft die Männer auf, nicht nur einen Penis, sondern auch einen Phallus zu haben. Dann folgt auch die Ehrfurcht. Ironischerweise kommt gerade mit ihr auch eine zunehmende moralische Verantwortung und Verbindlichkeit. Der Phallus *ist* ein Ursegen. Zu dieser heiligen Dimension, zur mystischen Dimension, müssen wir die männliche Sexualität zurückbringen.

Der Kosmische Christus spricht über Sexualität

Folgendes könnte der Kosmische Christus über das Thema Sexualität sagen: »Laßt die Religion und die Kirche damit aufhören, ›Sublimations-Stätten‹ zu sein. Tretet statt dessen wieder in das kosmische Mysterium ein, das die Sexualität ist, und lehrt eure jungen und alten Menschen, das gleiche zu tun, sich der Gerechtigkeit zu erinnern und der Verantwortung, die zur mystischen Erfahrung gehören. Jeder Liebesakt (im Unterschied zum Sex) ist eine Begegnung von Christus mit Christus. Liebeslager sind Altäre. Menschen sind Tempel, die einander begegnen, das Allerheiligste empfängt das Allerheiligste. Die Schwingen der Cherubim und Seraphim schlagen beim Stöhnen und in der Leidenschaft sich liebender Menschen, denn die kosmischen Kräfte sind begierig, die Feier zu unterstützen. Die heiligen Momente des sexuellen Rituals sind nicht niedriger als irgendeine andere kosmische Liturgie. Lernt die sinnliche Liebe wieder als eine echte Kunst, als eine Meditationserfahrung. Wisset, daß im Liebesakt der Vorgang selbst der Weg ist. Ich bin dort. Ich bin der Weg. Geht hinaus über das ›Verliebtsein‹ zur Gegenwart der kosmischen Liebe, die sich in zwei menschlichen Liebenden verkörpert und spiegelt. Macht die Liebe weniger anthropozentrisch, sondern baut sie auf und begründet sie in gegenseitiger persönlicher Hingabe und Verbindlichkeit. Die sexuelle Liebe wird euch helfen, das zu tun; sie wird euch sogar mitten in der Unbegrenztheit an eure Begrenztheit erinnern, mitten in der Ewigkeit des Schönen an eure Sterblichkeit, mitten im Jetzt an die Zukunft.«

Meister Eckhart entwickelte eine Theologie der Freude[31], die im Rahmen einer lebendigen Kosmologie durchaus zu einer Mystik der Sexualität beitragen könnte. Auf die sexuelle Erfahrung angewendet, liest sie sich so:

1. Erfahrung der sexuellen Liebe als »gut« oder »angenehm«,
2. Erfahrung der sexuellen Liebe als Geschenk,
3. Erfahrung der sexuellen Liebe als »ewig-nicht-getrennt«.

So könnte klarer werden, was eine Gottheit bringt, die sich inkarniert und Mensch wird »in jeder Hinsicht, doch ohne Sünde«, nämlich eine Neubewertung der sexuellen Erfahrung als Begegnung mit dem lebendigen Gott, als Theophanie, als Verklärung, als kosmische Gabe. Insofern diese Wahrheit über die Mystik der Sexualität in unserer Kultur und unseren religiösen Traditionen verlorengegangen ist, hat C. G. Jung recht, wenn er bemerkt, daß unsere Zivilisation die Wichtigkeit der Sexualität gewaltig unterschätzt.[32]

Ich meine, daß es notwendig ist, den Sinn für Lust *und* Keuschheit als eine Kraft und damit Tugend in allen Menschen wieder zu entdecken. Man braucht Mut, um lustvoll zu sein, um Verletzlichkeit und Spiel zu erleben und die Kontrolle fahren zu lassen, um – wie Turner sagt – die heulende Wildnis zu betreten und sie in uns einzulassen. Man braucht auch Mut, um sich aus der Anhaftung an die Lust zu lösen und keusch zu sein. Zu beiden geistigen Disziplinen sollten Menschen ermuntert werden, unabhängig von ihrer Lebensform, denn mal sind wir zum einen, mal zum anderen gerufen. Mit den Zügeln der Schönheit und Liebe steuern wir das Pferd Lust. Aber auch in lustvollen Zeiten bedarf es der Keuschheit, damit Monogamie und Verbindlichkeit herrschen und die Liebe nicht leidet.

Lust ist ein großes, ehrfurchtgebietendes und wundervolles Tier, ein Hengst, der mit den Leuten durchgehen und sie wahnsinnig machen kann, eifersüchtig oder zynisch, der ihre Seelen aber tötet, wenn sie ihn ignorieren. Nur gezügelt bringt er sowohl Liebenden als auch den Nachkommen die ganze Verheißung des Universums, die ganze Schönheit der kosmischen Geschichte, die ganze Musik der tiefen Gefühle, die ganze Überraschung und das Wunder des körperlichen, irdischen und sexuellen Abenteuers, in dem Menschen und Tiere verbunden sind – und die Engel bejubeln neidisch einen solchen Ausdruck *lebendiger* Kosmologie. Zwei Menschen, die auf dem großen Pferd der Lust reiten, können einander tatsächlich tiefer und schneller in die Seele reiten. Für diese Kunst des Reitens ist allerdings gutes Zaumzeug wesentlich, wie Meister Eckhart sagt: »[Wenn man den Körper fangen und fesseln will], dann lege ihm den Zaum der Liebe an. ... Wer diese süße Bürde auf sich genommen hat, der erreicht mehr und kommt damit auch weiter als mit aller Bußübung und Kasteiung, die alle Menschen zusammen betreiben könnten.«[33] In dieser Dialektik von Keuschheit und Lust könnten wir eine gesunde, spielerische, gerechte – und deshalb moralische – Sexualität wieder aufleben lassen. Um aber all das sein zu können, muß die Sexualität in einer lebendigen

Kosmologie gegründet sein, die auch die mystische Dimension umfaßt. Darin zeigt sich, wie die sexuelle Erfahrung »eintritt in die Mysterien« des Selbst, der Geschichte, des Partners, des Universums, der aus solchen Vereinigungen geborenen Kinder. Und sie muß eine Wiederentdeckung der persönlichen Kunst sinnlicher Liebe mit sich bringen. Solche Gaben bringt der Kosmische Christus einer sexuellen Renaissance.

Die Wiedergeburt einer sexuellen Mystik erfordert eine neue Haltung, die den Prozeß als solchen wertschätzt. Die Kunst der Meditation lehrt uns, Prozesse zu schätzen – die Kunst der Freundschaft und des Gespräches, des Lachens und der Heiterkeit, die große Kunst der Beziehung und des Erschaffens eines Lebensstils[34] in Gegenseitigkeit, und natürlich die Liebeskunst selbst.

Die Liebeskunst muß ihre Quelle wieder in der spirituellen Überlieferung der meditativen Kunst finden. Wenn es in der Meditationskunst darum geht, mit unseren tiefsten Bildern in Berührung zu kommen und sie dadurch auszudrücken, daß wir uns konzentriert auf sie einlassen, dann ist der Liebesakt offenbar die meditative Kunst schlechthin. Gehören nicht die Bilder desjenigen, den wir am meisten lieben – desjenigen, den wir frei gewählt haben, ihm »unseren Weinberg« zu öffnen –, zu den tiefsten aller Bilder, mit denen wir unser Leben verbringen? Denken wir daran, welche Macht unsere Erinnerung an solche Augenblicke des Lebens hat. Denken wir an die Opfer, die großzügige Menschen für diejenigen gebracht haben, mit denen sie sich in Liebe vereinen. Denken wir an die Ergebnisse solcher Liebe: die Kinder, die aus der Kunst der Meditation geboren werden. Die Liebeskunst als Meditation wiederzuentdecken würde die mystische Sexualität zu einer wichtigen Basis der kulturellen Erneuerung und persönlichen Spiritualität machen.

Kunst ist für eine lebendige Kosmologie ebenso wichtig wie Mystik oder Wissenschaft. Die persönlichen Künste gründen in unserem kosmologischen Erstaunen. Für die Wiedergeburt unseres Lebensstils und der Liebe brauchen wir aber keine elitären Künste. Alle Menschen sind in der Lage, sich auf ihre Weise darin auszudrücken. Gott ist tief in allen Alltagsereignissen unseres Lebens gegenwärtig, auf die wir uns ganz einlassen. Das heilige Buch des Hohenliedes verwendet nie den Namen Gottes. Das braucht es nicht. Gott ist der Weg, Gott ist der Prozeß – der

Kosmische Christus ist in diesem Prozeß tief und intim gegenwärtig. Der Kosmische Christus ist gegenwärtig in unseren intimsten Bemühungen um Erneuerung und Liebe.

Das Paradigma des Kosmischen Christus, das uns zur sexuellen Mystik erweckt, ist ein notwendiger Teil einer echten Renaissance. Die größten Sünden bezüglich der menschlichen Sexualität bestehen wohl nicht in dem, was Liebende hinter geschlossenen Türen miteinander gemacht haben, sondern in den Unterlassungssünden der Kirchen selbst. Die Religion hat es unterlassen, den Gläubigen von der Liebeskunst als Meditation zu erzählen, hat es versäumt, geistige Disziplinen in der heiligen Kunst des Genießens zu lehren, hat es versäumt, die Theophanie der Sexualität mit den anderen in der Bibel mitgeteilten Theophanien zu verbinden. In dieser Unterlassung liegt heute die größte Gefahr für das Geschenk unserer Sexualität.

Im Hohenlied wird das gesamte Leben gepriesen, wie es immer der Fall ist, wenn der Kosmische Christus auftritt. Die Theologin Dorothee Sölle sagt: »Das Hohelied läßt Pflanzen und Tiere, Mann und Frau teilhaben an der Freude, an dem Überfluß und der Lebensfülle, die in diesem Garten zu finden sind.« Der Garten wird zu einer neuen Schöpfung, die »in klarem Gegensatz steht zur Tradition des Fluches in der Geschichte vom Sündenfall (Gen 3)«[35]. Den in unserer Sexualität gegenwärtigen Kosmischen Christus zu entdecken bedeutet, die Kraft und *joie de vivre*, die Liebe zum Leben und den Eros wiederzuentdecken, von denen jedes geistige Erwachen getragen wird. Ohne ein mystisches sexuelles Erwachen wird es keine Renaissance geben.

25. Achtung vor dem Inneren Kind – Die Jugend und der Kosmische Christus

In einer neubelebten Kultur, die von einer lebendigen Kosmologie durchdrungen ist, wird auch das Kind geachtet und geehrt werden. Der Kosmische Christus kann zu einer Renaissance der Beziehungen zwischen Alten und Jungen hinführen.

Wie alt ist der Kosmische Christus? Man sollte nicht fragen, »wie alt«, sondern besser »wie jung«; denn der Kosmische Christus ist sehr, sehr jung. Meister Eckhart bezeichnet Gott als NOVISSIMUS,»das Neueste«, was es gibt. Er sagt auch, daß Gott immer im Anfang ist.[36] Eckhart bezieht sich damit auf den ersten Satz der Genesis, der beginnt »Im Anfang«. Es scheint, daß Gott immer »im Anfang« ist. Allen unseren Neuanfängen haftet etwas Göttliches an. Der Geist ist immer da und schwebt über den Wassern. Der Kosmische Christus ist in den Anfängen gegenwärtig, und irgendwie ist Gott für das Neue eingenommen. Sollten wir nicht annehmen, daß Gott besonders in jenen gegenwärtig ist, die noch mit ihren Anfängen in Berührung sind? Man könnte sogar sagen, daß Gott die Jugend bevorzugt. Wenn wir Gott erfahren, erfahren wir eine Rückkehr zu unseren Anfängen, eine Neuheit, eine Wiedergeburt. »Anfang« bedeutet für Eckhart Mitgefühl, denn er sagt auch: »Was immer Gott wirkt, der erste Ausbruch ist immer Barmherzigkeit.«[37] Im Anfang ist das Mitgefühl; Mitgefühl gebiert uns; Mitgefühl ist unser Ursprung – es ist der Ursprung unser Jugendlichkeit. Unser Lebensweg ist in der Tat eine Reise vom Anfang zur Jugend und von da zur Göttlichkeit, in der wir unseren Anfang wiederentdecken und den Kosmischen Christus finden, der niemals zu spielen aufhört (siehe Sprüche 8,30 u. 31).

Wird diese Bevorzugung des Kindes Gottes, des Kindes in Gott und des Kindes, das Gott ist, in der heutigen Kirche und Gesellschaft auch weitergetragen? Ich glaube nicht. In diesem Versäumnis, unsere Kinder und das innere Kind zu achten, liegt eine der größten Gefahren unserer Epoche – und ironischerweise auch eine der mächtigsten Quellen für eine globale Renaissance. In fünfzehn Jahren, so wird geschätzt, werden mehr als fünfzig Prozent der Menschheit jünger als fünfzehn Jahre sein. Die meisten dieser Jugendlichen werden in den Ländern der sogenannten Dritten Welt leben. In den Industrieländern hingegen, die die Muster unserer kulturellen und religiösen Institutionen festgelegt haben, wird die Jugend immer weniger sichtbar. Im Jahre 1970 zum Beispiel lag der Bevölkerungsanteil der unter Einundzwanzigjährigen in den USA noch bei 40 Prozent. Bis 1980 fiel der Prozentsatz auf 34 Prozent. Statistisch gesehen, ist unsere Gesellschaft damit erwachsener geworden. Es droht die Gefahr, daß die Jugend in Zukunft sogar noch mehr vernachlässigt wird, wenn die Erwachsenen nicht wach werden und die Situation begreifen. Wie behandeln wir unsere Jugend? Bereiten wir sie vor, das Leben zu lieben? Bieten wir ihnen die Fertigkeiten und Übungen zum Abenteuer, zum Opfer, zu großen Visionen, für die sie sich einsetzen können?

Adultismus – eine Gesellschaft verschlingt ihre Jugend

Ich bin der Meinung, das unsere Zivilisation unsere Jugend verbraucht und verschlingt, statt sie zu achten und zu feiern. Dafür sprechen folgende Tatsachen:

– Eine Dreijahres-Studie der Stanford Universität fand heraus, daß im Bereich der Bucht von San Francisco in Kalifornien achtzig Prozent der jungen Menschen damit rechnen, daß zu ihrer Lebenszeit ein Atomkrieg stattfinden wird: »Der Atomkrieg beschäftigt die Studenten sehr, und sie zeigen ein erhebliches Maß an Besorgnis deswegen«, sagt Hans Weiler, der das Projekt leitete.[38] Andere Studien über die Träume kleiner Kinder zeigen, daß die Atombombe in Kinderträumen bereits explodiert ist.

– Nach einer anderen Studie hat einer von zehn amerikanischen Jugendlichen einen Suizid versucht. Und in heutigen Indianerreservaten ist einem von zehn Jugendlichen der Suizid gelungen. Man kann Selbsttötung bewußt oder unbewußt versuchen – Autofahren unter Alkohol –, auch Drogenkonsum beispielsweise ist eine Art Suizidversuch. Die Suizidrate der 15- bis 19jährigen hat sich in den letzten drei Jahrzehnten (von 2,6 unter 100.000 [1955] auf 8,5 unter 100.000 [1980]) mehr als verdreifacht.[39]

– In Amerika gibt es zehn Millionen alkoholsüchtige Eltern und somit ca. 28 Millionen Kinder, die in Alkoholikerfamilien leben. Unter solchen Umständen müssen die Kinder Eltern für ihre

Eltern sein und werden dadurch oft ihrer eigenen Kindheit beraubt.
– Kinder sind häufig Opfer von Gewalttaten. Die häufigste Todesursache für Menschen zwischen 12 und 26 Jahren ist in New York der Mord. Für einen schwarzen Jugendlichen im Staat Kalifornien ist es wahrscheinlicher, ermordet zu werden, als einen College-Abschluß zu machen. Im Jahre 1982 zerstörten sich 30.600 junge Menschen selbst durch Mord, Suizid oder Unfalltod aufgrund von Fahren unter Alkoholeinfluß. Eine Studie schließt daraus, daß »die Statistiken zeigen, daß die Vereinigten Staaten zu denjenigen Orten der Welt gehören, in denen das Durchlaufen der Teenager-Zeit am gefährlichsten ist«[40]. Eine kürzlich vorgelegte Studie kam zu dem Ergebnis, daß 77 Prozent der Todesfälle von Amerikanern zwischen 15 und 24 durch Unfälle, Morde oder Suizide geschehen – nach Ansicht der Bearbeiter eine »furchtbar erschütternde« Statistik. Sie stellten abschließend fest, daß »junge Menschen in Zukunft sogar noch mehr zu Akten der Depression oder Verzweiflung neigen werden. ... Eine Übersicht nach der anderen zeigt, daß die Kinder überwältigend belastet, suizidgefährdet und entrechtet sind«, sagt der Autor der Studie, Larry Doyle.[41]
– Unter Jugendlichen ist der Drogen- und Alkoholmißbrauch weit verbreitet. In Gebieten, wo die Jugendarbeitslosigkeit über 90 Prozent liegt, wie in Indianerreservaten und Großstadtghettos, gibt es kaum eine Familie, die nicht mit Alkohol- oder Drogenmißbrauch zu tun hat.
– In unserer Gesellschaft wird der sexuelle Mißbrauch und die körperliche Mißhandlung von Kindern erst seit acht Jahren dokumentiert. Zuvor wurden Kinder, die von solchen Fällen erzählten, als Lügner oder Störenfriede abgetan. Die Industrie der Kinderpornographie expandiert jährlich um 600 Prozent. Als ich kürzlich einen Vortrag über das Thema »das verwundete Kind« hielt, stand eine Ordensschwester auf und erzählte, daß in der Schulklasse in einer kleinen Stadt im Staat Washington, wo sie im vergangenen Jahr unterrichtet hatte, 10 von 22 Siebenjährigen sexuell mißbraucht worden waren. Und das Schweigen über die Mystik und die Herrlichkeit der Sexualität seitens der Kirchen ist ein weiterer Tatbestand sexuellen Mißbrauchs, der der anderen, offensichtlicheren Art Pornographie in unserer Kultur die Nahrung liefert. Die Tatsache, daß die irischen Bi-

schöfe 1985 einen ganzen Hirtenbrief an die Jugend schrieben, der die Sexualität und den Körper nicht mit einem Wort erwähnt, ist ein Beispiel für die Unterlassungssünde der Kirchen, von der ich spreche.

– Die religiöse und geistige Mißhandlung unserer Kinder hat sich in den vergangenen Jahren aufgrund der zunehmenden fundamentalistischen Aggression in unserem Land ausgebreitet. – Ebenso wie ich ist fast jeder Lehrer, Pfarrer oder Priester schon verschiedentlich Kindern von Fundamentalisten oder jungen Fundamentalisten begegnet, die kein Ich haben, keine Selbstachtung, keine Toleranz für Vielfalt, keine Liebe für die Schöpfung, keinen Humor, keinen Sinn für ihre sexuelle Identität oder Freude. Der Kosmische Christus in ihnen ist abgetrieben worden. Ich kenne einen Mann Anfang Dreißig, der nachts immer noch mit kaltem Schweiß aufwacht, weil er von den Höllen-, Feuer- und Verdammnispredigten träumt, die er als Kind im Gottesdienst seiner Kirche auf dem Lande gehört hat.

– Unvollständige Ausbildung ist heute ein weiteres Problem. Mehr als die Hälfte der amerikanischen Jugendlichen der Großstädte machen keinen High-School-Abschluß. (Damit sind diese Jugendlichen zu Arbeitslosigkeit oder sehr schlecht bezahlter Arbeit und verfrühter Elternschaft verurteilt, die für eine weitere Generation Kinder mit geringen emotionalen und kulturellen Chancen sorgt.) Zeigt diese Statistik, daß die Hälfte der amerikanischen Jugendlichen »dumm« ist? Oder liegt darin nicht vielmehr ein Ruf nach alternativen Bildungseinrichtungen, die jene große Anzahl Jugendliche erreichen können, die von unseren derzeitigen Institutionen nicht erreicht werden?

– Arbeitslosigkeit ist unter Jugendlichen sehr weit verbreitet. Immer mehr Jugendliche in der ganzen Welt sind dazu verurteilt, keine Vision zu haben, keine Hoffnung und keine Gelegenheit zu einer sinnvollen Arbeit in ihrem Leben. Nicht nur in den Großstädten und Indianerreservationen Amerikas, sondern auch in Mexiko City, Irland, England und Frankreich wie auch auf der südlichen Halbkugel schließen sich immer mehr Jugendliche den Reihen der Arbeitslosen an; 90 Prozent von ihnen fallen in diese Kategorie. In arbeitslosen Menschen entstehen oft Gefühle der Gewalt, weil sie der Gemeinschaft nicht ihre Begabungen anbieten können. Die Gefängnisse füllen sich mit Jugendlichen, die für ihre Zukunft keine Arbeitschancen sehen. Heute gibt es in Amerika mehr jugendliche Schwarze in Gefängnissen als an Hochschulen.

– Täglich sterben weltweit 65.000 Kinder den Hungertod, obwohl es für sie alle genügend Nahrung gibt. Gleichzeitig geben die Erwachsenen 1,8 Millionen Dollar pro Minute für Waffen aus.

– Die Erwachsenen der USA vererben ihrer Jugend jährlich Schulden in Höhe von 200 Milliarden Dollar. Ein in den USA geborenes Baby kommt mit einem nationalen Schuldenanteil von 65.000 Dollar auf die Welt.

– In Amerika lebt eins von vier Kindern unter sechs Jahren in Armut.

– Im Staat Kalifornien befinden sich ein Drittel der Männer zwischen 19 und 29 Jahren in Gefängnissen.

– Man bedenke nur, wie oft allein in diesem Jahrhundert junge Männer von alten Männern in den Krieg geschickt worden sind, um für die ideologischen Schlachten der Alten zu töten oder getötet oder verwundet zu werden.

– Ich habe mit einem Führer der Jugendlichen gesprochen, der in einem Großstadtheim aufwuchs und die ganze Gewalt und Benachteiligung erlebte, die mit dieser Lebenssituation einhergeht: Alkoholismus, Mord, Drogen, Arbeitslosigkeit, Mißhandlungen und sexueller Mißbrauch. Dennoch sagt er, daß das, was ihm als Jugendlichem am meisten gefehlt hat, der Mangel an Herausforderungen war, daß ihm keine Vision und kein Abenteuer gezeigt wurde, in das er seine beachtlichen Talente hätte leiten können. Wenn Kindern eine lebendige Kosmologie entzogen wird, eine Bestätigung ihrer kosmischen Berufung und ihres kosmischen Schicksals, dann erleiden sie eine andere Art Mißhandlung, diejenige eines Lebens ohne Abenteuer.

Diese Tatsachen erinnern an die Kindestötung in der Kindheitsgeschichte des Matthäusevangeliums, wo die Klage des Propheten Jeremia wiederholt wird: »Eine Stimme hört man in Rama, viel Weinen und Wehklagen: Rachel weint um ihre Kinder und will sich nicht trösten lassen, weil sie nicht mehr sind« (Mt 2,18). Wie treffend und passend ist doch diese Klage des Propheten Jeremia (siehe Jer 31,15) in bezug auf den traurigen Zustand der Kinder, zumal nicht einmal Mutter Erde überleben kann. Auch sie wird sich nicht trösten lassen, und die Kinder werden nicht mehr sein. Wie nahe stehen wir vor einer

Wiederholung des Mordes an den unschuldigen Kindern – dieses Mal jedoch in einem so großen Maßstab, daß es selbst auch für die Grausamkeit eines Herodes unvorstellbar wäre.

Den Verlust der Achtung vor dem Leben – und zwar *dem eigenen* – hat der Jugendlichenführer Victor Lewis festgestellt. Wo verlernt man so gründlich die Achtung vor der eigenen Göttlichkeit, der eigenen Schönheit, der eigenen DOXA oder »Herrlichkeit« *und dem Kosmischen Christus, der man selbst ist*, wenn nicht bei jenen, die die Gesellschaft leiten, den Erwachsenen? Kinder sind lange Zeit verletzlich; sie lernen die Liebe zu sich selbst von Erwachsenen, die sie lieben oder nicht lieben. Sie lieben sich und andere, so wie sie selbst geliebt oder nicht geliebt worden sind. Aber wenn die Kinder so behandelt werden, wird nicht der Kosmische Christus dabei sexuell mißbraucht? Ein Opfer der physischen Gewalt? Ein Opfer alkoholabhängiger Eltern? Bleibt nicht der Kosmische Christus ohne Ausbildung? Ohne Arbeit? Im Gefängnis? Jesus hat das sehr deutlich gemacht, als er sagte: »Wahrlich ich sage euch, was immer ihr einem dieser meiner geringsten Brüder und Schwestern getan habt, das habt ihr mir getan« (Mt 25,40) und auch:

»Wer ein solches Kind in meinem Namen aufnimmt, der nimmt mich auf. Wer aber einem von diesen Kleinen, die an mich glauben, Ärgernis gibt, dem wäre es besser, wenn ihm ein Mühlstein an den Hals gehängt und er in die Tiefe des Meeres versenkt würde. ... Sehet zu, daß ihr keines dieser Kleinen verachtet. Denn ich sage euch: Ihre Engel im Himmel schauen allezeit das Angesicht meines Vaters im Himmel. ... Es ist nie der Wille eures Vaters im Himmel, daß eines von diesen Kleinen verlorengehe« (Mt 18,5–6 u. 10 u. 14).

Dorothee Sölle sagt warnend, daß es typisch für eine ungerechte Zivilisation sei, die Leiden ihrer Opfer zu vertuschen. Und für unsere Zivilisation zahlt die Jugend einen ungeheuren und qualvollen Preis. Der Hauptpreis ist die Tötung von Mutter Erde, der Lebensquelle und Nahrung der Jugend. Kann die Jugend nicht in einer Welt der Schönheit und Vielfalt leben, mit gesundem Boden, mit Tieren und Wäldern, mit Luft und Nahrung, mit singenden Vögeln und ziellos spielenden Delphinen, wie soll sie den Wunsch haben, überhaupt heranzuwachsen? Ist ein Leben, das sich nur ums bloße Überleben dreht, überhaupt lebenswert?

Ist nicht die Qualität und Güte des Lebens notwendiger Bestandteil des Glaubens daran, daß das Leben ein Segen ist?

Bei der Aufdeckung der Leiden der Jugend, die unserer Zivilisation zum Opfer fällt, ist es nützlich, die Ursachen des Leidens zu benennen. Vor 25 Jahren wurde der »Rassismus« beim Namen genannt, vor 18 Jahren der »Sexismus«, vor 17 Jahren die »Homophobie«. Heute ist es nötig, den nächsten Grund des Leidens zu benennen: den »Adultismus«. Das Gegenteil davon wäre Achtung vor der Jugend als geistige Leitung für die Erwachsenen. Senator Daniel Patrick Moynihan meinte, »die Vereinigten Staaten der 1980er Jahre könnten die erste Gesellschaft der Geschichte sein, in der es den Kindern bedeutend schlechter als den Erwachsenen geht«. Warum? Weil der »Adultismus« vorherrscht. Harold Howe II sagte in einem Bericht für die Nationale Gesellschaft der Schulpsychologen: »Für die Kinder unseres Landes ist es heute eine überwältigende Tatsache, daß sie an Boden verlieren. Das Eigeninteresse der Erwachsenen bewegt sich weiter ins Zentrum, und die Interessen der Kinder werden an den Rand gedrängt.«[42] Besonders in den USA ist die Frage des Adultismus drängend, weil unsere Kultur die Abhängigkeit der Jugend extrem stark verlängert. Eine Studie aus dem Jahre 1979 fand heraus, daß »das durchschnittliche Reifealter aller städtischen, technisch fortgeschrittenen Nationen der Welt außer den USA 16 bis 17 Jahre beträgt. In den USA liegt es dagegen bei 24 Jahren. In den Vereinigten Staaten braucht man also acht Jahre mehr zum Erreichen der gleichen Ebene funktionalen Erwachsenseins oder an Reife als in anderen vergleichbaren Staaten der Erde.«[43] Da jedoch heutzutage ein so großer Teil der amerikanischen Kultur exportiert wird, könnte die Situation der verlängerten Abhängigkeit der Jugend, die hier herrscht, eine Art Vorwarnung für die anderen Industrienationen sein: Vorsicht! Eure Jugend könnte in naher Zukunft vom gleichen Abhängigkeitsphänomen betroffen sein. Der Adultismus erzeugt nicht nur übertriebene Abhängigkeit seitens der Jungen. Er diktiert diesen jungen Menschen auch, wie ihre Ausbildung zu sein hat, ihre Arbeit und ihre Wohnung, wie ihr Gottesdienst und wie ihre politischen und wirtschaftlichen Entscheidungen aussehen sollen. Wo sind die Schul- und Kirchenleitungen, in denen die Jugend aktiv engagiert sein kann, ihre Rollen und Beiträge zu definieren? Die verlängerte Abhängigkeit ist ein weiteres Beispiel dafür, wie wir unsere Jugend verschlingen.

Christos oder Kronos?

Bei den alten Griechen gab es einen Gott, der für das heute auftretende Phänomen des Verschlingens der Jugend stand. Kronos (bei den Römern als Saturn bekannt) war Vater von sechs Kindern. Er saß neben seinem Weib Rhea, während sie gebar, und fraß die ersten fünf aus ihrem Leib kommenden Kinder auf. Er war entschlossen, alle seine Kinder zu verschlingen, denn er fürchtete, seinen Thron an eines von ihnen zu verlieren. Nur sein sechstes Kind, Zeus, entkam dem Schicksal der Geschwister, weil Rhea ihn vor Kronos versteckte. Sie gab ihm statt dessen einen in Säuglingswäsche gewickelten Stein, den er verschlang. Es kam dann so, daß Kronos schließlich alle seine Kinder erbrach, die ihn nach einer wilden, zehnjährigen Schlacht überwanden.

Die angeführten Statistiken über die Situation der Jugend in unserer Gesellschaft könnte man als ein starkes Argument dafür geltend machen, daß unsere Kultur den Gott Kronos verehrt. Kronos, der absolute Verschlinger und Verbraucher, ist der Gott der westlichen Zivilisation, der uns zum Verbrauch und zur Verschwendung der Jugend, der Mutter Erde, der Minderheiten, der Phantasie, der Mystik, der Kraft des Mitgefühls, unserer Sexualkraft und unserer guten Arbeit ermuntert. Wir konsumieren und verschwenden unsere Mystiker und Propheten. Wir verschwenden auch Christus und das Christentum. Während des Vietnamkrieges wurde das Wort »*waste*« (verschwenden) ein Synonym für »töten«. Unser Mord an Mutter Erde nimmt die Formen des Ökozids, Biozids, Geozids und Genozids an, die sich heute zum Suizid addieren. Denn wir verschwenden und konsumieren inzwischen auch uns selbst. In dieser Hinsicht überbieten wir sogar Kronos, der seinen kannibalischen Exzeß auf seine Kinder beschränkte. Wenn wir Mutter Erde verschwenden und töten, sind wir dabei, unsere eigenen Kinder zu fressen. Wenn wir das Mystische in uns töten oder ignorieren, dann fressen wir unser inneres Kind oder töten es. Wenn wir die militaristischen Verschwendungsspiele des Adultismus dem Nähren, Üben und Bilden unserer Kinder vorziehen, dann entscheiden wir uns dafür, sie zu töten – und das schon lange bevor wir sie auf die

Schlachtfelder schicken, um einander mit all den Waffen umzubringen, die die Erwachsenen im Namen ihrer Ideologien heraufbeschworen haben.

Eine Konsumgesellschaft verdient einen »Schutzheiligen« wie Kronos. Indem sie der Jugend käufliche Gegenstände als das größte Abenteuer des Lebens vorsetzt, frißt sie langsam die Seelen der Jungen und ihr Potential für große Visionen auf. Eigentlich ist also Kronos der Gott, den wir verehren. Aber es gibt eine Alternative.

Diese Alternative ist der Kosmische Christus. Statt seine Kinder aufzufressen, liebt Christus sie und gestattet ihnen in der Eucharistie sogar, ihn zu essen. Christus wird für seine Kinder geopfert. Der Kosmische Christus hat die Kraft, das Kronos-Syndrom der Eifersucht, Angst und Ablehnung gegenüber der Jugend fortzuwaschen und die kannibalische Konsumgier in eine Renaissance der Achtung zu recyclen. Alice Miller fragt, warum Jesu Leben so gut gelungen ist, warum er sein Schicksal so voll erfüllte. Ihre Antwort ist: Weil sein Vater Josef ihn »*als Kind Gottes* angesehen hat« (kursiv von mir). Dann stellt sie die Frage: Was wäre, wenn alle Eltern und alle Erwachsenen der Gesellschaft »unsere Kinder als *Kinder Gottes* ansehen würden...«?[44] Das ist es doch schließlich, was Jesus die Menschen zu lehren kam, oder nicht? Wir alle sind göttliche Söhne und Töchter mit göttlicher Würde und Verantwortung. Der göttliche Vater, den Jesus als *Abba* bezeichnete und zu dem er betete, ist gewiß kein Kinderverschlinger oder Konsument. Jesu Vater ist ein Liebender, der den Spatzen liebt, der vom Baum fällt, und das verlorene Schaf der Herde, der die Lilien auf dem Felde liebt und die Menschheit, ein kosmischer Liebender der kosmischen Geliebten, der Schöpfung selbst.[45] »Denn so sehr hat Gott *die Welt* geliebt, daß er seinen eingeborenen Sohn hingegeben hat«, sagt Johannes (Joh 3,16, kursiv von mir). Jesu Lehre über die jungen Menschen gehörte vielleicht zu seinen radikalsten Botschaften und trug sicherlich dazu bei, daß er fiel und unter den Händen der Macht des Adultismus in seiner Gesellschaft gekreuzigt wurde. Er sah Kinder nicht als Objekte des Mißbrauchs und der Manipulation, sondern als geistige Führer und Quellen der Weisheit. Auch Alice Miller tut das, wenn sie sich vorstellt, »daß wir unsere Kinder eines Tages nicht mehr als manipulierbare Kreaturen ansehen werden, sondern als Boten aus einer Welt, die uns einmal sehr vertraut war, die wir aber längst vergessen haben, und die uns mehr über die wahren Geheimnisse des Lebens lehren können, als unsere Eltern jemals konnten.«[46]

An folgenden Stellen der Evangelien spricht der in Jesus inkarnierte Kosmische Christus die Erwachsenen auf ihre Einseitigkeit an:

»In jener Zeit hub Jesus an und sprach: ›Ich preise dich, Schöpfer, Herr des Himmels und der Erde, daß du dieses vor Weisen und Klugen verborgen, den Kindern [Unmündigen] aber geoffenbart hat. Ja, Vater/Mutter [*parent*], so war es wohlgefällig vor dir‹« (Mt 11,25–26; Lk. 10,21–22).

Jesus sagt damit, daß die Kinder der Weisheit weiser sein werden als die Gelehrten der eigenen Generation. Als seine Jünger in einen typischen Erwachsenenstreit darüber ausbrechen, wer der Größte unter ihnen sei, ist Jesu Antwort, daß »der Größte unter euch werde wie der Jüngste und der Führer wie der Diener« (Lk 22,26). Mehrmals bezeichnet Jesus seine Jünger als »die Kleinen« oder als Kinder. »Wer einem von diesen Geringen nur einen Becher frischen Wassers zu trinken reicht, weil er ein Jünger ist – wahrlich ich sage euch: Er wird seinen Lohn nicht verlieren« (Mt 10,42). Nach Jesu Verständnis gibt es in jedem Erwachsenen ein Kind, und eben dieses Kind ist es, das sich freut und auf das Hören der Frohen Botschaft vom Himmelreich reagiert. Doch kann dieses Kind von den Erwachsenen aufgrund der Anforderungen des Adultismus verschüttet werden. Ein Wandel des Herzens oder METANOIA ist erforderlich, damit das Kind befreit werden kann.

»In jener Stunde traten die Jünger an Jesus heran mit der Frage: ›Wer ist wohl der Größte im Himmelreich?‹ Da rief er ein Kind heran, stellte es in ihre Mitte und sprach: ›Wahrlich ich sage euch, wenn ihr nicht umkehrt und werdet wie die Kinder, so werdet ihr nicht in das Himmelreich eingehen. Wer sich also für gering hält wie dieses Kind, der ist der Größte im Himmelreich‹« (Mt 18,1–4).

Jesus bekämpft hier den Adultismus, den Wettstreit um Größe, mit dem Hinweis auf das Kind. Seine Jünger handelten mehr aus ihrem Erwachsenenselbst als aus ihrem kindlichen, und deshalb tadelt er sie.

»Da wurden Kinder zu ihm gebracht, damit er ihnen die Hände auflege und bete. Die Jünger aber schalten sie. Doch Jesus sprach: ›Laßt die Kinder und wehrt ihnen nicht, zu mir zu kommen; denn für solche ist das Himmelreich.‹ Und er legte ihnen die Hände auf« (Mt 19,13–15).

Wir werden in diesem Zusammenhang nicht gebeten, die Kinder nur zu ertragen, sondern zu begreifen, daß ihnen der ganze Himmel gehört. Sie sind Propheten, Träger göttlicher Weisheit. Zum großen Teil liegt der Skandal der Geschichte Jesu im Geheimnis der Inkarnation des Kosmischen Christus in Jesus: Der Kosmische Christus war ein Kind und »wuchs an Weisheit und Gnade« (Lk 2,52), doch schon bei der Geburt des Kindes werden seine göttliche Gegenwart und kosmische Herrlichkeit gefeiert. Simeon sah dies in dem Kind Jesus und bemerkte gegenüber seiner Mutter Maria: »Siehe, dieser ist gesetzt zum Falle und Aufstehen vieler in Israel und zu einem Zeichen, dem widersprochen wird« (Lk 2,34–35). Jesus selbst verlor nie seine Kindlichkeit und sein von Staunen und Ehrfurcht geprägtes Verhältnis zur Schöpfung und zum Schöpfer, den er als *Abba* oder »Papa« anredete. In all seinen Gleichnissen tritt sein inneres Kind hervor und ist Teil seiner prophetischen Persönlichkeit und Arbeit.

Der Kosmische Christus, der die Jugendlichkeit Gottes repräsentiert und des göttlichen Geistes, der »alle Schöpfung neu macht« (Offb 21,5), der sich in Jesus inkarnierte und immer weiter in uns inkarnieren möchte, dieser Kosmische Christus bevorzugt die Jugend. Weit davon entfernt, die Kinder zu vertilgen, segnet dieser Gott sie und führt sie ihren Eltern als ein Beispiel der Weisheit vor. Er besteht gegenüber seinen Jüngern darauf, daß sie ihren jugendlichen Geist wiedergewinnen, und lehrt die Menschen, wie man so jung wie Gott sein kann. Zwischen dem Geiste des Kronos und dem Geiste Christi besteht eine klare Wahl.

Puer und Senex – der Puer als Prophet für eine müde Zivilisation

Ein anderer Name des Gottes Kronos ist »Senex«, der Archetyp des Senators, des weisen alten Mannes. In Spannung dazu steht der Archetyp »Puer«, das Kind, der/die Jugendliche, der Mystiker, die Mystikerin in uns allen. In einer gesunden Psyche und Kultur wirken Senex und Puer zusammen. In unserer Kultur – und ich nehme an, auch in der Psyche von vielen von uns – liegen Senex und Puer im Streit. Statt einer fröhlichen Polarität zwischen Alter und Jugend zeigen sich die negativen Aspekte von beiden. Der Abstand zwischen den Generationen wird zur Kluft, die in der Psyche wirkt und sich in unsere sozialen Institutionen hinein ausdehnt, die adultistisch und dualistisch werden. Der Psychologe James Hillman schreibt, daß »der negative Senex der Senex ist, der von seinem Puer-Aspekt abgespalten ist. Er hat sein ›Kind‹ verloren.«[47] Mit anderen Worten ist der negative Senex diejenige Person oder Kultur, die den Mystiker im Inneren verloren hat. Da der Senex das innere Kind unterdrückt hat, wird er zum Kronos, der Jugend und Kreativität aus Neid und verdrängter Jugendlichkeit verschlingen will. Hillman glaubt, daß Zynismus und Tyrannei aus dem Verlust des Kindes im Senex entstehen.

»Ohne den Enthusiasmus und Eros des Sohnes verliert die Autorität ihren Idealismus. Sie strebt nichts mehr an als ihre eigene Fortsetzung und führt zu Tyrannei und Zynismus. Denn *Sinn kann man nicht allein durch Struktur und Ordnung aufrechterhalten.* ... Das Alte wird dem Neuen stets vorgezogen. Sexualität ohne jungen Eros wird zu bloßer Geilheit, Schwächen werden zu Wehwehchen, schöpferisches Alleinsein zu paranoider Isolation. ... Von seinem eigenen Kind und Narren getrennt, hat uns der Senex nichts mehr zu sagen. Torheit und Unreife werden allein auf andere projiziert. Aber ohne Torheit gibt es keine Weisheit, sondern nur Wissen – ernsthaftes, deprimierendes, in akademischen Gewölben gehütetes oder als Macht gebrauchtes Wissen.«[48]

Aspekte des Senex sind in uns allen vorhanden, auch in Kindern schon. Mit seiner negativen Seite aber bringt der Senex Trockenheit und Kälte hervor, die aus der »Abwesenheit des Weiblichen«[49] stammen. Ich meine, daß Hillman mit schmerzhafter

Genauigkeit viele der kulturellen und religiösen Institutionen unserer Zeit beschreibt.

Was sind die positiven Seiten des Senex? Hillman meint, daß in einer Zeit der Renaissance oder Wiedergeburt auch die Fähigkeit nötig ist »zurückzugehen«. Hat eine Kultur ihren Weg verloren, so muß sie wieder zurückgehen – wie in der Renaissance des 16. Jahrhunderts. »Diese Bewegung wird von Künstlern, Denkern und Kulturen vollführt – zurückzugehen, bis man wieder irgendwo steht.« Die treibende Kraft der Renaissance des 12. Jahrhunderts war auch eine Rückkehr zu den biblischen Quellen: Die heißeste Frage der damaligen Zeit war, welche Art von Armut Jesus lebte. Einer müden Kultur oder einer Kultur mit negativem Puer-Aspekt vermag ein gesunder Senex »den alten Blick zu geben, den Ruf des Alten, der auch der Blick für das Wesentliche, für die Essenz sein könnte. ... Das Alte gibt Distanz, Tiefe und die Essenz. ... Das gehört dem Senex an, aber nicht auf sterile oder angestaubte Weise.« Das Problem liegt darin, zu den wesentlichen, essentiellen Bildern des Lebens und den lebendigen Archetypen unseres Bewußtseins zu kommen, um beide zu beleben. Der negative Senex macht die Geschichte zu »einer schweren Last ... einer Statue für die Tauben im Park«. Im Gegensatz dazu bietet der gesunde Senex Weisheit und eine Tradition mit der Kraft, alles in eine Form zu bringen, was wir tun und fühlen. Dieser Senex wird als alter Weiser dargestellt. Der gesunde Senex braucht jedoch als Partner einen gesunden Puer, denn ohne Puer wird der Senex zur »seelischen Konkretheit« – Macht, ohne die Obertöne der Anima.[50]

Die aufsteigende »Puer-Kraft« wird der Senex-Zivilisation eine wesentliche prophetische Gabe bringen, vorausgesetzt natürlich, dieser Puer ist selbst wiederum im Gleichgewicht mit einem gesunden Senex. Was ist die wesentliche Gabe des Senex an den Puer? Ein gesunder Senex steht in Verbindung mit den lebendigen Überlieferungen und Geschichten der Vergangenheit, die für die in der Gegenwart hervortretende Geschichte von Bedeutung sind. Der Beitrag eines gesunden Senex könnte zum Beispiel in einem lebendigen Wissen – in Herz und Kopf – um die mystische Überlieferung im Westen bestehen und in der Fähigkeit, die kosmologischen Geschichten weiterzugeben und die kosmologische Suche anzuregen, die in der westlichen Religion eine reiche Tradition hat. Wie der Senex aus der Vergangenheit die Verbündeten der heutigen Puer-Bedürfnisse nach einer lebendigen Kosmologie kennt, so kennt er auch die Gegner und die Schlachten, die schon früher geschlagen worden und oft zuungunsten des Kosmischen Christus ausgegangen sind. Es ist zum Beispiel wichtig zu wissen, daß Kant und Descartes, Newton und Augustinus in ihren Philosophien keinen Platz für einen Kosmischen Christus hatten. Pueri haben Schwierigkeiten dabei, Unterscheidungen zu treffen und sich festzulegen. Der Puer muß aber ein Gespür für die bevorstehenden Auseinandersetzungen bekommen und alle Kraft dafür entwickeln. Ein gesunder Puer muß darum den Senex in sich entwickeln, um auf der Grundlage geschichtlicher Realitäten klare Entscheidungen treffen zu können, die sein gut entwickeltes Gefühl für das Mysterium ergänzen. Der Puer muß zum Beispiel die Grenzen der Suche nach dem historischen Jesus kennen und wissen, wie die Strukturen der Aufklärung die jüngste religiöse Epoche bestimmt und den Schöpfer und die Schöpfung, den Kosmischen Christus, den Geist, die Kreativität und die Mystik systematisch ignoriert haben.

Es ist wichtig, daß dem Puer diese und viele andere Geschichten aus der Überlieferung erzählt werden, daß also der Senex geschätzt wird. Denn mit ihm ist der Puer ausgerüstet für einen konsequenten und entschiedenen Kampf (angesichts des inneren und äußeren Gegners), zu dem echten Abenteuer, in das er sich schon so lange stürzen möchte. Das Gefühl des Puer für das Mystische und das Leben im »Jetzt« sucht nach einem Gegengewicht in der Gabe des Senex, den Erzählungen von den Abenteuern der Menschen der Vergangenheit, die sich zu ihrer Zeit ganz ins »Jetzt« gaben. Das Geschenk des Senex an den Puer ist auch die Geschichte der Gemeinschaft der Heiligen, der theologischen Suche nach dem Kosmischen Christus und der Spiritualität als mystischer und prophetischer Erfahrung. Während der Puer sie aufnimmt, entwickelt er sich vom Kind zum Erwachsenen-mit-Kind. Denn wenn der Puer heranwächst, braucht er die Kraft seines Puer-Seins nicht zu verlieren. Im Gegenteil ist ein derart in das Wissen der Vergangenheit getauchter Puer fest gegründet und auf die zukünftigen Abenteuer gut vorbereitet.

Und es wird Abenteuer geben. Denn zur gemeinsamen Krankheit des einseitigen Puer und des einseitigen Senex gehört es, daß beide die Zukunft ignorieren: der Senex, weil er meint, daß alles

Wichtige bereits in der Vergangenheit geschehen sei und weil seine Müdigkeit ihm die Kraft nimmt, sich seinen Beitrag für eine lebendige Zukunft vorzustellen; und der Puer, weil er nur im »Jetzt« lebt. Ein gesunder Senex begabt den Puer aber auch mit einem eschatologischen Bewußtsein – daß die Geschichte nicht nur im Glanze der Vergangenheit liegt, sondern auch in der drängenden Zukunft. Die gesamte Kraft, die wir als Mystiker und Mystikerinnen und Bürger einer lebendigen Kosmologie ansammeln, soll ein Segen für die zukünftigen Generationen sein, für zukünftige Pueri, die dann wiederum zu gesunden Erwachsenen heranwachsen werden, mit einem lebendigen Puer und Senex in sich. Ein gesunder Senex tritt leidenschaftlich dafür ein, daß die Zukunft aus Verantwortung und Verpflichtung *und* einer Vision geboren werden muß. Deshalb versprach der Prophet Joel, daß am Tage des Heils »die Jünglinge Gesichte schauen und die Ältesten Träume haben« werden (Joel 3,1). Gemeinsam bringen Puer und Senex eine neue Schöpfung hervor. Doch kann diese Geburt nur aus den Wurzeln einer lebendigen Tradition der Vergangenheit (Senex) und mit den wagemutigen, herausfordernden, frohen, visionären Träumen der Gegenwart (Puer) zustande kommen. Puer und Senex sind dazu bestimmt, einander eschatologisch anzuregen und Hoffnung darauf zu erwecken, daß es die Zukunft *gibt*, daß die Zukunft so nahe liegt wie ein offenes Herz und wie die Hände, die zum Einsatz für diese Zukunft bereit sind. Der Dichter und Symbolist Juan Eduardo Cirlot nennt den Puer-Archetypen

»ein Symbol der Zukunft, im Gegensatz zum Alten, der die Vergangenheit bezeichnet. Doch ist das Kind auch das Symbol jener Lebensphase, in der der alte Mann, gewandelt, eine neue Einfachheit erreicht. ... Daher das Konzept des Kindes als Symbol der ›mystischen Mitte‹ und der ›jugendlichen, wiedererweckenden Kraft‹. ... Psychologisch gesprochen, gehört das Kind zur Seele, ist es ein Produkt der CONJUNCTIO zwischen Unbewußtem und Bewußtem: Man träumt von einem Kind, wenn ein großer geistiger Wandel unter günstigen Umständen ansteht.«[51]

Kein Wunder, daß der heilige Benedikt in seiner Ordensregel die Mönche anweist, immer erst den Jüngeren in der Gemeinschaft zuzuhören, weil der Heilige Geist ihnen am nächsten sei.[52]

Wenn der Senex die tiefen Beiträge des Puer ernst nähme und das tiefe Verlangen des Puer, im Senex wiedergeboren zu werden, würden Jugend und Mystik tatsächlich im Erwachsenen geboren werden. Als Folge würde die Verdrängung der Jugend, die sich in gewaltsamen Projektionen auf die Jungen zeigt, aufhören. Es gäbe ein Ende des Tötens der unschuldigen Kinder in Krieg und Kriegsvorbereitungen, in Arbeitslosigkeit und Bildungsmangel, in Selbstmord und Verzweiflung und in Entfremdung von einer belanglos gewordenen Tradition. Schließlich könnte die Geburt beginnen, die sich aus der Ehe von Puer und Senex ergibt. Puer und Senex geben einander nichts Äußerliches. Vielmehr lockt einer aus dem anderen die Elemente heraus, die bislang geschlafen hatten: Im Puer lauert ein Senex, der geboren werden möchte, und im Senex wartet ein Puer begierig darauf, befreit zu werden. Diese gegenseitige Erziehung, dieses Herausziehen von innen und außen, diese Kunst der Meditation ist die wesentliche Gabe, die einer dem anderen bringt.

Angesichts der Überlegungen von Hillman über das Wesen des gesunden und des negativen Senex scheint die Annahme berechtigt, daß unser kulturelles Leben – einschließlich der Religion – in negativer Senex-Kraft erstarrt ist. Das sollte nicht überraschen, da das mystische oder Puer-Element so selten ist, wie wir in Teil II besprachen. Nach Hillmans Ansicht ist aber der Schlüssel zur Gesundheit, daß beide zusammenkommen: »Beide, Senex und Puer, müssen zusammen auftreten. Man kann einen nicht haben, ohne daß der andere irgendwo in der Nähe ist.«[53] Dieses Zusammenkommen von Eltern und Kind, Senex und Puer, ist ein inneres Gesetz des Kosmischen Christus, wie Jesus es zeigte, der so oft sagte: »Ich und der Vater sind eins« und: »Die Werke, die ich tue, zeugen von mir, daß mich der Vater gesandt hat« (Joh 5,36). Vielleicht haben Christen, die solche Texte verwendet haben, um zu beweisen, daß Jesus wie Gott ist, den eigentlichen Punkt nicht getroffen: Es geht darum, wie Eltern und Kind, Puer und Senex *zusammen die göttliche Dynamik bilden*. Das scheint tatsächlich der tiefe Sinn hinter dem Dreifaltigkeits-Dogma des Christentums zu sein: Nur eine auf Gegenseitigkeit beruhende Beziehung zwischen Eltern und Kind, d. h. zwischen Senex und Puer, kann wirklich den Geist gebären. Der Geist wird niemals vom Senex (Eltern) allein geboren. Nur Senex und Puer, Eltern und Kind, können die Welt wahrhaft mit Geist erfüllen.

Es ist wichtig, daß von den beiden, Senex und Puer, der Kosmische Christus sich ALS DAS KIND inkarniert hat. Warum? Könnte es darum sein, weil der Puer-Aspekt, der Faktor der Jugend während der zutiefst patriarchalen Epoche des Hellenismus, des Römischen Reiches und des Judentums in Religion und menschlicher Psyche damals schon weitgehend verlorengegangen war? Der Kosmische Christus lenkt die erforderliche Aufmerksamkeit auf die Puer-Dimension der Psyche und der Geschichte, wenn der Geist geboren werden soll. Der Prophet Jesaja hat vorhergesagt, daß ein Kind uns anführen wird, ein Friedensfürst, ein Tröster, Heiler und Kind Gottes – ein mystisches Kind, ein königlicher Mensch aus dem Hause David (Jes 11,1–7). »Die Weisheit«, so lehrt uns die Schrift, »macht die Zungen der Kinder beredt« (Weish 10,21). In seiner grundlegenden Tradition preist also das Christentum den Puer auf einzigartige Weise. Es sollte eine Religion der Jugend werden, eine Religion, um die Jugend zurückzubringen, das göttliche Kind zu gebären, das der Kosmische Christus ist – eine Religion der Auferstehung. Die Auferstehung ist eine der besonderen Gaben des Puer. »Der Puer aufersteht, weil die Auferstehung in der Psyche Puer *ist*. Es gibt immer etwas, das anfängt, ein neues Motiv oder eine neue Bewegung; und dieser Anfang ist der Puer in der Psyche.«[54] Ist Gott immer »im Anfang«, wie Meister Eckhart sagt, dann ist Gott unmittelbar bezogen auf den Puer und findet in ihm seinen stärksten Ausdruck.

Betrachten wir noch einige andere Dimensionen des Puer in seinen negativen und positiven Aspekten. Die Jungianische Analytikerin Marie-Louise von Franz schreibt, daß der Puer ein »Symbol der Erneuerung und des ganzheitlichen inneren Menschen ist, nach dem die neurotischen *pueri aeterni* unserer Zeit unbewußt suchen«[55]. Solch ein Puer besitzt die Kraft, eine Senex-Zivilisation zu erneuern, die durch ein »abgenutztes Bild Gottes und der Weltordnung«[56] gekennzeichnet ist. Die Wiedergewinnung des Kosmischen Christus kann eine wirklich lebendige Kosmologie wiedererrichten, die uns neue, kraftvolle und lebensspendende Bilder Gottes und der Welt gibt. Ein Kind zu sein bedeutet letztlich, in Ehrfurcht und Staunen zu leben. Das Kind ist »voll lebendig«, weil »das Kind eine naive Lebensanschauung hat. Wenn Sie sich Ihre eigene Kindheit ins Gedächtnis zurückrufen, dann erinnern Sie sich, wie intensiv Sie lebten. Das

Kind ist ... ständig an etwas Neuem interessiert.«[57] Vitalität ist der Schlüssel zur Welt des Kindes. Von Franz fragt: »Wie kann man sich aus diesem jugendlichen, idealistischen Phantasieleben herausentwickeln, ohne seinen Wert zu verlieren? Wie kann man erwachsen werden, ohne das Gefühl der Ganzheit, der Kreativität und des wirklichen Lebendigseins zu verlieren, das man in der Jugend hatte?[58]

Von Franz glaubt, daß ein ungesunder oder einseitiger Puer in einer reinen Fantasy-Welt lebt und daß auf einen solchen Menschen Desillusionierung und Zynismus warten. Hillman kommentiert dazu, daß dem »hochfliegenden, feuerschluckenden« Puer erlaubt sein sollte, sich auch ein wenig »erniedrigt und launisch und verwirrt« zu fühlen, »ein wenig einsam und ausgestoßen und mißverstanden, wie der Senex«, damit er mit dem Senex einen gesunden Kontakt herstellen kann.[59] Von Franz akzeptiert, daß der Puer das Bedürfnis hat, zu revoltieren und seine Individualität zu bestätigen, und daß diese Revolte sich konstruktiv oder destruktiv ausdrücken kann. Darin liegt auch ein Aufruf zum Spiel und zur Vereinigung unzusammenhängender Teile, um Verbindungen herzustellen. In dieser Hinsicht ist der Puer wie eine kreative Persönlichkeit.[60] (Der Künstler wird von Beaudelaire als jemand definiert, der »die Kindheit willentlich entdecken kann«[61].)

Verliert der Puer seine Verbindung mit dem Senex, so wird er fanatisch. Der Puer hat eine Art »Wanderlust«, die Haltung des »schließe mich nicht ein«. Der Puer kämpft mit der Verantwortung, mit dem Leben außerhalb des reinen »Jetzt«, mit der Verwurzelung in der Erde. Der Archetyp des einseitigen Puer ist Ikarus, der zu nah an die Sonne flog und die Folgen tragen mußte, indem er ins Meer stürzte und starb. Ein negativer Puer kann sich hyperaktiv auswirken oder durch passiven Rückzug. Obwohl der Puer nicht altert, entwickelt er sich nicht und reift auch nicht – er lernt nichts, weil er sich allein auf die Gegenwart konzentriert. Narzißmus stellt für ihn eine starke Versuchung dar, weil er von Selbstgenügsamkeit und Selbstvollkommenheit strotzt. Hillman stellt fest, daß »der Puer durch Zeit und Wiederholung nie lernt: Er widersetzt sich der Entwicklung und ist immer einzigartig. Keine Vorläufer, keine Vergangenheit – so ist sein Gefühl.« Ein negativer Puer wird die Vergangenheit als alt und öde verachten. Hillman meint, daß die amerikanische Kultur deutliche Aspekte dieser ungesunden Einseitigkeit aufweist, daß sie sich nur mit dem beschäftigt, »was gerade eben modern ist. Amerika, das ist ein völliges Eintauchen in das momentane Geschehen, eine Jetzt-Kultur, völliges Jetzt.« Ein Weg aus dem übertriebenen »Jetzt« führt über Mythos und Geschichte – Qualitäten des Senex. Die Geschichte sorgt für eine Hintergrundgestalt zu den gegenwärtigen Ereignissen. »Historische Bezüge, Gestalten aus der Vergangenheit befreien das vordergründige Ereignis davon, in dem steckenzubleiben, für was es sich hält.«[62]

Man könnte also sagen, daß unsere Kultur und unsere Institutionen sehr oft an den schlimmsten Aspekten von Puer und Senex leiden. Mangels eines gesunden Puer können wir keinen gesunden Senex nähren. Das Ergebnis sind Zynismus, Pessimismus, Dualismus zwischen den Generationen und eine Lähmung der Phantasie und Kreativität. So, wie der Geist aus einer gesunden Verbindung von Puer und Senex geboren wird, so wird auch alle Kreativität aus dieser Vermählung des Alten und Neuen, des Vorder- und des Hintergrundes geboren. Ist es ein Wunder, daß einem gesunden Puer für unsere Zivilisation eine bedeutende prophetische Rolle zukommt? Ohne die Auferstehung und Wiederentdeckung eines gesunden Puer wäre der Kosmische Christus, der Senex und Puer zusammenfaßt, eine Totgeburt. Mit einem gesunden Puer kann der Senex gesund und lebendig werden, »grün und saftig«, wie Hildegard von Bingen sagt. Renaissance und Wiedergeburt können dann auf seelischer und kultureller Ebene stattfinden. Hillman spricht vom prophetischen Ruf des Puer in unserer Zeit, wenn er sagt, »das Puer-Problem von heute ist nicht nur eine kollektive Neurose; es ist psychischer Ausdruck eines historischen Anspruchs und als solcher eine Berufung«[63].

Die Wiederverbindung von Senex und Puer kann einen prophetischen Beitrag zum Vater-Sohn-Kampf in unserer Kultur leisten. Man findet bei uns selten gesunde und stärkende Vater-Sohn-Beziehungen unter Personen mittleren Alters. Das entdekken Befreiungsgruppen für Männer, wenn die Männer beginnen, sich ihre Geschichten zu erzählen. Es findet viel Heilung statt, wenn die Puer-Senex-Spannung zwischen den Generationen zur Ruhe gebracht werden kann. Hillman glaubt, daß die Spannung zwischen Senex und Puer, Vater und Sohn (in meinen Worten: Kronos und Christus) »im Herzen unserer Kultur« liegt.[64] Freud ist der gleichen Auffassung. Die Wahrheit ist, daß der Vater den Sohn braucht, der Senex den Puer und der Puer den Senex. Was wir brauchen, ist ein innerer Sohn, nicht nur ein äußerer Puer, sondern einer, der von außen den schlummernden und oft vergessenen Puer innen aufweckt und hervorholt. Der Mystiker, die Mystikerin wird lebendig. Der Kosmische Christus wird wiedergeboren, wie Meister Eckhart vorhersagte, als er sagte, daß wir alle »Mütter Gottes werden sollen«[65].

Eine weitere prophetische Forderung, die der Puer einer müden Kultur oder Religion gegenüber erhebt, ist die nach Abenteuer. Ohne einen lebendigen Puer in uns, so zeigt Hillman, »gibt es keinen geistigen Antrieb, keine neuen Funken, kein Überschreiten des Gegebenen, keinen Glanz und keinen Sinn für das eigene Schicksal«. Er fährt fort, daß diejenigen Psychoanalytiker, die den Puer auf einen psychologischen Komplex reduzieren, »auf diese Weise den Drang und die Kunst des Puer zu fliegen verdrängen«, denn wer »nicht fliegen kann, kann auch nicht phantasieren«[66]. Eine weitere prophetische Leistung des Puer ist die Verbindung von Vergangenheit und Gegenwart. Wie Hillman es ausdrückt, »ist unsere andere Hälfte nicht nur andersgeschlechtlich. Die Vereinigung der Gegensätze – männlich und weiblich – ist nicht die einzige Vereinigung, nach der wir verlangen und die uns erlöst. Es gibt auch die Vereinigung des Gleichen, die Wiederverbindung auf der vertikalen Achse, die den gespaltenen Geist heilen würde.«[67] Die Spaltung von Vater und Sohn ist im Kern eine Spaltung des Gleichen, das nach Heilung verlangt.

Wer hat diesen bitteren Kampf zwischen Vergangenheit und Gegenwart, Altem und Neuem, Autorität und Jugend in unserer Zeit nicht schon einmal geschmeckt? Wer ist nicht schon direkt oder indirekt zum Opfer der Unfähigkeit unserer Rasse geworden, mit dem Fanatismus (dem negativen Puer) auf der einen Seite und der müden Selbstzufriedenheit (dem negativen Senex) auf der anderen umzugehen? Wer könnte sagen, daß die Religion selbst nicht schon wiederholt den Mord am Puer begangen, d. h. Christus immer wieder gekreuzigt hat? Wie oft muß Christus noch gekreuzigt werden, bevor die Menschen und Religionen selbst die Puer-Kraft auferstehen lassen? Das Ereignis der Kreuzigung erlöst, weil es dem tötenden Kind vergibt, das sogar Gottes Kind töten würde. »Vater, vergib ihnen, denn sie wissen nicht, was sie tun« (Lk 23,24). Das verwundete Kind in uns (Puer) wird insofern geheilt, als der Schöpfer (Senex) wieder mit dem göttlichen Kind verbunden wird. Dies ist ein weiteres Beispiel im prophetischen Werk Jesu, wie er das Schicksal des »verbindenden Musters« erfüllt. Ebenso wird der Kosmische Christus, das »Muster, das verbindet«, ein Zeitalter der Verbindung von Puer und Senex einleiten. Dann wird die Dynamik des Gegenübers von alt und jung in diesem Zeitalter ausgewogener; und die Weisheit der Jugend wird willkommen geheißen und geschätzt.

Während ich dieses Buch schrieb, bekam ich einen Brief von einem fünfjährigen Kind. Es erzählte mir: »Es gibt vier Sorten Bohnen (engl.: *beans*): grüne Bohnen, Geleebonbons (engl.: *jelly beans*), Bohnen mit Speck und menschliche Wesen (engl.: *beings*). Die menschlichen Wesen sind etwas Besonderes.« »Warum sind Menschen etwas Besonderes?« wurde es gefragt. »Es antwortete: »Die Leute essen grüne Bohnen, Geleebonbons und Bohnen mit Speck; und Gott ißt Menschen. Gott mag uns und ißt uns. Wir werden zu einem Teil von Gott und leben unser ganzes Leben im Bauch von Gott. ... Gottes Bauch ist die ganze Erde.« »Wo hast du denn diese Ideen her?« wurde es gefragt. »Aus mir selbst«, war seine Antwort. Es ist gut zu wissen, daß der Panentheismus im Geist und in der Phantasie unserer Kinder lebendig und wohlauf ist, auch wenn er gerade erst begonnen hat, in den Geist einiger Theologen und Kleriker einzudringen. In einem Kindergarten in Colorado sollten die Kinder ein Bild von Jesus malen. Sie gehorchten alle; nur eine Sechsjährige malte ein anderes Bild als den bärtigen Mann, den alle anderen darstellten. Sie malte sich selbst. Die Lehrerin erzählte mir, daß sie fast entrüstet reagierte, jedoch innehielt und über die Sache nachdachte. Als sie mich dann über den Kosmischen Christus reden hörte, verstand sie, was die Sechsjährige sagen wollte. Die Pueri machen in unserer Gesellschaft zur Zeit Überstunden. Wir müssen darauf hören, weil in ihnen vielleicht das göttliche Kind wartet, oder in irgendeinem von uns. Das ist die Tradition der Mystik der Schöpfung, die im Kinde stets den Kosmischen Christus erkannt hat.

Der mystische Beitrag zur Erweckung des Puer

Adultismus wird von Erwachsenen hervorgerufen. Er wird von demjenigen Apsekt der Erwachsenen hervorgerufen, der das innere Kind tötet, das der innere Mystiker ist. Alice Miller bemerkt, daß diese Unterdrückungen des Kindes im Erwachsenen

»so viele Bereiche unseres Lebens durchziehen, daß sie uns kaum mehr auffallen. Mit verschiedener Intensität und unter verschiedenen Sanktionen, aber fast überall findet sich die Tendenz, das Kindliche ... so schnell wie möglich in sich loszuwerden, um endlich das große, selbständige, tüchtige Wesen zu werden, das Achtung verdient.«[68]

Die Schöpfungs-Mystiker und Mystikerinnen können einiges Licht auf die Diskussion um Puer und Senex werfen, denn Mystiker sind Erwachsene, die das innere Kind willkommen heißen. Mechthild von Magdeburg schreibt:

> Ich bin die, die du so lieb hast,
> Deine Gespielin, die heilige Christenheit. ...[69]
>
> Die geringste Seele aber ist
> Tochter des Vaters
> Und Schwester des Sohnes
> Und Freundin des heiligen Geistes
> Und wahrlich eine Braut der Heiligen Dreifaltigkeit.[70]

Auch Juliana von Norwich versteht das göttliche Kind in uns allen: »Ich kenne keinen höheren Zustand in diesem Leben als die Kindheit.«[71] Juliana ermahnt diejenigen, die »töricht an ihrer Sündhaftigkeit hängen«, und erinnert sie daran, daß »Gott uns freudig sagt: ›Laß all deine Liebe sein, mein Kind, und wende dich zu mir. Ich bin alles, was du brauchst‹.«[72] Im Hohenlied, das wir im vorigen Kapitel besprachen, wenden sich die Liebenden besonders an die Jugendlichen, die ihren Schmerz und ihre Ekstase teilen können. Die Frau vertraut darauf, daß die Jungen ihre Liebe verstehen. Sie vertraut ihnen ihre tiefsten Bilder des Geliebten an und macht sich damit ihnen gegenüber verletzlich.

Sie weiß, daß von ihnen ihre Liebe nicht verspottet oder verlacht wird. Und der Mann spricht die Jugendlichen an, da sie in der Lage sind, die Schönheit seiner Geliebten zu begreifen. Ganz deutlich wird in diesen mystischen Texten der Puer gepriesen als ein Begleiter von Liebe und Schönheit, von Spiel und Erneuerung, von Kreativität und göttlicher Gegenwart.

Eine Legende um eine Gottesbegegnung Meister Eckharts, stellt die Gottheit als Puer, als einen schönen, nackten Jungen vor:

> *Meister Eckhart und der nackte Bube*
> Meister Eckhart begegnete ein schöner, nackter Bube.
> Da fragte er ihn, von wannen er käme?
> Er sprach: »Ich komme von Gott.«
> »Wo ließest du ihn?« –
> »In tugendhaften Herzen.«
> »Wo willst du hin?« –
> »Zu Gott!«
> »Wo findest du ihn?« –
> »Wo ich von allen Kreaturen ließ.«
> »Wer bist du?« –
> »Ein König.«
> »Wo ist dein Königreich?« –
> »In meinem Herzen.«
> »Gib acht, daß es niemand mit dir besitze!«
> »Ich tu's.«
> Da führte er ihn in seine Zelle und sprach: »Nimm, welchen Rock du willst!« –
> »So wäre ich kein König!«
> Und verschwand.
> Da war es Gott selbst gewesen und hatte Kurzweil mit ihm gehabt.[73]

Der göttliche Puer in dieser Geschichte ist nackt und schön, ein König, der von Gott zu Gott geht und dessen Königreich das Herz selbst ist; einer, der alle Kreaturen loslassen kann, nichts besitzt (keine Kleider) und doch im Besitz aller Dinge ist (sonst wäre er kein König). Und man beachte auch, wie das nackte göttliche Kind mit Eckhart spielt. (In dieser Legende liegt auch eine Anspielung auf das Märchen von des Kaisers neuen Kleidern.)

An anderer Stelle entwickelt Eckhart die Puer-Seite bei Gott und uns ausführlicher und tiefer. Er erklärt: »Wisset, meine Seele ist so jung, wie da sie geschaffen ward, ja noch viel jünger! Und wisset, es sollte mich nicht wundern, wenn sie morgen noch jünger wäre als heute.«[74] Und weiter: »Gott aber befällt keine Erneuerung, sondern nur Ewigkeit. ... [denn] der Ewigkeit Eigenheit ist, daß Sein und Jungsein in ihr eins sind.«[75] Er zitiert gern den Psalmisten, der sagt: »Deine Jugend wird erneuert werden wie die des Adlers.« Eckhart erkennt das Puer-Bewußtsein an, wenn er Mystik als »Freiheit von Ich-Bindung« und »Rückkehr zum Ursprung« definiert. Unsere Ursprünge sind die Quellen, von denen her wir mit der Puer-Kraft neubelebt werden. Indem Eckhart darauf beharrt, daß wir ohne Warum zu leben, ohne Warum zu lieben und ohne Warum zu arbeiten lernen, unterstützt er auch das Spiel, das immer »ohne Warum« ist und ein weiteres Beispiel für die Notwendigkeit und den wahrhaft prophetischen Beitrag der Puer-Kraft darstellt.[76] Diese Puer-Kraft bestimmt auch die Art und Weise, wie wir das ewige Jetzt schon in diesem Leben erfahren können. Eckhart schreibt: »Was ist Ewigkeit? Hört zu! Der Ewigkeit Eigenheit ist, daß Sein und Jungsein in ihr eins sind.«[77] Gott schaffe stets in der Gegenwart, fährt er fort, der Schöpfungsakt liege nicht zurück in der Vergangenheit, sondern sei stets am Anfang, stets im Verlauf und neu. Eckhart verspricht uns die Puer-Kraft als Frucht unserer Nähe bei Gott. Er lehrt, daß Neusein die erste Gabe des Geistes ist. Unser Kontakt mit Gott läßt uns neu werden. »Indem wir zu Gott aufsteigen, Gott näher kommen, indem wir zu Gott zurücklaufen, zu Gott zurückkehren, werden alle Dinge erneuert, werden alle Dinge gut, gereinigt und heilig gemacht. Im Zurückweichen vor Gott werden sie jedoch alt, schwinden dahin, sündigen sie, wie Paulus sagt, der Sünde Lohn ist der Tod (Röm 6,23).«[78]

Eckhart meint, daß der negative Senex daraus entsteht, daß wir uns vom Anfang, von Gott distanzieren. Das sei die Sünde und der Tod. Schließlich lehrt Eckhart, wie wir in einen »ungeborenen« Zustand zurückkehren und unsere Präexistenz wiedererleben können.[79] Das ist wahrhaft eine Metapher des Kosmischen Christus als Puer.

Eckhart setzt den Puer mit dem »inneren Menschen« gleich,

der in diesem ewig frischen und neuen »Nun« wohnt. Er stellt fest: »Der äußere Mensch ist der alte Mensch, der irdische Mensch, der Mensch dieser Welt, der von Tag zu Tag älter wird. Sein Ende ist der Tod. ... Der innere Mensch auf der anderen Seite ist der neue Mensch, der himmlische Mensch, in dem Gott leuchtet.« Dann sagt er: »Der innere Mensch ist nicht in Raum und Zeit, sondern rein und einfach in der Ewigkeit. Dort ersteht Gott ... und wird gehört, dort ist Gott; und dort spricht Gott, und Gott allein.«[80] Was spricht Gott? Gott spricht das Wort des Kosmischen Christus, der das »verbindende Muster« und »Alles in Allem« ist. In Eckharts Theologie sind wir darüber hinaus Gottes Pueri, sind wir wahre Töchter und Söhne Gottes, Bilder der Kindheit Gottes: »Und es gebiert der Vater seinen Sohn in der Seele in derselben Weise, wie er ihn in der Ewigkeit gebiert und nicht anders.«[81]

Meister Eckhart bezieht sein Lob unserer Puerschaft Gottes zum großen Teil aus der Schrift: »Schaut doch, was für eine Liebe uns der Vater geschenkt hat, daß wir Kinder Gottes genannt werden, und wir sind es« (1 Joh 3,1). Es hängt von uns ab, ob der göttliche Puer ständig in die Geschichte geboren wird – das ist Eckharts erfrischende Lehre über die Rolle des jugendlichen Kosmischen Christus. Welch eine Renaissance würde es geben, wenn der Westen – mit seiner religiösen Überlieferung beginnend – zu dieser alten Lehre der Puer-Kraft als geistiger Kraft zurückkehren würde, die wir bei den Schöpfungsmystikern der Bibel und in der Geschichte finden!

Viel Lebenszeit, Energie, Geld und Gelegenheiten werden von Erwachsenen vergeudet, die nach Drogen, Alkohol, Essen, Einkaufen oder sonst irgend etwas süchtig werden, weil sie ihren Puer verloren haben und nicht mehr spielen können. Die Kirche hat weder Kindern noch Erwachsenen gesunde Pueri eingeprägt. Der Kosmische Christus wird den Menschen wieder das Spielen beibringen müssen. Psyche und Kultur, jung und alt brauchen das Erwachen zu einer gesunden Puer- und Senex-Kraft. Um unsere Psyche und unsere Institutionen wieder mit dem göttlichen Kind, dem himmlischen Puer zu verbinden, bedarf es eines von Gott geschenkten »Musters, das verbindet«. Geschieht das, so ist eine echte Renaissance auf dem besten Wege, sich zu entwickeln.

Der Kosmische Christus spricht über die Jugend

Der Kosmische Christus spricht: »Ich bin die ewige Jugend. Ich bin immer jung, immer neu, immer frisch, immer begeistert, immer am Anfang. Warum seid ihr das nicht? Der Anfang steht nicht im Gegensatz zur Vergangenheit, sondern erfüllt sie, ergänzt sie, belebt sie. Ich bin auch die Vergangenheit, die wieder frisch und neu gemacht wurde, kraftvoll und aufregend. Bringt diese Teile – das Neue und das Vergangene – zusammen in gegenwärtiges ›Jetzt‹. Schaut euch nach denen um, die es bereits tun. Denkt an die Kinder. Seid wie sie: von Ehrfurcht erfüllt und von Staunen, begeistert (d. h. voll göttlicher, geistiger Energie). Verwechselt nicht das *Kindliche* mit dem *Kindischen*. Seid kindlich – wie ich, aber nicht kindisch, denn darüber muß man tatsächlich hinauswachsen. Die kindische Persönlichkeit hat keine Wurzeln, keinen Sinn für die Vergangenheit, keine Achtung vor der Zukunft, vor der eigenen Verantwortung, die Zukunft zu gebären. Im ›Jetzt‹ zu leben bedeutet nicht, daß ihr nichts von der Vergangenheit wissen oder die Zukunft vernachlässigen sollt – es heißt vielmehr, Vergangenheit und Zukunft in euch zusammenzubringen, Altes und Junges. Darin, in der Neugeburt, der tiefen Vision, der neuen Kraft liegt stets die Renaissance. Erwartet die Wiederkehr und die Erscheinung der Gottheit als Kind. Erwartet sie in euch selbst.

Die Erwachsenen sollen die Jugend nicht beneiden oder vernachlässigen oder Groll auf sie projizieren oder sie mit Schulden beladen, mit verdorrter Erde, Wassermangel, verwüsteten Wäldern, schwindenden Arten, verdorbener Schönheit, fossilienhaften Institutionen. Pflegt das Jugendliche in euch, und ihr werdet die Beziehung zu eurer Jugend und zu den noch ungeborenen Generationen heilen. Zu den Jungen sage ich: Tragt eure Weisheit in euch. Nährt sie einer im anderen. Beginnt eure eigene Kultur. Macht euch nicht zu sehr von den Erwachsenen abhängig, sondern sucht euch unter ihnen Verbündete, die euch die Weisheit der lebendigen Überlieferung aus der Vergangenheit vermitteln können. Lernt, erwachsen zu werden. Lernt über Geschichte und Mysterium, Verpflichtung und harte Arbeit. Und spielt, spielt, spielt. Bleibt jung – wie ich!«

Es wird wohl Zeit, daß unsere dem Senex-Geist so sehr ergebenen Institutionen mehr Gewicht auf das Potential des

Puer-Geistes in sich legen. Vielleicht wird es Zeit, Jugendliche zu ordinieren, noch *während sie jung sind* – jung im Geiste und dem Alter nach. Die Jugendlichen können sich mit den Jugendlichen verständigen und sie führen. Spirituelle Lehrer sollten aus den Gemeinschaften hervorgehen, denen sie dienen. Was geschähe, wenn die Kirche junge Menschen mit einem Minimum an akademischer Ausbildung, aber mit tiefer Verwurzelung in der Spiritualität und Mystik des Kosmischen Christus ordinieren würde? Vielleicht würden die Jugendlichen, denen solche Priester und Geistlichen dienten, sich ebenfalls für das Abenteuer begeistern, das der Kosmische Christus der Jugend bietet. Daraus könnte eine heranwachsende Generation entstehen, die der Religion nicht ignorant, gleichgültig und zynisch gegenüberstünde und sich statt dessen als Führer der Renaissance erwiese, die Mutter Erde braucht. »Denn die Weisheit öffnete den Mund der Stummen und machte die Zunge der Unmündigen beredt« (Weish. 10,21).

26. Der Kosmische Christus und die Kreativität – Wiederkehr der persönlichen Kunst

Der Kosmische Christus wird eine Epoche der erneuerten Volkskunst einleiten und die göttlichen Kräfte der Kreativität in allen Menschen erwecken. Ohne einen gewaltigen Ausbruch an Kreativität – neue Bilder, neue Abenteuer, neue Beziehungen, neue Träume und Visionen – kann es keine Renaissance geben. Schon Einstein sagte: »Die wichtigste Funktion der Kunst und der Wissenschaft ist, dies Gefühl [die kosmische Religiosität] ... zu erwecken und lebendig zu erhalten.«[82] Ein anderer Ausdruck für das kosmisch religiöse Gefühl ist *Achtung*. Das englische Wort für Achtung, *reverence*, stammt von einem Wurzelwort, das das Zeigen von Furcht oder Respekt aufgrund von Ehrfurcht bedeutet. Achtung ist die Reaktion auf eine Erfahrung der *Ehrfurcht* und integraler Bestandteil einer kosmologischen Spiritualität.

Eine Moral der Achtung wird auch eine Moral der Verantwortung sein, nicht einer Verantwortung, die auf Pflicht oder Angst vor Ungehorsam beruht, sondern einer Verantwortung dem gegenüber, was wir lieben und achten.

Das Erwecken des Künstlerischen

Aufgabe des Künstlers ist es, Ehrfurcht zu erwecken und ihren Ausdruck zu ermöglichen, damit wir unsere Ehrfurcht und unser Staunen gegenüber dem Dasein zeigen können. In jedem von uns wohnt ein Künstler, eine Künstlerin, so daß die künstlerische Aufgabe uns allen gilt. Indem wir unsere Ehrfurchtserlebnisse mitteilen, werden wir zur Erfahrung der Achtung geführt. Unsere Moral wird reformiert und auf die Basis der Achtung gestellt statt auf Vorschriften. Achtung wird zum Prüfstein der Moral werden: Zeigt mein Handeln und zeigen meine Entscheidungen Achtung vor anderen – vor Mutter Erde, vor den kommenden Generationen der Menschheit, vor den einzelnen Menschen, mit denen ich zu tun habe, vor unseren nicht-zweibeinigen Brüdern und Schwestern, mit denen wir die Erde teilen? Achtung kann nur aus einer lebendigen Kosmologie heraus wachsen. Sie kann aber in unseren Instinkten und Vorstellungen, unseren Seelen und Körpern und schließlich unseren Institutionen nur mit Hilfe der Künstler und Künstlerinnen ein Zuhause finden, die sie dort singen und tanzen, Gedichte darüber schreiben und Geschichten darüber erzählen, die ihr Farbe und Gestalt geben. Aufgabe der Künstler ist es, den Menschen Achtung vor allem Wertvollen und Bedeutsamen im Leben zu vermitteln. Indem der Kosmische Christus die Künstler erweckt, leitet er eine Ära ein, die jung und alt für die Achtung begeistert.

Volkskunst, persönliche Kunst und die Neuerfindung des Menschlichen

Wir haben bereits über die neuen Weinschläuche und das neue Paradigma gesprochen, das der Kosmische Christus ankündigt. Thomas Berry spricht von der Notwendigkeit, »die Menschheit neu zu erfinden«, eine Menschheit mit einem anderen Weltbild, die sich für Mutter Erde und alle ihre nicht-menschlichen Kinder verantwortlich weiß. Das wäre ein evolutionärer Sprung, nicht geringer als die Erfindung des Bewußtseins auf unserem Planeten vor Millionen von Jahren. Sicherlich braucht es zur »Neuerfindung des Menschlichen« ein gewaltiges Erwachen der Kreativität. Was soll es aber heißen, »das Menschliche neuzuerfinden«? Ich glaube, daß diese Neuerfindung hauptsächlich in unserer Phantasie, mit den Gaben und Kräften der Phantasie stattfinden wird. Sie wird stattfinden, wenn Kunst wieder zu einer wirklichen Kunst des *Volkes* wird und alle Menschen zu ihrer schöpferischen Kraft und Verantwortung erwachen. Dieses Erwachen zur Kraft der Volkskunst wird ausgesprochen lokal stattfinden, in Gemeinschaften und Nachbarschaften, an Arbeitsplätzen und in Schulen, in Kirchen und Synagogen, in Familien und Wohnungen von Singles. Es wird in den einzelnen stattfinden, wenn sie größere Verantwortung für die Geburt ihrer eigenen Persönlichkeit, für ihren Lebensstil, ihre Beziehungen und ihr Gemeinwesen übernehmen.

Otto Rank prophezeite, daß eine Epoche tiefer politischer, ökonomischer und religiöser Wandlungen »einen neuen Persönlichkeitstyp« erfordern wird. Rank spricht von der Verantwortung, die wir alle gemeinsam dafür tragen, unsere Persönlichkeit und unsere wesentlichen Lebensbeziehungen auf neue, frische Weise zu gebären. Er warnt die professionellen Künstler, daß sie in keiner Hinsicht von der Verantwortung ausgenommen sind, ihre Kraft in die Alltagskunst zu stecken, die ich als »persönliche Kunst« bezeichne. Er schreibt:

»Der neue Typ Mensch ... muß aus jenen Küntlern erwachsen, die zu einer Haltung des Verzichts gegenüber der künstlerischen Produktion gelangt sind. Ein Mensch mit schöpferischen Kräften, der den künstlerischen Ausdruck zugunsten der Persönlichkeitsbildung aufgeben kann ... wird den selbstschöpferischen Typus bilden und in der Lage sein, den schöpferischen Impuls direkt in den Dienst seiner eigenen Persönlichkeit zu stellen. ... Der kreative Typus, der auf diesen Schutz durch Kunst verzichten und seine ganze kreative Kraft dem Leben und der Lebensgestaltung widmen kann, wird der erste Vertreter des neuen menschlichen Typs sein.«[83]

Worum handelt es sich bei den persönlichen Künsten, die wir alle zu gebären beginnen müssen? Sie umfassen die Kunst der

Freundschaft, die Kunst, Schönheit zu erschaffen, wo wir leben, die Kunst des Gesprächs, der Massage, des Lachens, der Essenszubereitung, der Gastfreundschaft, der Mitteilung von Ideen, des Anbaus von Gemüse, Obst und Blumen, des Singens von Liedern, des Liebens, des Geschichtenerzählens, der Verbindung der Generationen, des Spielens von Sketchen, der Satire auf die menschliche Torheit. Die persönlichen Künste umfassen die Kunst des Zuhörens und Heilens, des einfachen Vergnügens zusammen mit anderen, die Kunst, unseren Lebensstil und unsere Gemeinschaften selbst zu gestalten, die Kunst der Geselligkeit, des Sorgens für andere und des Verzeihens. Diese persönlichen Künste, so meine ich, bilden die »Persönlichkeitsgestaltung«, von der Rank glaubt, daß sie zu einem »neuen Menschentyp« führen wird. Immer mehr Propheten, Senex wie Puer, widmen sich dieser persönlichen Kunst. Indem sie das vollkommener tun, werden sie tatsächlich anfangen, den neuen Persönlichkeitstyp hervorzubringen, von dem Rank meint, daß er notwendig eine Renaissance oder neue geistige Ära begleiten wird.

Durch die Wiederentdeckung der persönlichen Künste werden wir auch die Volkskünste wiederentdecken und die Kunst von der elitären Form befreien, die sie in der patriarchalen Epoche angenommen hat. Wie Erich Fromm beobachtete, ist »Künstler« in der westlichen Zivilisation zu einem spezialisierten Beruf geworden. »Wir haben kein Wort« für Ritus, Volkstanz und gemeinsames Singen, so meint er, »weil Kunst in einem weiten und allgemeinen Sinn, als ein Teil von jedermanns Leben, ihren Platz in unserer Welt verloren hat.«[84] Der Zen-Dichter Kenji Miyazawa beklagt die Professionalisierung des Titels »Künstler« und definiert den Künstler als »jemanden, der/die die Freiheit besitzt, seinen/ihren inneren Geist zu sich sprechen zu lassen«[85]. Die neue Kunst wird diesen »inneren Geist« freisetzen können.

Das Erwachen des inneren Geistes wird jedoch nicht mit dem persönlichen Ausdruck allein zufrieden sein. Es wird seine wahre Erfüllung in der Rückkehr zur sozialen Kunst der Politik und Wirtschaft, zum Volk finden. Wenn das geschieht, wird die Politik nicht mehr auf die müde, pessimistische Weise des negativen Senex als »Kunst des Möglichen« definiert werden, sondern als die *Kunst des Ausdrucks des Willens und der Bedürfnisse des Volkes*. Die Politik wird selbst zu einer Volkskunst werden, zur Kunst, Mutter

Erde zu bewahren und zu feiern, zur Kunst, gerecht zu handeln und Gleichgewicht und Harmonie zu bewahren. Die Wirtschaft wird zur Kunst des planetaren Managements, zur Kunst des harmonischen Lebens innerhalb der notwendigen Grenzen, die die Güter der Erde uns setzen, zur Kunst des gemeinsamen Überlebens, durch welches die gesamte Schöpfung mit ihrem ungeheuren Reichtum – in dem ihre Gesundheit liegt – ausgewogen und harmonisch gefeiert wird. In diesem Zusammenhang können Politik und Wirtschaft zum Ausdruck der gemeinsamen Achtung vor unserem gemeinsamen Dasein werden.

Spiel, Kreativität und der Kosmische Christus

Bis diese Kreativität in der menschlichen Geschichte ihre Rolle übernimmt, wird sich der Kosmische Christus gewiß noch viele Male im Geiste und in der Phantasie von Menschen inkarnieren müssen. Mitschöpfung wird wichtig werden, damit wir unsere kreative Rolle im Lichte derjenigen des Schöpfers verstehen. Im Ausdruck *Mit*-Schöpfung steckt eine Gegenseitigkeit. Die Gottheit und wir sind miteinander Schaffende, gleichermaßen verantwortlich – so könnte man sagen – für das Überleben von Mutter Erde und für alle Persönlichkeitstypen, Beziehungen, Lebensstile, politischen und wirtschaftlichen Systeme, die wir hervorbringen. Ein Mitschöpfer ist jemand, der oder die das mystische Selbst gebiert oder zuläßt, daß es geboren wird. Indem wir zulassen, daß das »wahre« oder mystische Selbst geboren wird, sind wir bereits tief in den Prozeß der Geburt des Kosmischen Christus verwickelt. Indem wir unsere echte Ehrfurcht und unser Staunen wieder zulassen und den Puer, das Kind und die Lust am Spiel, wieder begrüßen, sind wir bereits in die Mitschöpfung verwickelt. Denn ohne Spiel gibt es keine Schöpfung. Der Kosmische Christus ist ein *komischer* Christus mit einem universellen Humor. C. G. Jung betont die notwendige Verbindung zwischen Spiel und Kreativität, wenn er schreibt:

»Es ist nicht nur der Künstler, der alles Größte in seinem Leben der Phantasie verdankt, sondern überhaupt jeder schöpferische Mensch. Das dynamische Prinzip der Phantasie ist das Spielerische, das auch dem Kinde eignet. ... Aber ohne dieses Spiel mit Phantasien ist noch nie ein schöpferisches Werk geboren worden.

Die Erzeugung des Neuen besorgt nicht der Intellekt, sondern der Spieltrieb aus innerer Nötigung. Der schaffende Geist spielt mit den Objekten, die er liebt.

Die schöpferische Betätigung der Einbildungskraft entreißt den Menschen seiner Gebundenheit im »Nichts-als« und erhebt ihn in den Zustand des Spielenden. Und der Mensch ist, wie Schiller sagt, ›nur da ganz Mensch, wo er spielt‹.«[86]

Eine Explosion der Kreativität wird eine Offenbarung des Kosmischen Christus im Spiel hervorrufen: »... ich spielte auf dem weiten Erdenrund und hatte meine Freude an den Söhnen und Töchtern der Menschheit« (Sprüche 8,31). Wirkliche Achtung hat mehr mit Spiel zu tun als mit einem frommen Kopfnicken. Denn Spiel ist die Reaktion auf unser *Gefühl*, daß wir Teil eines lebendigen und dynamischen Ganzen sind. Wir sind Spielende im Universum, Schauspieler und Schauspielerinnen auf einer kosmischen Bühne in einer ehrfurchtgebietenden zwanzig Milliarden Jahre währenden Entfaltung und Vermehrung der Schöpfung. Unser Spiel besteht nicht nur in Gebet und Meditationskunst, es hat auch mit dem Ausdruck unserer Rolle im Universum zu tun – es ist die offenbarende Darstellung des einzigartigen Angesichtes Gottes, des einzigartigen »Ich-bin«, das unsere je besondere Art und Weise bildet, in der Welt zu sein. Jeder von uns stellt einen anderen Aspekt des göttlichen Angesichtes dar, des göttlichen Humors und der göttlichen Hände, indem wir uns unsere Spiritualität und unser Leben auswählen. Unsere Mitschöpfung ist die Darstellung und Offenbarung des göttlichen Wesens.

Die Tugend der Kreativität

Die vom Kosmischen Christus eingeleitete lebendige Kosmologie wird mehr tun, als die Kreativität selbst zu erlösen: Sie wird die Kreativität als moralische Tugend vorstellen – ja als die *wichtigste moralische Tugend der kommenden Zivilisation*. Während der Newtonschen Ära war Gehorsam die wichtigste moralische Kategorie: Leben wir in einem Maschinenuniversum, dann ist unsere vorrangige Aufgabe, der Maschine zu gehorchen. Die Doktrin des Gehorsams paßte gut in die patriarchalen Strukturen der Kontrolle und des Kontrolliertwerdens, die während der

Newtonschen Ära einen so großen Teil der Gesellschaft und Religion gekennzeichnet haben. Der Geist des Kosmischen Christus wird eine Epoche der Kreativität herbeiführen, um die Epoche des mechanistischen Gehorsams zu ersetzen.

Das englische und französische Wort für Tugend (VIRTUE) leitet sich aus dem lateinischen »virtus« ab, was auch Männlichkeit und Kraft bedeutet. Kreativität ist heute die am meisten vernachlässigte und am meisten benötigte Kraft. Kreativität sorgt für eine Neudefinition der Macht, die in der Epoche des Patriarchats so sehr mißbraucht worden ist, und wird in einer Epoche des Kosmischen Christus zur Quelle der Kräftigung.[87] Nicht nur jedes Individuum, sondern auch jede religiöse, bildende, politische oder wirtschaftliche Institution wird die Kreativität als Grundgesetz des Universums anerkennen und einbeziehen müssen, denn wir wissen, daß das Universum vom ersten Augenblick des ursprünglichen Feuerballs an ständig schöpferisch war. Kreativität ist auch das Grundgesetz der menschlichen Psyche, die einen Mikrokosmos des Universums bildet. Indem menschliche Gemeinschaften und soziale Institutionen beginnen, das Gesetz des Universums nachzuahmen, werden sie die Kreativität in ihrem Herzen wieder aufbauen müssen. In seinen Überlegungen zur schöpferischen Dynamik, die den Gesetzen des Universums zugrunde liegt, drängt der Wissenschaftler Erich Jantsch die Menschheit sehr weise dazu, von einer übertriebenen Konzentration auf individuelle »Rechte« zu den moralischen Forderungen der Verantwortung überzugehen – besonders der Verantwortung, schöpferisch zu sein.

»Bei uns ist immer so viel von Rechten die Rede, von grundsätzlichen Menschenrechten ebenso wie von besonderen Rechten bestimmter Berufsgruppen, Stände, privilegierter oder benachteiligter Minoritäten – und fast nie von Verantwortung. ... Der Rechtsanspruch stellt ein statisches und defensives, strukturell empfundenes Konzept, während *die Übernahme von Verantwortung schöpferische Teilnahme an der Gestaltung der Menschheit bedeutet*. Die im Westen vorherrschende Ethik ist demnach eine individualistische Ethik im Gewande eines gesellschaftlich verbindlichen Kodexes. Sie ist nicht vielschichtig im echten Sinne.«[88]

Ich verstehe Jantsch so, daß er dazu aufruft, uns der Kreativität und der in ihr liegenden Verantwortung als Basis einer erneuerten Moral *hinzugeben*. Unsere dualistische Kultur hat die »Hingabe« zu einem frommen Gefühl reduziert. Der lateinische (und englische) Ausdruck für Hingabe oder Demut, DEVOTIO, hat aber die ursprüngliche Bedeutung, »ein Gelübde tun«, »sich einer Sache weihen«. Würden sich alle Gemeinschaften und Bürger heute der gegenseitigen Ermutigung weihen, auf allen Ebenen des Lebens, der Bildung und des Heilens schöpferisch zu sein, würden wir allerdings auf eine Renaissance ungeheuren Ausmaßes zugehen. Die Religion wäre die erste Empfängerin dieser neuen geistigen Kraft, da die als *Devotion* bekannte Tugend die Grundlage einer gesunden Religion bildet.

Kreativität – das Gelübde einer neuen geistigen Ära

In der Renaissance des Mittelalters wurde die Armut zur Leittugend der neuen Zivilisation. Franz von Assisi erlebte seine mystische Liebe zur Frau Armut und erkor sie zur Grundlage seines neuen Ordens. Das Armutsgelübde wurde als Einsatz für eine neue soziale und ökonomische Ordnung verstanden, die weder feudalistisch wie das schwindende Paradigma war noch habsüchtig wie der Kapitalismus der neuen Ordnung. Es wurde zum Manifest der Bewegung für eine neue Weltordnung. In den Straßen wie im Vatikan wurden Schlachten darum ausgetragen, ob Jesus in dem Sinne »arm« gewesen war, wie das neue Armutsgelübde es meinte.

Wie in der Renaissance zur Zeit des Franz von Assisi Frau Armut die Haupttugend der neuen Gesellschaft und den Einsatz für die neue Vision repräsentierte, so schlage ich als Haupttugend für heute die Kreativität vor. Wir brauchen ein neues Gelübde (eines, das nicht auf die katholischen Ordensmitglieder beschränkt ist), eine neue »mystische Braut« oder einen Bräutigam, denen die Menschen sich hingeben können, denen sie ihre gewaltigen Gaben widmen können. Ich spreche von einem Versprechen an die Kreativität selbst: ein Versprechen, schöpferisch zu bleiben, das Schöpferische zu ertragen, uns als Individuen und Gemeinschaften der Kreativität zu widmen und einander solidarisch darin zu unterstützen. Diese Ermutigung, dieses wechselseitige Aufbauen von Mut zur Kreativität muß auf der

Ebene der Persönlichkeit, der persönlichen Beziehungen und der persönlichen Künste ebenso geschehen wie global auf der politischen und wirtschaftlichen Ebene. Mahatma Gandhi legte so großen Wert auf Gelübde, daß er glaubte, ohne sie könne es keine Reinigung der Politik oder Wandlung der Gesellschaft geben. »Er glaubte, ein Leben ohne Gelübde sei wie ein Schiff ohne Anker oder wie ein Gebäude, das auf Sand gebaut ist statt auf Gestein. Ein Gelübde ist die freiwillige Verpflichtung auf einen moralischen Wert.«[89] Heute müßte die Kreativität selbst dieser moralische Wert sein.

Hinter aller Kreativität steht nicht nur die Toleranz für Vielfalt, sondern die Achtung vor ihr, das leidenschaftliche Bedürfnis nach ihr. Wer freiwillig ein Gelübde für die Kreativität ablegt, wird zu einem Anführer, einer Anführerin für eine Vitalisierung der Lebensstile, der Bildung, der Religion, der Politik und Wirtschaft werden, zur Hebamme des Kosmischen Christus, der sich nach Wiedergeburt sehnt. In seinem schönen Buch »A Painter's Quest« kommt der Künstler und Mystiker Peter Rogers zu dem Schluß, daß die Lehre Jesu »Liebe Gott mit ganzem Herzen und ganzer Seele und deinen Nächsten wie dich selbst« (Mt 22,36–39) die tiefste künstlerische Wahrheit darstellt: Es gibt keinen Künstler, der nicht sowohl auf der kosmischen Ebene – Gott – als auch auf der Ebene des Details wirkt – unserem »Nächsten«. Rogers sagt: »Je weiter unsere Perspektive, um so näher kommen wir der Liebe zu Gott; je größer unsere Aufmerksamkeit auf das Detail, um so näher kommen wir der Liebe zum Nächsten.« Diese Wahrheit haben alle Künstler und Künstlerinnen erfahren – unter ihnen auch Jesus. Rogers schreibt weiter:

»Aus ständiger Erfahrung wissen Künstler, daß dieser doppelte Fokus funktioniert, ja daß es die einzig funktionierende Art Fokus ist. Sie verlassen sich jedes Mal darauf, wenn sie den Pinsel aufs Papier bringen, und wissen, daß sie ohne ihn verloren sind. So gesehen, sind die beiden Gebote Christi nicht eine Frage der Ethik, sie sind reiner Pragmatismus.«[90]

Wahre Kreativität, so meint Rogers, verknüpft das Lokale mit dem Kosmischen. Durch seine Inkarnation im Künstler und Gleichniserzähler Jesus hat der Kosmische Christus den geistigen Weg des Künstlers gefeiert und das Thema der Gottes- und Nächstenliebe unterstrichen. Ein Gelübde zur Kreativität würde die lokale Verwurzelung, die Inkarnation mit dem kosmischen Bedürfnis nach Weite und Raum zusammenbringen. Es würde Zeit und Raum verbinden, wie auch Alt und Neu, Senex und Puer, Männlich und Weiblich, Nord und Süd, Reich und Arm. Es würde bedeuten, die beiden Gebote Jesu zu erfüllen – Gott und den Nächsten zu lieben –, die die Erfüllung des Gesetzes sind. In einer solchen schöpferischen Situation wäre der Kosmische Christus, das »verbindende Muster«, zu Hause und am Werke.

Wer das Gelübde der Kreativität auf sich nähme, würde eine neue geistige Epoche einleiten, weil er oder sie den Pessimismus austreiben würde – ein Kennzeichen des müden Senex und der patriarchalen Zivilisation. Otto Rank bemerkt, daß Pessimismus aus unterdrückter Kreativität entsteht.[91] Hat Rank recht, dann ist der Einsatz für die Kreativität ein Einsatz zur Verbannung des Pessimismus.

Kreativität kann uns, wie Rollo May zeigt, helfen, das Übermaß an Gewalt aus unserem Leben zu vertreiben. Nach May sind Schönheit und Kunst erfahrungsgemäß »Gegenmittel gegen die Gewalt«. Er schreibt: »Kunst ist das Gegenmittel gegen die Gewalt. Sie bietet die Ekstase und die Selbsttranszendenz, die sonst die Form von Drogenabhängigkeit, Terrorismus, Suizid oder Krieg annehmen könnte.« Wie ist das möglich? Weil wir gewalttätig werden, wenn wir das Gefühl für unsere eigene Bedeutung verlieren. Kunst erneuert dieses Gefühl, indem sie uns in eine lebendige Kosmologie eintaucht, aus der wir lernen, daß wir »Teil einer Welt der Schönheit« sind. May fährt fort:

Ein Zweck der Kunst und der Schönheit, die sie inspiriert, liegt darin, dieser Erfahrung der Bedeutungslosigkeit entgegenzuwirken. Die Menschen brauchen ein Gefühl der Transzendenz gegenüber ihrer langweiligen Alltagsexistenz und müssen ihr Dasein mit Abenteuer, Freude, Spaß und einem Sinngefühl verbringen.[92]

Arbeit erschaffen

Denkt man sich die Welt als eine Maschine, dann ist alle Arbeit ihrem Wesen nach mechanisch. Eine mechanistische Definition der Arbeit hat in den vergangenen vier Jahrhunderten der Newtonschen Ära auch vorgeherrscht. Die neue Kosmologie lehrt aber, daß die Welt in erster Linie nicht eine Maschine, sondern ein Geheimnis ist. So sind also die wichtigsten Arbeiter der aufkommenden Kultur diejenigen, die andere tiefer in das Geheimnis hineinführen. Das bedeutet, daß Künstlerinnen, Narren und Mystiker tatsächlich Arbeiterinnen und Arbeiter sind. Vielleicht liegt hier ein Schlüssel zur Abschaffung der Arbeitslosigkeit. Welche Gaben würden auf unseren Planeten zurückkehren, wenn die Menschen sich voller Achtung der ehrfurchtgebietenden Kraft namens Kreativität zuwendeten, nicht um Waffen oder Wände zwischen uns zu erschaffen, sondern im Rahmen der Heilung, des Feierns und der Gerechtigkeit! Was für Aussichten hätte beispielsweise eine mächtige Anstrengung der menschlichen Phantasie, *Arbeit zu schaffen*, gute Arbeit für die Heere von arbeitslosen Jugendlichen und Erwachsenen in der ganzen Welt? Müßte diese neu geschaffene Arbeit nicht aus der »Arbeit« bestehen, das Spielen wieder zu entdecken, die persönlichen Künste wieder zu entdecken, die Kreativität selbst? Die industrielle Revolution und die Newtonsche Ära eliminierten die Kunst als Arbeit. Der Kosmische Christus würde die Kunst als *die* wesentliche Arbeit im Universum wiederbringen, als die grundlegende Arbeitsform menschlicher Gesellschaften. Durch das Sprießen der wiederbeschäftigten Künste würde das Leben wieder achtungsgebietend werden und uns mit Ehrfurcht erfüllen. Sofern der Künstler, die Künstlerin in jedem von uns in der Arbeit ein echtes Ventil findet und wenn diese Arbeit in der eigenen Mystik verwurzelt ist, dann »nimmt und schöpft das innere Werk sein ganzes Sein nirgends als von und in Gottes Herzen«[93]. Das ist die eigentliche Anwendung des Bildes des Kosmischen Christus auf unsere Arbeit. Die Mühe, die wir darauf verwenden, ist nichts weniger als die Mühe, die wir ins Herz des Kosmischen Christus säen. Eckhart sagt:

»Darum kann das äußere Werk niemals klein sein, wenn das innere groß ist, und das äußere niemals groß oder gut, wenn das innere klein oder nichts wert ist. Das innere Werk hat allzeit alle

Größe, alle Weite und Länge in sich beschlossen. Das innere Werk nimmt und schöpft sein ganzes Sein nirgends als von und in Gottes Herzen.«[94]

Kein Wunder, daß Hildegard sagen kann, gute Werke hielten »das Rad des Universums in Gang« und jeder Mensch sei ein »blühender Garten«[95], der die Früchte seiner Werke der Gemeinschaft als Geschenk zurückgibt.

Schaut man sich in der Welt um, so findet man überall Arbeit – gute Arbeit des Gebärens, der Geburtshilfe, des Feierns und Daseins. Nur unter den Zweibeinern gibt es die seltsame Erfindung namens Arbeitslosigkeit. Es gibt so viel gute Arbeit, die darauf wartet, getan zu werden. Wie können wir da die Arbeitslosigkeit länger tolerieren? Der Kosmische Christus zeigt den Weg zur Vollbeschäftigung, zu der Aufgabe, Arbeit zu erschaffen. »Die Seele heißt ein ›Umkreis der Erde‹«, erklärt Meister Eckhart.[96] Damit meint er, daß wir in der Welt leben, die wir uns selbst erschaffen. Verdienen wir Besseres, als wir haben, so müssen wir es aus unserer Seele gebären.

Lebensstile erschaffen

Die Erschaffung und Gestaltung unseres eigenen Lebensstils ist ein Bereich, in dem sich die Kreativität zuerst durchsetzen und zugleich ein starkes Gemeinschaftsgefühl entstehen könnte. Die Probleme der westlichen Sexualtheologie entstehen zum Teil aus ihrem Newtonschen Stückwerkcharakter. Wir haben verschiedene Lebensformen fast völlig voneinander isoliert: Die Heterosexuellen fühlen sich von der Vorstellung bedroht, es könne auch noch andere legitime Formen des sexuellen Ausdrucks geben, und isolieren sich so in ihrem privilegierten Ghetto. Die Homosexuellen wachsen alle in heterosexuellen Familien auf und dürfen dort selten ehrlich über ihre Sexualität sprechen; sie werden in ihr Ghetto gezwungen, oft ein einsamer und verzweifelter Ort. Die Zölibatären verstecken sich mehr oder weniger in Konventen, Klöstern und Pfarreien, zusammen mit anderen Angehörigen ihres Geschlechts und ihres Lebensstils. Singles fühlen sich in ihrem Einzelkampf isoliert. Daraus ergibt sich, daß *keine der Lebensformen eine andere mit der ihr eigenen Weisheit berühren darf.* Keine Gruppe profitiert wirklich von den Erfahrungen der anderen. Keine Gruppe läßt sich wirklich auf das Leiden der anderen ein, und auch nicht auf ihre besonderen Ekstasen. Die Newtonsche Stückwerk-Mentalität regiert unsere sexuellen Lebensformen und führt sie zur Langeweile. Otto Rank lehrt, daß Vielfalt das Grundprinzip der Kreativität bildet. Doch läßt eine Newtonsche Kultur keine wirkliche Vielfalt zu, weil sie die Lebensformen isoliert, statt ihre Vermischung und Verbindung zu ermutigen. Das Ergebnis läßt sich vorhersagen: Kreativität und Mystik sickern aus den sexuellen Beziehungen heraus. Der Weinschlauch ist trocken, verdorrt, spröde und leck.

John Boswell von der Yale Universität hat eine bedeutende Arbeit über Homosexuelle des zwölften Jahrhunderts veröffentlicht, denen in der damaligen Kirche ein Platz gewährt wurde. Es war dies das Jahrhundert der Kathedrale von Chartres und von 500 anderen Kirchen vergleichbarer Größe, die der Maria geweiht waren – der christlichen Bezeichnung für die Muttergöttin –, das Jahrhundert Hildegards von Bingen und der ersten Universitäten im Westen, das Jahrhundert der Geburt des Franz von Assisi, des Endes des Feudalismus und des aufkommenden Kapitalismus und das Jahrhundert der Laiengemeinschaften, die sich gegen Kapitalismus und Feudalismus wandten. Kurz, es war für die Kirche wie für die Gesellschaft eine immens kreative Zeit. Boswell deutet auf den Grund für diese Kreativität schon im Titel seines Buches: *Christianity, Social Tolerance and Homosexuality*.[97] So wie Boswell die Toleranz jener Zeit charakterisiert, kann man sie auch als Respekt vor der Vielfalt verstehen. Walter Williams zeigt in einer Studie über die BERDACHE, androgyne Personen bei den Indianern Amerikas, welche einzigartigen heiligen Kräfte zur Heilung des Volkes man diesen sexuellen Minderheiten zuschrieb.[98] Die europäischen Kolonisten löschten diese Tradition brutal aus; und man kann sich nur fragen, was in der europäischen Seele verlorengegangen ist, daß sie so handeln konnten. Ich glaube, daß der Kosmische Christus unsere Zivilisation aufruft, die Vielfalt miteinzubeziehen, damit unsere Kreativität wieder zum Vorschein kommt und jeder Mensch seinen Lebensstil und seine Berufung ebenso leidenschaftlich wie verantwortlich leben kann. Warum sollten Heterosexuelle von Homosexuellen bedroht werden oder umgekehrt? Vive la différence! Lassen wir doch im Rahmen der moralischen Verantwortung und verbindlichen Liebe die Vielfalt und Kreativität fließen, die wir im Hohenlied gepriesen sahen und die wirklich die moralischen Gesetze widerspiegelt, die uns das Universum lehrt. Mögen neue Gemeinschaften mit neuen Visionen des Zusammenlebens geboren werden, mit einem bewußten und freiwilligen Gelübde, zusammen schöpferisch zu sein, die schöpferischen Kräfte gegenseitig zu nähren und solidarisch zu den anderen Mitschöpfern und Mitschöpferinnen in der Gesellschaft und im Kosmos zu stehen. Wer könnte heute schon sagen, wie eine solche Verpflichtung zur Kreativität eine Gemeinschaft beleben und was sie darin bewirken würde? Der Kosmische Christus ließe die Freiheit zu tanzen, zu spielen und Neues zu erschaffen.

Viele Menschen fragen danach, welche Rolle – wenn überhaupt eine – das Zölibat in einer nicht-dualistischen oder mystischen Spiritualität spielen würde. Ist das Zölibat einmal aus seiner Rolle in der Keuschheits-Ideologie befreit, so könnte sich seine Ausdrucksweise sehr verändern. Das bedeutet jedoch nicht, daß das Zölibat in einer lebendigen Kosmologie keine Rolle zu spielen hätte. Das Zölibat ist eine wahrhaft prophetische Wahl, sofern es die Aufmerksamkeit *nicht* auf die Keuschheit lenkt, sondern auf die sexuellen ANAWIM einer Kultur: die Kranken, die Gefangenen, die geistig Behinderten, die Singles, die Geschiedenen, die Verwitweten, die Homosexuellen, die Armen – sie alle führen in unserer Zivilisation ein mehr als unbefriedigendes Sexualleben. Ein zölibatär lebender Mensch kann mit ihnen solidarisch leben, denn er oder sie hat sich dafür entschieden, zu einer sexuellen Minderheit zu gehören. Wie die freiwillige Armut erlaubt auch das freiwillige Zölibat, den Stummen der Gesellschaft nahe zu sein – besonders in einer derart sexbesessenen Gesellschaft wie der heutigen westlichen. Wirklich zölibatäre Menschen werden zum Beispiel den sexuellen ANAWIM, die zu Sündenböcken gemacht werden wie die Homosexuellen, ihre Solidarität anbieten. Ein Homosexueller gehört zu einer sexuellen Minderheit. Studien haben jetzt gezeigt, daß etwa 10–13 Prozent der Menschen jeder beliebigen Kultur homosexuell sind, also etwa jedes zehnte von unseren Kindern. Und doch werden in unserer Gesellschaft die Homosexuellen zu einer ghettoartigen Existenz gezwungen. Anthony Stevens hält es für »obszön«, jemanden zum Sündenbock zu machen. Diese Handlung entsteht aus Verdrängung, die »neben der Projektion der Abwehrmechanismus mit den übelsten sozialen Implikationen ist«. Er hält es deswegen für eine obszöne Praxis, »weil die Aggression, die wir nicht gegen jemand Stärkeren zu wenden wagen, gegen Schwache und Hilflose gerichtet wird«. Eine Minderheit hält man für schwach und hilflos. Ungesunde Menschen versuchen, ihren eigenen Schatten zu verbergen und durch »Rationalisierung« zu rechtfertigen, was sie sagen oder tun. Oder sie versuchen, durch »Intellektualisierung« – die Verwendung von trockener, abstrakter Terminologie – emotional explosive Fragen zu zerstreuen. Der Grund für Sündenböcke liegt nach Stevens darin, daß vom Ego erlebte Gefühle für zu gefährlich gehalten werden, als daß man sich damit auseinandersetzt. Das Ergebnis ist eine Verdrängung der Aggression »gegen den ›inneren Feind‹«[99].

Abgesehen von der Solidarität mit den sexuellen ANAWIM kann der oder die Zölibatäre im sexuellen Gefecht auch deshalb eine prophetische Stimme erheben, weil er oder sie über die eigene Sexualität lachen kann. »Wie bestellt und nicht abgeholt«, wäre eine Arbeitsdefinition des Zölibates. Eine Gesellschaft, die die Sexualität zu ernst nimmt – wie es die unsere auf der Rechten durch übertriebenes Moralisieren und auf der Linken durch übertriebene Freizügigkeit und Besessenheit tut –, braucht sexuelle Narren oder Clowns. Das ist die eine Rolle, die Zölibatäre in einer solchen kulturellen Situation spielen können. Zölibatär lebende Menschen gehen auch das Wagnis ein, mit den Dämonen der Einsamkeit zu tanzen. Die Einsamkeit ist ein dunkler und schrecklicher Gast, der unsere heutige Zivilisation heimsucht; und der oder die freiwillig Zölibatäre setzt viel dabei aufs Spiel, des Nachts mit diesen kosmischen Dämonen zu ringen. Die Entleerung, die aus einem solchen Tanz entsteht, öffnet den Zölibatären einen Weg des Verstehens und Mitgefühls, durch den sie das Leben anderer wahrnehmen können, die von der Einsamkeit berührt worden sind. Zölibatäre sind oft »in die Wildnis« getrieben worden, um ein Heilmittel für die kosmische Einsamkeit unserer Zeit zu finden. Eine lebendige Kosmologie bietet sich als ein Gegenmittel gegen diese tiefe Einsamkeit an; und Zölibatäre könnten die Einsamen bei der Suche nach dem Kosmischen Christus anleiten.

In dem Maße, in dem Frauen zunehmend ein neues Bewußtsein entwickeln und Männer sich dagegen sperren, es ebenfalls zu tun, wird es zu einer sozialen Situation kommen, in der viele Frauen keine Männer ihres Kalibers und Bewußtseins mehr finden können, mit denen sie ihr Leben teilen möchten. Eine ähnliche soziale Situation hat es im Mittelalter gegeben, als es aufgrund der Kreuzzüge zuwenig Männer gab. Als Folge daraus entstand die Bewegung der Beginen, in der unverheiratete Frauen zusammenlebten, ohne religiöse Gelübde abzulegen. Das Interesse am Zölibat nimmt heute besonders unter denjenigen Frauen zu, die lernen, zusammen oder allein unabhängig von einem männlichen Partner zu leben. Die Tatsache, daß ein ziemlich hoher Anteil der Männer, die zu einem anderen Bewußtsein finden, Schwule sind, deutet ebenfalls darauf hin, daß viele Frauen eine Alternative zum Zusammenleben mit Männern finden müssen. Es ist denkbar, daß aus dieser Umbruchphase neue Formen des Zölibats und alternative Formen der Sexualmystik entstehen. Die Exegetin Elisabeth Schüssler Fiorenza weist darauf hin, daß die Ermahnung des Paulus, unverheiratet zu bleiben, einen »Frontalangriff« auf die Moral seiner Kultur darstellte und »eine ernsthafte Übertretung der Rechte des PATER FAMILIAS«. Die von ihm vorgeschlagene zölibatäre Lebensform »bot auch ›gewöhnlichen‹ Frauen eine Chance zur Unabhängigkeit« in einer patriarchalen Kultur.[100]

Man sollte ein gut gehütetes Geheimnis unserer Kultur ruhig zugeben: Singles und andere praktizieren das Zölibat ohnehin täglich. Das Zölibat ist nicht auf diejenigen beschränkt, die ein formales Gelübde abgelegt haben. Auch viele Schwule zum Beispiel ziehen das Zölibat der Bedrohung durch AIDS vor. Und viele junge Menschen lassen sich nicht übereilt auf sexuelle Beziehungen ein, sondern warten erst auf den richtigen Partner, die richtige Partnerin und die richtige Lebensphase für eine verbindliche Beziehung. Wie oben angedeutet, ziehen viele Frauen das Zölibat einer Beziehung vor, in der sie Mißhandlungen zum Opfer fallen würden. Auch viele Witwer und Witwen verbringen ihr Leben im Zölibat. Das Zölibat ist als Lebensform nicht annähernd so selten, wie unsere Playboy- und Penthouse-Philosophen uns glauben machen wollen. Vielleicht sollten Gruppen von zölibatär Lebenden aus ihren Kämmerchen kommen und sich der Öffentlichkeit stellen, um sich gegenseitig spielerisch zu unterstützen.

Die Gründer und Gründerinnen der religiösen Orden sind Beispiele für Künstler in der Gestaltung von Lebensstilen in unserer westlichen Kultur. Benedikt, Franz, Dominik – um nur drei dieser Künstler zu nennen – reagierten schöpferisch auf die Sehnsucht nach einem substantiellen Lebensstil in einer Zeit geistiger Leere. Eine Lebensform ist eine Kunstform. Sie bringt Leben mit sich und Staunen, Freude und Hoffnung für Menschen, die sonst zu einem oberflächlichen Leben verdammt wären. Unsere Zeit ruft nach der Erschaffung von solchen Lebensstilen mit geistiger Substanz.

Erziehung – das Hervorziehen des Kosmischen Christus

Dieses ganze Buch handelt vom Hervorziehen dessen, was in unserer Mitte bereits gegenwärtig ist: das Bild Gottes, der Kosmische Christus, wie er in jedem einzelnen wohnt. Wirkliche Stärkung entsteht für uns daraus, daß wir die göttliche Schönheit und Kraft auseinander hervorziehen. In diesem Sinne ist das Buch Teil der Erziehungskunst, einer Volkskunst, die der Erneuerung sehr bedarf. Erziehung könnte wieder schöpferisch werden, wenn sie ihre Kräfte auf das Hervorziehen des Kosmischen Christus konzentrierte und dabei Weisheit und Kreativität hervorholte. »In allen Kunstwerken ruht Weisheit«, sagt Hildegard von Bingen.[101] Kreativität zu fördern bedeutet also, Weisheit freizusetzen und die Art radikaler Fragen, die die Weisheit stellt. Da ich seit zehn Jahren ein Erwachsenenbildungsprojekt leite, das bewußt darauf zielt, Weisheit anzuregen und eine lebendige Kosmologie zu fördern, kann ich uneingeschränkt sagen, daß Begeisterung und Lernfreude dann wieder erwachen, wenn die Kunst der Meditation miteinbezogen wird. Dies geschieht, indem wir beim Malen oder Massieren, bei Gesang oder Tanz, im Ritual oder beim Musikhören eine Geburt zulassen. Ich warte auf den Tag, an dem unser Ausbildungsmodell des *Institute in Culture and Creation Spirituality* endlich anerkannt und in anderen Bildungsbereichen von Gymnasien bis zu Hochschulen, Universitäten und Priesterseminaren angewendet wird. Die Kunst bildet den Schlüssel zur Befreiung der Bildung aus der Newtonschen Prägung und ihrer Stückwerkmentalität. Adrienne Rich drückte es so aus: »Glücklich sind die, die wissen, daß sie nicht einzig sind/Doch nur die Kunst und der Austausch in Gemeinschaft/Kann diese sanfteste Wahrheit lehren.«[102] An anderer Stelle habe ich ausführlich über die spirituelle Überlieferung der meditativen Kunst geschrieben.[103] Der Schlüssel zum Gelingen ist dabei, spielerisch und aufrichtig zu sein. Meister Eckhart sagte: »Was im eigentlichen Sinne in Worten geäußert werden kann, das muß von innen heraus kommen und sich durch die innere Form bewegen, nicht dagegen von außen herein kommen, sondern: von innen muß es heraus kommen.«[104] Schüler und erwachsene Studierende jeden Alters sollten im und durch den künstlerischen Prozeß gestärkt und als Künstler unterstützt werden. Wenn den Studierenden eine neue Kosmologie bewußt wird, die Wissenschaft, Mystik und Kunst einschließt, wird das die ganze Bildungssituation beleben. Dann wird die Langeweile in den Klassenzimmern durch Begeisterung verdrängt. In Institutionen wie etwa Gefängnissen lebende Menschen würden von dieser Art der Bildung erheblich profitieren. Größerer Friede würde sich darin ausbreiten, denn wie M. C. Richards schrieb, »lebt in uns allen ein schöpferisches Wesen. Und wir dürfen ihm nicht im Wege stehen, denn sonst läßt es uns keine Ruhe.«[105] Das geistige Erwachen der Akademiker und anderer Spezialisten, die schnell ausbrennen, weil die Newtonsche Ausbildung ihren Körpern und ihrer Phantasie die Kraft geraubt hat, wäre ein großer Gewinn bei der Umerziehung zur Kreativität. Alle – Geistliche, Therapeuten, Ärztinnen, Anwälte, Geschäftsleute – könnten unter dem Einfluß solcher erneuerten Lernmethoden wieder lebendig werden.

Diese Umstellung in der Ausbildung würde eine Grundlage für eine neue Ethik in allen Berufsgruppen bilden, denn sie würde Ehrfurcht und Staunen vor der Welt erwecken und damit Achtung und die wahre Bedeutung der Hingabe als einer Verpflichtung gegenüber der Schöpfung. Angesichts der Nachrichten über die Unmoral in der Wall Street, bei der Regierung, bei den Fernsehpredigern und Lehrern, ist es klar, daß in all unseren Ausbildungsbemühungen ein neuer moralischer Aufbruch notwendig ist. Den Schlüssel zu einem moralischen Erwachen bildet die Verwurzelung des Lernens in einer lebendigen Kosmologie – wo Wissenschaft, Kunst und Mystik ein Zusammenspiel von rechter und linker Hirnhälfte gestatten. Moralische Tiefe kann nur auf der Basis von Achtung entstehen, die wiederum aus der Ehrfurcht folgt. Oder, mit Einsteins Worten: »Alle Religionen, Künste und Wissenschaften sind Äste des gleichen Baumes.«[106]

Berdjajew über Kreativität und die neue geistige Epoche

Die Vision des russisch-orthodoxen Theologen Nicolas Berdjajew unterstützt diese Überlegungen zum Thema Kreativität und zur neuen geistigen Epoche. Er schreibt: »Die neue Geistigkeit wird vor allem Erfahrung einer schöpferischen Aktivität und Inspiration sein. ... Die Renaissance des Christentums kann nur eine schöpferische Renaissance sein. ... Das Problem des Schöpferischen ist das Grundproblem einer neuen Geistigkeit.«[107] Kunst ist eine schöpferische Verklärung, noch nicht die wirkliche, aber die Vorwegnahme jener Verklärung. Die Schönheit eines Tanzes, eines Gedichtes, einer Sinfonie oder eines Bildes tritt schon in das ewige Leben ein. »Kunst ist nicht passiv, sondern aktiv und in diesem Sinne theurgisch.«[108] Gott wartet sehnlich auf unsere Kreativität, denn »Gott erwartet von mir einen Akt der Freiheit, des freien Schöpfertums«[109]. Kreativität macht einen Teil der Verantwortung der Menschen gegenüber Gott aus. Nach Berdjajew »wäre es sehr wichtig zu verstehen, daß das Schaffen des Menschen nicht etwa eine menschliche Forderung oder ein Recht darstellt, sondern daß es eine Forderung Gottes an den Menschen und eine Pflicht des Menschen ist. Gott erwartet den schöpferischen Akt vom Menschen her als eine Antwort auf den schöpferischen Akt Gottes.«[110]

In der Tat erwartet Gott von uns, die wir den Kosmischen Christus gebären, frei und damit schöpferisch handelnd. Ein solcher Christus, ein solcher Gesalbter, leitet eine neue Epoche ein, in der sich die göttliche Kraft der Kreativität mit der menschlichen des Mitschaffens verbindet. Wir sind Erben von Gottes »fruchtbarer Zeugungskraft«, wie Meister Eckhart es ausdrückt.[111] Der Kosmische Christus fordert uns heraus, diese Kraft zu ergreifen und einen Tanz mit ihr zu wagen, ein Abenteuer daraus zu machen, die Welt damit zu gestalten. Denn die Welt, in der wir leben, ist die Welt, die wir durch unsere Entscheidung hervorbringen. Die Welten, in denen wir leben, *sind* die Welten, die zu gebären wir uns entschließen. Unsere Seele *ist*, wie Meister Eckhart sagt, die Welt.

Der Kosmische Christus spricht über die Kreativität

Der Kosmische Christus fordert uns heraus, die Kräfte unserer Kreativität zu beanspruchen: »Stellt euer Licht, eure göttlichen Schöpferkräfte nicht unter den Scheffel und gebt damit die menschliche Kreativität der Manipulation und dem Mißbrauch preis, zu Kriegsführung, Zerstörung, Pessimismus und Bürokratie. Findet den schöpferischen Menschen, das ›Ich bin‹, das spielende und erzeugende göttliche Kind in euch. Gebärt euch selbst – eure Lebensstile, eure Beziehungen, euer Lernen, eure Sexualität, eure Freude, eure Heilung, eure Arbeit – und baut einer im anderen diesen Mut zum Erschaffen auf. Tretet ein in die gewaltige Kraft des Universums, eine ständig erzeugende Kraft, und fürchtet euch nicht. Denn ich bin immer bei euch, wenn ihr schöpferisch seid. Auch ich bin ein Schöpfer, manchmal als *der* Schöpfer benannt. Doch eigentlich bitte ich euch, meine Gefährten zu sein, am Gebären der Bilder teilzunehmen, meine Mitschöpfer zu sein. Langweilt mich nicht durch eure Weigerung. Empört mich nicht, indem ihr sagt: Ich kann nicht. Unterdrückt nicht Mutter Erde und ihre Zukunft, indem ihr euch weigert, zu erschaffen und neuzuerschaffen. Kommt, spielt mit mir. Laßt uns zusammen schöpferisch sein.«

27. Der Kosmische Christus – Erlöser des Gottesdienstes

Die Wiederkehr des Kosmischen Christus bedeutet eine völlige Erneuerung des westlichen Gottesdienstes. Könnte unsere Zivilisation wirklich ihren Kult retten, so meine ich, dann könnte sie auch selbst gerettet werden. Die Liturgie – von LEITOURGEIN: »Dienst am Volk« – trägt die Kraft in sich, ein Volk zu bilden, ein Volk zu schaffen, ein Volk neuzuschaffen und zu heilen, indem sie es wieder die tiefen Quellen der Ehrfurcht vor dem Dasein fühlen läßt, die wir alle in uns haben. Wer könnte sagen, was es bewirken würde, wenn die Menschen lernten, wieder eine lebendige Kosmologie zu feiern? Was für eine Befreiung der Phantasie und Kreativität, des Kindes und des Mystischen, der Propheten und Prophetinnen, der Heiler und Heilerinnen könnte stattfinden, wenn unser Kult in einen neuen Weinschlauch gegossen würde, der weich und feucht, flexibel und kosmisch ist? Gottesdienst befeuchtet das Herz, entzündet die Magie der Phantasie, verbindet getrennte und abgespaltene Teile und spielt uns so die Lehre des Universums in unserer kleinen, mikrokosmischen Umgebung von Kirche und Synagoge, von Nachbarschaft und Gemeinde vor. Gottesdienst *ist* das Spielen des kosmischen Dramas in unserer Seele und unserer sozialen Gemeinschaft und Gruppe. Als solches ist er die Volkskunst schlechthin – das Werk der Kreativität schlechthin, aus dem die Epoche der Kreativität entsteht. Lebendiger Kult, basierend auf einer lebendigen Kosmologie, erschafft ein Volk und heilt ein Volk, er feiert ein Volk und seinen erstaunlichen Platz im Universum. Er entzündet das Gefühl der Verwandtschaft mit allen gesegneten Werken und Worten Gottes, mit allen Geschöpfen der Welt. Das Ritual – die Volkskunst des Kultes – ist der geeignete Ort und der lebendige Raum, in dem die neue kosmische Geschichte weitergegeben werden kann – die von der Wissenschaft entdeckte Geschichte des Universums. Das Ritual gibt die Geschichte durch die Erfahrung der Mystik weiter. Auf diese Weise finden wir im wahren Gottesdienst eine lebendige Kosmologie der Wissenschaft, Mystik und Kunst, die eine neue Zivilisation einleitet und eine wirkliche Renaissance. Reichen wir aber an diesen Anspruch heran, kann unser Kult Weinschlauch der neuen Kosmologie werden? Der Gottesdienst verdient unsere Aufmerksamkeit, unsere Kritik und unsere größten und besten Bemühungen um eine vollständige Erneuerung.

Sechs Schritte zur Rettung des Kultes im Westen

Welche praktischen Schritte könnten getan werden, um dem Kosmischen Christus die Neugestaltung und damit Rettung unseres Gottesdienstes zu ermöglichen?

1. Der ganze Kult wird wieder in einen kosmologischen Rahmen gestellt. Negativ gesprochen, bedeutet das, von dem »Personenkult« abzulassen, der sich in die römisch-katholischen Gottesdienste eingeschlichen hat, seit aufgrund des Zweiten Vatikanischen

Konzils der Altar der Gemeinde zugewendet wurde. Wenn das Lächeln und die Kommentare des Priesters Vorrang haben vor der Gegenwart der Engel und Sterne, der Atome und Galaxien, dann haben wir den Gottesdienst bereits trivialisiert. Obwohl durch die Liturgiereform des Vatikanischen Konzils viel Gutes erreicht wurde, ist seither auch viel Anthropozentrisches hinzugekommen, was langweilig ist und dem das Mysterium mangelt. Das Dekret zur Liturgie war das erste vom Konzil erlassene Dokument. Die liturgischen Fragen wurden daher nicht im vollen theologischen Kontext betrachtet, der schließlich im Konzil entwickelt worden ist. Außerdem fehlte dem Konzil, das von keinem einzigen Künstler einen Beitrag erbat, das kosmologische Bewußtsein.

Die weisesten Bemerkungen des Konzils über die Liturgie finden sich nicht im Dekret zur Liturgie selbst, sondern in dem gereifteren Dokument über die nichtchristlichen Religionen, *Nostra Aetate*, das viel später erlassen worden ist. Darin zeigte das Konzil genug Intuition, um anzuerkennen, daß die nichtchristlichen Völker etwas Kraftvolles und Echtes in ihren Gottesdiensterfahrungen besitzen, das die westlichen Kirchen brauchen. Dieses »Etwas« ist natürlich der Sinn für die Kosmologie. Die Naturvölker kennen keine anthropozentrische Anbetung. Sie halten Gottesdienst als Bürger eines Universums – eines lebendigen, wimmelnden, vielfältigen, beweglichen, heiligen Universums. Indem sie das tun, erkennen sie die Kraft und Wichtigkeit des Rituals zur Feier der Verbindung zwischen der Menschheit und der übrigen Schöpfung. In diesem Zusammenhang bekommt der Kosmische Christus als das »verbindende Muster« erstaunliche Kraft und Ausdehnung.

Die Hauptrolle des Kultes besteht darin, im Rahmen des Dankes oder Lobes für unsere wunderbare (und darum ehrfurchtgebietende) Existenz Mikrokosmos und Makrokosmos im Universum wieder zu verbinden. Im Gottesdienst dankt der Mikrokosmos (Mensch) dem Makrokosmos (dem Universum und all seinen schöpferischen Wundern). Wie ich schon erwähnte, meint C. G. Jung zum Potential der Mikro-/Makrokosmos-Psychologie, daß die alte und längst vergessene Vorstellung des Menschen als Mikrokosmos eine tiefe psychologische Wahrheit enthält, die noch entdeckt werden müsse.[112] Die Aufgabe des Kultes besteht darin, daß wir die höchste psychologische Wahrheit entdecken oder wiederentdecken, daß wir nämlich Mikrokosmen des Universums sind. Diese Entdeckung darf nicht nur im Kopf, sondern muß in unserem ganzen Wesen stattfinden, indem wir an Spiel und Ritual teilnehmen. Die Naturvölker sind diesem wesentlichen und tiefsten Sinn des Rituals niemals untreu geworden. Otto Rank macht einige bedeutsame Beobachtungen über diese Gabe früherer Epochen aus vorpatriarchalen Zeiten, die wir heute als Naturkulte bezeichnen. Er schreibt, daß jedes Kunsterleben »eine geistige Einheit von Künstler und Betrachter« voraussetzt. »Dabei handelt es sich um mehr als eine vorübergehende Identifikation zweier Individuen, ... nämlich um die potentielle Wiederherstellung der Einheit mit dem Kosmos, die einst existierte und dann verlorenging.« Es ist das Werk des Kosmischen Christus, diesen verlorenen kosmischen Sinn und diese Einheit im Kult und allen lebendigen Ritualen wiederherzustellen. Was folgt kulturell daraus, wenn diese Einheit, die psychologisch der im Mutterleib erlebten Einheit entspricht, wiederhergestellt wird? Die Kultur selbst und ihre Werte erneuern sich! Rank ist überzeugt, daß »der individuelle Drang, diese Einheit wiederherzustellen ... ein wesentlicher Faktor in der Erzeugung menschlicher, kultureller Werte ist«, denn »die kulturelle Entwicklung ist auf dem Wege des Kosmischen fortgeschritten ..., die künstlerische Ausformung einer Kultur bleibt unerklärlich, wenn wir nicht eine Makrokosmisierung des Irdischen annehmen.«[113]

Der Gottesdienst im Osten und bei den Naturvölkern, so stellt Rank fest, ist dieser kosmischen Beziehung, einer Identifikation mit dem Universum, stets treu geblieben. »Die Kulturvölker des Ostens systematisierten in ihrer Mikro-/Makrokosmos-Struktur ein allgemeines menschliches Gefühl, das wir in primitiverer Form bei allen Naturvölkern finden. ... Die Weltsicht der Unzivilisierten wurzelt in der gleichen Identität mit dem Universum.« Rank sieht den Kosmischen Christus in den babylonischen Kulten des sechsten bis fünften Jahrhunderts v. Chr. »Das ganze Universum ist die große Welt, der Makrokosmos; seine Teile sind kleine Universen in sich, Mikrokosmen. Ein solcher Mikrokosmos ist der Mensch, der in sich ein Bild des Universums und ein vollkommenes Wesen darstellt. Doch ist gleichermaßen das große Universum ein Mensch, und da dieses ›Gott‹ ist, hat Gott menschliche Gestalt.«[114]

Rituale erwecken also den Menschen zu seiner kosmischen Identität. Unsere Vorfahren wußten das. Nach Rank »mußten bestimmte himmlische Vorgänge auf der Erde kultisch imitiert werden, um die kosmische Identität des Menschen, und damit seine Unsterblichkeit, zu bestätigen«. Aus diesem kosmischen Erwachen, das immer auch ein Erwachen zur Kreativität ist, so glaubt Rank, ist überhaupt die Vorstellung von Gott entstanden. Gott wurde geboren aus »einem schöpferischen Drang, der durch bloße Selbstreproduktion nicht mehr befriedigt werden konnte, sondern weitergehen mußte, einen ganzen Kosmos als Umfeld für dieses Selbst zu erschaffen«. In einem solchen Akt wird der Mensch gewandelt »vom Geschöpf zum Schöpfer«[115]. Wir entdecken darin unsere Berufung als Mitschöpfer. Kein Wunder, daß Jung überzeugt war, daß in der Mikro-/Makrokosmos-Psychologie die höchste psychologische Wahrheit liegt. Genau diese Entdeckung des Mikro-Makro-Gefühles ist die Aufgabe des Gottesdienstes, nicht auf theoretischer, verkopfter Ebene, sondern auf praktischer Ebene der Teilhabe, einschließlich des Körpers und des Spieles.

Man kann heute spüren, daß die Entdeckung alter Weisheit in den Ritualen der Naturvölker die Kraft enthält, den Gottesdienst zu enttrivialisieren. Wie sehr könnte zum Beispiel die Eucharistie enttrivialisiert werden, wenn die Christen lernen würden, daß der Leib Christi, den sie essen und trinken, tatsächlich das *reale* Essen und Trinken des kosmischen Leibes und Blutes des Göttlichen ist, das in jedem Atom und jeder Galaxie unseres Universums gegenwärtig ist (darin sieht Bateson den Unterschied zwischen dem römisch-katholischen Sakramentenverständnis und dem protestantischen Verständnis als Metapher oder »als–ob«). Was könnte uns stärker verwurzeln, was wäre intimer, lokaler und erotischer als Essen und Trinken? Und wenn Jesus Christus die gekreuzigte Mutter Erde ist, dann wäre das Essen und Trinken bei der Eucharistie das Essen und Trinken der verwundeten Erde. Die Aufnahme des geweihten Opfers führt ein Erwachen des Bewußtseins für die Leiden der Mutter Erde und all ihrer Kinder herbei. Doch birgt es auch eine eschatologische Hoffnung, Hoffnung auf eine Zukunft, in der die gesegnete Erde für all die ehrfurchtgebietenden Gaben, die sie uns schenkt, angemessen geehrt wird. Das kosmische Gesetz des universellen Opfers, der Hingabe unseres Lebens, damit andere davon gedeihen, wird nachvollzogen und gespielt – ja es wird vorgeführt im Essen und Trinken des Brotes und aus dem Kelch des Kosmischen Christus. Wir alle sind einander Nahrung. »Nehmt und eßt, denn dies ist mein Leib.« Der Leib, den wir gemeinsam essen, ist nicht mehr auf den Laib Brot beschränkt, ob gesäuert oder ungesäuert, sondern das Brot wird als das gesehen, was es ist: eine kosmologische Gabe, zwanzig Milliarden Jahre alt, ein Geschenk von Erde, Luft, Feuer und Wasser, der Photosynthese und der Sonne, der Supernovae und der ursprünglichen Feuerkugeln. Die Genialität, aus Weizen und Erde Brot herzustellen und die Reben zu ernten, ist selbst eine kosmische Gabe der Lichtwellen und Gehirnkräfte, die dem menschlichen Bewußtsein solche Vorstellungen gestatteten.

Die Eucharistie stellt eine vollkommene Bekräftigung des Verlangens des Kosmischen Christus nach Intimität mit den Menschen dar, das heißt, der Kosmische Christus muß verzehrt werden. In einem solchen Augenblick ist die gesamte Schöpfung anwesend, bei einer solchen festlichen Zusammenkunft sind nichts und niemand von diesem wahrhaft kosmischen Ereignis ausgeschlossen. Deshalb werden in der Einleitung zum eucharistischen Gebet die Engel angerufen; und die kosmische Hymne »Heilig, heilig, heilig« beginnt mit der Einladung, sich dem Gesang der Seraphim und Cherubim und den Scharen der Engel anzuschließen. Origines schrieb vor Jahrhunderten: »Ich zweifle nicht daran, daß inmitten unserer Versammlung auch Engel anwesend sind, nicht nur in der Kirche im allgemeinen, sondern auch in jeder einzelnen Kirche. ... So haben wir also eine zweifache Kirche, eine der Menschen und die andere der Engel.« In der Predigt zu einer Ostermesse erklärte Chrysostomus: »Nicht nur die Erde, auch der Himmel nimmt am heutigen Fest teil. ... Die Engel jauchzen, die Erzengel freuen sich, die Cherubim und Seraphim feiern mit uns das heutige Fest. ... Wo kann da Raum für Trauer bleiben?«[116] Das »Gloria in Excelsis Deo« ist eine kosmologische Hymne, die ursprünglich die Engel den Hirten zu Bethlehem sangen. Das Nizänische Glaubensbekenntnis enthält bedeutende kosmologische Aussagen, die jedoch unweigerlich verlorengehen, wenn der Kult in einem anthropozentrischen Weinschlauch bleibt. Schauen wir uns folgende kosmologische Passagen des Glaubensbekenntnisses an, die auch Bezüge auf den Kosmischen Christus enthalten:

Wir glauben an den einen Gott,
den Vater, den Allmächtigen,
der alles geschaffen hat, Himmel und Erde,
die sichtbare und die unsichtbare Welt.
Und an den einen *Herrn* Jesus Christus,
. . . .
durch ihn ist alles geschaffen.
. . . .
und [er ist] *aufgefahren in den Himmel.*
Er sitzt zur Rechten des Vaters
und wird wiederkommen in *Herrlichkeit,*
zu richten die Lebendigen und die Toten.

Die kursiven Begriffe deuten auf die kosmologische Sprache hin, die wir in diesem traditionellen Glaubensbekenntnis finden. Doch Gläubige und Ausführende der Liturgie, deren Geist nicht für eine lebendige Kosmologie erwacht ist, überhören sie meistens.

Die traditionellen Gebete sind nicht die einzige Quelle reicher kosmologischer Metaphorik, die in unseren westlichen Gottesdiensten gewöhnlich übersehen wird. Im vergangenen Jahr war ich in der Kathedrale von Chartres zur Messe an Christi Himmelfahrt, die von einem Bischof und mehreren Priestern zelebriert wurde. Die Schriftlesung zu diesem Tag war immens kosmologisch, doch wies der Prediger kein einziges Mal darauf hin. Der junge Mann, der mich in die Messe begleitet hatte, sagte beim Einzug der Zelebranten: »Dies ist eine sehr alte Kirche.« Damit meinte er, daß der Bischof unter den zelebrierenden Priestern der jüngste zu sein schien. Das Vorherrschen älterer Personen wurde noch durch die Tatsache verstärkt, daß in keiner Phase der Liturgie jüngere Menschen auftauchten, obwohl der Gottesdienst zum Gedenken einer Pilgergruppe gehalten wurde, die zu diesem Fest von Paris nach Chartres gewandert war und unter denen viele jung waren. Der alte, senex-artige Weinschlauch, in welchem unsere Liturgieleiter ausgebildet worden sind, hat sie tatsächlich blind gemacht für ihre eigene kosmologische Tradition aus der Schrift. Nehmen wir zum Beispiel folgende Lesung aus der Liturgie zu Christi Himmelfahrt:

»›Ihr werdet Kraft empfangen, indem der Heilige Geist auf euch kommt, und werdet meine Zeugen sein in Jerusalem und in ganz Judäa und Samaria und bis an das Ende der Erde.‹ Und als er dies gesprochen hatte, ward er vor ihren Augen emporgehoben, und eine Wolke entzog ihn ihren Blicken. Und während sie unverwandt zum Himmel hinaufschauten, in den er auffuhr, siehe, da standen zwei Männer in weißen Gewändern bei ihnen, die sprachen: ›Ihr Männer von Galiläa, was steht ihr da und schaut zum Himmel hinauf? Dieser Jesus, der von euch weg hinaufgenommen worden ist, wird ebenso kommen, wie ihr ihn habt zum Himmel auffahren sehen‹« (Apg 1,8–11).

In diesem Bericht finden sich zahlreiche kosmologische Bilder: die Wolke, Engel (Männer in weißen Gewändern), der Aufstieg und die Rückkehr vom Himmel zur Erde, die Kraft des Heiligen Geistes, der die Jünger »bis zum Ende der Erde« senden wird. Und folgende Lesung zu Christi Himmelfahrt gehört zu den kosmologischsten Texten des Neuen Testamentes:

»... der Vater der Herrlichkeit ... ließ ihn im Himmel zu seiner Rechten Platz nehmen, hoch erhoben über jegliche Herrschaft und Macht und Gewalt und Hoheit und über jeden Namen, der da genannt wird nicht allein in dieser Weltzeit, sondern auch in der zukünftigen. Und er hat ihm alles zu Füßen gelegt, ihn selbst aber hat er seiner Kirche zum Haupt über alles gegeben; ist sie doch sein Leib, die Fülle dessen, der alles in allem vollendet« (Epheser 1,17–23).

Man kann sich schwerlich einen Text vorstellen, der die Motive der »Herrlichkeit«, der Engel, der Erhebung Christi über die Engel und der Erfüllung des Universums dichter zusammenbringt.

Ein ähnliches Erlebnis wie bei dieser Himmelfahrtsmesse hatte ich bei einer Pfingstmesse in den Vereinigten Staaten. Wiederum waren die Texte tief kosmologisch. Die Lesung der Vigilie zum Pfingstfest benutzt die kosmische Metaphorik des Propheten Joel (3,1–5), der verspricht, daß der Geist auf die ganze Menschheit kommen wird und daß Alte und Junge Visionen haben und Träume träumen werden: »Und Zeichen werde ich geben, am Himmel und auf Erden: Blut, Feuer und Rauchsäulen. Die Sonne wird sich in Finsternis verwandeln und der Mond in Blut.« Die Epistel dazu stammt aus Römer 8,22–27, wo vom Seufzen und Hoffen der ganzen Schöpfung die Rede ist. Der Pfingsttag selbst bietet die Lesung von Apg 2,1–11 über den universalen Durchbruch des Geistes. Die Epistel, 1 Kor 12,3–7 u. 12–13, handelt vom einen Körper, der viele Glieder hat und doch ein Körper ist: »... so ist es auch mit Christus. Denn in einem Geiste sind auch wir alle zu einem Leibe getauft worden, ob wir Juden sind oder Griechen, ob Sklaven oder Freie.« Doch wurde die in diesen Texten enthaltene reichhaltige Kosmologie von einem anthropozentrisch geschulten Prediger wiederum völlig ignoriert. Besonders schmerzhaft ist der anthropozentrische Verfall des Gottesdienstes im Westen, wenn man sich vor Augen hält, daß die großen kosmischen Hymnen, die wir in Teil III betrachteten, alle liturgische Gesänge waren, die von den frühesten Nachfolgern Jesu gesungen worden sind.

Eine so entstellte Liturgie ist nicht zu retten. Sie muß in einen neuen und frischeren Weinschlauch gegossen, muß an eine lebendige Kosmologie angeschlossen werden und nicht umgekehrt. Eine neue Ausbildung unserer Lehrer und Prediger ist dringend nötig, ihr Wiedereintauchen in die Tradition des Kosmischen Christus. Alle Leiter von Gottesdiensten sollten im Umgang mit ihrer linken und rechten Hirnhälfte und in ihrem Körperbewußtsein geschult werden. Wie sollten sie ohne Sinn für eine lebendige Kosmologie die Mikro-/Makroerfahrung anleiten können, die einen Kult ausmachen sollte? Unsere Gottesdienste verdienen einen Hintergrund, der nicht anthropozentrisch ist, der keine linearen, Newtonschen Bänke hat (eine Beleidigung für das gekrümmte Universum Einsteins und aller Naturvölker, deren Kultarchitektur grundsätzlich kreisförmig ist, weil sie die Welt für rund halten). Wir sollten wieder in Kreisen Gottesdienst halten, vorzugsweise auf dem Boden von Mutter Erde, wo immer es möglich ist. Kreise laden alle Geschöpfe ein, an diesem wohltuenden Ereignis teilzuhaben, und sie gestatten es den teilnehmenden Menschen, einander in die Augen zu schauen, während sie sich mit dem Universum in Einklang bringen.

Wir müssen uns auch klarmachen, daß der derzeitige liturgische Kalender nicht dazu entworfen worden ist, Mutter Erde als den Kosmischen Christus herauszustellen. Mutter Erde erlebt die Auferstehung nicht einmal im Jahr, sondern jeden Tag. Ostern ist ein tägliches Ereignis. Liegt in dieser Tatsache nicht eine ehrfurchtgebietende Möglichkeit, mit der unsere Künstler, Wissenschaftlerinnen und Mystiker den Gottesdienst wiederauferstehen lassen könnten? Ruft uns der Kosmische Christus nicht auf, uns für einen erneuerten kosmologischen Kult zu begeistern? Ist nicht der Gottesdienst der beste Weg, uns zu einer lebendigen Kosmologie zu erziehen und dafür zu begeistern?

2. Wiederkehr des Körpers. Aus den meisten weißen Kulten des Westens ist der Körper wirkungsvoll verdrängt worden. Das ist eine der Auswirkungen fester Bänke in den Kirchen: Sie verhindern, daß getanzt wird oder daß der Geist die Körper bei einer Feier spontan in Bewegung setzt. Bücher spielen eine ähnliche Rolle: Wenn man ein Buch halten muß, sind die Hände beschäftigt und nicht mehr frei, sich zu bewegen. Ohne den Körper kann es aber keinen lebendigen Gottesdienst geben. Wir *sind* unser Körper – wenngleich auch mehr als dieser. Unser Körper ist unser Tempel, der uns mit anderen Tempeln kon-templiert, mit anderen Körpern des Universums, Körpern der Sterne, der Sonnen, der Erde, der geflügelten, der geschuppten, der vierbeinigen und zweibeinigen Brüder und Schwestern, die alle Kinder eines lebendigen Gottes sind. Solange der Körper nicht wiederkehrt, ist der Leib des Kosmischen Christus nichts als eine Idee im Kopf.

Der Kosmische Christus möchte tanzen, sich körperlich ausdrücken, um auf die Frohe Botschaft und die kosmische Gnade zu reagieren. Die Engel können nicht körperlich anbeten – darum beneiden sie uns, aus gutem Grund. Warum sollten wir versuchen, eher wie die Engel anzubeten als wie die Tiere, die wir sind? Falls »Ritualtanz« eine zu bedrohliche Vorstellung ist, dann denken wir doch an »Prozessionen«. Unsere Vorfahren führten intensiv Prozessionen durch – um die Kirche herum, aus der Kirche heraus, unter die Kirche, durch die Kirche, durch die Straßen der Städte und Dörfer, auf das Land zu den Friedhöfen und wieder zurück. All diese Prozessionen waren Formen körperlicher Andacht. Sie bewegen den Atem-Geist, die Muskeln und das Blut. Sie bewegen uns zusammen in einem Gefühl der Fürsorge und Feier in Gemeinschaft. Hildegard von Bingen lehrt, daß Gebet im Grunde das Ein- und Ausatmen des einen Atems des Universums ist – RUACH oder Geist. Damit wir aber wieder dazu kommen, im Kult ein- und auszuatmen, müssen wir unseren

Körper in Bewegung setzen. Der Gottesdienst braucht wieder eine athletische Dimension.

Wiederum können wir vieles von den Naturvölkern über die Kraft des gemeinsamen Tanzens nach der Trommel lernen, die den gemeinsamen Herzschlag vorgibt. Dieser Herzschlag erinnert uns an die Zeit im Leibe unserer Mutter, als wir noch völlig friedlich waren; er erinnert uns an den Herzschlag der Mutter Erde – der noch immer für uns schlägt; er erinnert an den Herzschlag des Kosmischen Christus, der das Universum mit überfließender Liebe erfüllt, die alle Dinge im Himmel und auf Erden miteinander verbindet. Doch hören wir heute auch den Herzschlag eines immer schlimmer verwundeten Herzens – eines Opfers des Muttermordes. Der gesunde Herzschlag der Erde ist ernsthaft bedroht – ein weiterer Grund, aus dieser gemeinsamen Empfindung, aus der Tiefe unseres Herzens heraus zu tanzen in der Hoffnung, seine Gesundheit wiederherzustellen.

3. Das Spiel wiederbringen. Gottesdienst ist nicht schwermütig und hat nicht mit Regeln und Bestimmungen, Anpassung und Gehorsam zu tun. Es handelt sich vielmehr um ein Nachspielen des Universums, um die Rückkehr des Eros in unser kollektives Leben und die individuelle Psyche. Hildegard sagt, der Sinn des Gottesdienstes sei, die innere Kraft der Menschen wiederherzustellen.[117] Ist Kult nicht freudig, so wandelt er auch nicht und ist so gut wie tot. Wenn ein angemessener Prüfstein lebendiger Mystik, in Eckharts Worten, die »Lösung von der Ich-Bindung« ist, dann braucht der Kult ganze Berge davon, besonders da heute die Selbstbezogenheit die Regel und Selbstlosigkeit so selten ist. Der Puer in jedem, in jeder von uns muß angesprochen werden, um im Gottesdienst herauszukommen. Wo, wenn nicht im Gottesdienst, bietet unsere Kultur Raum genug und genug Entspannung, um das göttliche Kind zum Spielen einzuladen? Indem Starhawk [eine amerikanische Feministin, Therapeutin, Friedensaktivistin und Vertreterin der Göttin-Religion, d. Ü.] einfache und grundlegende Gesänge und Spiraltänze aus den alten Frauenkulten wieder kultiviert, trägt sie viel dazu bei, uns alle für die Kraft des Spieles im Kult zu erwecken. Wird Eros nicht im Herzen der Gemeinschaft gefeiert, in der kraftvollen Umgebung eines kosmischen Gottesdienstes, dann wird er hinter verschlossenen Türen und in Porno-Läden herumlungern, um

Alte wie Junge zu verderben. Thomas von Aquin schrieb, daß »Freude die edelste Handlung des Menschen ist«[118]. Sollte der Kult dann nicht eine solche edle Handlung ausstrahlen? Gibt es in unserem Gottesdienst Raum für die Freude – und die Anleitung zur Freude?

Eros gehört ins Herz des Gottesdienstes, ins Herz unserer Kosmologie. Unser Leben ist ebenso humorvoll erotisch, wie es göttlich tragisch ist. In jedem, in jeder von uns wohnt der göttliche Clown und braucht Nahrung, um in seine Bestimmung hineinzuwachsen. Eckhart sagt, im Herzen der Dreifaltigkeit lacht der Schöpfer und gebiert das Kind. Das Kind lacht zurück zum Schöpfer, und zusammen gebären sie den Geist. Die Dreifaltigkeit lacht und gebiert die Schöpfung.[119] Wären wir aus dem Lachen geboren, gehörte Lachen zu unserem göttlichen Ursprung und unserer Quelle, dann wäre eine lebendige Mystik im Gottesdienst mit nichts weniger als spielerischem Ritual zufrieden. Nicht Bücher, sondern das Gebet des Herzens und des Leibes werden uns zu lebendigem Ritual erwecken. Denn wenn Puer und Senex nicht durch Ritual und Kult zusammengebracht werden und gesunden, wodurch sonst sollten sie es? Kann der Kosmische Christus seine verbindenden Muster nicht im Gottesdienst weben, wo sonst sollten sie entstehen? Sind unsere Zeiten und Räume des Kultes nicht Stätten und Gelegenheiten, den Eros zu nähren, wo sonst sollten wir solche Stätten und Zeiten finden?

4. Raum schaffen für die VIA NEGATIVA *– Dunkelheit, Stille, Leiden.* Ein höchst beschämender Aspekt in weiten Teilen des heutigen Kultes unter Weißen und in der katholischen Kirche seit dem Zweiten Vatikanischen Konzil ist die fast völlige Abwesenheit der *via negativa*. Mit *via negativa* meine ich den Weg des Mysteriums und der Dunkelheit sowie den Weg der Stille und des Leidens. Es gibt heute nur wenige liturgische Anlässe, bei denen der *via negativa* angemessener Raum und genug Zeit gegeben wird. Das übliche Ergebnis dieses Mangels ist das Erlebnis sogenannter »Feiern«, die überhaupt nichts mit der *via negativa* zu tun haben, denn ihnen fehlen die Ehrfurcht und das Staunen, die nur in einem nicht-anthropozentrischen Zusammenhang entstehen. Statt dessen geraten die Anbetenden in einen jämmerlichen *Positivismus*, der mit menschengemachten Seifenblasen und aufgesetztem Lächeln versucht, das Ritual wieder lebendig zu machen. Solche Versuche sind zum Scheitern verurteilt, denn *was* wir zu feiern haben ist nichts weniger als der Kosmos, und *daß* wir feiern steht in proportionalem Verhältnis zu unserem Eingeständnis gemeinsamen Leidens. So wie unsere Freude kosmisch und reif zur Feier ist, so ist auch unser Schmerz kosmisch und reif zur Feier. Lebendiger Kult in einer lebendigen Kosmologie unterdrückt keine Seite des dialektischen Verhältnisses von Fülle und Leere, Freude und Trauer, Licht und Dunkel. Der Kosmische Christus ist nicht einseitig. Der Kosmische Christus kommt mit Wunden an Händen, Füßen und in der Seite zum Gottesdienst. Wir alle tun das. Das verdient und fordert, in jedem Ritual anerkannt zu werden. Wie geschieht das?

Zunächst brauchen wir Räume der Stille und stille Zeiten – die Zeiten zwischen den Trommelschlägen und den Herzschlägen –, um in der Stille sein zu können, einem so reichen Teil lebendiger Mystik. Kaum ein Geistlicher kann der Stille in seiner Liturgie Raum geben und kann die Menschen statt aus Büchern aus der Tiefe ihres stillen Herzens beten lassen. Die Quäker sind diesem Sinn für das Sprechen des Geistes durch eine um die Stille versammelte Gemeinde treu geblieben.[120] Würden wir öfter draußen Gottesdienst halten, so würde die Stille natürlicher entstehen, wie sie es immer tut, wenn Naturvölker sich zum Gottesdienst versammeln. Rilke schreibt, daß man in der Stille an die Wurzeln der Sprache rührt.[121]

Hinter jedem echten Sprechen liegt Schweigen. So liegt auch Stille hinter jedem echten Kult. Doch darf Stille nicht einfach wörtlich verstanden werden als die Abwesenheit von Sprache oder Lärm. Stille besteht auch darin, Vorstellungen fallen zu lassen. Sie liegt im »Dasein-im-Sein«. Diese Art Stille, dieses gemeinsame Leerwerden spielt überall eine große Rolle, wo Menschen und Engel und Schöpfung sich zur Andacht versammeln. Stille wird zu einer Gelegenheit, uns unserer Projektionen zu entleeren und andere sein zu lassen, uns selbst sein zu lassen und das Göttliche sein zu lassen. Es gibt so viel Stille im Universum. Gerade Astronauten sind oft durch die ehrfurchtgebietende Stille des Weltraums zu ihrer Mystik erweckt worden. Und die Gabe der Stille gehört zu den Gaben, die eine lebendige Kosmologie dem Kult bringt. Teresa von Avila lehrt, daß wir der Reife nicht einmal nahe kommen, solange wir nicht das verbale

Gebet loslassen und in die Gefilde der Stille eintreten können.[122] Doch gibt es in der Liturgie kaum Gelegenheiten, das übertriebene Reden im Gebet bleiben zu lassen. »Schweig daher, und klaffe nicht über Gott«, rät Meister Eckhart.[123]

Außer die Stille zu begrüßen wird ein kosmologischer Kult auch die Dunkelheit willkommen heißen und dabei den Menschen beibringen, das Dunkel aufzunehmen und nicht dagegen zu kämpfen. Natürlich können wir im Dunkeln nicht lesen, und da so viele Gläubige im Westen Beten mit Lesen gleichzusetzen gelernt haben, wirkt die Vorstellung, das Licht abzuschalten, auf viele bedrohlich. Im Gebet geht es aber hauptsächlich darum, mit dem Herzen zu antworten, nicht mit dem geschriebenen Wort. Ein Kult, der das Herz als Ausgangspunkt des Gebetes wählen würde, würde gewiß viele anziehen, die die Andacht aufgegeben haben, weil Mysterium und Dunkelheit daraus verbannt worden sind. Bis zum Zweiten Vatikanischen Konzil gab es in der katholischen Kirche viel Dunkelheit. Die lateinische Liturgie war völlig »im Dunkeln«, weil die Menschen ihre Bedeutung nicht verstanden haben. Sie empfanden den Rhythmus und Klang und die allgemeine Stimmung aus den Farben der Roben oder dem Namen des Festes. In vieler Hinsicht reichte das aus, denn es waren andere, mystische Gaben durch den Geruch von Kerzen und Weihrauch, durch Gregorianische Gesänge zugänglich und durch die Verbannung der unablässigen Suche des linken Hirns nach dem Verbalen. Es ist vielsagend, daß eine ganze Generation geistig ernsthaft interessierter junger amerikanischer Menschen in den letzten Jahrzehnten in den Osten ging, um in Sanskrit zu beten, während die amerikanischen Katholiken das Lateinische ganz fallen ließen und begannen, in Englisch zu beten. Die Umsetzung der Liturgie in die Landessprachen war eine Aufforderung, in den Kirchen das Licht anzumachen. Wie oft sehe ich Menschen in der Kirche lesen, die statt dessen beten könnten.

Ich schlage nun nicht vor, daß wir wieder zum Lateinischen zurückkehren und zu dieser speziellen Art der »Dunkelheit«. Ich bin überzeugt, daß wir das Lateinische wegen des daran gebundenen Weltbildes aufgeben mußten. Aber das bloße Hören und Lesen von Gebeten in der eigenen Sprache macht noch keinen lebendigen Gottesdienst. Da uns die neue Kosmologie nun zum grundlegenden *Mysterium des Universums* führt, können wir in das

Mysterium wieder eintreten und von neuem zu beten beginnen. Die geheimnisvolle Welt, von der ich rede, umfaßt natürlich die Welt unseres Körpers und unserer Phantasie. Weder die alte lateinische Messe noch die moderne landessprachliche bieten eine lebendige Kosmologie. Die alte Messe war jedoch noch genügend in der Dunkelheit zu Hause, um die Magie der Phantasie zu ihren kosmologischen Möglichkeiten einzuladen. Die landessprachliche ist jedoch so hoffnungslos anthropozentrisch und »im Licht«, daß alle kosmischen Mysterien wirksam verbannt sind (außer in der Osternachtsmesse, wo glücklicherweise die Lichter gelöscht werden). Die katholische Kirche ist von einer Epoche ohne Kosmologie in die nächste gerutscht. Und die protestantischen Kirchen haben den Möglichkeiten zu einer Kosmologie noch Schlimmeres angetan. Wie der lutherische Theologe Joseph Sittler sagt, hat der Pietismus den Kosmischen Christus effektiv verbannt. Anfang dieses Jahrhunderts schon benannte der Theologe Allan Calloway dieses pietistische Dilemma des Protestantismus, das auf einem Dualismus zwischen innerer und äußerer Welt aufbaut. Er meinte, daß der Kantische Dualismus zwischen dem »Sternenhimmel über mir« und dem »moralischen Gesetz in mir« (Kants Begriffe) die westliche Religion – und besonders den Protestantismus – für eine akosmische und sentimentale Frömmigkeit bereit gemacht hat. Genau diese Aufspaltung in Inneres und Äußeres, in Psyche und Kosmos ist, laut Galloway, »Ursprung ihres religiösen Reizes und der weit verbreiteten Aufnahme dieser Weltanschauung in einigen Formen der pietistischen Christenheit«[124].

Es wird Zeit, daß wir unsere Gottesdienste in den kosmologischen Rahmen stellen, von dem die Menschheit überall auf der Erde ausgeht. Wir sollten die Riten der Naturvölker kennenlernen, deren Zeremonien die Kräfte der Dunkelheit und der Nacht anerkennen. Schwitzhütten zum Beispiel gestatten uns, in die heilige Dunkelheit unseres Ursprunges im Mutterleib einzutauchen. Ein anderes Beispiel sind die großen zeremoniellen Tänze: Oft finden sie nachts statt, wenn die Trommel im Herzen wie auch in Kopf und Körper am besten gehört wird und das Feuer eine besondere Bedeutung bekommt. Mondriten mögen die Lichtbezogenheit des patriarchalen Kultes bedrohen, doch sollten sie gerade aus diesem Grunde ausprobiert werden, weil in ihnen die Kraft liegt, das Geheimnis zu beschwören und den

Geist auf eine Weise hervorzurufen, wie die Frauen ihn Jahrhunderte lang erlebt haben.

Ein weiterer Aspekt der Wiedereinführung einer lebendigen *via negativa* in unseren Kult ist die Trauer. Die Menschen verdekken oft ihr Leiden, wenn sie in die Kirche kommen, sind sauber und fein gekleidet mit Schlips, Hut und guten Schuhen. Da ist es kaum vorstellbar, daß Tränen das Make-up beflecken oder die männliche Fassade aus Leistungen und Errungenschaften zerfurchen und durchlöchern. Menschen, die ihren kosmischen Schmerz nicht mitteilen können, können aber auch nicht gemeinsam anbeten. Gottesdienst bedeutet ein Ausleeren all dessen, was wir haben – und Schmerz und Leiden liegen tief in uns allen. In den Gottesdiensten der Schwarzen oder der Naturvölker wird der Schmerz nicht verdeckt. Er wird ausgesprochen, herausgesungen und herausgetanzt. Er ist, kurz gesagt, mit unserem übrigen Leben und der Welt verbunden. Simone Weil rät uns, alles Leid ans Universum zurückzugeben.[125] Das sollte ein Gottesdienst leisten können. Sonst verbringen wir unser Leben mit versterktem Schmerz und verschwenden darauf unsere Kraft. In einem lebendigen Kult treffen *via negativa* und *via positiva* zusammen. Der Kosmische Christus erscheint in beiden und stellt in der Tat ein »Muster« dar, das Kreuz und Schöpfung »verbindet« wie Klage mit Jubel. In einer Epoche ohne lebendige Kosmologie muß unser tiefster Schmerz in den Untergrund gehen, weil er so real und so groß, weil er eigentlich von kosmischem Ausmaß ist. Einer der Gründe, den Kult in einen kosmologischen Rahmen zu stellen, ist überhaupt, *damit wir den Schmerz herauslassen können*. Das wird sich als einer der prophetischsten Beiträge des Kosmischen Christus zu unserem Kult und unserer Kultur erweisen. Erst wenn der Schmerz heraus ist, kann die Kreativität fließen und etwas mit dem Schmerz anfangen. Bleibt der Schmerz drinnen, entsteht ein ranziges Entsetzen und damit Sentimentalität, Gewalt und ein Erstarren der Kreativität. Daraus folgen zunehmender Pessimismus, Schuldgefühle und die Abtreibung des Kosmischen Christus. Joanna Macys Bemerkungen über das Leiden entsprechen denjenigen der Mystiker aller Zeiten, die uns drängen, keine Angst vor der dunklen Nacht der Seele zu haben. Wie Macy lehrt, »findet die Geburt in der Dunkelheit statt« und sind wir »in Trauer vereint«[126]. Der Gottesdienst ist eine Gelegenheit, unser Leid zu benennen und gemeinsam zu trauern. Angesichts der heutigen Krisen auf der Erde sind Klagelieder durchaus angemessen. Wenn wir unser Leid nicht benennen und unsere Situation nicht offen beklagen können, werden keine Propheten geboren und es entsteht keine wahre Heilung und Kreativität. Alice Miller weist aufgrund ihrer Erfahrung in der Arbeit mit den tief Verwundeten unserer Gesellschaft darauf hin, daß die Voraussetzung für Kreativität die Trauerarbeit ist. »Wenn man die lebensgeschichtlichen Wurzeln einer aggressiven oder gar destruktiven Handlung verstanden hat ... dann wandeln sich die psychischen Energien von selbst in Kreativität um. ... Die Trauer über das einst Geschehene, Irreversible, ist die Voraussetzung dieses Prozesses.«[127]

Leiter weißer Gottesdienste könnten viel von den Naturreligionen lernen, was die Kunst des Klagens und Lamentierens angeht. Unser Institut regte einmal eine Klagezeremonie an, bei der Weiße die Schmerzen der Mutter Erde betrauern konnten. Sie geriet ein wenig aus dem Gleis, als ein oder zwei Personen mehr oder weniger »ausflippten«. Ein schwarzer Berater sagte mir anschließend, daß man mit so etwas rechnen müsse, sofern wirkliche Trauer stattfindet. In den Kirchen der Schwarzen werden ältere Teilnehmer für die Aufgabe benannt, diejenigen hinauszubegleiten, deren persönlicher Schmerz so tief ist, daß sie das öffentliche Klagen nicht ertragen können. Ich lernte daraus, wie weit unsere weißen Gottesdienste dem tiefen Schmerz entfremdet sind; unsere Liturgien sind nicht dafür angelegt, die emotionale Katharsis zuzulassen, die mit tiefer Trauer – oder tiefer Freude – einhergeht. Obwohl wir in der Bibel ein Klagebuch haben, haben wir in unserem Kult den Weg des Klagens verloren.

Eine ähnliche Beobachtung macht Dorothee Sölle: »Die organisierte Religion, vor allem die der Weißen in nördlichen Ländern, hat nicht selten jeden Funken von Ekstase im Gottesdienst ausgelöscht.«[128]

5. Das Erwecken und die Pflege des Prophetischen. Gottesdienste haben eine wichtige prophetische Aufgabe zu erfüllen. Sie sollen Propheten und Prophetinnen nähren, sie herausfordern, sie aufmuntern, sie zum Gemeindeleben und zur Unterstützung und Bereicherung ihrer prophetischen Phantasie zusammenführen. Jedes der vier Elemente lebendigen Gottesdienstes, die ich bisher angeführt habe, trägt auf seine Weise zum prophetischen Erwachen bei.

Das Erwecken der Propheten und Prophetinnen durch den Gottesdienst erfordert die Auswahl bedeutsamer Themen. Die Liturgie muß sich auf eine kosmologische Struktur beziehen, um unser Erbe zu enttrivialisieren und die Kraft unserer Überlieferung zu aktivieren. Deshalb müssen wir in den Gottesdiensten aktuelle kosmologische Themen ansprechen: Klagen um Mutter Erde, Klagen um das verlorene oder verwundete Kind, wir müssen die Geheimnisse des menschlichen Körpers feiern, die Sexualität und Übergangsriten begehen. Wir müssen die Kraft des Spieles entdecken und die kirchlichen Sünden im Laufe der Geschichte bekennen. Wie wäre es mit einem liturgischen Kalender, der der Feier des Geheimnisses gewidmet ist, das wir als menschlichen Körper bezeichnen – und den Jesus und Paulus den »Tempel« nennen? Damit würde die Religion in die Lage versetzt, ihren Dualismus wiedergutzumachen und der Kultur dabei zu helfen, die Cartesianische und Augustinische Verdrängung des Körpers in einer Feier seiner wunderbaren Geschichte und seines Mysteriums zu überwinden. Es könnte einen Leber-Sonntag und einen Milz-Sonntag geben, einen Hirn-Sonntag und einen Drüsen-Sonntag, und so weiter. Wissenschaftler, Dichterinnen, Tänzer und andere würden uns erwecken für das Staunen, die Bewunderung und die Achtung vor dem betreffenden Organ als eines Teils unseres gesunden Körpers. (In der Regel wird uns die Existenz unserer Leber erst bewußt, wenn sie sich bemerkbar macht – eine typische Haltung der Sündenfall-Erlösungs-Spiritualität, die die Existenz von etwas erst dann zugibt, wenn es Probleme damit gibt.) Eine Wissenschaftlerin oder ein Arzt könnte uns erklären, wie unsere Leber uns dient; eine Tänzerin könnte einen Leber-Tanz aufführen und alle zur Teilnahme anregen, ein Dichter könnte eine »Ode an die Leber« rezitieren. Wie würde es den Menschen nach einem Jahr solcher Gottesdienste gehen? Ich bin sicher, sie wären viel mehr mit ihrem Körper in Berührung und mit den wunderbaren Gaben, die wir sonst meist als selbstverständlich hinnehmen. Wir wären nicht mehr so gelangweilt. Wir würden an der Gabe des Körpers, den wir alle gemeinsam haben, die Einheit erfahren. Kinder und Erwachsene wären voll Staunen und Dankbarkeit darüber, daß wir lebendig sind und uns wohl fühlen, daß wir Teil eines lebendigen Kosmos und eines lebendigen, mystischen Leibes Christi sind.

6. Die Beteiligung aller wiederbringen. Zur Lebendigkeit eines Rituals ist die Beteiligung ebenso der Schlüssel wie zum Kosmos selbst. Wir können nicht passiv dasitzen und beobachten, wie das Universum *um* uns oder *außerhalb* von uns abläuft, denn gemeinsam mit allen anderen Geschöpfen *sind wir das Universum*. Langeweile entsteht aus zu geringer Anteilnahme. Die Langeweile, durch die sich ein so großer Teil der westlichen Gottesdienste auszeichnet, spiegelt die Langeweile einer anthropozentrischen Kultur, die nach einem Paradigma und einer Weltanschauung zu leben versucht, die ganz einfach erschöpft sind.

Wo es echte Rituale gibt, wird immer ganz teilgenommen – nach den Fähigkeiten der jeweiligen Teilnehmer.[129] Ein ernsthafter Mangel im anthropozentrischen Kult des Westens ist die völlige oder weitgehende Passivität der teilnehmenden Zuschauer gegenüber dem Spezialisten, sei es der »geweihte Priester« im Katholizismus, der »theologische Prediger« im Protestantismus oder der Kirchenchor in einer der beiden Traditionen. Obwohl sicherlich die Leitung, die Predigt und der Gesang ihren Platz im Kult haben, sollte die Betonung doch darauf liegen, daß im Ritual *alle Teilnehmer voll geben und empfangen* können. In einer indianischen Schwitzhütte schwitzen alle Anwesenden bis zum Äußersten, doch gibt es auch Leiter der Gesänge. In einer lebendigen Kosmologie »möchten alle Kreaturen gern das Äußerste, das sie vermögen, [über Gott] aussprechen«, wie Meister Eckhart es ausdrückt.[130] Gottesdienste sollten den Menschen diese heilige Gelegenheit bieten. Liturgie muß wieder zum Werk der Menschen werden – von den Menschen, durch die Menschen und für die Menschen und für »alle unsere Verwandten«, wie es die Indianer in ihren Gottesdiensten sagen.

Jedes der Elemente, die ich oben als wesentlich für den Gottesdienst angeführt habe, trägt zur Erhöhung der Beteiligung bei: Kosmologie, Körper, Spiel, Dunkelheit, das Prophetische – keine dieser Dimensionen kann mittelbar erfahren werden. Jede spricht den Priester, die Priesterin in jedem Menschen an.

Kürzlich leitete ich an unserem Institut ein Seminar zur »Erneuerung des christlichen Rituals«. Dabei benutzte ich die in diesem Kapitel erläuterten Kriterien, um gemeinsam mit dreiunddreißig Studenten und Studentinnen drei »Kosmische Messen« zu entwerfen. Im Oktober (zum Fest des Franz von Assisi) hielten wir eine Kosmische Messe zur Klage um Mutter Erde; im November hielten wir eine Kosmische Messe als Dank für unseren Körper; im Dezember hielten wir eine Kosmische Messe zu Ehren des Kindes, des verwundeten und göttlichen. Wir lernten viel aus diesen Versammlungen von 200 bis 250 Personen in unserer Halle, indem wir Spiraltänze einsetzten und indianische Feuer, kleine Kreistänze und Diashows mit unseren Körperorganen (die von einem Biologen erklärt wurden und begleitet von einer auf einen alten Gesang geschriebenen Litanei zu Ehren der Organe). Danach sagte mir eine Frau: »Es war eine Ehre, hier auf eine Art Gottesdienst feiern zu können, wie es in vierzig Jahren alle Menschen tun werden.« Wie wir dabei die in diesem Kapitel dargestellten Ideen umsetzten, stellt nur einen bescheidenen Versuch zur Erneuerung des Kultes dar. Ich bin sicher, daß Leser dieses Buches in der Lage sein werden, die Versuche noch weiter zu tragen. Die Erlösung des Gottesdienstes im Westen ist ein notwendiges Vorspiel für eine echte Renaissance. In seinem Buch *Ritual of the Wind* sagt der indianische Gelehrte Jamake Highwater: »Wir sind Mythenschöpfer. Wir sind Legendenmacher. Von allen Tieren sind allein wir fähig, uns selbst ins Dasein zu träumen.«[131] Lebendiger Gottesdienst ist deshalb so machtvoll, weil er die Träume der Vergangenheit und Zukunft in den Herzen derer sammelt, die danach verlangen, ganz in der Gegenwart zu leben. Darin liegt die Kraft des Kultes schlechthin: die Kraft, Träume in Stammesmythen zu übersetzen, die Kraft des Hervorziehens einer neuen Kosmologie und auch der Erziehung dazu. In der Newtonschen Epoche ist das Ritual anscheinend am Anthropozentrismus zugrunde gegangen. Heute verlangt das menschliche Herz nach alten und neuen kosmischen Visionen. Können sie nicht im Kult geboren, ausgedrückt und gefeiert werden, wo sonst sollte es geschehen? Gottesdienst ist die Volkskunst schlechthin.

Der Prüfstein eines echten Kultes wird die erneuerte Ehrfurcht und Achtung unter den Menschen einer Kultur sein. Die in die traditionelle Weisheit eingepflanzte Begeisterung für eine neue Kosmologie wird dafür sorgen, daß Künstler aller Art lebendig werden und andere mit ihrer Leidenschaft für das Dasein anstekken. Der Gottesdienst wird der Versammlungsort sein, an dem die vielen Geschichten erzählt und wiedererzählt werden durch Tanz, Dichtung, Musik, Farben, Gesang, Lachen, Schauspiel und Kunstformen, die noch zu erfinden sind. Ein erneuerter Gottesdienst wird die Jugend zu größeren Träumen verlocken und ihre beginnende Reife an großartigen Visionen prüfen. Echter Kult wird die Wissenschaftler dazu anregen, ihre Gaben zu einem kosmologischen Erwachen beizusteuern. Er wird die ANAWIM, die Unterdrückten und Ohnmächtigen, hervorholen, damit sie ihre Stimme finden und sich ausdrücken können. Er wird uns allen die Ohren öffnen für die leidenschaftlichen Stimmen, die das Leiden schafft.

Ich bin der Überzeugung, daß Protestanten, Katholiken und Juden sich heute nach der Vitalität und Erneuerung sehnen, die ein lebendiger Kult bringen kann. Ich glaube auch, daß die Jugend – und der oder die Jugendliche oder *Puer* in jedem Erwachsenen – sich nach lebendigem Gottesdienst sehnt. Ich wurde einmal eingeladen, an zwei Sonntagen bei der episkopalen Eucharistie in Connecticut zu predigen. In beiden Gottesdiensten sah ich niemanden unter 38 Jahren. Was könnte aus dem Gottesdienst im Westen werden, wenn die Leiter kosmologisch umgeschult würden? Was könnte beispielsweise aus Hochzeitszeremonien werden, wenn statt der üblichen sentimentalen, Senex-artigen und säkularisierten Zeremonie Braut und Bräutigam einander das Hohelied läsen und die Gemeinde – als tragende Gemeinschaft – den Chor dazu spielte? Ähnliches könnte man zur Erneuerung der Ehegelübde durchführen. Ich fordere nicht eine Renaissance des Gottesdienstes, die unsere Überlieferung abschafft, sondern die tiefer in sie eindringt. Die einzige Möglichkeit, so mahnt uns Howard Thurman, wie wir sicher sein können, überall zu Hause zu sein, ist, daß wir uns vergewissern, an einem Ort zu Hause zu sein.[132] Wer eine lebendige Kosmologie nicht in seiner liturgischen oder biblischen Tradition erlebt, ist weder überall noch überhaupt irgendwo zu Hause. Er oder sie ist haltlos. Eine reiche und lebendige Tradition ist die größte Gabe, die der Senex der jüngeren Generation geben kann. Eine solche Tradition hat in ihrem Herzen eine lebendige Kosmologie.

Im Kult steckt ein viel größeres Potential zur Erweckung der Menschen und einer Kultur als in den Medien. Die sechs von mir skizzierten Schritte dieses Kapitels könnten eine kultische Erneuerung einleiten, die der Kosmische Christus für uns ersehnt.

Lektionen aus den Naturkulten

Das gemeinsame Gebet mit Menschen aus den indianischen Völkern ist für mich stets eine Quelle tiefer geistiger Erneuerung gewesen. Schwitzhütten und Powwow-Tänze, Pfeifen-Zeremonien und Visionssuche sind nur einige der Gottesdienstformen, die die ursprüngliche Bevölkerung in diesem Land seit Zehntausenden von Jahren verwendet hat.[133] Zur Zeit der »Weltharmonie-Tage«[134] hatte ich die Ehre, zusammen mit dem Volk der Lakota beim Sonnentanz in Süd-Dakota beten zu können. Es war eine tief spirituelle Erfahrung für mich, bei der ich einige Lektionen lernte:

1. Ich wurde an die Überzeugung Gandhis erinnert, daß Gottesdienst ohne Opfer ein Frevel ist. Im Sonnentanz ist das Opfern ein wesentlicher Teil, da die Betenden vier Tage lang keine Nahrung und kein Wasser zu sich nehmen und in der heißen Sonne tanzen. Zusätzlich opfern diejenigen, die sich dazu entscheiden, sich zu stechen (das heißt, mit Hilfe von durch die Haut gestochenen Stäbchen Stricke an ihrem Rücken oder ihrer Brust zu befestigen), ein Stück ihres Fleisches für das Leben ihres Volkes. Das wirft die Frage nach dem Maß an *Bequemlichkeit* auf, das in weißen Kirchen zum Abhalten von Gottesdiensten notwendig ist. Wie könnte der Westen in seinem Kult wieder den Sinn für das Opfer entdecken? Diejenigen beispielsweise, die zivilen Ungehorsam leisten, tun Gottesdienst in der alten Opfer-Tradition.

2. Dankbarkeit motiviert uns zum Gottesdienst. Gottesdienst hat mit dem Danken zu tun. Im Prinzip ist das auch im westlichen Kult bekannt – »Eucharistía« ist das griechische Wort für Dankbarkeit oder Danksagung. Ist aber der westliche Kult *tatsächlich* auf die Dankbarkeit gerichtet? Und wenn ja, Dankbarkeit wofür? Ein Indianer bei jenem Sonnentanz gab sein Opfer, indem er vier Büffelschädel, die an dem Fleisch seines Rückens befestigt waren, viermal um den Tanzkreis zog. Bevor er das tat, sprach er zu der Versammlung und sagte, er tue das aus Dankbarkeit für die gute Gesundheit, an der er sich in seinem Leben habe freuen

können. Und er sagte uns, daß am nächsten Tage sein Sohn zu 25 Jahren Gefängnis verurteilt werden würde. Es war sehr bewegend, wie tief unterdrückte Menschen die Dankbarkeit erleben und in Form eines Opfers ausdrücken können. Ist das im Westen so stark verlorengegangen, weil wir im Gottesdienst zu viel des Opfers auf die Leistung Jesu Christi in seinem Tode projizieren und nicht genügend Verantwortung für die Opfer der Christusträger auf uns nehmen, die in unseren eigenen Tagen geschehen?

3. Mit den soeben genannten Punkten hängt eng zusammen die Frage von Tapferkeit und Heldentum. Der Sonnentanz ist eine tapfere und heldenhafte Art des Gottesdienstes. »Tapfer und heldenhaft« verstehe ich hierbei nicht im Sinne des Macho. Im Gegenteil: Einem Sonnentänzer, der sich aus Macho-Motiven stechen oder tanzen wollte, würden solche Versuche bald vergehen, denn aus dem Ego oder der Willenskraft hält man eine derartige geistige Prüfung nicht durch. Im Sonnentanz wird allen, die tanzen wollen, eine echte Gelegenheit zu Tapferkeit und Heldenmut gegeben. Welch eine lebenswichtige Einladung ist das, besonders für jene, die so oft zu Opfern gemacht worden sind wie die Naturvölker. Ihre internalisierte Unterdrückung zeigt sich an der Tragödie ihres Alltags, der von Arbeitslosigkeit, Verbrechen, Drogen, Alkohol, Gefängnis und Suizid bestimmt ist. Gottesdienst muß den ANAWIM einen Ausdruck ihrer Größe ermöglichen – einen Ausdruck für die Kraft des Kosmischen Christus in uns allen. Sind Tapferkeit und Heldenmut Teil des westlichen Kultes?

4. Gemeinschaft ist ein notwendiger Teil des Sonnentanzes. Die Tänzer brauchen die Gegenwart der Gemeinschaft, die sie in ihrem Opfer und ihrem tapferen Gebet unterstützt. Die Gemeinschaft bietet geistige Stütze und tanzt oft mit den Sonnentänzern. Schließlich ist die Gemeinschaft der Zweck der Gabe, die die Sonnentänzer geben – sie tanzen für das Leben der Menschen. Solidarität wird erlebt und gebildet, wenn die Gemeinschaft voll und tief zusammen den Kult feiert. Allgemeines Gelächter und Schweigen gehören ebenso dazu wie das Fasten und Schwitzen. »Dabei-Sein« ist entscheidend für die Unterstützung und das Nähren der Gemeinschaft. Das Zusammensein in tiefen, opfernden Dankgebeten bildet einen Höhepunkt im Jahreslauf der Gemeinde. Der indianische Sonnentanz ist eine Form der Volksmystik. Er ist für die Menschen und kommt von ihnen. Er

verdeckt ihre Schmerzen nicht, sondern taucht vielmehr in diese ein. Der Sonnentanz ist schlechthin der Gruppenausdruck dessen, was Rank als die »irrationale« Dimension des Lebens bezeichnet, die für eine lebendige Mystik so wichtig ist. Die linke Hirnhälfte wird niemals das darin auftretende Wirken des Geistes begreifen oder besitzen können. Der Sonnentanz erweckt die kollektive rechte Hirnhälfte, die mystische Kraft der Gemeinschaft.

5. Auf vielerlei Weise ist der Kosmische Christus im Sonnentanz und den sich daran anschließenden Ritualen anwesend: der Schwitzhütte, der Pfeifenzeremonie und der Visionssuche. Alle 21 »vorläufigen Arbeitsdefinitionen« der Mystik aus Teil II kann man im indianischen Kult wie etwa dem Sonnentanz finden. Ganz stark ist der Kosmische Christus zum Beispiel anwesend in dem Panentheismus, den Schwarzer Hirsch ausspricht:

»Wir sollten verstehen, daß alles das Werk des Großen Geistes ist. Wir sollten wissen, daß er in allen Dingen ist: in den Bäumen, den Gräsern, den Flüssen, den Bergen und all den vierbeinigen Tieren und den geflügelten Völkern; und was noch wichtiger ist: wir sollten verstehen, daß er auch über allen diesen Dingen und Wesen ist.«[135]

Im Ritus der Heiligen Pfeife erfahren wir eine lebendige Kosmologie, einen Kosmischen Christus, der den universellen Menschen in uns allen erweckt. Durch seinen Aufzeichner Joseph Epes Brown sagt Schwarzer Hirsch:

»Beim Füllen einer Pfeife sind der ganze Raum (repräsentiert durch die Gaben an die Mächte der sechs Richtungen) und alle Dinge (durch die Tabakkrümel repräsentiert) auf einen einzelnen Punkt zusammengezogen (den Kopf der Pfeife oder ihr ›Herz‹), so daß die Pfeife das Universum enthält oder wirklich *ist*. Da die Pfeife aber das Universum ist, ist sie auch der Mensch, und derjenige, der die Pfeife stopft, sollte sich mit ihr identifizieren. Dadurch wird nicht nur die Mitte der Welt, sondern auch die eigene Mitte errichtet. Er dehnt sich so aus, daß er die sechs Himmelsrichtungen umfaßt. Durch diese ›Ausdehnung‹ hört der Mensch auf, ein Teil zu sein, ein Fragment, und wird ganz oder heilig. Er zerstört die Illusion der Getrenntheit.«[136]

Das Feuer in der Mitte des Tipi, der Pfeife oder der Schwitzhütte repräsentiert UAKAN-TANKA, den Großen Geist in der Welt. Wie nahe kommt das der Lehre Meister Eckharts, daß ein ANCILLA ANIMAE, ein »Seelenfunke«, in jedem Geschöpf und jedem Menschen brennt, der niemals ausgelöscht werden wird, und daß dieser Seelenfunke die göttliche Gegenwart in uns darstellt. Die ganze Schöpfung hat an dieser Heiligkeit teil. Schwarzer Hirsch betet: »Alles ist UAKAN, was auf unserer Mutter, der irdischen Quelle allen Lebens ist. Die Schritte unseres Volkes sind auf ihr. Mögen sie fest und stark sein! ... Alle gemeinsam senden wir unsere Stimme zu UAKAN TANKA. Hilf uns, in der Weise des UAKAN zu gehen, daß es Dir gefällt.«[137]

Der Kosmische Christus spricht über den Gottesdienst

Der Kosmische Christus ruft uns auf zu einem erneuerten Gottesdienst: »Kommt zu mir, die ihr beladen seid durch den Mangel an Lob, den Mangel an Schönheit, den Mangel an Vision in eurem Leben. Schaut euch um, seht die Sterne am Himmel und das tiefe, tiefe Meer; seht die wunderbare Geschichte, die euch eine Heimat auf diesem Planeten geboren hat; seht die Überraschung und Freude in eurem Dasein. Versammelt euch – ihr und eure Gemeinschaft – angesichts dieser großen, kosmischen Gemeinschaft, um zu jubeln und Dank zu sagen, um zu heilen und loszulassen, um in das Dunkel und die tiefen Mysterien einzutreten, um die Neuigkeit zu teilen, um das Brot der Welt zu brechen und das Blut der Welt in seiner Göttlichkeit zu trinken. Seid tapfer und werdet wieder stark und groß in eurem Gottesdienst. Langweilt euch nie wieder. Erschafft euch selbst, erschafft eure Welten neu durch die Geschichten, die ihr euch erzählt, und die Visionen, die ihr feiert. Bringt euer Gefühl mit, ein Mikrokosmos in dem weiten Makrokosmos zu sein, bringt euren Körper, bringt euer Spiel, bringt eure Dunkelheit und euren Schmerz. Kommt zusammen und zerstreut euch nicht. Lernt, nichts für selbstverständlich zu nehmen, und lernt es gemeinsam. Werdet ein Volk. Haltet den Gottesdienst gemeinsam.«

28. Der Kosmische Christus und die Tiefenökumene

Der Kosmische Christus und die lebendige Kosmologie, die er unserer Gesellschaft und unseren Seelen bringt, haben die Kraft, eine Epoche einzuleiten, die ich als *tiefenökumenisch* bezeichnen möchte. Tiefenökumene ist eine Bewegung, die die Weisheit *aller* Religionen freisetzen wird – des Hinduismus und Buddhismus, des Islam und des Judentums, des Taoismus und Shintoismus, aller Formen des Christentums und der Naturreligionen und Göttin-Religionen in aller Welt. In dieser Freisetzung der Weisheit liegt die letzte Hoffnung für das Überleben des Planeten, den wir unsere Heimat nennen. Denn es gibt nicht eine lutherische Sonne und einen taoistischen Mond, einen jüdischen Ozean oder einen katholischen Wald. Wenn die Menschheit das begreift, haben wir einen Weg heraus aus unserem anthropozentrischen Dilemma gefunden, das unsere Jugend langweilt, unsere Seelen tötet, unseren Kult belanglos macht und unseren Planeten zerstört. Alle Traditionen des Kosmischen Christus in den Schriften und in der westlichen Geschichte, die wir oben betrachtet haben, zeigen das gemeinsame Kennzeichen des Universalismus.

Warum bin ich so sicher, daß der Kosmische Christus ein Zeitalter der Tiefenökumene einleiten wird? Denken wir daran, daß eine Kosmologie dreierlei ist: wissenschaftliche Geschichte, mystische Erfahrung und Kunst. Die wissenschaftliche Geschichte wird heute weltweit gehört und geglaubt. Inder und Afrikaner, Russen und Lateinamerikaner, Europäer und Nordamerikaner, Chinesen und Australier beginnen, die gleiche Geschichte zu hören: daß dieser Planet kein Zufall war, daß wir in dem ursprünglichen Feuerball »von Anbeginn geliebt« sind, daß das Universum uns wollte und eifrig erwartete. Wir haben die Verantwortung, diesen Segen unseres Lebens mit Würde und Dankbarkeit weiterzugeben. Wir müssen Segen für Segen geben. Zeugungskraft und Kreativität sind von Anfang an ins Universum eingebaut und gehören ebenso zu unserem Schicksal als kosmische Bürger, wie sie Bilder Gottes, des Schöpfers, sind.

Wie die Wissenschaft wirkt die Kunst überkulturell. Ich schreibe diese Zeilen am 4. Juli 1987. Gerade heute kommt in Moskau ein noch nie dagewesenes Ereignis zustande: Einige der besten amerikanischen Rocksänger geben zusammen mit russischen Rockgruppen ein gemeinsames sechsstündiges Konzert. Musik, Tanz, Schauspiel, Ritual – alle Künste – tragen schon lange die Kraft in sich, zu verbinden und das Getrennte wieder ganz werden zu lassen, die Kraft, das menschliche Herz zur Ganzheit statt zum Stückwerk zu formen. Es ist anzunehmen, daß die heute mögliche Direktkommunikation und die Sendungen über Satelliten viel zu einem globalen künstlerischen Erwachen beitragen werden, bei dem sich hoffentlich eine neue, globale und deshalb radikal-ökumenische Kosmologie in unserer Psyche, unseren Träumen und Körpern und sogar in unseren politischen Institutionen inkarnieren kann. Ein globales Erwachen *ist* möglich; der Beweis für diese Behauptung liegt in seiner dringenden Notwendigkeit. Ein Teil der Hoffnung, die eine neue Kosmologie dem leidenden Planeten bringt, besteht im Aufkommen von Volkskunst und persönlicher Kunst, die den Menschen gute Arbeit bringen wird, die Gemeinschaften auf mitmenschlicher Ebene verbinden kann und dadurch unseren Alltag wiederbelebt.

Mystik – eine universelle Erfahrung

Eine lebendige Kosmologie kann nicht allein aus Wissenschaft und Kunst entstehen. Auch die Mystik muß in dieses Erwachen einbezogen sein und der globalen Renaissance zugrunde liegen. Wie wir in Teil II sahen, fordert die neue Wissenschaft geradezu ein mystisches Erwachen. Doch ist die Mystik, die auf der ganzen Welt die Tiefe der religiösen Traditionen repräsentiert, *auf ökumenischer Ebene noch niemals ins Gespräch gebracht worden.* Diese Tatsache kann ich gar nicht genug betonen. Wir können kaum ermessen, welche Kraft ein globaler freier Einsatz der Mystik für die Kreativität, für die Beschäftigung miteinander und für die Anregung der Jugend zu anderen Abenteuern als dem Krieg ergeben würde. Da wir es nie ausprobiert haben, können wir die Folgen nicht vorhersagen. Warum haben wir es nie ausprobiert? Weil der Westen den Kontakt mit seinem mystischen Erbe völlig verloren hatte. Wie kann der Westen mit dem Osten in einen Dialog über Mystik treten, wenn er seine eigenen mystischen Wurzeln nicht kennt? Was können die Christen den Naturvölkern mit ihren reichen mystischen Überlieferungen sagen, wenn sie ihre eigenen mystischen Erfahrungen nicht kennen? Schließlich sind die großen Begegnungen zwischen Christenheit und Naturvölkern und zwischen Christenheit und den östlichen Religionen erst in den letzten paar Jahrhunderten zustande gekommen, in genau jener Periode also, als im Westen Newton und die Aufklärung den Kosmischen Christus entthront hatten. Wir können es nicht genug betonen: Wir haben nie eine Annäherung zwischen dem Kosmischen Christus im Christentum und dem Kosmischen Christus in anderen Religionen versucht. Doch ist das Göttliche in ihnen allen vorhanden, wie Joanna Macy deutlich macht:

»Ob Judentum oder Christentum, Islam oder Hinduismus, Buddhismus oder Taoismus, indianische oder Göttin-Religionen, alle bieten sie ein heiliges Netz, in welches wir verwoben sind. Wir heißen Kinder eines Gottes und ›Glieder eines Leibes‹; wir werden als Tropfen im Meere Brahmas gesehen oder als Juwelen im Netze Indras. Wir interexistieren – wie Synapsen im Geiste eines allumfassenden Wesens.«[138]

Vor einem Jahr stieß ein junger Mann aus der Volksrepublik China zu unserem Institute of Culture and Creation Spirituality in Oakland. Er war kein Christ und hatte noch nie in seinem Leben in eine Bibel geschaut. Er war praktizierender Taoist mit einer tiefen Verbindung zu seiner eigenen mystischen Überlieferung. Während der chinesischen Kulturrevolution hatte seine Großmutter ihn im Keller versteckt und ihm die alten Wege des Chi Gong und der T'ai Chi-Meditation beigebracht. Er hatte den Brunnen seiner eigenen Tradition ausgelotet und das erreicht, was Eckhart als den »großen unterirdischen Strom« der Gottheit bezeichnet. Die Folge davon war, daß er mir Arbeiten zum Vergleich zwischen Meister Eckhart und Laotse, zwischen Hildegard von Bingen und Konfuzius vorlegen konnte, die ebenso gut waren wie alle Arbeiten, die ich in den vergangenen zwölf Jahren, in denen ich Westler über diese Mystiker unterrichtete, erhalten hatte.

Wie war das für jemanden möglich, der mit der christlichen Überlieferung nicht vertraut war? Es war möglich, weil die Mystik – wie auch die Kunst – eine universelle Sprache hat, mit der sie universelle Erfahrungen ausdrückt. Es gibt nur *einen* großen unterirdischen Strom, zu dem viele verschiedene Brunnen führen – buddhistische Brunnen wie taoistische Brunnen, indianische Brunnen wie christliche Brunnen, islamische Brunnen wie jüdische. Ein Sufi-Meister unserer Tage sagt:

»Der Sufismus unterscheidet sich nicht von der Mystik aller Religionen. Die Mystik stammt von Adam (der Friede Gottes sei mit ihm). Sie hat im Laufe der Jahrhunderte verschiedene Gestalten und Formen angenommen, wie zum Beispiel die Mystik Jesu (der Friede Gottes sei mit ihm), der Mönche und Eremiten, und die Mystik Mohammeds (der Friede und Segen Gottes sei mit ihm). Ein Strom fließt durch viele Länder, und jedes nimmt ihn für sich in Anspruch. Aber es gibt nur einen Strom.«[139]

Das Erwachen des Mystischen in unserer Zeit bedeutet, daß viele neue Brunnen in die feuchten, schöpferischen und grünenden Kräfte jenes unterirdischen Stromes gesenkt werden. Der Kosmische Christus – das »Muster, das verbindet« – kann alle Menschen im Rahmen des gemeinsam Heiligen, der gemeinsamen Achtung und Ehrfurcht vor unserem Dasein verbinden. Im kleinen Maßstab habe ich das bei Studierenden und Workshop-Teilnehmern beobachtet, mit denen ich im Laufe der Jahre gearbeitet habe. Zum Beispiel hielt ich eine Vortragsreihe in einem Mennoniten-Seminar im Mittleren Westen. Gegen Ende meines Besuches kam eine Frau in einem indischen Sari zu mir, die während der Veranstaltungen sehr aufmerksam gewesen war. »Sie sind der erste christliche Theologe«, sagte sie, »den ich jemals in Hindi habe reden hören.« »Meine Güte!« antwortete ich, »ich hatte versucht, englisch zu sprechen.« Sie sagte darauf: »Nein, ich meinte, daß Sie in Bildern sprechen, die völlig denen der Hindus entsprechen und mein Herz in seinen tiefsten indischen Wurzeln berühren. Und diese Dias, die Sie von Hildegard gezeigt haben (ich hatte die Mandalas von Hildegard von Bingen aus dem zwölften Jahrhundert gezeigt) –, auch sie waren tief hinduistisch.« Das Gespräch erstaunte mich keineswegs. Ich kannte den hinduistischen Einfluß auf die keltische Spiritualität und wußte, daß Hildegard der keltischen Bewegung entlang des Rheins angehört hatte. Mich beeindruckte aber die Kraft dieser Frau, auf der mystischen Ebene Verbindungen herzustellen. Schließlich war es der japanische Zenbuddhist D. T. Suzuki, der als erster Thomas Merton überzeugte, Meister Eckhart ernst zu nehmen, so wie der hinduistische Gelehrte Kumaraswami mich zuerst auf Eckhart aufmerksam machte.

Noch vieles andere habe ich erlebt, was mir die tief ökumenische Natur der Mystik deutlich machte. So hielt ich vor einigen Jahren in New Mexico einen Vortrag über Schöpfungsspiritualität und zeigte Dias von Hildegards erleuchteten Bildern. Anschließend kam ein alter Indianer, der nur noch einen Zahn hatte, auf mich zu, umarmte und küßte mich: »Du bist ein roter Mann«, sagte er. »Während du geredet hast, kamen alle meine Vorfahren, setzten sich auf meine Schulter und sagten: ›Höre dem Mann zu, er ist einer von uns.‹ Und die Malerin der Bilder, die du da gezeigt hast – sie ist auch eine von uns.« In einer schöpfungs-orientierten Mystik zu leben bereitet einen auf solche wunderbaren Begegnungen vor. Kürzlich sprach ich im Pacific Lutheran Theological Seminary in Berkeley, Kalifornien. Als ich fertig war, kam ein Mann zu mir, mit Augen so groß wie Untertassen. Er war ein Schweizer Spezialist für jüdische Mystik, der gerade zu Besuch war. Seinen Doktortitel hatte er unter dem international bekannten Gelehrten Gershom Scholem erworben. Er war überschwenglich begeistert und sagte: »Sie sind der erste christliche Theologe, den ich gehört habe, der die drei Wege von Plotin und Proklus ablehnt. Die vier von Ihnen vorgestellten Wege sind ganz und gar jüdisch. Endlich können wir eine jüdisch-christliche Ökumene auf der spirituellen Ebene anstreben. Ihre Betonung der jüdischen Weisheit ist eine perfekte Brücke zwischen unseren beiden Glaubensformen, über die noch niemand zu gehen versucht hat!« Damals sprach ich noch nicht über den Kosmischen Christus. In diesem Buch habe ich jedoch die Vorstellung von Christus als der Weisheit dargestellt. Die Weisheit ist der Schlüssel zum Kosmischen Christus im Judentum und ein Beweis für die Tradition des Kosmischen Christus lange vor dem Christentum.

Der Buddhismus kann sich einer eigenen kosmischen Weisheitstradition rühmen. Wie ihr westliches Gegenstück, die *Sophia*, wird die Weisheit auch in dieser Überlieferung als weiblich betrachtet – sie ist die »Mutter aller Buddhas«, die Lehrerin und Nährerin des Mitgefühls. Sie ist unermeßlich, nicht berechenbar und tief wie der Raum selbst, doch ist sie auch der »Urgrund des Seins«[140]. Sie ist auch die Leere, das Loch in der Nabe des Rades, in dem sich die Achse drehen kann. Sie ist, in westlichen Kategorien, prophetisch, das heißt eine Verteidigerin der Unterdrückten. Sie ist es, die den Pfad des Bodhisattva zum ersten Mal in der buddhistischen Geschichte verkündet. Der Pfad des Bodhisattva ist ein prophetischer, der Pfad der *via transformativa*, der Pfad kühnen, einfachen und mutigen Handelns für Gerechtigkeit und Frieden aller Wesen.

»In dieser Stätte vollendeter Weisheit ... sollst du ein Retter der Hilflosen werden, ein Verteidiger der Wehrlosen ... ein Licht der Blinden; und du sollst jene zum Pfade führen, die ihn verloren haben; und du sollst jenen helfen, denen Hilfe fehlt.«[141]

Im Buddhismus gibt es eine gut entwickelte Überlieferung des Kosmischen Christus oder der »Buddha-Natur« in allen Dingen. Betrachten wir nur folgende Überlegungen des vietnamesischen Zenmeisters Thich Nhat Hanh:

»Das Vermögen, zu erwachen und sich dessen bewußt zu werden, was in den eigenen Gefühlen, im Körper, in den Wahrnehmungen und in der Welt vor sich geht, wird als Buddha-Natur bezeichnet, die Fähigkeit, zu verstehen und zu lieben. Weil das Baby dieses Buddha in uns ist, sollten wir ihm eine Chance geben.«[142]

Hanh schrieb auch ein »Ich bin«-Gedicht, ein Kosmisches Christus-Gedicht:

> Ich bin der Frosch, der munter
> im klaren Teichwasser schwimmt,
> und ich bin auch die Ringelnatter,
> die sich leise nähert
> und den Frosch frißt.
> Ich bin das Kind in Uganda, nur Haut und Knochen,
> meine Beine dünn wie Bambusstöcke,
> und ich bin der Waffenhändler, der tödliche
> Waffen an Uganda verkauft.[143]

Mit dem »wahren Selbst« in Kontakt zu sein, heißt, in Kontakt mit »der Quelle der Weisheit und des Mitgefühls« zu sein. Kinder können es leicht verstehen, das »Buddha in ihnen ist«[144].

»Ein Buddha sollte – um unserer Kinder willen – lächeln, froh sein und schön. ... Eine Blume ist ein Buddha. Eine Blume hat Buddha-Natur. ... Es ist schön, den Tag damit zu beginnen, ein Buddha zu sein. Jedesmal, wenn wir dabei sind, unser Buddha-Sein zu verlassen, können wir uns hinsetzen und atmen, bis wir wieder zu unserem wahren Selbst zurückgekehrt sind.«[145]

Der Historiker Arnold Toynbee hat einmal die Bemerkung gemacht, daß sich das Zusammenkommen von Buddhismus und Christentum als das wichtigste Ereignis des zwanzigsten Jahrhunderts erweisen würde.[146] Vielleicht erfaßte er dabei intuitiv die Kraft des Kosmischen Christus, eine Tiefenökumene herbeizuführen.

Eine Tiefenökumene rückt in den Bereich des Möglichen, wenn wir von der Suche nach dem historischen Jesus zur Suche nach dem Kosmischen Christus übergehen. Eine solche Veränderung macht es erforderlich, die Mystik wieder zum Mittelpunkt unseres Glaubens zu machen. Die Menschheit braucht heute *mystische Solidarität*. Wir müssen wieder auf die alte und tief mystische Weise zusammen beten. Besonders die unterdrückten Völker sollten solche Gebete anführen, denn ihr Leiden wirkt erlösend auf das Leiden aller anderen Völker. Die ANAWIM sind unsere geborenen geistlichen Führer. Eine derartige mystische Solidarität wird sich als mindestens ebenso wertvoll erweisen wie eine politische Solidarität. Sie kann die politische Solidarität sogar fördern und nähren. Indianer müßten die Weißen im Gebet anführen, wie es auch die Schwarzen tun, Frauen müßten die Männer darin anführen; Menschen aus der »dritten Welt« müßten Menschen aus der »ersten Welt« führen und Schwule die Heteros.

Damit eine solche Solidarität entstehen kann, ist ein Sündenbekenntnis angebracht. Jesus hat uns sehr weise geraten: Wenn wir am Altar ein Opfer bringen möchten und uns bewußt wird, daß ein Bruder oder eine Schwester etwas gegen uns hat, dann sollten wir die Gabe am Altar lassen und uns zunächst versöhnen (Matth. 5,24). Heute geht es um die Versöhnung zwischen den Religionen. Es wird Zeit, daß die weiße, westliche, europäische Christenheit sich öffentlich bei den ursprünglichen Völkern Amerikas, Afrikas, Asiens und Europas entschuldigt und um Vergebung bittet. Nach einer solchen Versöhnung könnten wir uns wieder kraftvoll an unseren Altären versammeln. (Eine christliche Kirche, die United Church of Canada, hat den Mut und die Phantasie gefunden, das zu tun. Sie finden den Text im Anhang des Buches.) Es wird auch Zeit für die Christenheit, mehr von der Weisheit dieser Völker einzubeziehen und die Heiligen, Helden und Heldinnen dieser Traditionen anzuerkennen: Gandhi, Häuptling Seattle, Sojourner Truth und die Gruppen von Indianern und schwarzen Sklaven, die – oft unter den Händen sogenannter Nachfolger Christi – Märtyrer ihres Glaubens wurden, um nur einige zu nennen. Es wird auch Zeit, daß die westliche Seele durch ein Bekenntnis der Unterlassungssünden gereinigt wird: Weil sie eine lebendige Kosmologie verbannt hat, verursachte sie religiöses Sektierertum und Kriege. Eine Beichte ist gut für die Seele, auch für die Seele eines Volkes. Heute bedarf es der öffentlichen Beichte ganzer Traditionen, nicht nur von Individuen. Aus der daraus entstehenden Verzeihung und dem Loslassen kommt die Freiheit, die eine Tiefenökumene ermöglicht.

Eine solche globale Ökumene hat noch niemand in großem Maßstab erlebt, denn sie ist noch nie versucht worden. Die dringende Not von Mutter Erde unter den Händen der muttermörderischen Kräfte, die alle Völker und Religionen bedrohen, müßte deutlich machen, daß das Kommen des Kosmischen Christus und die Ära einer globalen Ökumene nicht mehr lange aufgeschoben werden darf. Diese Ökumene kann man als tief bezeichnen, weil sie wahrhaft kosmologisch sein wird und unsere wissenschaftlichen Mythen ebenso betrifft wie unsere mystischen. Sie wird sich in einer Kunst ausdrücken, die aus echten Träumen geboren wird und unser gemeinsames Leiden benennt.

Tiefenökumene – ein Vorspiel zu Frieden und Gerechtigkeit in der Welt

Die Epoche der Tiefenökumene verspricht Hoffnung im Wahnsinn der atomaren Aufrüstung. Diese Friedensbewegung wird eine große Wandlung des Herzens bewirken, eine METANOIA. Die mystischen Überlieferungen der Welt bieten Theorie und Praxis, um eine solche Wandlung des Herzens hervorzubringen. Der Krieg stellt per definitionem den anthropozentrischen Dualismus in seiner logischen Konsequenz dar: Ich töte dich, du tötest mich, wir töten sie, sie töten uns. Zum Wesen jeder gesunden Mystik gehört es, Menschen über den Dualismus hinauszuführen. Damit würden wir den Krieg beenden, dessen Wesen der Dualismus ist.

Martin Heldman ist ein Experte für Statistik, Wahrscheinlichkeit und Kryptographie von der Stanford Universität. Er kommt zu dem Schluß, daß ein Atomkrieg mathematisch gesehen unausweichlich ist, so wie russisches Roulette unausweichlich zum Tode führt, wenn man es nur oft genug spielt. Er weist darauf hin, daß

»kein vernünftiger Mensch auch nur einmal russisches Roulette spielen würde. Doch spielen wir ständig atomares Roulette mit der ganzen Welt als Einsatz. ... Ich bin der Überzeugung, daß die einzige Möglichkeit, das atomare Roulette zu überleben, darin liegt, mit dem Spielen aufzuhören, global die Waffen niederzulegen, uns vom Krieg abzuwenden. Wollen wir den drohenden Selbstmord der Welt vermeiden, so müssen wir vom Krieg völlig anders denken lernen. Wir dürften ihn nicht mehr als ein Mittel zur Beilegung von Meinungsverschiedenheiten ansehen, als eine Verlängerung der Politik oder als einen Teil der menschlichen Natur.«[147]

Die mystischen Traditionen versprechen uns, daß wir tatsächlich »vom Krieg völlig anders denken« können und ebenso von allem anderen. Genau das ist die Bedeutung der METANOIA, des Wandels des Herzens. Im dreizehnten Jahrhundert sagte Mechthild von Magdeburg: »Gott hat mir die Kraft gegeben, meinen Sinn umzukehren.«[148] Wir haben sie auch! Der Kosmische Christus, der die Epoche einer lebendigen Kosmologie einleitet, repräsentiert solch eine Kraft.

Auf noch eine andere Weise führt die Tiefenökumene zu einer Epoche des Friedens und der Gerechtigkeit in der Welt. Gerechtigkeit ist eine kosmologische Frage. In der Bibel heißt es, daß das Universum auf zwei Säulen steht: Eine ist die politische Gerechtigkeit und die andere ist die seelische Gerechtigkeit, die ich als Mystik bezeichnen würde. Unrecht zu heilen bedeutet, die Beziehungen im Universum selbst zurechtzurücken. Im Unrecht erleidet man einen kosmischen Bruch, der innerhalb der Schöpfung zum Chaos führt. Gerechtigkeit ist ein Wesensbestandteil einer kosmologischen Spiritualität, weil Gerechtigkeit keine menschliche Erfindung ist. Sie gehört zur Schöpfung, seit mit dem ersten Augenblick des Urfeuerballs Ordnung (nicht Chaos) entstand und sich aus dem Kampf und der Zerstörung einer sich entwickelnden Schöpfung Harmonie und Gleichgewicht herausbildeten. Die Suche nach der Gerechtigkeit gehört seitdem zur Entfaltung der Schöpfung. Sie offenbart sich in unserem Körper und in unserer Psyche, die zum Beispiel in den Träumen nach Gleichgewicht sucht, wenn sie unter Druck gerät. D. H. Lawrence sagt: »Die Leidenschaft der Gerechtigkeit ist die erste Umarmung zwischen dem Menschen und seiner Welt.« Lawrence ruft nach »einer neuen Gerechtigkeit zwischen Männern und Männern, zwischen Männern und Frauen, und der Erde, den Sternen und Sonnen.«[149] Das wissenschaftliche Wort für Gerechtigkeit und Gleichgewicht ist *Homöostase*, ein inzwischen anerkanntes Grundgesetz des Universums.

Das Erwachen zu einer lebendigen Kosmologie wird eine erhöhte Sensibilität für Unrecht und die Weisheit der Weltreligionen für das Schaffen von Gerechtigkeit freisetzen. Mit nichts weniger würde sich der Kosmische Christus zufriedengeben. In unserem Jahrhundert hat der Kosmische Christus die Gestalt von Gandhi, Martin Luther King, Dorothy Day und anderen Propheten des Friedens und der Gerechtigkeit angenommen. In der Ära einer Tiefenökumene muß der Kosmische Christus, der für Gerechtigkeit und den darauf aufgebauten Frieden kämpft, in einem breiteren Spektrum verkörpert werden – unter gewöhnlichen Menschen und gewöhnlichen Institutionen. Erneuerte religiöse Traditionen, die aus einer Kosmologie leben, werden das ermöglichen.

Kabir definiert einen heiligen Menschen als jemanden, »der/die sich des Leidens anderer bewußt ist«[150]. Der Kosmische Christus ist das Leiden in jedem Menschen und jedem Geschöpf, das zu Unrecht leidet. Das Leiden am Unrecht verbindet uns alle, und Heiligkeit entsteht aus der gemeinsamen Hinwendung zu diesem Schmerz. Aus der Kraft der Heiligkeit heraus kann aber alles geschehen. Gibt es irgendeine Weltreligion, die ihre Anhänger nicht zum Mitgefühl aufruft? Geht es nicht in allen Weltreligionen um das Mitgefühl? Ist Mitgefühl nicht ein kosmisches Gesetz? Meister Eckhart hielt es für ein Gesetz, denn er sagte: »Was immer Gott wirkt, der erste Ausbruch ist (immer) Barmherzigkeit.«[151] Wie sonst könnte global eine Epoche des Mitgefühls – eine Epoche des Feierns und der Gerechtigkeit – ausbrechen, wenn man nicht eine Tiefenökumene entstehen läßt? Wenn die religiösen Traditionen nicht in der Lage sind, globalen Frieden und Gerechtigkeit zu gebären, wer könnte ernsthaft daran glauben, daß Regierungen es tun würden? Besonders da sie in engerem Kontakt mit den ANAWIM, mit den Entrechteten, sind, tragen religiöse Überlieferungen die kollektive Kraft in sich, Regierungen dazu zu motivieren, sich für Frieden und Gerechtigkeit einzusetzen.

Einige Beispiele der Tiefenökumene

Wir Christen müssen heute eine Antwort auf die Herausforderung der Tiefenökumene geben. Schließt die Tatsache, daß der Christus sich in Jesus inkarniert hat, aus, daß Christus sich auch in anderen inkarniert – Laotse oder Buddha oder Moses oder Sarah oder Sojourner Truth oder Gandhi oder in Ihnen oder mir? Das Gegenteil ist der Fall. Tatsächlich spricht Paulus in seinem Brief an die Galater davon, daß Christus sich in ihm inkarniert: »Ich lebe, doch nicht mehr als ich, sondern Christus lebt in mir« (Gal 2,20). Paulus ruft die Empfänger seines Briefes dazu auf, »Christus in sich Gestalt gewinnen« zu lassen (Gal 4,19) und »Söhne und Töchter Gottes zu sein« (3,26). »Weil ihr nun aber tatsächlich Kinder seid, hat Gott den Geist seines Sohnes in unsere Herzen gesandt, der da ruft: Abba, Vater! Also bist du nicht mehr Sklave, sondern Kind; wenn aber Kind, dann auch Erbe durch Gott« (4,6–7). Der Kosmische Christus muß immer noch in uns allen geboren werden – davon ist kein Individuum, sind keine Rasse, Religion, Kultur oder Zeit ausgenommen. »Christus« ist ein Gattungsbegriff. In diesem Sinne sind wir alle »weitere Christusträger«. Tiefenökumene ist die Matrix, innerhalb welcher der Kosmische Christus genährt und geboren wird.

Als einer der erstaunlichen Aspekte der Tiefenökumene wird sich das Verhältnis von Göttin-Religionen und christlicher Mystik erweisen. Uns wird zum Beispiel gesagt, daß Gaia, die alte Muttergöttin, aus der Unterwelt stammt.[152] Das klingt ähnlich wie Meister Eckharts Rede von der Gottheit als großem unterirdischem Strom, den niemand eindämmen und dem niemand Einhalt gebieten kann[153], oder wie die Behauptung des Pseudo-Dionysios, daß Gott die »übernatürliche Dunkelheit«[154] sei, denn was aus der Unterwelt kommt, taucht aus dem Dunkel auf. Der Gesang an Gaia im alten Griechenland lautete folgendermaßen: »Die Erde sendet die Früchte herauf; darum preisen wir die Erde, unsere Mutter.«[155] Wie sehr ähnelt das doch Hildegards Gesang an die Erde: »Sie ist aller Mutter, weil alles, was nur immer Gestalt und Leben irdischer Natur hat, sich aus ihr erhebt.«[156]

Außerdem wird Gaia gefeiert als »frei von Geburt oder Zerstörung, von Zeit oder Raum, von Form oder Bedingtheit. ... Aus der ewigen Leere tanzte Gaia hervor. ...«[157] Wenn ich bei Gelehrten über die Göttin-Religion lese, bin ich ständig darüber erstaunt, wie ähnlich das mystische Konzept der Gottheit und das der Göttin sind. Nehmen wir nur folgende Aussage: »Die große Göttin wurde für unsterblich, unwandelbar, allmächtig gehalten. Das Konzept eines Vatergottes war noch nicht ins religiöse Denken eingeführt.«[158] Oder: »Die Göttin ist Geberin von allem, des Lebens, der Feuchtigkeit, der Nahrung, des Glücks und Nehmerin von allem. Sie ist die Mutter oder die Quelle ... die Mutter der Handwerke, des Spinnens und Webens. ... Die Göttin ist Wiedergeburt, Erneuerung, Transzendenz.«[159] Wenn wir dieses Verständnis der alten Göttin-Religion mit der mystischen Tradition Meister Eckharts über die Gottheit vergleichen, finden wir eine breite gemeinsame Basis, die noch nie untersucht worden ist. Meister Eckhart schreibt, daß Gott handelt, die Gottheit aber niemals. Er fährt fort:

»Als ich im Grunde, im Boden, im Strom und Quell der Gottheit stand, da fragte mich niemand, wohin ich wollte oder was ich täte. ... Wenn ich in den Grund, in den Boden, in den Strom und in die Quelle der Gottheit komme, so fragt mich niemand, woher ich komme oder wo ich gewesen sei. Dort hat mich niemand vermißt, dort entwird ›Gott‹.«[160]

In seiner Abhandlung über die Gottheit bezieht sich Eckhart auf die mysteriöse, unwandelbare Seite des Göttlichen, die Quelle aller Geburt und Wiedergeburt. Es könnte eine wichtige Verbindung zwischen »Göttin« und »Gottheit« geben, die zuvor noch nie bemerkt worden ist, weil man im Westen nicht tief genug zu den eigenen mystischen Wurzeln hinabgetaucht ist. Geschieht dies, so wird die Tiefenökumene erblühen.

Im dreizehnten Jahrhundert konnte Mechthild von Magdeburg als christliche Mystikerin und soziale Akivistin frei über die

Göttin schreiben, daß Gott zur Seele spricht: »Ich bin der Gott aller Götter; du aber bist der Geschöpfe Göttin.«[161] Im zwölften Jahrhundert bezeichnet Hildegard von Bingen Maria als eine Göttin. Otto Rank erklärt, daß das Christentum vom Wesen her eine Religion der Muttergöttin ist, die sich von den anderen Göttin-Religionen des Mittelmeerraumes dadurch zu unterscheiden versuchte, daß sie die bleibende Jungfräulichkeit Marias betonte. Diese Unterscheidung galt gegenüber denjenigen Religionen, in denen der göttliche Sohn Verkehr mit seiner Mutter hatte.[162] Eine Tiefenökumene wird sehr tief zu greifen und Gelände zu erforschen haben, das noch niemals erkundet worden ist. Wie bei jeder echten Ökumene wird das Ergebnis nicht darin bestehen, die eigene Überlieferung abzuschaffen, sondern mehr von ihr zu verlangen.

Zu den Forderungen gegenüber unserer eigenen Tradition gehört der Ruf an den Protestantismus, die Angst vor der Mystik aufzugeben und die lebendige Mystik aus dem Geiste seiner Gründer wiederzuholen. In den Ursprüngen des Protestantismus habe ich stets viel mehr Mystik gefunden als in den heutigen Interpretationen dieser Ursprünge. Tiefenökumene verlangt, daß wir tiefer zu unseren Wurzeln gehen und die vergessenen, unterdrückten Elemente aufstöbern. Wie können beispielsweise Lutheraner dem Geist Luthers treu bleiben, gleichzeitig aber die rheinländischen Mystiker ignorieren, von denen er in seinem Vorwort zur *Theologia Deutsch* – einem rheinischen Mystikbuch – anerkennend sagt, daß sie ein Drittel seines Werkes beeinflußt haben? Wie können Lutheraner Lutheraner sein, ohne Eckhart, Hildegard und die rheinischen Mystiker und Prophetinnen zu kennen, die Luther so vielfältig inspirierten? Luthers erster Anhänger in Nürnberg, Andreas Osiander, hielt Hildegard für die erste Protestantin.[163] Es ist an der Zeit für die Lutheraner und die anderen Protestanten, sich vom Pietismus zu lösen, vom Kantischen Dualismus und von der Angst der Aufklärung vor dem Kosmischen Christus, um die gesunde Mystik des Mittelalters wiederzuentdecken. Das Mittelalter war voll von protestierenden Menschen, allen voran die großen Schöpfungsmystiker: Hildegard (die an Papst Anastasius IV. schrieb, daß »Rom wie in den letzten Zügen liegt«, und ihn anklagte, er sei von Unrecht und Bösem umgeben[164]), Franz von Assisi, Thomas von Aquin, Mechthild von Magdeburg, Meister Eckhart und Juliana von

Norwich. Das Mittelalter gehört *nicht* allein der römisch-katholischen Kirche. Die westliche Christenheit war zu jener Zeit sehr vielfältig, und die Protestanten haben das Recht und die Aufgabe, ihren Anteil daran einzufordern.

Die radikaleren Flügel der prophetischen Mystik im Protestantismus – Quäker, Mennoniten und Mährische Brüder – werden ebenfalls Verbündete unter den prophetischen Mystikern des Mittelalters finden. Die radikalen Protestanten des sechzehnten Jahrhunderts – Hans Hut, Sebastian Franck und Hans Denk[165] – verdienen viel stärkere Beachtung, als ihnen bislang seitens des etablierten Protestantismus zuteil geworden ist. Ihre prophetische Mystik und ihre Unterstützung der Bauern ist ein direkter Ausfluß von Eckharts Theologie des Kosmischen Christus, von einer nichtelitären Theologie des Gotteswortes und von seiner Aussage, daß »jede Kreatur ein Wort Gottes ist«. Meinen ersten Vortrag über Meister Eckhart hielt ich im Haus der Quäker in Highland Park, Illinois. Als ich den Vortrag beendete, rief die Leiterin des Hauses: »Mein Gott, das hört sich ja an wie von George Fox!« Ihre Begeisterung ist typisch für das Aha-Erlebnis, das durch die Tiefenökumene entstehen kann. Die Methodisten sollten zu den mystischen Wurzeln der Brüder Wesley zurückkehren – wie es viele bereits tun – und dadurch den Zusammenhang zur vorhergehenden, umfassenderen Kirchengeschichte herstellen. Presbyterianer wären erstaunt darüber, daß Calvin viel stärkere mystische Neigungen hatte als die meisten seiner Interpreten.[166] Die Unitarier schulden es sich, ihre schöpfungsmystischen Quellen bei Thoreau oder Emerson wiederzuentdecken. Zu wenige Protestanten wissen etwas von der Geschichte vor der Aufklärung, einschließlich ihrer eigenen; und das ist der Grund, warum ihnen die Abkehr vom Newtonschen Weltbild so schwer fällt.

Die Tiefenökumene jedoch erfordert diese Abkehr, um eine Erneuerung zu ermöglichen. Tiefenökumene erfordert aber auch ein Zurückgehen zu Wurzeln, die weit hinter das sechzehnte und siebzehnte Jahrhundert zurückreichen. Verbündete finden sich an vielen Orten und in vielen Epochen. Die Gemeinschaft der Heiligen ist keine kleine Versammlung – und wer es heute ernst meint mit einer lebendigen Kosmologie, kann alle verfügbaren Verbündeten dabei brauchen. Newton hat uns ein zutiefst antiökumenisches Erbe hinterlassen. Die Stückwerk-Mentalität führt zu Sektierertum. Die Aufsplitterung der christlichen Kirche in konkurrierende Gruppen nahm proportional mit dem Newtonschen Weltbild zu. Das Zerbrechen dieses Weltbildes läßt die Ökumene frei fließen.

Als ich im vergangenen Jahr in Omaha, Nebraska, einen Vortrag hielt, kam eine Frau zu mir und erzählte folgende Geschichte: »Ich lebe auf einer Farm in Minnesota, fünfhundert Kilometer von hier entfernt. Ich bin die ganze Strecke hierher gefahren, um Sie sprechen zu hören, denn alle meine Nachbarn erzählen mir seit Jahren, Sie seien der Martin Luther unserer Zeit. Nachdem ich Sie gehört habe, stimme ich dem zu. Und ich bin eine Lutheranerin. Junge, was braucht die Kirche heute einen Martin Luther!« Ich habe lange über diese Enthüllung nachgedacht; und am wahrsten daran ist die tief empfundene Sehnsucht nach einer religiösen Erneuerung und einem Erwachen in unserer Zeit. Vieles an mir ist ganz sicher *nicht* besonders Martin-Luther-haft: Zum einen bin ich als Dominikaner ausgebildet und nicht als Augustiner, und zum anderen habe ich keinerlei Verlangen danach, die Kirche zu reformieren oder neue Kirchen zu beginnen. Aber dennoch kann ich der Wahrheit der Herausforderung nicht ausweichen, die diese Frau an uns alle richtet. Die Wahrheit liegt für mich darin, daß Schöpfungsspiritualität, die Wiederentdeckung einer lebendigen Kosmologie und eine Mystik des Kosmischen Christus, in der Tat die Grundlage für eine *Erneuerung* (im Gegensatz zur Reformation) der Kirche ausmachen und damit ein Potential zur geistigen Erneuerung bilden, das jedes Element der Gesellschaft berührt, kleine Farmer ebenso wie eine sinnvollere Erziehung der Jugend und gute Anregungen für Künstler.

Im Ausruf dieser Frau steckt auch eine Aussage über die religiöse Zeit, die wir im Moment durchlaufen. Wie das sechzehnte Jahrhundert ein Wendepunkt für religiöses Erwachen und Reform war, so muß auch das späte zwanzigste Jahrhundert ein Wendepunkt sein für eine tiefe, religiöse Erneuerung mystischer und prophetischer Art. Das sechzehnte Jahrhundert spaltete die Religion im Westen in Teile auf, so daß bei der Ankunft des Newtonschen Stückwerk-Paradigmas im siebzehnten Jahrhundert alle Teile bereits an ihrer Stelle waren: lutherische Teile und anglikanische, römisch-katholische und presbyterianische. Seit Beginn der ökumenischen Bewegung zu Beginn dieses Jahrhunderts hat das zwanzigste Jahrhundert darum gerungen, die Religion wieder ganz werden zu lassen. Wir leben heute in einer nach-konfessionellen Zeit. Ich habe viel mehr gemeinsam mit einem Anglikaner, einem Methodisten oder Quäker, der sich für soziale Gerechtigkeit einsetzt, als mit einem debilen, rachsüchtigen, rechtsgerichteten Kardinal der römischen Kirche. Ich empfange im gemeinsamen Gottesdienst mit den ersteren viel mehr heilende Kraft als mit letzterem. In Boston, das so irisch, italienisch und römisch-katholisch ist, treffe ich heute die besten Katholiken des Zweiten Vatikanischen Konzils, aus ihrer Kirche ausgetreten, bei den Gottesdiensten der Unitarier oder Quäker, weil sie sich von der derzeitigen katholischen Hierarchie ihrer Stadt überhaupt nicht mehr repräsentiert fühlen. Die Tiefenökumene, die ich in diesem Kapitel angesichts der Religionen im Westen und im Osten, Norden und Süden (Naturreligionen) beschrieben habe, wird vermutlich Neugruppierungen und Wiederverbindungen der religiösen Traditionen des Westens mit sich bringen. Darin, daß die Katholiken des Bischofs Lefebvre jetzt die Kirche verlassen haben (trotz der außerordentlichen Anstrengungen des momentanen päpstlichen Regimes, sie bei der Stange zu halten), liegt, wie ich meine, erst der Anfang der Umgruppierungen. Bei einem kürzlichen Sommer-Workshop über Schöpfungsspiritualität in Nord-Carolina waren nicht nur Katholiken und Quäker, Anglikaner und Methodisten anwesend, sondern auch Baptisten und Adventisten. Mutter Erde kann nicht darauf warten, bis all die Kirchen ihre eigenen Häuser völlig in Ordnung gebracht haben. Der Geist ist größer als irgendeine der Kirchen; auf gewisse Weise ist er in jeder Überlieferung anwesend und erweist seine Authentizität am wichtigsten Kriterium für die Unterscheidung der Geister: an der Gerechtigkeit.

Erziehung zur Tiefenökumene

In unseren theologischen Fakultäten müßte es Seminare über das Mystische geben und vor allem darüber, wie das Mystische bei jedem Geistlichen, Rabbiner oder werdenden Priester hervorgebracht werden kann. In solchen Seminaren wird auf jeden Fall die Kunst der Meditation gelehrt werden. Jede Fakultät braucht mehrere derartige Möglichkeiten, den Mystiker, die Mystikerin in den Menschen zu erwecken und die zukünftigen geistigen

Lehrer mit den Fähigkeiten auszustatten, die sie brauchen, um im Rahmen der Kirche oder Synagoge andere auszubilden. Eine gesunde theologische Ausbildung auf amerikanischem Boden würde auch gern mit Indianern zusammenarbeiten, die Schwitzhütten bauen und die künftigen geistlichen Lehrer in der alten amerikanischen Art des Betens unterweisen könnten. Eine solche Ausbildung würde sicherlich die gesunde Situation zur Folge haben, daß jede Kirche und jede Synagoge eine Schwitzhütte auf ihrem Gelände hätte. Unter anderem würde diese Entwicklung den indianischen Völkern gute Arbeitsmöglichkeiten geben und die schreckliche Kluft zwischen den europäischen Christen und den indianischen Völkern heilen helfen. Außerdem könnten Meditationen mit Ton, mit Tanz und Massage als Abendgruppen in den Gemeinderäumen angeboten werden.

Außer den Künstlern, die die meditative Kunst lehren, um die Weisheit und die rechte Hirnhälfte zu erwecken, würden die Fakultäten auch Naturwissenschaftler brauchen, um unsere Phantasie und unseren Geist anzuregen, damit unsere Achtung wächst vor dem Kosmos, in dem wir leben. Findet eine solche Erweiterung der Priesterausbildung um eine lebendige Kosmologie durch Künstler, Mystiker und Wissenschaftler nicht statt, so könnten sich die sogenannten geistlichen Führer als Hindernisse für eine Tiefenökumene erweisen. Dann könnten die Absolventen unserer Priesterseminare die Ankunft des Kosmischen Christus tatsächlich verhindern. Eine derartige Erneuerung der Priesterausbildung könnte aber auch Vorläufer für eine Erneuerung der gesamten öffentlichen Bildung sein, so daß es eines Tages undenkbar wäre, daß ein Hochschulabsolvent nicht über die Fähigkeiten der rechten Hirnhälfte, die Meditationskunst verfügt. Schwitzhütten sollten auf dem Gelände von Hochschulen und Universitäten ebenso zu normalen Einrichtungen werden wie bei jeder Kirche und Synagoge.

Farbige Menschen werden feststellen, daß ihre Vorfahren vor Ankunft der weißen Kolonisten tief mit einer lebendigen Kosmologie verbunden waren, bevor die weißen Kolonisten eine Religion mitbrachten, die zu jenem Zeitpunkt der Geschichte praktisch alle Berührung mit dem Kosmischen Christus verloren hatte. Die Kraft der Naturreligionen, das Christentum zu erneuern und die alte Religion mit der prophetischen Guten Botschaft der Evangelien zu verbinden, muß erst noch fruchtbar gemacht werden. Für die zunächst unbeholfenen Versuche der westlichen Kultur, ihr Erbe wiederzufinden, kann das nicht-anthropozentrische Wesen der alten Religionen ein starkes Korrektiv und ein Spiegel sein. Die Verbindungen, die sich aus einem solchen Wechselspiel ergeben, entsprechen dem, was man vom Kosmischen Christus, dem »verbindenen Muster«, erwarten kann.

Das Zeitalter der Weisheit – die vom Kosmischen Christus eingeleitete Renaissance

Soll unsere Zeit zu einer Epoche mit lebendiger Kosmologie werden, so wird das Hauptkennzeichen dafür sein, daß Weisheit mehr zählt als Wissen. Weisheit wird alle Aspekte des kulturellen Daseins bestimmen, von den Schulen zu den Ausbildungsstätten des geistlichen Nachwuchses bis zu den Haushalten, Arbeits- und Spielstätten und den Orten der Gottesdienste. Weisheit wird Einfluß auf das politische und wirtschaftliche Leben nehmen. Hat der Kosmische Christus die Kraft, in Herz, Geist und Körper der Menschen auf diesem Planeten aufzuwachen, dann wird er gewiß als Weisheit wiederkehren. Der Kosmische Christus *ist* das »verbindende Muster«, und das Herstellen von Verbindungen macht gerade die Weisheit aus, wie der Philosoph Gabriel Marcel deutlich macht: »Letzten Endes ist ja die wesentliche Funktion des Weisen zweifellos eine Funktion der Verbindung und Harmonie... der Weise [ist] wesentlich mit dem Kosmos verbunden.«[167] Das geschieht durch Menschen, die sich wieder in die kosmologische Ordnung der Dinge einfügen, aus welcher die Schöpfung stammt. Versäumen die Menschen es, so entstehen Chaos und Desaster (das von der Wortwurzel her [*dis-aster*] bedeutet, »von den Sternen abgeschnitten sein«). Marcel führt weiter aus:

»Der Hauptpunkt, den man meines Erachtens nicht nachdrücklich genug herausarbeiten kann, ist, daß ... das wesentliche Ziel des Erkennens und des Lebens darin besteht, sich der universellen Ordnung einzugliedern, ganz und gar aber nicht darin, auf eine Welt umwandelnd einzuwirken, die der Mensch seinen Wünschen oder seinen Bedürfnissen zu unterwerfen hätte.«[168]

In der von uns erhofften Renaissance wird die Weisheit demokratisiert werden. Die Menschheit wird versuchen, mit der Welt in Harmonie zu leben, statt sie zu unterwerfen.

Auch aus unserem Leiden und unserem gebrochenen Herzen können wir Weisheit lernen. Ein gebrochenes und offenes Herz macht Mitgefühl erst möglich.

> Mit dem Seufzen zum Guten rufe ich Tränen hervor,
> und aus den Zähren den Wohlgeruch heiliger Werke.[169]

Aller Schmerz kann durch Weisheit verwandelt werden, um damit das Leiden anderer zu erleichtern. Die Wunden des Kosmischen Christus, die heute in unser aller Leben und an Mutter Erde deutlich sichtbar sind, sind nicht vergebens. Weisheit wird zur Quelle und zum Ziel aller unserer schöpferischen Bemühungen, denn »Weisheit ruht in allen Kunstwerken«[170]. So wird auch die fortdauernde Schöpfung der Welt gut laufen. Denn »alle die mich [die Weisheit] verwerfen, lieben den Tod« (Spr. 8,36). Diejenigen aber, die die Weisheit lieben, erfahren das ewige Leben und geben es an andere weiter. Weisheit ist das Vermächtnis einer lebendigen Kosmologie, ein Geschenk des auferstandenen Kosmischen Christus. Wissenschaft, Mystik und Kunst treten ins Leben, um uns alle zur Weisheit zu erwecken.

> Ich ging hervor aus dem Munde des Allerhöchsten
> und bedeckte dem Nebel gleich die Erde.
> Ich hatte in der Höhe mein Zelt aufgeschlagen,
> und mein Thron stand auf einer Wolkensäule,
> Allein habe ich den Kreis des Himmels umschritten,
> und in den Tiefen des Abgrundes bin ich gewandelt.
> In den Fluten des Meeres und auf der ganzen Erde,
> in jedem Volk und jeder Nation besaß ich Herrschaft.
> Bei all diesen suchte ich Ruhestatt
> und in wessen Anteil ich weilen könnte.
> Sirach 24,3–12

Man beachte die ausgedehnte Kosmologie und die tief ökumenische Haltung dieser Verheißung, daß »alle Völker« von der Weisheit beherrscht werden. Wagt es die Weisheit, ihr Zelt unter den Menschen unserer Epoche aufzuschlagen? Könnte das tatsächlich geschehen? Welche Folgen hätte es, wenn es nicht geschieht? Wir und unsere Kinder brauchen es und verdienen es auch, von Weisheit überschüttet zu werden, hingerissen zu sein von Weisheit, getränkt von Weisheit. Der Kosmische Christus leitet eine solche Epoche der Weisheit ein; und die Weisheit ist ihrem Wesen nach ökumenisch, wie Nikolaus von Kues es ausdrückt: »Obwohl du (Gott) in verschiedenen Religionen mit verschiedenen Namen bezeichnet wirst, setzt du doch in all dieser Vielfalt eine Religion voraus, die du Weisheit nennst.«[171]

Ist »Kosmischer Christus« ein anti-ökumenischer Begriff?

Logischerweise stellt sich in diesem Zusammenhang die Frage, wie ökumenisch der Ausdruck »Kosmischer Christus« eigentlich ist. Können Menschen nichtchristlicher Herkunft sich damit wohlfühlen, oder handelt es sich bei dieser Bezeichung nur um eine neue, subtilere Methode christlichen Missionsdranges? Während ich an diesem Buch schrieb, ist es für mich immer offensichtlicher geworden, daß das Konzept des Kosmischen Christus vorchristlich ist. Das Bild Gottes in jedem Atom und jeder Galaxie ist nicht Alleineigentum der Christen. Das göttliche »Ich-bin« in jedem Menschen und jedem Geschöpf ist kein Privaterbe einer bestimmten Tradition. Viele Angehörige nichtchristlicher oder vorchristlicher Religionen haben ausführlich und wohlwollend über den »Kosmischen Christus« geschrieben, unter anderem Paramahansa Yogananda, Rudolf Steiner und C. G. Jung. Bede Griffiths hat ein Buch über den Kosmischen Christus im Hinduismus geschrieben. Und ich habe in dem vorliegenden Buch gezeigt, daß das Konzept des Kosmischen Christus tief in der jüdischen Weisheitstradition verwurzelt ist und sich auch bei den jüdischen Propheten und in der apokalyptischen Literatur lange vor Jesus Christus findet. Wissenschaftler wie Ken Wilber, der vom »Sein in jedem Ding-Ereignis« als dem »grundlegenden und elementaren Ausgangspunkt aller mystischen Überlieferungen«[172] spricht, reden damit vom Kosmischen Christus, dem göttlichen »Sein« in jeder Kreatur. Der Physiker David Bohm sagt: »Das Ganze ist in jedem Teil anwesend, auf jeder Ebene der Existenz. Die lebendige Wirklichkeit, total, ungebrochen und ungeteilt, befindet sich in uns allen.«[173]

Ein Name für diese »lebendige Wirklichkeit« ist Kosmischer Christus. Nichtchristen sprechen nie mit Unmut über Jesus, sie halten ihn im allgemeinen sogar für eine wirkliche Inkarnation des Kosmischen Christus. Probleme haben sie allerdings mit den Christen.

Das Wort CHRISTOS bedeutet ursprünglich im Griechischen »der Gesalbte«. Im alten Israel wurden Könige und Priester gesalbt. Der Messias war ein »CHRISTOS«, ein Gesalbter. Ist der Kosmische Christus nicht überhaupt ein Archetyp dessen, daß wir alle auf gewisse Weise gesalbte Königinnen und Könige, Priester, Priesterinnen und Heilande sind? Sind wir nicht alle dazu berufen, das »essentielle Öl aus jeder Erfahrung herauszudestillieren«, wie D. H. Lawrence schreibt[174]? Tat das nicht Jesus, indem er besonders aus seinem jüdischen Vermächtnis das essentielle Öl herausdestillierte? Sind nicht Gläubige dazu aufgerufen, heute das gleiche zu tun?

Das Wort CHRISTOS deutet auf eine königliche Person hin, da Könige gesalbt werden. Gibt es denn eine Religion, die nicht das Königliche aller Kreaturen feiert, weil sie nach dem Muster der königlichen Würde ihres Schöpfers gebildet sind? Eine Salbung erfordert Öl. Öl glättet, es vermindert Reibung und macht gleitfähig. Gerade in unserer Zeit der neuen Verbindungen, des globalen Erwachens und der Tiefenökumene kommt es auf die Ölung an. In einer solchen Zeit brauchen wir Hilfe, um die Reibung zwischen unterschiedlichen und getrennten Traditionen, zwischen Völkern und Kreaturen zu mindern, damit wir mit unserer gemeinsamen Arbeit weitermachen können: Gemeinschaft zu bilden. So wie sich das Wort »Harmonie« vom griechischen Wort für »Schulter« ableitet, weil die Schultergelenke mit derart geringer Reibung arbeiten, so bedarf das Werk der Harmonie des Öles, des CHRISTOS, weil wir heute um kosmische und lokale Verbindungen ringen.[175] Hildegard von Bingen spricht davon, daß der Christus das »Öl der Barmherzigkeit«[176] bringt, ein schöner Ausdruck, der auf die Ölung hinweist, die durch das Mitgefühl kommt, auf die Heilkraft der Gerechtigkeit und des Feierns. In diesem Zusammenhang kann CHRISTOS auch »gesalbt wie die Propheten« bedeuten, denn ein Prophet ist jemand, der oder die Mitgefühl und Gerechtigkeit bringt. Jesus kam ausdrücklich als ein zum Propheten Gesalbter: »Der Geist des Herrn ruht auf mir, weil er mich gesalbt hat ... Armen Frohe Botschaft zu bringen« (Lk 4,18). Elisabeth Schüssler Fiorenza zeigt auf, daß alle vier Evangelien die Geschichte der Frau erzählen, die Jesus salbt (Mk 14,3–9; Mt 26,6–13; Lk 7,36–50; Joh 12,1–8). Diese Salbung ist eine »prophetische Bestätigung Jesu als der Gesalbte, der Messias, der Christus. Nach der Tradition ist es eine Frau gewesen, die Jesus durch ihre prophetische Zeichenhandlung seinen Namen gab. Dies war eine politisch gefährliche Geschichte.«[177] Wäre es heute politisch weniger gefährlich für Menschen, sich gegenseitig zum Kosmischen Christus zu salben? Die Tatsache, daß es eine unbenannte *Frau* war, die die Salbung durchführte, sagt uns noch mehr über die Art, wie der Kosmische Christus kommt: Der Christus kommt am leichtesten durch diejenigen, die sonst keine Stimme haben. Abraham Heschel lehrte, daß »ein kleines Körnchen prophetischen Seins im verborgensten Seelenwinkel jedes Menschenlebens ruht«[178]. Können wir darum nicht einander salben, feiern und die Kraft zusprechen, Propheten zu sein? Und wenn wir dies tun, salben wir dann nicht einander zu je einem Kosmischen Christus?

Trotz dieser Erklärungen zum Begriff des CHRISTOS könnte es immer noch sein, daß – wegen der über Jahrhunderte begangenen Sünden der Christen gegenüber den Angehörigen anderer Religionen – der Begriff »Kosmischer Christus« noch zuviel Ballast mit sich schleppt und eine Tiefenökumene verhindert. In diesem Falle gibt es einen anderen Begriff, der die gleiche Botschaft enthält: »Kosmische Weisheit«. Hildegard von Bingen lehrt, daß jeder Mensch mit ursprünglicher Weisheit geboren wird. Darum trägt der Ausdruck »Kosmische Weisheit« den größten Teil der Bedeutung des Begriffs »Kosmischer Christus«. Ich persönlich ziehe den Ausdruck »Kosmischer Christus« vor, weil ich der westlichen Kultur angehöre und Christus unser Name für »Kosmische Weisheit« ist. Darüber hinaus habe ich mich entschieden, ein Schöpfungs-orientierter Christ zu sein; und zu dieser Verpflichtung gehört es, die Verantwortung dafür zu übernehmen, den Christen die Seite ihrer Überlieferung bewußtzumachen, die im Schatten liegt und die als Schöpfungsspiritualität oder Tradition des Kosmischen Christus bekannt ist. Es ist wichtig, die Ökumene nicht nur auf die Überlieferungen außerhalb der eigenen Religion anzuwenden. Eine Tiefenökumene wird auch die eigenen Wurzeln kritisch untersuchen und zu erneuern versuchen. Dies riet C. G. Jung, als er sagte: »Was nützt uns die Weisheit der Upanischaden, was die Einsichten des chinesischen Yoga, wenn wir unsere eigenen Fundamente wie überlebte Irrtümer verlassen und uns wie heimatlose Seeräuber an fremden Küsten diebisch niederlassen?«[179]

Das Christentum muß seinen reichen Schatz einbringen, damit die Kosmische Weisheit erwacht, und wird das durch die Tradition tun können, die vom Kosmischen Christus redet. Eine der wesentlichen Gaben des Judentums und des Christentums an die Weltreligionen ist die Tradition der Propheten. Gandhi lehrte die Inder, daß sie vom Westen das Neinsagen lernen müßten.[180] Die Propheten sind Experten, könnte man sagen, für die *Zeit*. Sie entschieden sich dafür, sich in die Geschichte einzumischen, um sie heiliger und gerechter zu machen. So wie es ein gewaltiges geistiges Erwachen geben wird, wenn östliche und naturnahe Kulturen dem Westen ihre Gaben der Mystik und des Raumbewußtseins bringen, so hat der Westen die Gabe des Bewußtseins um die Heiligkeit der Zeit zu geben und um die Notwendigkeit der prophetischen Einmischung in das Unrecht in der menschlichen Geschichte. Daß der Kosmische Christus verwundet ist, ist ein weiterer wichtiger Beitrag des Westens zu einer Spiritualität der Kosmischen Weisheit. Angehörige anderer Religionen werden selbst über die für sie angemessenen Bezeichnungen für alle diese Themen entscheiden. Der Zweck dieses Buches sollte sein, die Bedeutung und Überlieferung des Kosmischen Christus im Westen zu erforschen und ihn als eine gemeinsame Verständnisbasis sowie als Antwort auf die Herausforderungen unserer Zeit anzubieten.

Der Kosmische Christus spricht über die Tiefenökumene

Hört auf den Kosmischen Christus, auf die Kosmische Weisheit, die alle Kinder Gottes zusammenruft: »Kommt, Kinder, trinkt von meinen Wassern, die für alle meine Kinder frei zur Verfügung stehen. Trinkt von meiner Weisheit aus euren je einzigartigen Brunnen. Laßt die Taoisten trinken und die Moslems; laßt die Juden trinken und die Buddhisten; laßt die Christen trinken und die Naturvölker. Und sagt mir dann: Was habt ihr getrunken? Wie tief habt ihr meine Erquickung aufgesogen?

Welche frische und fließende Weisheit quillt nun aus euch von innen nach außen? Was habt ihr von meiner Weisheit und meinem harmonischen Leben anderen mitzuteilen, vom feinen Öl der Barmherzigkeit eurer gemeinsamen Salbung nach meinem Bilde, meine Christusträger, Mitwirkende an meiner Weisheit auf der Erde? Ich bin eurer Kriege um die Religion müde, eurer Aufteilung in Sekten, eures Kreuzzugsgeistes, der aus der Disharmonie erwächst. Ich sehne mich nach Harmonie. Wenn es Wettstreit geben muß, dann wetteifert auf der Ebene eurer Begabungen und der Großzügigkeit, mit der ihr Weisheit ausschenkt. Betet gemeinsam. Schafft Harmonie und heilt einander. Feiert, lobt und dankt gemeinsam. Benutzt die Religion nicht länger als Mittel der Trennung. Benutzt sie vielmehr für ihren eigentlichen Zweck, euch wieder mit Mutter Erde zu verbinden, mit dem Segen und mit dem unterirdischen Strom, der ich bin und an dem ihr alle teilhabt. Und empört die Jugend nicht länger durch eure Gleichgültigkeit gegenüber diesen Ehrfurcht gebietenden Segnungen, durch euer Konkurrenzdenken und eure Langweiligkeit. Preist einander und feiert die Erde; und indem ihr das tut, preist ihr mich.«

Anhang A
Bitte um Vergebung an die indianischen Gemeinschaften
United Church of Canada (Evangelische Kirche Kanadas)

Von der Hauptversammlung der United Church of Canada erlassen an den indianischen Ältestenrat und von diesem akzeptiert am 15. 8. 1986:

Lange bevor mein Volk in dieses Land reiste, war Ihr Volk hier, und Sie empfingen von Ihren Ältesten ein tiefes, reiches und erhaltenswertes Verständnis der Schöpfung und des Geheimnisses, das uns alle umgibt. Wir haben Sie nicht gehört, als Sie uns Ihre Vision mitteilten. In unserem Eifer, Ihnen die Gute Botschaft von Jesus Christus zu erzählen, waren wir verschlossen für die Werte Ihrer Spiritualität.

Wir verwechselten die europäische Lebensweise und Kultur mit der Tiefe und Weite, der Größe und Höhe des Evangeliums Christi. Und wir machten unsere Zivilisation zur Bedingung für die Annahme des Evangeliums.

Wir versuchten, Sie so zu machen, wie wir sind, und damit halfen wir, die Vision zu zerstören, die Sie zu dem machte, was Sie waren.

Als Folge dessen sind Sie und wir selbst ärmer geworden, und das Bild des Schöpfers in uns ist verzerrt, befleckt, und wir sind nicht, wie Gott uns gewollt hat.

Wir bitten Sie darum, uns zu vergeben, und wir bitten Sie, mit uns zu gehen im Geiste Christi, damit unsere Völker gesegnet werden und Gottes Schöpfung geheilt wird.

Dieser Text wurde in vier Sprachen verlesen – Mohawk, Cree, Kwaquilth und Englisch, und es gab einen indianischen Siegestanz. Man versprach sich gegenseitige Solidarität und Sorge für die Bedürfnisse der einheimischen Völker.

Anhang B
Bitte um Vergebung an die indianischen Gemeinschaften
Kirchenführer im pazifischen Nordwesten

Am 21. 11. 1987 wurde dem »Stammesrat und den traditionellen geistigen Führern der indianischen und Eskimo-Völker des pazifischen Nordwestens zu Händen Jewell Praying Wolf James, Lummi« in Seattle/Washington folgende öffentliche Erklärung der christlichen Kirchenführer (wie unten unterzeichnet) übergeben:

Liebe Brüder und Schwestern,

dieses ist eine förmliche Bitte um Verzeihung im Namen unserer Kirchen für ihre lange Teilnahme an der Zerstörung der spirituellen Praktiken der eingeborenen Amerikaner. Wir rufen unser Volk auf, Ihre traditionellen Lebensformen anzuerkennen und zu achten und Ihre heiligen Plätze und zeremoniellen Gegenstände zu schützen. Oftmals sind wir unbedacht und unsensibel gewesen und Ihnen nicht zu Hilfe gekommen, wenn Sie der unrechtmäßigen Politik und Praxis der Regierungen zum Opfer fielen. Und bei vielen anderen Gelegenheiten spiegelten wir den vorherrschenden Rassismus und die Vorurteile der dominierenden Kultur wider, mit der wir uns nur zu bereitwillig identifizierten. Während des zweihundertsten Jahres der amerikanischen Verfassung senden wir als Führer unserer Kirchen im pazifischen Nordwesten unsere Bitte um Entschuldigung. Wir bitten um Vergebung und Ihren Segen.

So wie unser Schöpfer ständig die Erde, die Pflanzen, die Tiere und alle lebenden Wesen erneuert, rufen wir die Angehörigen unserer Konfessionen und Gemeinschaften zum Einsatz für eine gegenseitige Unterstützung Ihrer Bemühungen auf, das Erbe Ihrer eigenen spirituellen Lehren zurückzufordern und zu schützen. Zu diesem Zweck versprechen wir unsere Hilfe und Unterstützung in der Berufung auf den American Religious Freedom Act (P.L. 95–134, 1978) und bestätigen unter dieser gesetzlichen Voraussetzung das folgende:

1. Das Recht aller eingeborenen Völker, die traditionellen Zeremonien und Rituale unter dem gleichen Schutz, den die Verfassung allen Religionen gewährt, zu praktizieren und daran teilzunehmen.
2. Zugang zu und Schutz aller heiligen Stätten und des öffentlichen Geländes für zeremonielle Zwecke.
3. Die Verwendung religiöser Symbole (Federn, Tabak, Süßgras, Knochen usw.) zur Verwendung in traditionellen Zeremonien und Ritualen.

Wir sind der Meinung, daß die geistige Kraft des Landes und die alte Weisheit der einheimischen Religionen große Gaben für die christlichen Kirchen sein können. Wir verpflichten uns, Sie in der Richtigstellung früherer Fehler zu unterstützen; die Bemühungen Ihres Volkes um die Förderung Ihrer spirituellen Lehren zu schützen; die Mitglieder unserer Kirchen zu ermutigen, Ihnen bei diesen wichtigen religiösen Fragen solidarisch beizustehen; Befürwortung und Vermittlung in den laufenden Verhandlungen mit Regierungsämtern über diese Fragen anzubieten, wo es angemessen scheint.

Die Versprechungen dieses Tages sollen allen Gemeinden unserer Glaubensgemeinschaften öffentlich bekanntgegeben und auch den eingeborenen amerikanischen Völkern des pazifischen Nordwestens mitgeteilt werden. Möge der Gott Abrahams und Sarahs und der Geist, der sowohl im Zedern- wie im Lachsvolk lebt, geehrt und gepriesen sein.

Hochachtungsvoll

The Rev. Thomas L. Blevins, Bishop, Pacific Northwest Synod, Lutheran Church of America; The Most Rev. Raymond G. Hunthausen, Archbishop of Seattle, Roman Catholic Archdiocese of Seattle; The Rev. Dr. Robert Bradford, Executive Minister, American Baptist Churches of the Northwest; The Rev. Elizabeth Knott, Synod Executive, Presbyterian Church, Synod Alaska-Northwest; The Rev. Robert Brook, N.W. Regional Christian Church; The Rev. Lowell Knutson, Bishop, North Pacific District, American Lutheran Church; The Right Rev. Robert H. Cochrane, Bishop, Episcopal Diocese of Olympia; The Most Rev. Thomas Murphy, Coadjutor Archbishop, Roman Catholic Archdiocese of Seattle; The Rev. W. James Halfaker, Conference Minister, Washington North Idaho Conference, United Church of Christ; The Rev. Melvin G. Talbert, Bishop, United Methodist Church, Pacific Northwest Conference.

Anhang C

Bitte um Vergebung an die indianischen Gemeinschaften

United Church of Christ

Eine Erklärung der United Church of Christ und der Indianischen Gemeinde der United Church of Christ als Ausdruck der Reue und in der Hoffnung auf Versöhnung

Da das Jahr 1987 in Minnesota ein Jahr der Versöhnung zwischen der dominierenden Kultur und dem indianischen Volk ist (ein Teil der Erinnerung bezieht sich auf die Konflikte zwischen Indianern und Weißen im Jahre 1862)

und da sich die United Church of Canada im vergangenen Jahr bei den eingeborenen Völkern für ihren vergangenen und gegenwärtigen Mangel an Sensibilität ihnen und ihrem religiösen Erbe gegenüber entschuldigt hat

und da unser Komitee für indianische Fragen der Auffassung ist, daß die Konferenz von Minnesota in der United Church of Christ den Anfang damit machen sollte, die Fehler unserer Kirche gegenüber den Indianern anzusprechen,

wird beschlossen, daß die Sechzehnte Generalsynode folgende Feststellungen akzeptiert:

Aufgrund ihrer langen Verflechtung in indianische Fragen trägt die United Church of Christ – als Teil der dominierenden Kultur – eine schwere Last der Verantwortung für das fortlaufende Unrecht und den religiösen Imperialismus, der für die ererbten Werte des indianischen Lebens und ihrer Kultur zerstörerische Folgen gehabt hat.

Die United Church of Christ war die erste protestantische Kirche, die zu den Indianern Nordamerikas in ein Missionsverhältnis trat. Beginnend mit den allerersten Begegnungen zwischen den Pilgervätern und den Stämmen Neuenglands; über die erste Übersetzung der Bibel in eine Indianersprache durch John Eliot; durch die missionarischen Bemühungen von Jonathan Edwards, David Brainerd und vielen anderen bis hin zu den großen

Missionsstationen bei verschiedenen Stämmen, die vom American Board of Commissioners for Foreign Mission in der Mitte des neunzehnten Jahrhunderts aufgebaut wurden – ist Mission stets als ein Mittel zur Bekehrung der Indianer zum Christentum und zur westlichen Zivilisation verstanden worden.

Die geballte Auswirkung des missionarischen Erbes und des weiteren christlichen Einflusses hat leider zur Aufspaltung und Unterminierung der indianischen Kultur und Lebensweise geführt und zu einer geistigen Verarmung sowohl der indianischen als auch aller Völker überhaupt. Oft waren die Missionare durch den alles durchdringenden kulturellen und religiösen Ethnozentrismus der westlichen Gesellschaft verblendet. Wir müssen zugeben, daß die Kirche – unsere Kirche – mit wenigen Ausnahmen die Indianer wie Kinder behandelt hat, die der Weisung bedürfen, wie Wilde, die zivilisiert werden müssen, und wie Heiden, die Erlösung brauchen.

Die Folge ist ein allgemeines Gefühl des Verlustes, das das Selbstbild des indianischen Volkes wie auch seine kulturellen und geistigen Überlieferungen verzerrt hat. Wir haben gerade erst begonnen zu begreifen, wie tief diese Tragödie ist und wie sehr sie nicht nur die Indianer, sondern alle Völker verletzt hat.

Die United Church of Christ übernimmt ihren Teil der Verantwortung für diese fortlaufenden Greuel und möchte Ihnen, unseren indianischen Brüdern und Schwestern, ihre tief empfundene Trauer und Reue ausdrücken. Gleichzeitig suchen wir nach einer Fortführung der Versöhnung, die sich im Gespräch und in gegenseitigem Interesse zeigen kann, viel mehr aber noch eine Versöhnung, in der wir unsere Weisheit, Wahrheit und Sensibilität miteinander teilen können. Wir bestätigen die Wichtigkeit Ihres Ringens um eine Rückgewinnung Ihrer kulturellen Überlieferung und versprechen dabei unseren Beistand.

Anhang D
Eine Erlösungs-Litanei

Wir bitten um Erlösung
Von patriarchalem Dualismus,
Von patriarchaler Neigung zum Selbstmitleid,
Von patriarchaler Sentimentalität,
Von patriarchaler Gewalt,
Von patriarchalem Mangel an Phantasie,
Von patriarchaler Faulheit des Geistes,
Von patriarchalem Mangel an echter Neugier,
Von patriarchaler Trennung des Körpers und Kopfes,
Von patriarchaler Trennung des Körpers und der Gefühle,
Von patriarchaler Sexbesessenheit,
Von patriarchaler Angst vor Intimität,
Von patriarchalen Reptilienhirnen,
Von patriarchalem Anthropozentrismus,
Von patriarchaler kosmischer Einsamkeit,
Von patriarchaler Kreuzigung der Mutter Erde,
Von patriarchalem Neid und Manipulation gegenüber Kindern,
Von patriarchalem Mißbrauch der Frauen,
Von patriarchaler Homophobie,
Von patriarchaler Selbstgerechtigkeit,
Von patriarchalem Götzendienst an Nation und nationaler Sicherheit,
Von patriarchalem Vergessen der Schönheit und Kunst,
Von patriarchaler Unfähigkeit zu heilen,
Von patriarchalem Sadomasochismus,
Von patriarchalem elterlichem Kannibalismus und dem Verschlingen der eigenen Kinder,
Von patriarchalem Mangel an Gleichgewicht,
Von patriarchaler Verwüstung der Erde,
Von patriarchaler Suche nach Unsterblichkeit,
Von patriarchalem Ego,
Von patriarchaler Verschwendung der Talente und Ressourcen von Menschen und Erde,
Von patriarchalem menschlichem Chauvinismus,
Von der patriarchalen Neigung, zur Finanzierung eines aufgeblasenen Lebensstiles Schulden zu machen,
Von patriarchalem Muttermord,
– Bewahre uns, Gottheit.

Anmerkungen

Prolog

1 Meister Eckharts Predigten, herausgegeben und übersetzt von Josef Quint, Stuttgart 1976, 3. Band, S. 562.
Der Wissenschaftler Erich Jantsch sagt: »Unser Bemühen gilt letzten Endes nicht der genauen Kenntnis des Universums, sondern der Kenntnis der Rolle, die wir darin spielen – dem Sinn unseres Lebens. Das Selbstorganisations-Paradigma, das die Dimension der Verbundenheit zwischen allen Formen der Entfaltung einer natürlichen Dynamik offenlegt, steht im Begriff, die Erkenntnis eines solchen Sinnes wesentlich zu vertiefen. Es ist nicht mehr allein die Re-ligio zum Ursprung, die diese höchste Intensität im mystischen Erleben vermittelt. Dieselbe Intensität kommt auch mit dem Vorwärtsschreiten der Evolution wieder. Höchster Sinn liegt im Unentfalteten ebenso wie im voll Entfalteten; beides reicht an die Gottheit heran.« Erich Jantsch, Die Selbstorganisation des Universums, München 1982, S. 415–16.

2 Wendell Berry fragt: »Wie können wir uns gegen diese Art von Sprache wehren – diese Sprache als Waffe? Es gibt nur ein Mittel. Wir müssen eine bessere Sprache kennen. ... Die einzige Verteidigung gegen das Schlimmste ist, das Beste zu kennen. Aufgrund ihrer Unwissenheit lassen die Menschen ihren Ausbeutern die Initiative.« Wendell Berry, A Continuous Harmony, New York, Harcourt Brace Jovanovich, 1972, S. 172.

3 Zitiert in Philip Shabecoff, »Action is Urgent to Save Species«, New York Times, 28. 9. 1986, S. 28.

4 Harold Gilliam, »State of the World«, San Francisco Chronicle, 25. 10. 1987, This World Section, S. 18.

5 Alice Miller, Das Drama des begabten Kindes, Frankfurt 1979, S. 94.

6 »Einleitung zu den Prophetenbüchern« in der Jerusalemer Bibel, dt. Ausgabe, Freiburg 1968, S. 1032.

7 Ebenda.

8 Gregory Bateson, Geist und Natur, Frankfurt 1982, S. 28.

9 Anm. d. Übers. : Mit »Adultismus« meint Fox eine einseitig auf die Welt der Erwachsenen zugeschnittene Lebenshaltung. Siehe dazu Teil V, Kap. 25.

10 Berry, Harmony, S. 6.

11 Der Ausdruck wird von Dorothee Sölle unverblümt benutzt im Vorwort zu »Beyond mere Obedience«, New York 1982, S. XVI, der amerikanischen Ausgabe von »Phantasie und Gehorsam – Überlegungen zu einer künftigen christlichen Ethik«, Stuttgart 1968.

12 Gerard Manley Hopkins, »That Nature is a Heraclitean Fire and of the Comfort of the Resurrection«, in Poems of Gerard Manley Hopkins, Hrsg. Robert Bridges und W. H. Gardner, New York, Oxford University Press, 1948, S. 112.

13 Anm. d. Übers.: Hier und im folgenden benutzt Fox den Begriff *»original blessing«* als Gegenbegriff zu *»original sin«* (Erbsünde, Ursünde). In der

deutschen Übersetzung wird *»original blessing«* meist als »Ursegen« wiedergegeben.

14 Meister Eckharts Predigten, 1. Band, S. 514.

15 Bateson, Geist, S. 122.

16 Anm. d. Übers.: *anawim* ist der hebräische Begriff für die sozial Unterprivilegierten, die Rechtlosen, Schwachen. Siehe dazu Kap. 21 und 24.

17 C. G. Jung, Mysterium Conjunctionis II, Ges. Werke 14/II, Olten 1971, S. 132.

Teil I

1 Dieses Zitat einer australischen Ureinwohnerin fand ich auf einer Postkarte.

2 Hildegard von Bingen, Der Mensch in der Verantwortung, Übers. Heinrich Schipperges, Salzburg 1972, S. 191.

3 Monica Sjöö und Barbara Mor, The Great Cosmic Mother, San Francisco 1987, S. 51.

4 Rosemary Ruether, Maria – Kirche in weiblicher Gestalt, München 1980, S. 49

5 Lao Tse, Tao Te King, Übers. Richard Wilhelm, München 1989, S. 65

6 Adrienne Rich, Of Woman Born, New York 1977, S. 280

7 Glenys Livingstone, Motherhood Mythology, 1984, S. 64.

8 Guy Murchie, The Seven Mysteries of Life, Boston 1978, S. 1–2

9 Zitiert in Joseph Epes Brown, The Spiritual Legacy of the American Indian, New York 1986, S. 92.

10 Buck Ghosthorse, Red Nations Sacred Way, Oakland, CA 1987, S. 10.

1. Mutter Erde stirbt

1 Hildegard von Bingen, Der Mensch in der Verantwortung, S. 191.

2 »Position Paper of the Native American Project of the Theology in the American Conference«, Detroit, MI, Juli/August 1980, S. 2.

3 Zitiert in William Tuohy, »Europe Faces an Ecological Nightmare«, Oakland Tribune, 16. 11. 1986, C–7.

4 Viele dieser Fakten verdanke ich der Arbeit und Forschung von Dr. Brian Swimme vom Institute in Culture and Creation Spirituality, Oakland, CA. Siehe Samuel S. Epstein et al., Hazardous Waste in America: Our Number One Environmental Crisis, San Francisco 1983; und Paul R./Anne H. Ehrlich, Extinction: Causes and Consequences of Disappearances of Species, New York 1981.

5 Frances Moore Lappe, Die Öko-Diät, Frankfurt 1978 und Frances Moore Lappe/Joseph Collins, World Hunger: Twelve Myths, New York 1986

6 Hildegard von Bingen, Welt und Mensch (De Operatione Dei), Hrsg. Heinrich Schipperges, Salzburg 1965, S. 44

7 Zitiert in Philip Shabecoff, »Action is Urged to Save Species«, New York Times, 28. 9. 1986, S. 28

8 Hildegard von Bingen, Mensch in der Verantwortung, S. 146-47.

9 James M. Markham, »Chernobyl Fuels Nuclear Anxieties in Europe«, New York Times, 18. 5. 1986, Teil 4, S. 1

10 Rainer Maria Rilke, Die Sonette an Orpheus, XII

2. Der Geist der Mystik stirbt

11 Laurens van der Post, »Wilderness: A Way of Truth«, One Earth, Sommer/Okt. 1984, S. 6
12 Ken Wilber (Hrsg.), Das holographische Weltbild, München 1990, S. 8
13 Ebenda, S. 9, kursiv von Wilber.
14 Fritjof Capra, »Holonomy and Bootstrap«, in: Ken Wilber, The Holographic Paradigm and Other Paradoxes, Boulder, CO, 1982, S. 114
15 Hildegard von Bingen, Lieder, Salzburg 1969, S. 234
16 Meister Eckharts Predigten, 2. Band, S. 746
17 Matthew Fox, Breakthrough – Meister Eckhart's Creation Spirituality in New Translation, New York 1980, S. 198
18 Hildegard von Bingen, Mensch in Verantwortung, S. 181

3. Die Kreativität stirbt

19 Jolan Jacobi (Hrsg.), C. G. Jung, Psychologische Betrachtungen, Zürich 1945, S. 224
20 Rollo May, Der Mut zur Kreativität, Paderborn 1987, S. 114–116
21 Joanna Rogers Macy, Despair and Personal Power in the Nuclear Age, Philadelphia 1983, S. 2–16
22 May, Mut zur Kreativität, S. 119
23 Ebenda, S. 128

4. Die Weisheit stirbt

24 Hildegard von Bingen, Welt und Mensch, S. 170
25 May, Mut zur Kreativität, S. 126

5. Die Jugend stirbt

26 Alice Miller, For Your Own Good, New York 1984, S. xi
27 Alice Miller, Du sollst nicht merken, Frankfurt 1981, S. 126
28 Anm. d. Übers.: »Adultismus« siehe Fußnote in Kap. 1 und Erklärungen im Kap. 26. lateinisch: adultus – erwachsen
29 Matthew Fox, Breakthrough, S. 112
30 Alfred North Whitehead, Wissenschaft und moderne Welt, Frankfurt 1984, S. 223
31 Meister Eckehart, Deutsche Predigten und Traktate, Hrsg. Josef Quint, München 1963, S. 162
32 Buch der Weisheit 7,27; Breakthrough, S. 112
33 Eckharts Predigten, 2. Band, S. 747

6. Naturvölker, ihre Religionen und Kulturen sterben

34 Frederick Turner, Beyond Geography: The Western Spirit Against the Wilderness, New York 1980, S. 248

35 Zitiert in Charlene Spretnak, Lost Goddesses of Early Greece, Boston 1978, S. 14
36 Ebenda
37 Tzvetan Todorov, The Conquest of America: The Question of the Other (Übers. R. Howard), New York 1984, S. 133
Pierre Vilar, A History of Gold and Money 1450–1920 (Übers. J. White), London 1976, S. 67
Für seine sachkundigen Ratschläge bezüglich dieses Themas danke ich Marvin Anderson. Siehe Marvin Anderson, »On ›the Beaten Christ of the Indies‹, Bartolomé de Las Casas' Polemic on the Annihilation of the Indians in New Spain«, Class Paper, Universität Toronto 1985.
38 Juan Friede, »Las Casas and Indigenism in the Sixteenth Century« in: Bartolomé de Las Casas in History: Toward an Understanding of the Man and His Work, Hrsg. Juan Friede und Benjamin Keen, Dekalb, IL, 1971, S. 209 u. 212
39 Bartolomé de Las Casas, History of the Indies, New York 1971, S. 190
40 Friede, Indigenism, S. 324–25
41 Zitiert in Matthew Fox, Whee! We, wee All the Way Home, Santa Fe 1981, S. 22
42 Zitiert in Enrique Dussel, A History of the Church in Latin America: Colonialism to Liberation (1492–1979), (Übers. A. Neely), Grand Rapids, MI, 1981, S. 313
43 Diese Geschichte wird erzählt in: Joseph G. Donders, Non-Bourgeois Theology, Maryknoll, NY, 1985, S. 2
44 Laurens van der Post, »Wilderness«, S. 4
45 Robert Boissiere, Meditations with the Hopi, Santa Fe 1986, S. 100

7. Mutter Kirche stirbt

46 Anthony Stevens, Archetypes: A Natural History of the Self, New York 1982, S. 132
47 Ebenda, S. 133–34
48 Ebenda, S. 132–33
49 Ebenda, S. 133
50 Ebenda, S. 134, kursiv von Stevens
51 Ebenda, S. 91
52 Ebenda, S. 96–97
53 Ebenda, S. 129–30
54 Hildegard von Bingen, Briefwechsel, Übers. Adelgundis Führkötter OSB, Salzburg 1965, S. 40
55 Hildegard von Bingen, Briefe, S. 111

8. Mutter Liebe (Mitgefühl) stirbt

56 Otto Rank, Beyond Psychology, New York 1958, S. 140–43. Rank meint, daß das Christentum, »indem es dem alten orientalischen Mutterkult eine neue menschliche Bedeutung gab, die Psychologie des Sohnes zum ersten Mal in ein Mutterkonzept übersetzte. Zuvor war sie stets aus der

Vater-Beziehung abgeleitet, das heißt, ein soziales Konzept«. Aus seiner Sicht hat das Christentum »das Vater-Sohn-Problem aus seiner biologischen Basis in der jüdischen Tradition und der sozialen Kristallisation im römischen Gesetz in eine zeit- und zustandslose spirituelle Philosophie« der Liebe erhoben (142).

57 Augustinus sagt: »Was die Frau als solche angeht, so ist sie nicht das Ebenbild Gottes; der Mann als solcher aber ist ebenso vollkommen das Ebenbild Gottes, als wenn die Frau mit ihm zu einem verbunden ist.« (de Trinitate 7.7,10)

58 Rusty Schweikert in einem Vortrag am Institute in Culture and Creation Spirituality, Holy Names College, Oakland, CA, Frühjahr 1985. Der Astronaut Edgar Mitchell spricht in Murchie, Mysteries, S. 618, von ähnlichen mystischen Erlebnissen.

9. Unsere Mutter stirbt, ist aber noch nicht tot

59 Ein Autor zumindest liefert substantielle Beweise dafür, daß der plötzliche Tod des Papstes kein Unfall war: David A. Yallop, Im Namen Gottes – Der mysteriöse Tod des 33-Tage-Papstes Johannes Paul I. – Tatsachen und Hintergründe, München 1984.

Teil II

1 Jelaluddin Rumi, The Ruins of the Heart, Selected Lyric Poetry of Jelaluddin Rumi, Übers. Edmund Helminski, Putney, VI, 1981, S. 26 u. 32

2 Abraham Joshua Heschel, Die Erde ist des Herrn, Neukirchen 1985,S. 60

3 Thomas Berry, »Future Forms of Religious Experience« in: Riverdale Papers, Vol. 5 Hrsg. Thomas Berry, Riverdale, NY, S. 2

4 Patrick Kavanagh, Collected Poems, London 1972, S. 149

5 Gregory Bateson, Zu einer Ökologie des Geistes, Frankfurt 1981, S. 204

6 Guy Murchie, The Seven Mysteries of Life, Boston 1978, S. 258–59

7 Otto Rank, Beyond Psychology, New York 1958, S. 250

8 Meister Eckhart in: Matthew Fox, Breakthrough: Meister Eckhart's Creation Spirituality in New Translation, Garden City, NY, 1980, S. 427 (aus einer lat. Predigt)

9 Fritjof Capra, »The Tao of Physics Revisited«, in: The Holographic Paradigm and Other Paradoxes, Hrsg. Ken Wilber, Boulder, CO, 1982, S. 243

10 Dorothee Sölle, Lieben und Arbeiten – Eine Theologie der Schöpfung, Stuttgart 1985, S. 180

11 Hildegard von Bingen, Lieder, S. 278

12 Sehdev Kumar, The Vision of Kabir, Concord, Ontario 1984, S. 123

13 Henry David Thoreau, Walden, zitiert bei Frederick Turner, Beyond Geography: The Western Spirit against Wilderness, New York 1980, ix

14 Wendell Berry, A Continuous Harmony, New York 1972, S. 14

10. Die Etymologie der Mystik

1 John Baptist Scaramelli, S. J., The Directorium Asceticum, or Guide to the Spiritual Life, Vol. 2, New York 1908, S. 15–16, 96, 99

2 Meister Eckhart, in: Breakthrough, S. 423 (aus einer lat. Predigt)

3 Siehe Artur J. Deikmann, »Deautomatization and the Mystic Experience« in Charles T. Tart, Altered States of Consciousness, Garden City, NY, 1972, S. 25–46
und: Matthew Fox, Whee! We, wee All the Way Home: A Guide to Sensual, Prophetic Spirituality, Santa Fe, NM, 1981, S. 55–72

4 Brian Swimme, The Universe Is a Green Dragon: A Cosmic Creation Story, Santa Fe, NM, 1985, S. 151

5 Murchie, Mysteries, S. 113 u. 121

11. Die Verdrängung des Mystischen

6 Hildegard von Bingen, Lieder, S. 312

7 Siehe Alice Miller, Am Anfang war Erziehung, Frankfurt 1980

8 José A. Arguelles, The Transformative Vision, Berkeley, CA, 1975, S. 36

9 Frithjof Schuon, The Transzendental Unity of Religions, Wheaton, IL, 1984, S. xv–xvi

10 Ein Schüler Niebuhrs erzählte mir, das habe Niebuhr im Seminar gesagt. Zu Niebuhrs Verteidigung muß gesagt werden, daß seine Kritik sich auf eine weltflüchtige Mystik bezog, die dualistisch, hellenistisch, asketisch und ohne prophetische Kritik oder Liebe zur Schöpfung war. Leider hat Niebuhr die Tradition der Schöpfungsmystik nie zur Sprache gebracht. Siehe Reinhold Niebuhr, An Interpretation of Christian Ethics, New York 1956, S. 27–39, 69–71, 189–192

11 Anders Nygren, Agape and Eros, New York 1969, S. 650

12 Eine ehemalige Studentin schrieb mir in einem ähnlichen Brief: »In Ihrem Buch sagen Sie, daß mehr Studenten offen sagen sollten, daß sie Mystiker sind. Ich habe es vor einigen Jahren versucht und stieß nur auf Ärger und Hohn. ... Sie konnten mein Verhältnis zu Gott nicht verstehen und schlossen daraus, ich hätte keines, schlimmer noch, ich hätte keinen Gott.« Die Frau hat das Studium abgebrochen.

13 Siehe dazu: Rosemary Ruether, Maria – Kirche in weiblicher Gestalt, München 1980, S. 18–22
Eloise McKinney-Johnson, »Egypt's Isis: The Original Black Madonna«, in: Journal of African Civilizations 6, 4/1984, S. 64–71
Ean Begg, The Cult of the Black Virgin, Boston 1985

12. Das Aufkommen der Pseudo-Mystik

14 C. G. Jung, Aion II, Ges. Werke 9/II, Olten 1976, S. 194

15 Matthew Fox, Meditations with Meister Eckhart, Santa Fe 1983, S. 58

16 James Hillman, »Senex and Puer: An Aspect of the Historical and Psychological Present«, in: Puer Papers, Hrsg. James Hillman, Dallas, TX, 1987, S. 67

17 Albert Einstein, Mein Weltbild, Frankfurt 1989, S. 9–10

18 Zitiert in Willis W. Harman, The Post-Modern Heresy: Portents of a

Fundamental Shift in Worldview (Eine Studie, die bei einer Konferenz zur postmodernen Welt in Santa Barbara, CA, am 16.–20. 1. 1986 herausgegeben wurde.)

19 Capra, »Gibt es ein ›Tao der Physik‹?« in: Wilber, Das holographische Weltbild, S. 251–252

13. Einundzwanzig vorläufige, erfahrungsbezogene Arbeitsdefinitionen der Mystik

20 Kumar, Kabir, S. 128, 134

21 Rainer Maria Rilke, Die Aufzeichnungen des Malte Laurids Brigge

22 Zitiert in David J. Garrow, Bearing the Cross: Martin Luther King, Jr. and the Southern Christian Leadership Conference, New York 1986, S. 58

23 Fox, Meditations, S. 82 (* Rückübersetzung aus dem Englischen, da keine Quellenangabe)

24 C. G. Jung, Zivilisation im Übergang, Ges. Werke 10, S. 508–09

25 Eckharts Predigten, 3. Band, S. 584

26 Brendan Doyle, Meditations with Julian of Norwich, Santa Fe 1983, S. 77 Orig.quelle: A Book of Showings to the Anchoress Julian of Norwich, Studies and Texts, Pontifical Institute of Mediaeval Studies Parts I and II, Toronto 1978, S. 259

27 Fox, Meditations, S. 69

28 Kumar, Kabir, S. 183–84
Bei Rumi heißt es: »Ich habe die Zweiheit beiseite gelassen und beide Welten als eine gesehen. Eine suche ich, eine kenne ich, eine sehe ich, eine rufe ich. Er ist der erste, er ist der letzte. Er ist das Äußere, er ist das Innere.« (Rumi, Ruins, S. 22)

29 Weitere Ausführungen zum Thema Mitgefühl siehe Matthew Fox, A Spirituality Named Compassion, San Francisco 1979. Eine ausführliche Besprechung des Panentheismus siehe Matthew Fox, Der Große Segen. Fibel der Schöpfungsspiritualität, München 1991, Thema 6

30 Der Töpfer und Dichter M. C. Richards führt diesen Punkt sehr schön aus in: Centering in Pottery, Poetry and the Person, Middletown, CT, 1962

31 Zitiert in John C. Merkle, The Genesis of Faith: The Depth Theology of Abraham Joshua Heschel, New York 1985, S. 170, 172

32 Einstein, Weltbild, S. 9

33 Mehr über die vier Wege der Schöpfungsmystik und den Unterschied zu den drei Wegen der Sündenfall-Erlösungs-Spiritualität findet sich in Matthew Fox, Der Große Segen

34 Josef Pieper, Muße und Kult, München 1948, S. 56

35 Raghavan Iyer, The Moral and Political Thought of Mahatma Gandhi, New York 1973, S. 91

36 Andrew Weil, The Natural Mind, Boston 1972, S. 179

37 Anthony Stevens, Archetypes: A Natural History of the Self, New York 1982, S. 255–56

38 C. G. Jung, Mysterium Conjunctions II, Ges. Werke 14/II, Olten 1971, S. 133

39 Kavanagh, Poems, S. 149
40 Johannes vom Kreuz, S. 113
41 Rank, Beyond Psychology, S. 289
42 Ebenda, S. 250, 289
43 Ebenda, S. 289, kursiv von Rank
44 Ebenda, S. 290–91
45 Kavanagh, Poems, S. 155
46 Eckhart, Breakthrough, S. 427 (aus einer lat. Predigt)
47 Kumar, Kabir, S. 123
48 Eckehart, Deutsche Predigten u. Tr., S. 273
49 Fox, Meditations, S. 116
50 Johannes vom Kreuz, S. 129–131
51 Mary Giles, The Feminist Mystic, New York 1985, S. 6
52 Eckharts Predigten, 3. Band, S. 584
53 Dorothee Sölle, Beyond mere Obedience, im Vorwort der amerik. Ausgabe (dt. Original: Phantasie und Gehorsam), S. xviii–xix
54 Eckehart, Deutsche Predigten, S. 308
55 Sue Woodruff, Meditations with Mechthild of Magdeburg, Santa Fe 1982, S. 42 (* Rückübersetzung aus dem Englischen, da keine Quellenangabe)
56 Eckhart, Breakthrough, S. 73 (aus einer lat. Predigt), siehe 1 Joh 4,16
57 Matthew Fox, »Meister Eckhart and Karl Marx: The Mystic as Political Theologian« in: Understanding Mysticism, Hrsg. Richard Woods, Garden City, NY, 1980, S. 556–7
58 Evelyn Underhill zitiert in Brendan Doyle, Meditations with Julian of Norwich, Santa Fe 1983, S. 11.
59 Kumar, Kabir, S. 82
60 Eckehart, Deutsche Predigten u. Tr., S. 430
61 Nikolaus von Kues, Apologia Doctae Ignorantiae, S. 7–8
62 Kumar, Kabir, S. 170
63 Eckharts Predigten, 3. Band, S. 585
64 M. C. Richards, Vortrag am Institute in Culture and Creation Spirituality, Oakland, CA, Frühjahr 1987.
65 Gregory Bateson und Mary Catherine Bateson, Angels Fear: Towards an Epistemology of the Sacred, New York 1987, S. 80–81, kursiv von den Autoren
66 Nikolaus von Kues, zit. in: James Biechler, The Religious Language of Nicholas of Cusa, Missoula 1979, S. 96
67 Siehe: C. G. Jung, Die psychologischen Aspekte des Mutterarchetypus, in Ges. Werk 9
68 Joanna Rogers Macy, Despair and Personal Power in the Nuclear Age, Philadelphia 1983, S. 4–5
69 James Clark, John V. Skinner, Meister Eckhart: Selected Treatises and Sermons Translated from Latin and German, London 1958, S. 194
70 Zitiert in Garrow, Bearing, S. 149
71 C. G. Jung, Psychologische Betrachtungen – Eine Auslese aus den Schriften, Hrsg. Jolan Jacobi, Zürich 1944, S. 226
72 C. G. Jung, Das symbolische Leben, Ges. Werk 18/II, S. 564

73 Jung, Psychologische Betrachtungen, S. 49
74 Siehe Matthew Fox, On Becoming a Musical, Mystical Bear: Spirituality American Style, New York 1972; und William Ernest Hocking, The Meaning of God in Human Experience, New Haven, CT, 1963
75 Filminterview aus: »Dietrich Bonhoeffer: Memories and Perspectives«, Minneapolis, MN, Trinity Films.
76 Eckhart in der lat. Predigt »Sequere me«.
77 Eckehart, Deutsche Predigten u. Tr., S. 57
78 Eckharts Predigten, 2. Band, S. 685
79 Alice Miller, Du sollst nicht merken, S. 243–44
80 Meister Eckehart, Deutsche Predigten u. Tr., S. 140
81 Ebenda, S. 141
82 Ebenda
83 Kumar, Kabir, S. 14
84 Siehe Dokumente des II. Vatikanischen Konzils in: Karl Rahner/ H. Vorgrimmler, Konzilskompendium, Freiburg 1967
85 Ebenda
86 Illuminations of Hildegard of Bingen, Hrsg. Matthew Fox, Santa Fe 1985, S. 14
87 Eckehart, Deutsche Predigten u. Tr., S. 437

14. Der historische Jesus als Mystiker und Lehrer der Mystik

88 Edward Schillebeeckx, Jesus – Die Geschichte von einem Lebenden, Freiburg 1975, S. 579
89 Norman Perrin und Dennis C. Duling, The New Testament – An Introduction, New York 1982, S. 415
90 Ebenda zitiert, S. 417
91 C. H. Dodd, The Parables of the Kingdom, London 1967, S. 64–65, n. 4
92 Ebenda, S. 133
93 Siehe ebenda, S. 138
94 Ebenda, S. 140
95 Ebenda, S. 144
96 Pheme Perkins, Hearing the Parables of Jesus, New York 1981, S. 89
97 Siehe Albert Schweitzer, Die Mystik des Apostels Paulus, Tübingen 1981.

Teil III

1 Zitiert in Jaroslav Pelikan, Jesus Christus – Erscheinungsbild und Wirkung in 2000 Jahren Kulturgeschichte, Zürich 1986
2 Zitiert ebenda
3 Hildegard von Bingen, Welt und Mensch, S. 45
4 Thomas von Aquin, In Jn. n. 116. Übersetzung von James A. Weisheipl und Fabian Larcher, Commentary on the Gospel of St. John, Albany, NY, 1980, I,15,2.
5 Thomas von Aquin, In Eph. 3, lectio 5. Übersetzung von Matthew Lamb,

Thomas Aquinas Commentary in St. Paul's Epistle to the Ephesians, Albany, NY 1966. Cf. 2 Pet. 1,4.

6 Mechthild von Magdeburg, Das fließende Licht der Gottheit, Einsiedeln 1955, Hrsg. Margot Schmidt, S. 342 (VII. Buch, 17)

7 Meister Eckehart, Deutsche Predigten u. Tr., S. 357

8 Brendan Doyle, Meditations with Julian of Norwich, Santa Fe, NM, 1983, S. 39. Orig.quelle: A Book of Showings to the Anchoress Julian of Norwich, Studies and Texts, Pontifical Institute of Mediaeval Studies Parts I and II, Toronto 1978, S. 19

9 Nikolaus von Kues, De Docta Ignorantia, S. 3 u. 107–108

10 Pelikan, Jesus, S. 212

11 Krister Stendahl, Der Jude Paulus und wir Heiden, München 1978, S. 57. Stendahl fährt fort: »Dies ist einer der Aspekte des Christentums, den wir mit Paulus Hilfe erkennen können – wenn wir Paulus zu seiner Fülle zurückverhelfen und ihn nicht zum biblischen Belegtext für die reformatorischen Lehren verengen. ... Sein suchendes Auge wendet sich der Einheit und der gottgewollten Vielfalt der Menschheit zu, ja, der ganzen Schöpfung.« (57–58)

12 Thomas Kuhn, Die Struktur wissenschaftlicher Revolutionen, Frankfurt 1967, S. 116

13 Matthäus 9,17

1 Pelikan, Jesus, S. 212

2 Joseph A. Sittler, »Called to Unity«, The Ecumenical Review 14 (Okt.–Dez. 1961), S. 181. Dieser ausgezeichnete Artikel geht von Kolosser 1,15–21 aus und fordert zu einer kosmischen Christologie auf – mit einem Vorbehalt: Wie auch Pelikan übersieht Sittler die Leistungen der mittelalterlichen Mystiker bezüglich des Kosmischen Christus. Siehe auch Gustaf Wingren, »The Doctrine of Creation: Not an Appendix but the First Article«, Word & World 4 (Herbst 1984), S. 353–371: »Die Schöpfungslehre ist nicht nur vernachlässigt worden; sie ist vielmehr seit den zwanziger Jahren Gegenstand gezielter Ablehnung, besonders seitens Karl Barth und seiner Schüler.« (353)

3 Leo Scheffczyk, Schöpfung und Vorsehung, Freiburg 1963, S. 62–66 u. 116–117

4 Krister Stendahls Formulierung in Stendahl, Paulus: »Mit Augustinus begann das westliche Christentum mit seiner Betonung der inneren Werte. ... Das ichbezogene Gewissen ist eine Erfindung und ein Problem des Westens.« (S. 29)

5 Stendahl, Paulus, S. 38

6 Pelikan, Jesus, S. 212

15. Die Suche nach dem Kosmischen Christus – ein Paradigmenwechsel

7 Otto Rank, Beyond Psychology, New York 1958, S. 163

8 Kuhn, Struktur, S. 70

9 Ebenda, S. 69

10 Ebenda, S. 111
11 Ebenda, S. 88
12 Ebenda, S. 133
13 Ebenda, S. 102, 103
14 Ebenda, S. 98
15 Ebenda, S. 116
16 Ebenda, S. 123
17 Ebenda, S. 90
18 Otto Rank, Art and Artist, New York 1975, S. 428–29
19 Ebenda, S. 429
20 Robert N. Bellah, The Broken Covenant, New York 1975, S. 162
21 Der Philosoph Charles Fair ist der Auffassung, daß beim Ende einer Zivilisation eine Vorstellung von der Seele untergeht und die neue Zivilisation von einer neuen Seelenvorstellung begleitet wird. Siehe Charles M. Fair, The Dying Self, Garden City, New York 1970, S. 106, 121.

16. Biblische Quellen für den Glauben an den Kosmischen Christus

22 Sittler, »Unity«, S. 183
23 Chardin, The Heart of Matter, New York 1978, S. 93
24 Edward Schillebeeckx, Christus und die Christen – Die Geschichte einer neuen Lebenspraxis, Freiburg 1977, S. 511
25 Abraham J. Heschel, The Prophets, New York 1962, S. 172
26 Ebenda, S. 186
27 Ebenda, S. 169
28 Rob van der Hart, The Theology of Angels and Devils, Notre Dame, IN, 1972, S. 16, 80–81
29 Leonard Doohan, Mark: Visionary of Early Christianity, Santa Fe, NM, 1986, S. 92
30 C. H. Dodd, The Interpretation of the Fourth Gospel, Cambridge 1970, S. 241–49
31 Jon Sobrino kritisiert diese »Mystifizierung des Kreuzes« sehr treffend in: Christology at the Crossroads, Maryknoll, NY, 1978, S. 227–28.
32 Schillebeeckx, Christus, S. 167, 168, 158
33 Sittler, »Unity«, S. 179
34 Schillebeeckx, Christus, S. 179
35 Ebenda, S. 185–86
36 Ebenda, S. 197
37 Ebenda, S. 199
38 Ebenda, S. 242
39 Robert A. Spivey, Anatomy of the New Testament, New York 1974, S. 433
40 Raymond A. Brown, The Gospel According to John, Garden City, NY, 1970, 2:753–54
41 Elisabeth Schüssler Fiorenza, Invitation to the Book of Revelation, Garden City, NY, 1981, S. 72

42 Ebenda, S. 64
43 Louis Hartmann und P. van Imschoot in »Lord« in: Encyclopedic Dictionary of the Bible, 1373–74
44 Schüssler Fiorenza, Revelation, S. 72
45 Ebenda, S. 77
46 Ebenda, S. 94
47 Ebenda, S. 125, 131, 177
48 Ebenda, S. 205
49 Wie Schillebeeckx es ausdrückt: »Der Schöpfungsglaube ist einfach selbstverständlich und der Hintergrund, vor dem das ganze Jesusgeschehen gesehen wird.« (Christus, S. 506). Er fährt fort: »Andererseits versteht das Neue Testament, mit dem frühen Judentum, den Glauben an die Schöpfung als den alles tragenden Grund des jüdisch-christlichen Kerygmas.« (Ebenda, S. 512)
Auch Oscar Cullman hat darauf hingewiesen, daß es kein Anliegen der Autoren von Evangelien und Briefen war, nach dem historischen Jesus zu fragen. Siehe: Christ and Time – The Primitive Christian Conception of Time and History, Philadelphia 1949.
50 Schillebeeckx, Christus, S. 501
51 Raymond E. Brown, The Birth of the Messiah, Garden City, NY, 1977, S. 31. Brown zeigt auf, daß sowohl die Kindheitsgeschichten bei Matthäus und Lukas als auch der Johannesprolog ein Echo der Genesis bilden. »In der Neigung, sich zur Erklärung der Ursprünge Jesu an die Genesis zu wenden, zeigt sich das christliche Konzept einer neuen Schöpfung oder eines Neubeginns.« (231, n. 1)
52 Ebenda, S. 168. Brown meint, daß die Magi, die Weisen aus dem Osten »die Weisen und Gelehrten unter den Heiden sind. Gerade weil sie Heiden sind, empfangen sie die Verkündigung durch die geschaffene Natur (siehe Röm 1,19–20; 2,14–15).« (Ebenda, S. 182)
53 Ebenda, S. 183
54 Ebenda, S. 290, 314–15
55 Ebenda, S. 426–27
56 Brown spricht von seiner »Entdeckung«, daß die Kindheitsgeschichten »ebenso tief christlich und überzeugungskräftig sind wie die beiden letzten Kapitel, die Passions- und Auferstehungsgeschichte«. (Ebenda, S. 38)
57 D. E. Nineham, Saint Mark, London 1979, S. 56
58 Ebenda, S. 59
59 Ebenda, S. 64, 63
60 Jean Danielou, Die Sendung der Engel, Salzburg 1963, S. 13
61 Nineham, Saint Mark, S. 64
62 Doohan, Mark, S. 90
63 Siehe Ex 24,11, Ex 33,18–21 und 1 Kön 19,11–12.
64 Schillebeeckx, Christus, S. 404
65 Nicolas Berdyaer, »Salvation and Creativity: Two Understandings of Christianity« in: Western Spirituality: Historical Roots, Ecumenical Routes, Hrsg. Matthew Fox, Santa Fe, NM, 1981, S. 123–24, 129

66 Schillebeeckx, Christus, S. 194
67 Raymond E. Brown, The Virginal Conception and Bodily Resurrection of Jesus, New York 1973, S. 89 u. 92
68 Ebenda, S. 105, n. 174
69 Ebenda, S. 123, n. 208
70 Petrusevg. 10,39–40; nach: Neutestamentliche Apokryphen in deutscher Übersetzung, Hrsg. Wilhelm Schneemelcher, I. Band, Tübingen 1987, S. 187
71 Brown, Virginal Conception, S. 113, kursiv von Brown
72 Brown, John, 1:504. »Da Johannes die Passion, den Tod und die Auferstehung als die eine ›Stunde‹ auffaßt, sieht er das Motiv der Herrlichkeit in der gesamten Stunde. Es handelt sich um die Stunde der Verherrlichung des Menschensohnes.«
73 Schillebeeckx, Christus, S. 189
74 Brown, John, 2:1037
75 Van der Hart, Theology of Angels, S. 40–41
76 Nineham, Saint Mark, S. 235

17. Der Kosmische Christus und die Schöpfungs-Mystiker – die Kirchenväter

77 Pelikan, Jesus, S. 74, 76, 78, 79, 80, 81
78 Ebenda, S. 82
79 Ebenda, S. 84
80 Five Books of S. Iranaeus Against Heresies, Übers. Rev. John Keble, London 1872, S. 281–82. Irenäus wiederholt dieses Motiv, siehe S. 225, 449–50.
81 Ebenda, S. 69
82 Eine Besprechung dieser erheblichen Lücken bei den Kirchenvätern findet sich in: Rosemary Ruether, »Misogynism and Virginal Feminism in the Fathers of the Church«, in: Religion and Sexism, Hrsg. Rosemary Ruether, New York 1974, S. 150–183
83 Hildegard von Bingen, Briefe, S. 70
Die Saphirblaue Menschengestalt findet sich in Scivias, Tafel 11 und ist in Schau II,2 beschrieben.
84 Hildegard von Bingen, Welt und Mensch, Tafel 4, Text ab S. 35, besonders S. 59
85 Abbildungen von diesen und anderen Gemälden mit ihren Kommentaren dazu finden sich in: Matthew Fox, Illuminations of Hildegard von Bingen, Santa Fe, NM, 1985. Ihre Musik ist auf mehreren Schallplatten verfügbar; auch in einer englischen Edition: Hildegard von Bingen's Book of Divine Works with Letters and Songs, Hrsg. Matthew Fox, Santa Fe, 1987.
Deutschsprachige Übersetzungen der lateinischen Originalfassung sind: Hildegard von Bingen, Welt und Mensch (lat.: De Operatione Dei), Übers. Heinrich Schipperges, Salzburg 1965, sowie: Wisse die Wege – Scivias, Übers. Maura Böckler, Salzburg 1954 (1. Aufl. Berlin 1928).

86 Welt und Mensch, S. 45
87 Hildegard von Bingen, Briefe, S. 68
88 Hildegard von Bingen, Mensch in Verantwortung, S. 136
89 Hildegard von Bingen, Welt und Mensch, S. 171
90 Hildegard von Bingen, Scivias, S. 111
91 Hildegard von Bingen, Welt und Mensch, S. 171, 172
92 Gabriele Uhlein, Meditations with Hildegard, S. 24
93 Hildegard von Bingen, Welt und Mensch, S. 169, Abschn. 105
94 Hildegard von Bingen, Mensch in Verantwortung, S. 239
95 Welt und Mensch, S. 177
96 Ebenda, S. 180
97 Hildegard von Bingen, Briefe, S. 70
98 Hildegard von Bingen, Mensch in Verantwortung, S. 146
99 Siehe Edward A. Armstrong, Saint Francis, Nature Mystic, Berkeley, CA; 1976, S. 33–41.
100 Der Sonnengesang wurde in der Übersetzung angelehnt an: Franz von Assisi, Die Werke, Übers. Wolfram von den Steinen, Zürich 1979, S. 7–8; Johannes Thiele, Die mystische Liebe zur Erde, Stuttgart 1989, S. 112–113; und an die englische Version von Fox (Übers. Eloi Leclerc, The Canticle of Creatures: Symbols of Union, Chicago 1970, S. xvii–xviii)
101 Thomas von Aquin, De veritate iv.1.
102 Ebenda, S. 63. De veritate, 1 ad 6.
103 Ebenda, S. 64. sum theol. 1a xxxix.3.
104 Thomas von Aquin, In Eph. 4, lectio 7.
105 Thomas von Aquin, Contra gentes, II.3.
106 Ebenda, S. 127. Contra gentes, II.2.
107 Ebenda
108 Thomas von Aquin, In Jn. n. 116.
109 Ebenda, n. 136, 74–75
110 Ebenda, S. n. 86, 55; n. 93, 57.
111 Thomas von Aquin, Sum. theol. I.15.2.
112 Thomas von Aquin, Sum. theol. I. 14.7.
113 Thomas von Aquin, In Jn. n. 136
114 Thomas von Aquin, Liber de Causis I.6.
115 Thomas von Aquin, Compendium Theologiae
116 Thomas von Aquin, In Eph. 3, lectio 5
117 Thomas von Aquin, de Trinitate ii.1 ad 7.
118 Ebenda
119 Thomas von Aquin, Sum. theol. 2a–2ae.xiv.6.
120 Mechthild von Magdeburg, Das Fließende Licht der Gottheit, Einsiedeln 1955, S. 110 (2. Buch, 23. Kapitel)
121 Ebenda, S. 176 (4. Buch, 3. Kap.)
122 Mechthild von Magdeburg, Das fließende Licht, S. 320 (6. Buch, 41. Kap.)
123 Ebenda, S. 342 (7. Buch, 17. Kap.)
124 Ebenda, S. 236 (5. Buch, 19. Kap.)

125 Ebenda, S. 75 (1. Buch, 38. Kap.) u. S. 94 (2. Buch, 4. Kap.)
126 Ebenda, S. 103 (2. Buch, 19. Kap.)
127 Ebenda, S. 117 (2. Buch, 25. Kap.) u. S. 137 (3. Buch, 5. Kap.)
128 Ebenda, S. 142 (3. Buch, 9. Kap.)
129 Ebenda, S. 273 (6. Buch, 1. Kap.)
130 Ebenda, S. 311 (6. Buch, 32. Kap.)
131 Meditations with Mechthild, S. 62 (* Rückübersetzung aus dem Englischen, da keine Quellenangabe)
132 Ebenda, S. 62
133 Mechthild von Magdeburg, Das fließende Licht, S. 55 (I,2)
134 Ebenda
135 James Collins »Introduction« in James Collins, Meditations with Dante Alighieri, Santa Fe, NM, 1984, S. 8. Ein Haupteinfluß auf Dante als Student war ein Pariser Schüler Thomas von Aquins, Fra Remigio Girolami.
136 Dante Alighieri, Die Göttliche Komödie, deutsch von Karl Vossler, Zürich 1942, S. 361
137 Aus dem Englischen übernommen aus: Meditations with Dante Alighieri, Hrsg. James Collins, Santa Fe 1984, S. 16
138 Göttl. Komödie, S. 501
139 Ebenda, S. 525
140 Ebenda, S. 524–25
141 Ebenda, S. 525
142 Ebenda, S. 523
143 Ebenda, S. 494, 501
144 Ebenda, S. 392, 394
145 Siehe Matthew Fox, »Meister Eckhart and Karl Marx: The Mystic as Political Theologian« in: Understanding Mysticism, Hrsg. Richard Woods, Garden City, NY, 1980, S. 541–63.
146 Meister Eckharts Predigten, 1. Band, S. 733
147 Ebenda
148 Eckehart, Deutsche Predigten u. Tr., S. 357
149 Ebenda
150 Eckharts Predigten, 2. Band, S. 716
151 Breakthrough, S. 352
152 Eckehart, Deutsche Predigten, S. 142
153 Eckharts Predigten, 1. Band, S. 525
154 Breakthrough, S. 347
155 Siehe dazu Breakthrough, S. 347
156 Eckharts Predigten, 3. Band, S. 559–60
157 Ebenda, S. 570
158 Ebenda, S. 579
159 Breakthrough, S. 89, hier aus einer lat. Predigt. Anm. d. Übers.: Im Mittelhochdeutschen verwendet Eckhart das Wort »*wesen*« für »Sein«, manchmal auch das oft zitierte »*isticheit*«, was aber von Quint mit »Wesenheit« oder »Seinsheit« wiedergegeben wird. Siehe auch Predigten, 1. Band, S. 106

160 Eckehart, Deutsche Predigten u. Tr., S. 356
161 Ebenda
162 Siehe ebenda, S. 303–304
163 Ebenda, S. 357
164 Ebenda, S. 356
165 Ebenda, S. 358
166 Eckharts Predigten, 3. Band, S. 560
167 Ebenda, S. 561
168 Eckehart, Deutsche Predigten, S. 272
169 Siehe dazu Matthew Fox, Breakthrough: Meister Eckhart's Creation Spirituality in New Translation, Garden City, NY, 1980, S. 432, 155–159, 417–477.
170 Brendan Doyle, Meditations with Julian of Norwich, Santa Fe, NM, 1985, S. 37; A Book of Showings to the Anchoress Julian of Norwich, Studies and Texts, Pontifical Institute of Mediaeval Studies Parts I and II, Toronto 1978, S. 137 (Kap. 8,1)
171 Doyle, S. 39, Showings, S. 19 (Kap. 11,5)
172 Doyle, S. 47, Showings, S. 147 (Kap. 13,3)
173 Doyle, S. 58, Showings, S. 233 (Kap. 32,5)
174 Doyle, S. 90, Showings, S. 186 (Kap. 6,3)
175 Doyle, S. 97, Showings, S. 289 (Kap. 56,3)
176 Doyle, S. 44, Showings, S. 210 (Kap. 18,2)
177 Doyle, S. 88, Showings, S. 283 (Kap. 53,4)
178 Doyle, S. 100, Showings, S. 293 (Kap. 58,1)
179 Doyle, S. 115
180 Meditations with Nicholas of Cusa, Hrsg. James Francis Yockey, Santa Fe 1987, S. 112; De Pace Fidei 5, S. 13
181 Yockey, S. 113; De Pace Fidei 5, S. 14
182 Yockey, S. 88; Idiota De Sapientia I, S. 4
183 Yockey, S. 33; Idiota De Sapientia I, S. 10–11
184 Yockey, S. 79; Idiota De Sapientia I, S. 23
185 Yockey, S. 87; Idiota De Sapientia I, S. 3, 4, 19
186 Meditations with Meister Eckhart, S. 14
187 Yockey, S. 122; Apologia Doctae Ignorantiae, S. 15
188 Yockey, S. 131; Idiota De Sapientia I,2, S. 99
189 Yockey, S. 139; De Visione Dei 6, S. 21
190 Yockey, S. 98–99; Idiota De Sapientia I, 23, 10
191 Yockey, S. 39; De Pace Fidei 4, S. 12
192 Yockey, S. 28–29; De Conjecturis I, S. 5, De Docta Ignorantia II, 3, S. 107–108
193 Yockey, S. 28–29; De Conjecturis I, S. 5, 14
194 Yockey, S. 41; De Conjecturis II, S. 143
195 Yockey, S. 42; De Conjecturis I, S. 143
196 Yockey, S. 129; De Possest I, 2, S. 99
197 Yockey, S. 110–111; De Pace Fidei 6, S. 17 und 4, S. 11
198 John Dolan in der Einleitung zu seinem Buch: Unity and Reform – Selected Writings of Nicholas of Cusa, Notre Dame, IN, 1962. Er faßt

die Beiträge Nikolaus von Kues folgendermaßen zusammen: »Wenn jeder Mensch ein Mikrokosmos ist, so ist auch Christus dies auf maximale Weise. ... Christus ist das Prinzip aller menschlichen und göttlichen Kreativität. ... Diese Theologie ist vom Prolog des Johannesevangeliums durchzogen.« (41–45) Dolan weist darauf hin, daß im Gegensatz zur Theologie des Kosmischen Christus von Nikolaus von Kues »die augustinische Lehre darin versagte, Christus dem materiellen Universum anzupassen«, und daß »Aristoteles die vitale Rolle Christi in der ganzen Schöpfung und in aller schöpferischen Tätigkeit völlig verdeckte.« (42–43)

Teil IV

1 Joh 8,58
2 Rainer Maria Rilke, Sonette an Orpheus II, XXIX
3 Teilhard de Chardin, Werke, Bd. 6, Olten 1966, S. 30 u. 176
4 Abraham J. Heschel, Die Erde ist des Herrn, Neukirchen 1985, S. 60–61
5 Walt Whitman's Leaves of Grass, Hrsg. Malcolm Cowley, New York 1959, s. 49 u. 83
6 Gregory Bateson, Geist und Natur, S. 15
7 Sehdev Kumar, The Vision of Kabir, Concord, Ontario, 1984, S. 144
8 Joanna Rogers Macy, Despair and Personal Power in the Nuclear Age, Philadelphia 1983, S. 156 u. 30

19. Die Benennung des Kosmischen Christus

1 Bateson, Geist, S. 122
2 Siehe Matthew Fox, »On Desentimentalizing Spirituality«, Spirituality Today 30, März 1978, S. 64–76
3 Breakthrough, S. 89, aus einer lat. Predigt
4 Illuminations, S. 14, ohne Quellenangabe
5 Thomas von Aquin, Contra Gentiles, II.3.
6 Anm. d. Übers.: Fox meint damit »Sein« im Sinne von Eckhart, das wesenhaft Göttliche, von Eckhart manchmal auch als »isticheit« bezeichnet.
7 In seiner Einführung zu »Geist und Natur« sagt Bateson: »Ich biete Ihnen den Ausdruck *das Muster, das verbindet,* als ein Synonym, als einen anderen möglichen Titel des Buches an.« (S. 15, kursiv Bateson.) Er definiert Ästhetik als »Aufmerksamkeit für das *Muster, das verbindet*« (S. 16).
8 Fox, Meditations with Eckhart, S. 67
9 John Donne, »An Anatomie of the World: The First Anniversary«. Die Stelle von Donne wird zitiert in Robert Bellah, Habits of the Heart: Individualism and Commitment in American Life, New York 1985, S. 277–81, wo der Soziologe Bellah unsere Kultur als eine »Kultur der Trennung« herausstellt.
10 J. B. Lightfoot, Saint Paul's Epistles to the Colossians and to Philemon, Grand Rapids, MI, 1957, S. 154
11 Schillebeeckx, Christus, S. 196

12 Eckehart, Deutsche Predigten, S. 267

13 Diese Paraphrase aus Teilhard de Chardin (»La Vie Cosmique« in: Ecrits du temps de la guerre, Paris 1965, S. 67–69) bringt J. A. Lyons, The Cosmic Christ in Origin and Teilhard de Chardin, Oxford 1982, S. 38. Obwohl wir gezeigt haben, daß das Motiv als solches in der christlichen Geschichte weit verbreitet ist, wurde der *Ausdruck* »Kosmischer Christus« in den Vereinigten Staaten zuerst von Prof. G. Stevens von der Yale Divinity School in »The Christian Doctrine of Salvation«, 1905, benutzt. Im darauffolgenden Jahr verwendete ihn auch J. W. Buckham vom Pacific Theological Seminary in Berkeley in »Christ and the Eternal Order«. In England wurde der Ausdruck zuerst 1907 von W. R. Inge benutzt. Teilhard de Chardin griff den Ausdruck auf und verwendete ihn in seinen frühen Schriften mehr als dreißig Mal (1916–24). Während seiner zehn letzten Lebensjahre, wie auch in seinem letzten Aufsatz »Le Christique«, verwendet Chardin auch das Synonym »universaler Christus« (Lyons, Cosmic Christ, S. 29 u. 38–39)

14 Eckehart, Deutsche Predigten, S. 321 f.

15 Evelyn Underhill, Mystik, Bietigheim 1928, S. 156

16 Rob van der Hart, The Theology of Angels and Devils, Notre Dame, IN, 1972, S. 37, kursiv von mir.

17 Eckehart, Deutsche Predigten, S. 158, zitiert in Breakthrough, S. 405, 455.
Anm. d. Übers.: Bei Eckhart heißt es allerdings »*frucht*bare Zeugungskraft« - offenbar ein Fehler, der bei der Übersetzung ins Englische entstanden ist.

18 C. G. Jung, Antwort auf Hiob XVIII, in: Zur Psychologie westlicher und östlicher Religion, Ges. Werke 11, Olten 1971, S. 494–95

19 Eckehart, Deutsche Predigten, S. 418, 423, 161

20 Meister Eckharts Predigten, 2. Band, S. 684 f.

21 Weiteres über das reiche Motiv des »königlichen Menschen« siehe: Helen A. Kenik, »Toward a Biblical Basis for Creation Theology« in: Western Spirituality – Historical Roots, Ecumenical Routes, Hrsg. Matthew Fox, Santa Fe 1981, S. 25–72. Siehe auch Matthew Fox, Der Große Segen. Fibel der Schöpfungsspiritualität, München 1991, Thema 7

22 C. G. Jung, »Die Psychologie der Übertragung« in: Praxis der Psychotherapie, Ges. Werke Bd. 16/II, S. 209 #397

20. Jesus Christus als gekreuzigte und auferstandene Mutter Erde

23 Thomas Berry, »The Human Venture«, in: Riverdale Papers on the Earth Community, Riverdale, NY, o. D., S. 2

24 Hildegard von Bingen, Mensch in Verantwortung, S. 147

25 Juliana von Norwich, Meditations, S. 99

26 Ebenda, S. 101

27 Ebenda, S. 104–105

28 Ebenda, S. 132

29 Ebenda, S. 106

30 Notker Füglister, »Passah«, in: Herders Theologisches Taschenlexikon, Freiburg 1972 ff., Bd. 5, S. 348
31 Otto Rank, Beyond Psychology, New York 1958, S. 236
32 Ebenda, S. 15
33 Meister Eckharts Predigten, 3. Band, Predigt 76

21. Ein Ostermysterium für das dritte Jahrtausend der Christenheit

34 Füglister, Passah, S. 345
35 Ebenda, S. 347–48
36 Ebenda, S. 350
37 Matthew Fox, Meditations with Meister Eckhart, Santa Fe 1983, S. 114, aus einer lateinischen Predigt (Eckhart, Lateinische Werke, S. 372).

22. Die Erlösung erlösen – Der Kosmische Christus als Erlöser des kosmischen Schmerzes

38 Kumar, Kabir, S. 144
39 Van der Hart, Theology of Angels, S. 69, 68
40 Schillebeeckx, Christus, S. 243
41 Ebenda, S. 243
42 Macy, Despair, S. 156 u. 30
43 Ebenda, S. 37

23. Der Kosmische Christus – Offenbarer des göttlichen Ich-bin in jeder Kreatur

44 Eckehart, Deutsche Predigten u. Tr., S. 308–09
45 Raymond E. Brown, The Gospel According to John, Garden City, NY, 1970, S. 1:537.
46 Ebenda, S. 535 u. 538
47 Eckehart, Deutsche Predigten u. Traktate, S. 57 (Reden der Unterweisung, 4.)
48 Siehe Matthew Fox, A Spirituality Named Compassion, Minneapolis 1979

Teil V

1 Guy Murchie, The Seven Mysteries of Life, Boston 1978, S. 363
2 Walt Whitman's Leaves of Grass, Hrsg. Malcolm Cowley, New York 1959, S. 122
3 Dorothee Sölle, Lieben und Arbeiten – Eine Theologie der Schöpfung, Stuttgart 1985, S. 181–82
4 Mircea Eliade, Images and Symbols, New York 1969, S. 14
5 Zitiert in: Fred M. Hechinger, »America Lacks Agenda on Needs of Its Children«, in: Oakland Tribune, 11. 5. 1986, Abschn. C–7
6 Matthäus 18,4
7 Alice Miller, For Your Own Good, New York 1984, S. xi (im Vorwort zur amerikan. Ausgabe von »Im Anfang war Erziehung«).

8 James Hillman, »Senex and Puer«, in: Puer Papers, Hrsg. James Hillman, Dallas, TX, 1987, S. 20
9 Nicolas Berdjajew, Der Sinn des Schaffens, Tübingen 1927, S. 238
10 Rollo May, My Quest for Beauty, New York 1985, S. 215
11 Nicolas Berdjajew, Existentielle Dialektik, München 1951, S. 52
12 Schwarzer Hirsch, Die heilige Pfeife, Bornheim 1982, S. 10
13 D. H. Lawrence, »The Primal Passions« in: D. H. Lawrence - A Living Poet, Hrsg. Charles Davey, London 1985, S. 39
14 Yockey, S. 110–111; De Pace Fidei 6, S. 17 und 4, S. 11
15 M. D. Chenu, Nature, Man and Society in the Twelfth Century, Chicago 1968, S. 3

1 Zitiert in: R. P. Blackmur, Henry Adams, New York 1980, S. 282
2 Laut Chenu hat eine Renaissance »wörtlich mit Neugeburt zu tun, neuer Existenz unter völlig veränderten Bedingungen der Zeiten, Orte und Personen. Sie repräsentiert eine Initiative, die um so weniger auf die alten Materialien reduzierbar ist, als es sich um eine geistige Initiative handelt. Imitation dagegen ist der Erfindungsgabe untergeordnet, selbst wenn sie sie mit Material versorgt.« (Chenu, Nature, S. 3)
3 Thomas Berry, »Economics: Its Effects on the Life Systems of the World«, Thomas Berry and the New Cosmology, Hrsg. Anne Lonergan und Caroline Richards, Mystic, CT; 1987, S. 19
4 Robert H. Bellah, The Broken Covenant, New York 1975, S. 162
5 Ebenda, S. 144
6 Siehe Thomas Kiernan, A Treasury of Albert Schweitzer, New York 1965, S. 123
7 Einstein, Weltbild, S. 17
8 Siehe E. James Lieberman, Acts of Will - The Life and Work of Otto Rank, New York 1985, S. 81

24. Der Kosmische Christus und eine Renaissance der Liebesmystik

9 Für dieses Kapitel verwende ich die ausgezeichnete Übertragung von David Granville, dem ich sehr zu Dank verpflichtet bin. Seine Übertragung, die in Choral-Form gefaßt ist, steht für den Gebrauch in Gruppen zur Verfügung. Siehe David Granville, Song of Songs, Oakland, CA, 1988
Anm. d. Übers.: Die deutsche Übersetzung folgt der Jerusalemer Bibel, der Einheitsübersetzung und den Besonderheiten der Übertragung von Fox bzw. Granville.
10 Phyllis Trible, God and the Rhetoric of Sexuality, Philadelphia 1987, S. 144, 152–53, 161
11 Frederick Turner, Beyond Geography - The Western Spirit against the Wilderness, New York 1980, S. XI

12 Gerald Brenan, St. John of the Cross – His Life and Poetry, Cambridge, England, 1976, S. 7
13 Trible, Sexuality, S. 161, 160
14 C. G. Jung, Über die Entwicklung der Persönlichkeit, Ges. Werke 17, Olten 1972, S. 218
15 Zitiert in Ira Progoff, The Death and Rebirth of Psychology, New York 1956, S. 219
16 Otto Rank, Psychology and the Soul, Philadelphia 1950, S. 164
17 Ebenda, S. 42
18 Otto Rank, Modern Education, Übers. M. E. Moxon, New York 1932, S. 112
19 Eliade, Images, S. 14. Frithjof Schuon weist darauf hin, daß Islam, Judentum, Hinduismus und Christentum einen »wesenhaften, qualitativen Aspekt der Sexualität lehren, was wir auch als ihren kosmischen Aspekt bezeichnen könnten«. Nur das Christentum »schließt sich unvermeidlich und anscheinend beiläufig wieder der judäo-islamischen Perspektive« der Lehre des sakramentalen Charakters der Ehe an. Siehe Frithjof Schuon, The Transcendent Union of Religions, Wheaton, IL, 1984, S. 118–119. Ich würde vorschlagen, das Christentum sollte wieder zu seinen jüdischen Wurzeln in der sexuellen Mystik zurückkehren.
20 Dorothee Sölle, Lieben und Arbeiten, S. 181–82
21 Erich Jantsch, Die Selbstorganisation des Universums, München 1982, S. 182
22 C. G. Jung, Die Dynamik des Unbewußten, Ges. Werke 8, Olten 1971, S. 62–63
23 Nicolas Berdjajew, Sinn des Schaffens, S. 238
24 Monick, Phallos – Sacred Image of the Masculine, Toronto 1987, S. 106–7. Auf deutsch: Die Wurzeln der Männlichkeit, München 1990. Dr. Helen Caldicott empfindet die gleiche Verbindung zwischen pervertierter Sexualität und dem Rüstungswettlauf. Siehe ihr »Raketen-Neid«, New York 1986.
25 Monick, Phallos, S. 62
26 Ebenda, S. 62, 27, 36. Ich habe mich mit diesem Thema ausführlich auseinandergesetzt in: Whee! We, wee All the Way Home – A Guide to Sensual, Prophetic Spirituality, Santa Fe, NM, 1981.
27 Zitiert in Monick, Phallos, S. 29–30
28 S. 367, ebenda, S. 68
29 Ebenda, S. 100
30 Ebenda, S. 97
31 Fox, Breakthrough, S. 81
32 C. G. Jung, in: Jacobi u. Hull, Jung, S. 103
33 Eckehart, Deutsche Predigten, S. 438
34 Anm. d. Übers.: Mit »Lebensstil« (*lifestyle*) meint Fox die Art, wie unser Leben von unserer bevorzugten sexuellen Beziehungsweise geprägt ist, d. h., ob wir heterosexuell, homosexuell oder zölibatär leben wollen. Siehe auch Kapitel 27.
35 Sölle, Lieben und Arbeiten, S. 194

25. Achtung vor dem inneren Kind – die Jugend und der Kosmische Christus

36 Fox, Breakthrough, S. 111–113
37 Eckehart, Deutsche Predigten, S. 189
38 Richard Colvin, »Study: Fear of Nuclear War Haunts Bay Area Teens«, Oakland Tribune, 28. 2. 1986, Abschn. B-1
39 Larry Doyle, »Violence is Top Teen Killer, Studies Say«, in: Philadelphia Inquirer, 26. 6. 1987, Abschn. A–3
40 Stephen Glenn, »Strategies and Self-Esteem« – ein Gespräch in Cedar Falls, IA, am 2. 3. 1984. Zitiert in Andy LePage, Transforming Education, Oakland, CA, 1987, S. 88. Einen großen Teil dieses Abschnittes über Adultismus verdanke ich Gesprächen und Einsichten von Herrn Victor Lewis, einem jungen Mann, der tiefen Kontakt mit seinem Schmerz und seiner Verheißung hat.
41 Doyle, Violence, A–3
42 Fred M. Hechinger, »America Lacks Agenda on Needs of Its Children«, Oakland Tribune, 11. 5. 1986, Abschn. C–7
43 Zitiert in LePage, Transforming Education, S. 88
44 Alice Miller, Du sollst nicht merken, Frankfurt 1981, S. 126 (kursiv von mir)
45 Anm. d. Übers.: Fox verwendet in diesem Satz statt Vater das geschlechtsneutrale »parent«, auch »lover«, »beloved« (der Liebende, die Geliebte) und »creator« (Schöpfer/in) sind im Englischen geschlechtsneutral, was sich deutsch leider nicht nachahmen läßt. Fox legt darauf hier, wie auch im sonstigen Text, großen Wert.
46 Alice Miller, For Your Own Good, S. xi (Vorw. d. am. Ausgabe)
47 James Hillman, Puer, S. 20
48 Ebenda, S. 21, kursiv Hillman
49 Ebenda, S. 19
50 James Hillman, Inter Views, New York 1983, S. 114, 115, 116, 122
51 Juan Eduardo Cirlot, A Dictionary of Symbols, New York 1962, S. 43–44
52 Die Regel des Hl. Benedikt sagt im Kapitel 3 »Die Berufung der Brüder zum Rat: . . ., weil der Herr oft einem Jüngern offenbart, was das Bessere ist«. (Die Benediktus-Regel, Hrsg. P. Basilius Steidle OSB, Beuron 1978, S. 69)
53 Hillman, Inter Views, S. 123
54 Tom Moore, »Artemis and the Puer«, in Hillman, Puer, S. 200
55 Marie-Louise von Franz, Der ewige Jüngling, München 1987, S. 322
56 Ebenda, S. 322
57 Ebenda, S. 122
58 Ebenda, S. 24, 25
59 Hillman, Inter Views, S. 212
60 Von Franz, Der ewige Jüngling, S. 124–125, 37
61 Zitiert in Matthew Fox, Original Blessing, Santa Fe, NM, 1983, S. 227
62 Hillman, Inter Views, S. 118, 114, 117
63 Hillman, Puer, S. 10

64 James Hillman, »Puer Wounds and Ulysses' Seas«, in: Hillman, Puer, S. 123
65 Eckehart, Deutsche Predigten, siehe Predigt 35
66 James Hillman, »Peaks and Vales«, in: Hillman, Puer, S. 65
67 Hillman, »Senex and Puer«, in: Hillman, Puer, S. 34
68 Miller, Am Anfang war Erziehung, Frankfurt 1980, S. 77
69 Mechthild von Magdeburg, Das fließende Licht, S. 178 (4. Buch, 3. Kap.)
70 Ebenda, S. 107 (2. Buch, 22. Kap.)
71 Meditations with Julian of Norwich, S. 119
72 Ebenda, S. 62
73 Eckehart, Deutsche Predigten, S. 444 f.
74 Ebenda, S. 341
75 Ebenda, S. 352
76 Breakthrough, S. 471–72
77 Ebenda, S. 352
78 Breakthrough, S. 112, aus einer lat. Predigt (lat. Werke IV, S. 149)
79 Breakthrough, S. 213–225
80 Breakthrough, S. 71, aus einer lat. Predigt
81 Deutsche Predigten, S. 185

26. Der Kosmische Christus und die Kreativität – Wiederkehr der individuellen Kunst

82 Einstein, Weltbild, S. 17, kursiv von mir
83 Otto Rank, Art and Artist, New York 1975, S. 430–431; kursiv von Rank.
84 Erich Fromm, Der moderne Mensch und seine Zukunft, Köln 1977, S. 308
85 Kenji Miyazawa, »Life as Art« (unveröffentlichte Übersetzung seiner Gedanken aus dem Jahre 1926), 1962, S. 1
86 C. G. Jung, Psychologische Typen, Ges. Werke Bd. 6, S. 65, #88, u. S. 129, #185, und: C. G. Jung, Ziele der Psychotherapie, in: Praxis der Psychotherapie, Ges. Werke Bd. 16/II, S. 49, #98
87 Im Englischen bedeutet »power« sowohl *Kraft* als auch *Macht*; d. Übers.
88 Erich Jantsch, Selbstorganisation, S. 359; kursiv von mir.
89 Raghavan Iyer, The Moral and Political Thought of Mahatma Gandhi, New York 1973, S. 73
90 Peter Rogers, A Painter's Quest, Santa Fe, NM, 1987, S. 152
91 Zitiert in E. James Lieberman, Acts of Will – The Life and Work of Otto Rank, New York 1985, s. 324
92 Rollo May, My Quest for Beauty, S. 215
93 Eckehart, Deutsche Predigten, S. 123 (Buch der göttlichen Tröstung, 2.)
94 Ebenda
95 Hildegard von Bingen, Welt und Mensch, S. 139–140
96 Eckharts Predigten, 2. Band, S. 711
97 John Boswell, Christianity, Social Tolerance and Homosexuality, Chicago 1980

98 Walter Williams, The Spirit and the Flesh: Sexual Diversity in American Indian Culture, Boston 1986
99 Anthony Stevens, Archetypes: A Natural History of the Self, New York 1982, S. 236–37
100 Elisabeth Schüssler Fiorenza, Zu ihrem Gedächtnis, S. 280–81
101 Hildegard von Bingen, Welt und Mensch, S. 170
102 »Stepping Backward« in: Adrienne Rich, The Fact of a Doorframe: Poems Selected and New 1950–1984, New York 1984, S. 6–7
103 Siehe Matthew Fox, Der Große Segen, Thema 3
104 Eckehart, Deutsche Predigten, S. 170
105 M. C. Richards, Centering, Middletown, CT, 1962, S. 27. Siehe auch M. C. Richards, Toward Wholeness: Rudolf Steiner Education in America, Middletown, CT, 1980
106 Albert Einstein, Aus meinen späten Jahren, Stuttgart 1979, S. 28
Dr. Andy LePage, ein Mitarbeiter des Institute in Culture and Creation Spirituality, hat ein gutes Buch geschrieben: Transforming Education. Darin entwickelt er Methoden unseres Institutes und wendet sie auf die heutigen Bedürfnisse des Schulsystems an. Seine Erneuerung der Erziehung beruht auf Achtung, Verantwortung und Erneuerung. Die Studie bietet eine sinnvolle Grundlage zur Anwendung des Ansatzes des Kosmischen Christus in der Erziehung.
107 N. A. Berdjajew, Geist und Wirklichkeit, Lüneburg 1949, S. 199; mittlerer Satz des Zitates: N. A. Berdyaev, The Meaning of the Creative Act, New York 1955, S. 224
108 Berdyaev, Slavery and Freedom, New York 1939, S. 171–72
109 N. A. Berdjajew, Von des Menschen Knechtschaft und Freiheit, Darmstadt 1954, S. 302
110 N. A. Berdjajew, Selbsterkenntnis, Darmstadt 1953, S. 232. Bezüglich dieses Abschnittes über Berdjajew bin ich der ausgezeichneten Arbeit von Russell Becker, Meditations with Nicolas Berdyaev, die in Kürze erscheint, sehr zu Dank verpflichtet.
111 Eckehart, Deutsche Predigten, S. 158

27. Der Kosmische Christus – Erlöser des Gottesdienstes

112 C. G. Jung, Die Psychologie der Übertragung, in: Praxis der Psychotherapie, Ges. Werke Bd. 16/II, S. 209, #397
113 Otto Rank, Art and Artist, S. 113 u. 125
114 Rank, ebenda, S. 114, 115
115 Rank, ebenda, S. 125 u. 134–35
116 Chrysostomus zitiert in: Jean Daniélou, Die Sendung der Engel, Salzburg 1963, S. 88
117 Illuminations of Hildegard of Bingen, S. 91, siehe auch Hildegard, Scivias, 2. Buch, 6. Schau
118 Thomas von Aquin, Contra Gentiles III.35
119 Matthew Fox, Meditations with Meister Eckhart, S. 129, ohne Angabe der Originalquelle.

120 Siehe John Punshon, Encounter with Silence, Richmond, IN, 1987
121 Rilke on Love and Other Difficulties, Übers. John J. L. Mood, New York 1975, S. 71
122 Teresa von Avila, Die innere Burg, »Die vierte Wohnung«, S. 59 ff.
123 Eckharts Predigten, 3. Band, S. 585
124 Allan Galloway, The Cosmic Christ, London 1951, S. 212
125 Simone Weil, zitiert in Susan Griffin, Woman and Nature, New York 1978, S. 219.
126 Joanna Macy, Despair, S. 29 u. 22
127 Alice Miller, Am Anfang war Erziehung, S. 310; siehe auch: Das Drama des begabten Kindes, Frankfurt 1979
128 D. Sölle, Lieben und Arbeiten, S. 180. Sie fährt fort: »Die Teilnahme an amerikanischen Negergottesdiensten hat mir, die ich aus einer rationalistisch geprägten religiösen Tradition komme, zur Entdeckung meiner eigenen religiösen Bedürfnisse verholfen. In den Kirchen der Schwarzen habe ich einfach mehr Ekstase und deswegen auch mehr Vertrauen in Gott gespürt.« Ebenda, S. 180
129 Siehe meinen Aufsatz *Dancing Sarah's Circle* in: Matthew Fox, A Spirituality Named Compassion, Minneapolis 1979, S. 36–67
130 Eckharts Predigten, 2. Band, S. 733
131 Jamake Highwater, Ritual of the Wind, New York 1984, S. 9
132 Howard Thurmans gesamte Theologie ist tief in der Schöpfungstradition und der des Kosmischen Christus verankert. Siehe zum Beispiel: Howard Thurman, The Search for Common Ground, New York 1971. Thurman war sehr von seinem Lehrer Rufus Jones und den Mystikern, besonders von Meister Eckhart, beeinflußt und blieb sein ganzes Leben lang eng mit der geistigen Erfahrung der Schwarzen, seines Volkes, verbunden.
133 Ich kann mich den Worten Otto Ranks anschließen: »Auch hier öffnen die Primitiven uns die tieferen Quellen.« (Beyond Psychology, S. 245) Ist es bloßer Zufall, daß die moderne Kunst geboren wurde, als Picasso den indianischen und afrikanischen Kulturen begegnete? Könnte darin eine Lehre für die Neugeburt des zeitgenössischen Gottesdienstes liegen?
134 Die »Weltharmonie-Tage« wurden als globale Feiertage zur Heilung der Erde am 16. und 17. August 1987 verkündet. Der Termin wurde von dem Mexikaner José Arguelles aufgrund von Zyklen des Maya-Kalenders ausgewählt. Anm. d. Übers.
135 Schwarzer Hirsch, Die heilige Pfeife, Bornheim 1982, S. 10
136 Black Elk, The Sacred Pipe, Hrsg. Joseph Epes Brown, New York 1987, S. 21
137 Die heilige Pfeife, S. 40; und: The Sacred Pipe, S. 23, 25.
Ein wohlmeinender Weißer schrieb ein Buch »Christian-Sioux Dialogue«, das sein Ziel deshalb verfehlt, weil der Autor das Christentum nicht in Form eines Kosmischen Christus und einer Schöpfungstheologie repräsentieren konnte. Siehe William Stolzman, SJ, The Pipe and Christ, Pine Ridge, SD, 1986.

28. Der Kosmische Christus und die Tiefenökumene

138 Joanna Macy, Despair, S. 29
139 Zitiert in Sheikh Ragip Frager, Love is the Wine: Talks of a Sufi Master in America, Putney, VT, 1987, S. 1
140 Joanna Macy, »Perfection of Wisdom: Mother of All Buddhas«, in: Anima 3 (Herbst 1973), S. 75, 77.
141 Zitiert ebenda, S. 78
142 Thich Nhat Hanh, Being Peace, Berkeley 1987, S. 9
143 Ebenda, S. 64
144 Ebenda, S. 86
145 Ebenda, S. 114–15
146 Zitiert bei Joanna Macy, »The Cosmic Christ and the Way of the Boddhisattva«, auf einer Konferenz mit Matthew Fox im Zentrum ›La Casa de Maria‹ in Santa Barbara, Kalifornien am 30. 4. 1988. Tiefenökumene zwischen afrikanischen Religionen und der Schöpfungsspiritualität findet sich in Marlene De Nardo, »Listening to the Deepest Wisdom of Mother Africa« (Magisterarbeit am Holy Names College 1987) und mit der jüdischen Mystik im Werk von Daniel Matt, »Loss and Discovery of Self in Hasidism«, Berkeley, unveröff. Arbeit, 1988.
147 Lloyd Shearer, »Nuclear War is Inevitable – Unless...«, in: Parade Magazine, 24. 8. 1986, S. 18
148 Mechthild von Magdeburg, Das fließende Licht, VI, 7, (S. 282)
149 D. H. Lawrence, »Primal Passions«, S. 39
150 Sehdev Kumar, The Vision of Kabir, Concord, Ontario, Kanada 1984, S. 144
151 Eckehart, Deutsche Predigten, S. 189
152 Charlene Spretnak, Lost Goddesses of Early Greece, Boston 1978, S. 42
153 Meditations with Meister Eckhart, S. 16 (ohne Originalquelle)
154 Pseudo-Dionysios, De mystica Theologica, 3.2
155 Spretnak, S. 43
156 Hildegard von Bingen, Mensch in Verantwortung, S. 191–92
157 Spretnak, S. 45
158 Robert Graves, zitiert bei Merlin Stone: »The Great Goddess: Who Was She?«, in: The Politics of Women's Spirituality, Hrsg. Charlene Spretnak, Garden City, NY, 1982, S. 17
159 Marija Gimbutas, »Women and Culture in Goddess-Oriented Old Europe«, in: Spretnak, Politics, S. 27–28.
160 Eckehart, Deutsche Predigten, S. 273
161 Mechthild von Magdeburg, Das fließende Licht der Gottheit S. 142 (3. Buch, 9. Kap.)
162 Rank, Beyond Psychology, S. 143, 237
163 Illuminations of Hildegard, S. 17
164 Hildegard von Bingen, Briefwechsel, S. 39–40
165 In letzter Zeit werden die Werke dieser bemerkenswerten Mystiker-Propheten leichter zugänglich. Z. B. die Schriften von Sebastian Franck; oder Hans Denck, Schriften (Quellen und Forschungen zur Reformationsgeschichte), Gütersloh 1956, Hrsg. Walter Fellmann.

166 Ein jüngerer und sehr fruchtbarer Beitrag zu Calvins bislang unbeachteter kosmischer Theologie findet sich in: William J. Bouwsma, John Calvin – A Sixteenth Century Portrait, New York 1988, bes. S. 69–80. Obwohl dieses Werk einige gemeinsame Grundzüge zwischen Calvin und der Schöpfungstheologie zeigt, gibt es jedoch auch massive Unterschiede, so zum Beispiel, daß Calvin im Menschen »die Phantasie und Kreativität angreift« (S. 80).
167 Gabriel Marcel, Der Untergang der Weisheit, Heidelberg 1960, S. 102
168 Ebenda, S. 103
169 Hildegard von Bingen, Mensch in Verantwortung, S. 136
170 Hildegard von Bingen, Welt und Mensch, S. 170
171 Unity and Reform: Selected Writings of Nicholas of Cusa, Hrsg. John Dolan, Notre Dame, IN, 1962, S. 202
172 Ken Wilber, The Holographic Paradigm, S. 140
173 David Bohm in: Ken Wilber (Hrsg.), Das holographische Weltbild, München 1990, S. 193 f.
174 D. H. Lawrence, »Courage«, in Davey, D. H. Lawrence, S. 6
175 Diese Gedanken über die Rolle des Öles in Zeiten der Reibung verdanke ich Gesprächen mit M. C. Richards.
176 Hildegard von Bingen, im ersten Brief an Abt Phillip, Briefwechsel, S. 150
177 Elisabeth Schüssler Fiorenza, Zu ihrem Gedächtnis, München 1984, S. 11, 12
178 Abraham J. Heschel, Gott sucht den Menschen, Neukirchen 1980, S. 196
179 C. G. Jung in der Gedächtnisrede für Richard Wilhelm am 10. 5. 1930 in München, aus: Das Geheimnis der Goldenen Blüte, Olten 1971, S. XVII
180 Raghavan Iyer, The Moral and Political Thought of Mahatma Gandhi, New York 1973, S. 132

Stichwortregister